国家文物局水下文化遗产保护中心·考古报告系列 –1

# 福建沿海水下考古调查报告
## （1989~2010）

国家文物局水下文化遗产保护中心
中国国家博物馆
福建博物院
福州市文物考古工作队
编著

文物出版社

# 插图目录

# 彩版目录

# 第一章　前　言

福建位于中国东南部，台湾海峡西岸，依山面海，得天独厚的区位优势和自然地理条件使之成为中国自古以来海上丝绸之路上的一颗璀灿明珠。

早在汉代，就有了福建与南海国家交通海外贸易货物的记录，并开辟了北至山东半岛、南至交趾的交通航线。此后历经三国、两晋、南北朝的发展，至唐、五代时期，福州港成为我国东南沿海首屈一指的大港口。宋元时期，由于当时的陆路交通受到阻碍，海上贸易得到空前发展，中国成为世界上最大的对外贸易国家，而福建泉州则是中国对外文化经济交流的代表性港口城市，港口樯帆林立，街巷中外商人汇集。经福建通往海外的丝绸之路航线更多，范围更大。交易商品种类丰富，琳琅满目。明清时期，虽然经历多次禁海、迁界等不利于海外贸易的时期，但对外交流在福建却一直在延续。如明初郑和的七次下西洋均在福建长乐放洋，福建大量的船员、水手为这些规模宏大的船队做出了突出贡献。明中叶以后，漳州月港异军突起，成为我国东南沿海对外交通和贸易的中心港口。以漳州为起点，经菲律宾直达美洲的新航路的开辟，尤为引人注目。

福建海域面积广阔，海岸线曲折，岛礁众多，海洋资源丰富。然而，每年冬、春季肆虐的东北风、夏、秋季不定期光顾的台风、星罗棋布的暗礁对南来北往的贸易船舶形成了极大的威胁。福建沿海成为水下文化遗存埋藏特别丰富的海域，也是我国开展水下考古工作较多，时间较长的海域。

20世纪80年代末，为配合我国举办的第一期全国水下考古专业人员培训班实习，中国历史博物馆（现中国国家博物馆）水下考古研究室开始在连江定海海域开展水下考古工作，90年代福建水下考古工作主要在该海域进行。进入21世纪，我国对水下文化遗产保护工作日益重视，水下考古专业人员培训、项目设置、设备购置、经费投入都制度化，规范化。福建水下考古工作也开始进入一个新的历史时期，其中主要项目有2001~2004年东山冬古湾明末清初沉船遗址调查和发掘、2005年平潭碗礁一号清代沉船遗址发掘、2006~2007年平潭大练岛元代沉船遗址调查和发掘、2008~2010年福建沿海水下文物普查等。截至2014年，福建已确认35处水下文化遗存，主要分布于福州、莆田、泉州、漳州海域（图1-1）。这些水下文化遗存中，既有沉船遗址，亦有古代船舶避风交易的锚地遗址，还有一些水下遗物采集点。这些遗存的时代跨度从五代至近代，序列完整，内涵丰富，采集出水的文物标本以福建闽清义窑、福清东张窑、连江浦口窑、南平茶洋窑等窑址的产品为主，还有大量浙江越窑、龙泉窑、江西景德镇窑、江苏宜兴窑的产品。

《福建沿海水下考古调查报告（1989~2010）》（以下称《报告》）中提到的各水下文化遗存命名主要分为两类：第一类，保存有沉船残骸，或由于工作时间关系，虽暂未发现船体残骸，但经水下考古队员探摸，发现大量成摞、同类器物的遗址，定名为沉船遗址，如平潭分流尾屿五代沉船遗址；第二类，未发现沉船残骸，仅采集部分遗物，定名为水下文物点，如平潭碗礁二号清代水下文物点。

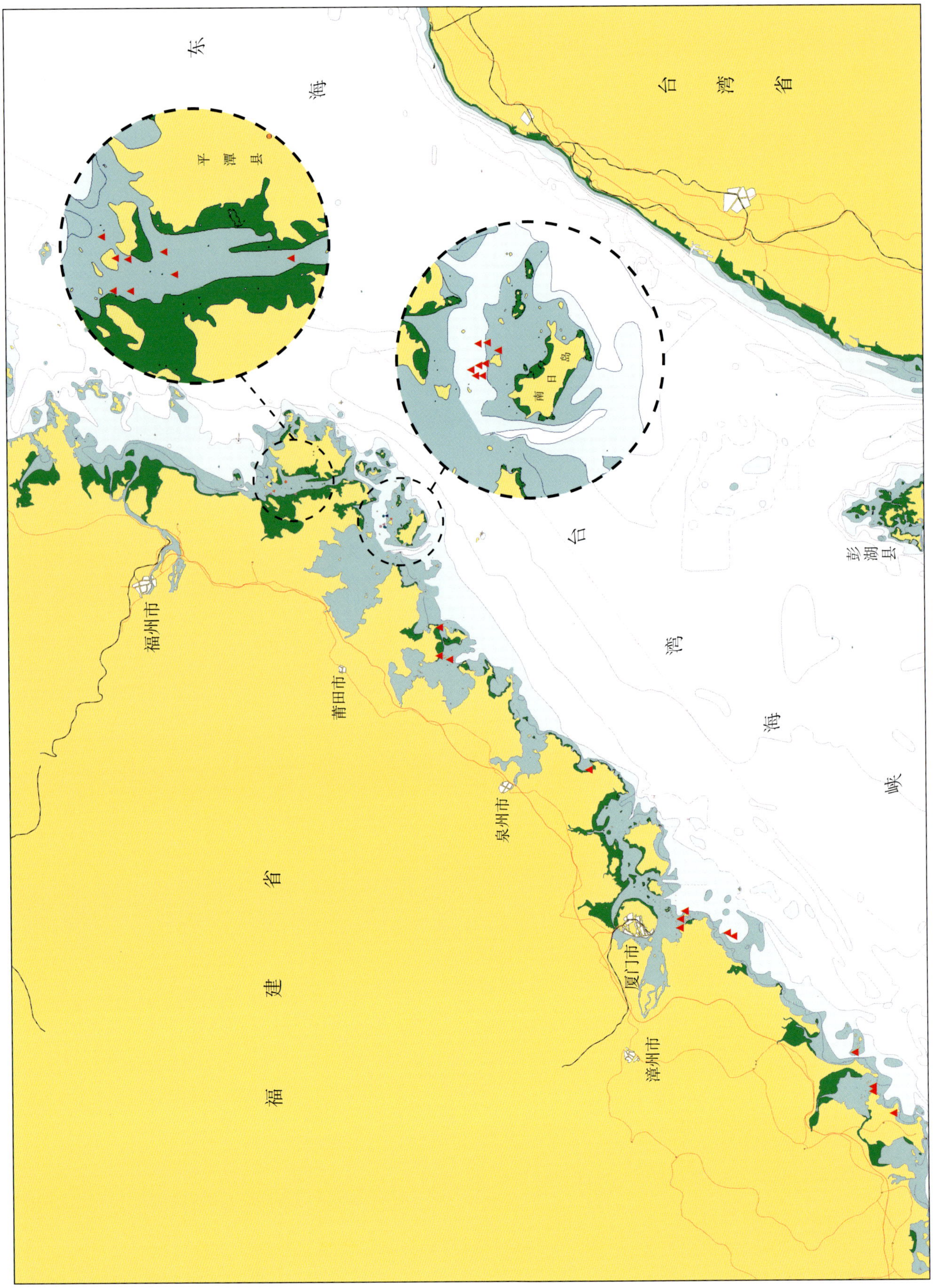


图1-1　福建沿海水下文化遗存分布图

在已确认的35处水下文化遗存中，《报告》收录1989~2010年福建水下考古发现的一些水下遗存，其中平潭大练岛元代沉船遗址和连江定海白礁一号沉船遗址发掘报告已出版单行本，未收录其中。此外，一些水下遗存的调查简报在刊物上已发表过，《报告》又补充了部分出水文物的材料，尽可能做到全面翔实反映该水下遗存内涵。还有一些沉船遗址材料丰富，信息量大，计划出版专门发掘报告的，《报告》仅发表发掘简报，如平潭碗礁一号清代沉船遗址、东山冬古湾明末清初沉船遗址。本报告按区域分章，各章内大致以时代为序介绍各水下文化遗存。

当前，福建在国家"一带一路"战略引领下，再次扬帆起航，全力打造21世纪"海上丝绸之路"核心区。《福建沿海水下考古调查报告（1989~2010）》的编辑出版，不仅是对我国水下考古工作者这一时期辛勤工作成果的阶段性总结，更为古代海上丝绸之路研究提供了大量宝贵的实物材料。

# 第二章　福州海域

## 第一节　概述

### 一　历史沿革与地理环境

福州位于福建省东部沿海，闽江下游。先秦时期，福州即有闽族土著居民繁衍生息，已形成人口聚集之地。秦统一中国后，推行封建郡县制，福州建置闽中郡。西汉中叶建置治县，东汉建安元年（公元 196 年）被改为侯官县。自南朝至清，先后设闽州、丰州、泉州、建安、建州、福州等郡县府治。解放后，福州作为省会城市，经不断调查行政区划，先辖鼓楼、台江等五区。后再扩展到福州市区周围的八个县，至此形成如今的规模。

本文的福州海域主要是指福州近海，北接宁德三都澳，南连莆田兴化湾。由于在地质构造方面受侏罗纪后期的燕山运动影响，大规模的岩浆喷发和岩浆侵入伴随着强裂的断裂运动，受北北东—北东走向的断裂带控制，这一带海岸港湾众多，海岸曲折，不仅多礁石，而且泥沙，滩涂亦大面积分布。比较大的港湾有罗源湾、福清湾等，水道则有海坛水道。海坛水道位于海坛海峡，南北长约 40、宽 3.3~10 千米，水深一般 5~30 米，为闽中海上交通要道[1]。除港湾外和水道外，岛屿也众多，从北至南比较大的分别有东洛岛、马祖列岛、琅岐岛、白犬列岛、大练岛、屿头岛、海坛岛等。此外，还有大量的明礁、暗礁等。

福州海域受季风环流影响，秋、冬、春三季以偏北风为主，而夏季以偏南风为主。福州海域的气象灾害主要为台风和风暴潮，主要集中在 7~9 月，以平潭为例，据 1956~1987 年的统计资料，影响平潭的台风就达 184 次，平均每年 5.8 次。平潭海域的平均海水表层温度为 19.4℃ ~20.1℃。以 8~9 月为最高，2 月为最低[2]。

潮汐方面，据平潭海洋站 1966~1987 年的实测资料，均为正规半日潮，每昼夜出现两次涨潮和两次落潮。涨落潮之间相差 12 小时 24 分，在正常条件下向后推迟约 48 分钟。大部分海域为来复潮，局部海域由于受地形地貌影响，为直线流。流向亦较复杂，不同海域流向亦不一致，如平潭海域浅海区域涨潮时由东向西，或东北向西南，落潮则相反。水深 40 米以内的沿岸海域的潮流为西北、东南流。南部由于受兴化湾径流影响，涨潮三分时为东北流，七八分时为西北流；退潮

[1] 福建省平潭地方志编纂委员会：《平潭县志》，方志出版社，2000 年，第 81 页。
[2] 福建省平潭地方志编纂委员会：《平潭县志》，方志出版社，2000 年，第 91 页。

时为西南流，退五分时为南流。流速方面，不仅不同区域不一样，而且大、小潮时的流速也不一样。如靠近航道的地方，水流变化较大，流速亦较快，而一些湾内则流速较小，变化也不大。平潭海域一般浅海涨潮流速 21~66 厘米 / 秒，落潮流速 30~70 厘米 / 秒。[1] 潮位方面，平均潮差 4.25 米（1967~1987 年），最大潮差 6.7 米，最小潮差 1.06 米[2]。

## 二　调查概况

福州海域是我省水下文化遗存较为密集的海域，亦是我国水下考古工作开展较早的重点区域。

1989 年 9~12 月，国家文物局在山东青岛举办了首届全国水下考古专业人员培训班。为了寻找和确定学员们下一阶段水下考古实习地点，中澳合作培训班教练澳大利亚的保罗・克拉克（Panl Clark）与中国历史博物馆（现中国国家博物馆）水下考古学研究室张威、国家文物局文物处杨林等，于 1989 年 11 月至福建连江筱埕乡定海村海域进行水下考古调查，最终选定该海域的白礁一号沉船遗址作为本届培训班的实习地点，进行了水下考古调查与发掘。随后，1990 年 2~5 月，为配合此次水下考古实习课程，不仅开展了连江定海白礁一号沉船遗址第一次水下考古发掘，还调查了附近海域的白礁二号遗址、龙翁屿一号、二号水下遗存、大埕渣水下遗存和金沙岛海域水下遗存等地点，发现了一批宋代至近代遗物[3]。由此揭开了福建地区水下考古工作的序幕。其后，1995 年 5~6 月，中国历史博物馆与西澳大利亚海洋博物馆考古部合作，进行了第二次水下考古发掘[4]。1999 年 5~6 月，结合第二期全国水下考古专业人员培训班实习，又对该遗址进行了发掘。2000 年、2002 年，中国水下考古队伍又对其进行了两次大规模的发掘，基本上弄清了白礁一号沉船遗址的分布范围、堆积状况、遗物面貌等问题[5]。

1995 年 10 月，还对福州长乐大祉海域水下遗存进行了初步调查。

2005 年 6 月下旬，福建沿海水下考古调查队在东山县进行沿海水下考古调查时，接到有渔民在平潭屿头岛附近海域哄抢盗捞水下文物的信息。水下考古调查队立即派遣水下考古队员前往平潭屿头岛了解相关情况，得知此处为一清代沉船遗址，随即联合当地边防派出所制止盗捞行为，并同时向省、市以及国家有关部门报告。经国家文物局批准，该沉船遗址命名为东海平潭碗礁 I 号，并在福建省、福州市、平潭各级政府和公安边防、海警等相关职能部门的大力支持下，中国国家博物馆水下考古研究中心组织北京、福建、山东、浙江、辽宁、安徽、江西、海南、广东、湖北、广西等省的水下考古队员组成东海平潭碗礁 I 号沉船遗址水下考古队，对该沉船遗址进行抢救性发掘。此次发掘从 7 月初至 10 月中旬，历时三个半月，揭露出一处沉船遗迹，发掘出水 17000 多

[1] 福建省平潭地方志编纂委员会：《平潭县志》，方志出版社，2000 年，第 92 页。

[2] 中国海湾志编纂委员会：《中国海湾志》（第七分册 福建北部海湾），海洋出版社，1994 年，第 162 页。

[3] 中澳合作水下考古专业人员培训班定海调查发掘队：《中国福建连江定海 1990 年度调查、试掘报告》，《中国历史博物馆馆刊》1992 年总第 18、19 期，第 242~258、188 页；（澳）保罗・克拉克：《中国福建省定海地区沉船遗址的初步调查》，《福建文博》1990 年第 1 期，第 18、19 页。

[4] 中澳联合定海水下考古队：《福建定海沉船遗址 1995 年度调查与发掘》，《东南考古研究》第二辑，厦门大学出版社，1999 年，第 186~198 页。

[5] 中国国家博物馆水下考古研究中心、厦门大学海洋考古学研究中心、福建博物院考古研究所、福州市文物考古工作队、连江县博物馆编著：《福建连江定海湾沉船考古》，科学出版社，2011 年。

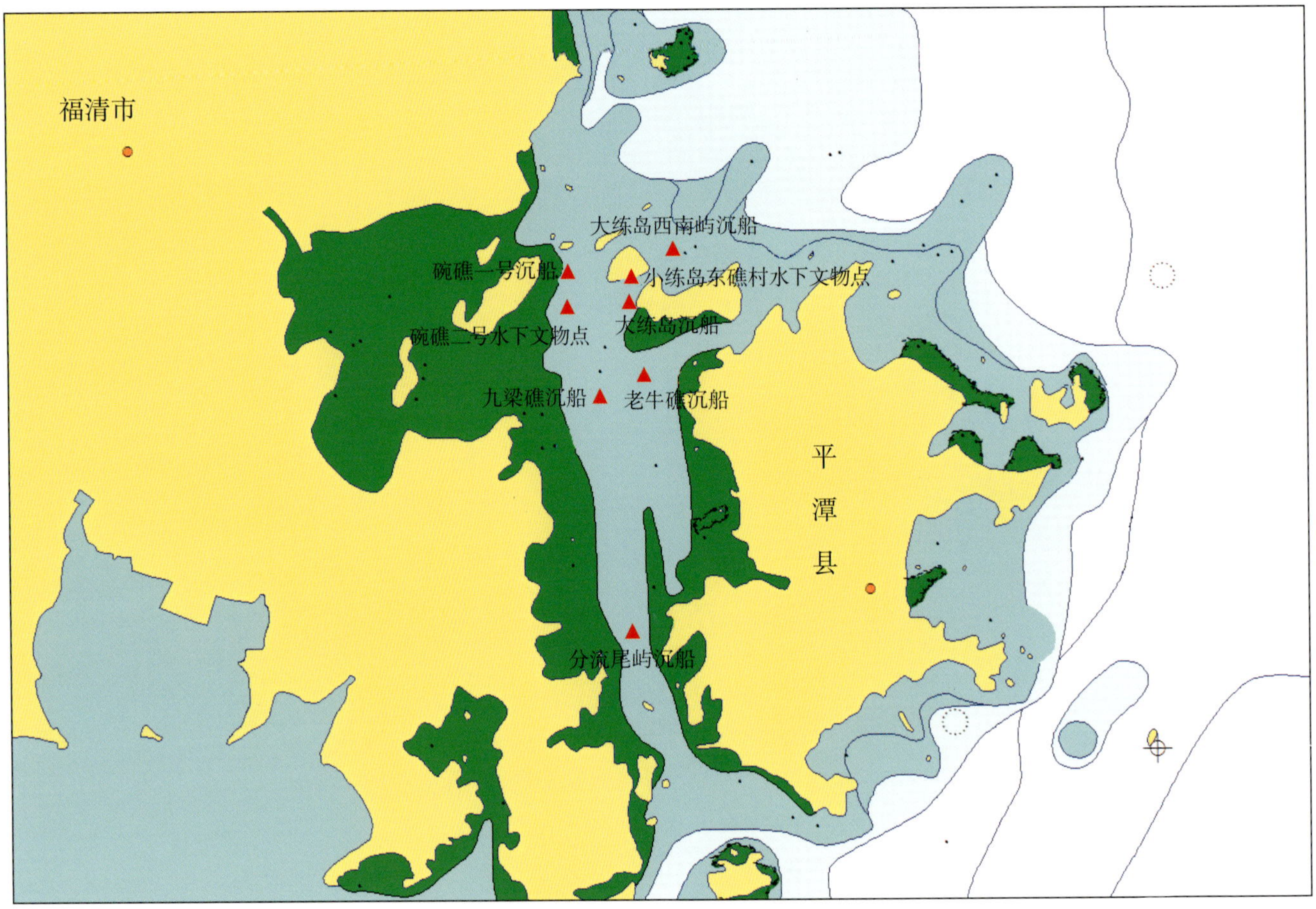


**图 2-1　平潭海域水下文化遗存分布图**

件瓷器[1]。

2006 年 3~7 月，福建沿海水下考古调查队又对连江定海、海坛海峡进行了调查，先后发现九梁礁明代沉船遗址[2]、老牛礁明代沉船遗址、小练岛东礁村宋元水下文物点、大练岛元代沉船遗址等。

2007 年 10~12 月，对大练岛元代沉船遗址进行水下考古发掘[3]。

2008 年 3~7 月，对福建沿海海域进行普查时，调查了福州海域，复查了平潭九梁一号沉船等遗址，还发现了平潭小练岛东礁宋元时期水下遗存等[4]。

2009 年 7~8 月底，结合第五期全国水下考古专业人员培训班实习工作，对小练岛东礁村宋元

[1]“东海平潭碗礁 1 号”沉船遗址水下考古队：《“东海平潭碗礁 1 号”沉船水下考古的发现与收获》，《福建文博》2006 年第 1 期，第 3~10、17 页；碗礁一号水下考古队：《东海平潭碗礁一号出水瓷器》，科学出版社，2006 年。

[2] 福建沿海水下考古调查队：《福建平潭九梁Ⅰ号沉船遗址水下考古调查简报》，《福建文博》2010 年第 1 期，第 13~18 页。

[3] 平潭大练岛元代沉船遗址水下考古队：《平潭大练岛Ⅰ号沉船遗址水下考古发掘收获》，《福建文博》2008 年第 1 期，第 21~25 页；中国国家博物馆水下考古研究中心、福建博物院文物考古研究所、福州市文物考古工作队编著：《福建平潭大练岛元代沉船遗址》，科学出版社，2014 年。

[4] 栗建安《福建地区水下考古 20 年》，《福建文博》2009 年增刊，第 36~42 页；赵嘉斌：《水下考古学在中国的发展与成果》，《水下考古学研究》第 1 卷，科学出版社，2012 年，第 13~56 页；福建沿海水下考古调查队：《福建沿海水下考古调查》，《文物》2014 年第 2 期，第 29~40 页。

水下文物点以及周边海域进行调查，发现大练乡西南屿宋代沉船遗址[1]。

2010年4~5月中旬，福建沿海水下文物普查队对平潭海域开展重点调查，发现平潭娘宫分流尾屿五代沉船遗址[2]与平潭碗礁二号清代水下文物点[3]。

至此，福州海域共确认12处水下文化遗存，其中有8处位于平潭海坛海峡（图2–1），4处位于连江定海海域，年代从五代至清代，出水遗物均为陶瓷器，既有福建本地窑址的产品，也有浙江越窑、龙泉窑、江西景德镇窑、江苏宜兴一带窑址的产品。

## 第二节　平潭分流尾屿沉船遗址

### 一　遗址概况

分流尾屿位于海坛岛的西南面娘宫码头和福清小山东之间的海上交通要道上，东距娘宫码头约1500、南面不到1000米即为平潭大桥。分流尾屿面积不到500平方米，东北部突出一道横梁，低平潮时水深不到一米，形成暗礁。全屿为岩石质，没有树木，只在地表覆盖一层较稀薄的植被，东面有一水泥灯塔。

沉船遗址位于分流尾屿的北部，南距分流尾屿约100米（彩版2–1）。2009年底，此遗址因遭盗掘者盗捞而被发现。2010年4月下旬~5月上旬，根据渔民提供的线索，福建沿海水下文物考古调查队对该遗址进行了调查（彩版2–2），并采集部分标本（彩版2–3）。根据调查情况，遗址

彩版2–1　分流尾屿沉船遗址位置

彩版2–2　分流尾屿水下考古调查

[1] 福建沿海水下考古调查队：《福建沿海水下考古调查》，《文物》2014年第2期，第29~40页；栗建安：《闽海钩沉——福建水下考古发现与研究二十年》，《水下考古学研究》第1卷，科学出版社，2012年，第57~92页；羊泽林：《福建水下考古发现与相关问题初探》，《水下考古学研究》第1卷，第93~112页。

[2] 中国国家博物馆水下考古研究中心、福建博物院文物考古研究所：《福建平潭分流尾屿五代沉船遗址调查》，《中国国家博物馆馆刊》2011年第11期，第18~25页。

[3] 福建沿海水下考古调查队：《福建沿海水下考古调查》，《文物》2014年第2期，第29~40页。

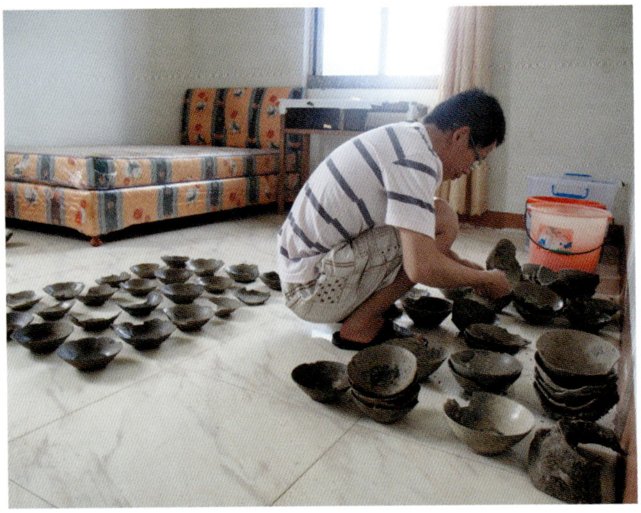

彩版 2-3　分流尾屿出水遗物初步清理

所处海床大部分为泥沙底，局部为纯沙底，靠近分流尾屿则局部礁石出露海床。水较浅，低平潮时 8~10、高平潮时 11~13 米，潮差 3 米左右。由于遗址遭受过盗捞者的破坏，在海床表面可见一些盗坑和被盗捞者翻动过的痕迹，并散落大量遗物（彩版 2-4）。从大部分遗物均是口沿部分残破，而且断面均较新来判断，这些散落的遗物大部分是被盗捞者破坏所致。遗物较为集中分布的面积约 500 平方米，散落面积则约有 1000 多平方米，遗址表面未发现船体遗迹。

## 二　出水遗物

采集的出水遗物均为瓷器，主要为青瓷碗、碟、盏托，此外还采集到个别执壶残片等。器物形制规整，胎体普遍较薄，胎呈灰或深灰色，胎质细腻致密。釉呈青灰、青褐色，部分泛黄，大部分釉面有冰裂纹和较多气孔，局部还可见许多小黑点。除了极少数釉面莹润光亮外，大部分釉面玻化程度较差。碗、碟、盏托类器物均内外满釉，在内底和圈足足端可见一周泥条或泥点支钉痕迹，因此可知其采用的装烧方法为支钉叠烧。

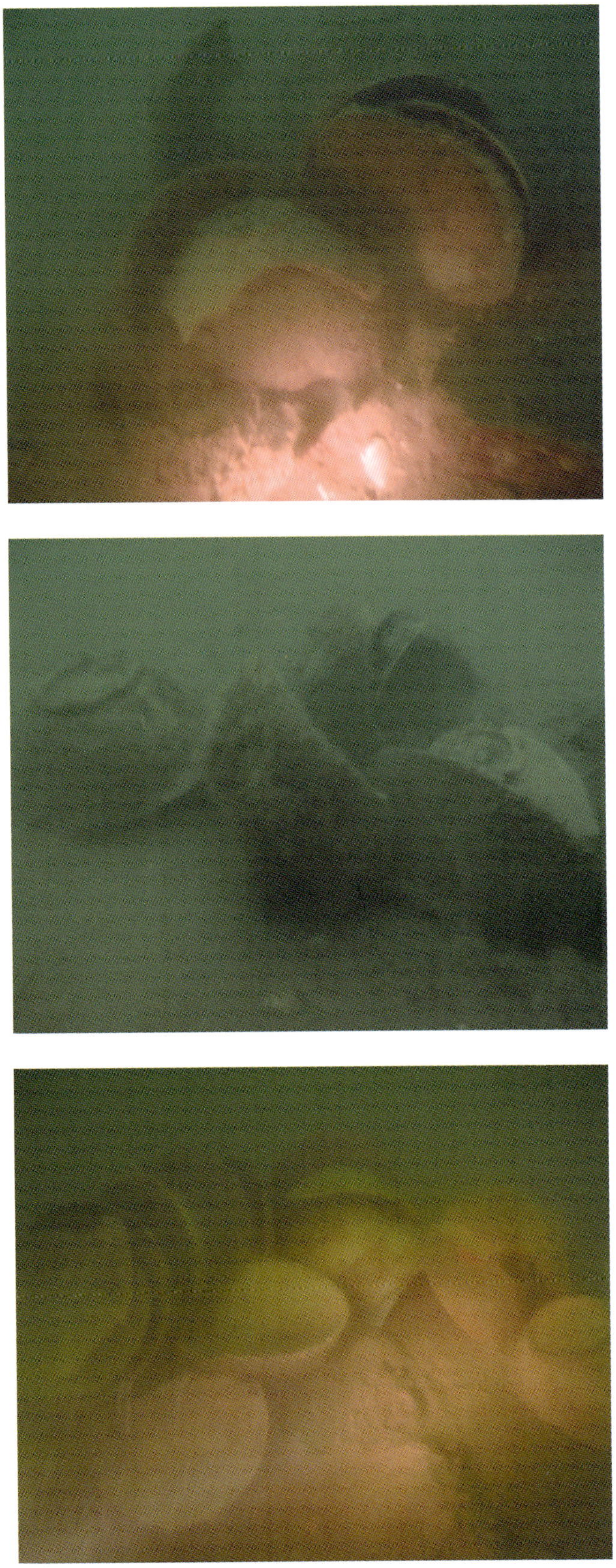

彩版 2-4　分流尾屿水下遗物堆积状况

（1）碗

35 件。数量最多，根据形制分两型。

A 型　21 件。器形较大，均为五花口，口沿微撇或为敞口，深斜弧腹。根据腹部形态又分两式。

A 型Ⅰ式　14 件。花瓣形腹，在花口下面的腹外壁向内压印五道短竖条纹，整个碗呈花瓣状。

标本分流尾屿：9，口沿微残。敞口微撇，尖唇，内底微弧，外底较平，圈足微撇。灰胎，釉呈青灰色，略泛黄，釉面有部分黑点。内底可见 7 枚、圈足足端可见 8 枚细泥条支钉痕迹。口径 17.5、足径 7.8、高 7.0 厘米（图 2–2，1；彩版 2–5）。

标本分流尾屿：13，部分残缺。敞口，尖唇，内底微弧，外底较平，圈足微撇。灰胎，釉呈青灰色，略泛绿，釉色莹润，釉面有较多黑点，并开片。内壁、底粘有少量海生物。圈足足端可见 8 枚泥条支钉痕迹。口径 17.5、足径 7.7、高 7.0 厘米（图 2–2，2；彩版 2–6）。

标本分流尾屿：15，口沿微残。敞口微撇，尖唇，内底略弧，外底较平，中心微突，圈足微撇。灰胎，釉呈青黄色，略泛灰，通体冰裂纹。内壁、底粘有少量海生物。内底可见 8 枚、圈足足端可见 10 枚泥点支钉痕迹。口径 17.1、足径 7.4、高 6.6 厘米（图 2–2，3；彩版 2–7）。

标本分流尾屿：17，口沿微残。敞口微撇，尖唇，内、外底较平，圈足较大，挖足较浅，足墙较厚。灰胎，釉呈青灰色，口沿附近有冰裂纹，并粘有少量牡蛎壳。内底、圈足足端可见 18 枚泥点支钉痕迹。口径 18.0、足径 8.4、高 7.0 厘米（图 2–2，4；彩版 2–8）。

A 型Ⅱ式　7 件。圆腹。

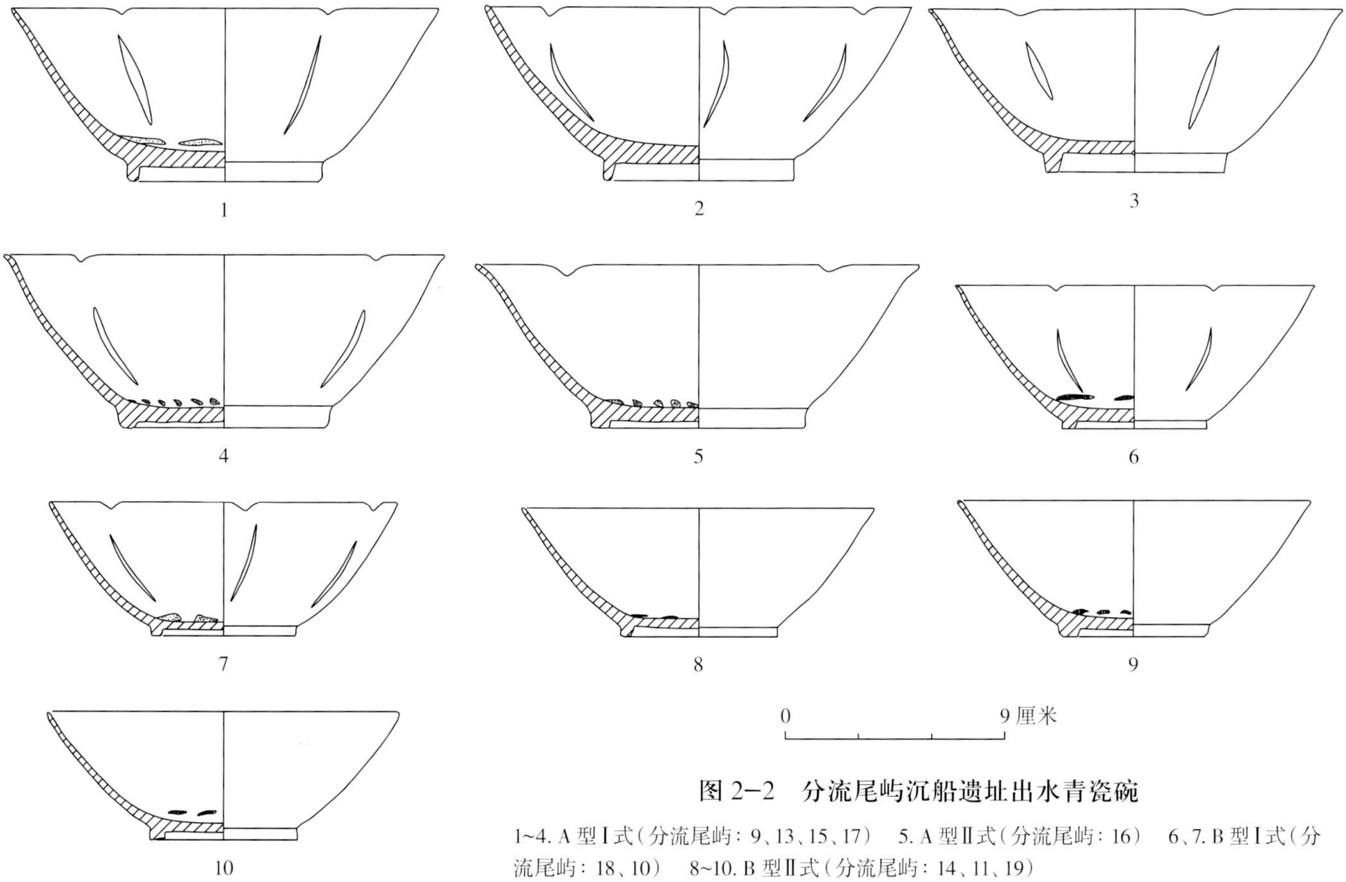


**图 2–2　分流尾屿沉船遗址出水青瓷碗**

1~4. A 型Ⅰ式（分流尾屿：9、13、15、17）　5. A 型Ⅱ式（分流尾屿：16）　6、7. B 型Ⅰ式（分流尾屿：18、10）　8~10. B 型Ⅱ式（分流尾屿：14、11、19）

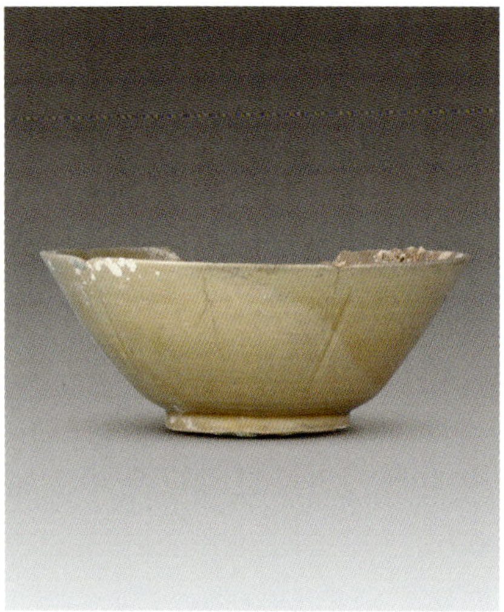

彩版 2–5　青瓷碗（分流尾屿：9）

彩版 2–6　青瓷碗（分流尾屿：13）

彩版 2–7　青瓷碗（分流尾屿：15）

彩版 2–8　青瓷碗（分流尾屿：17）

标本分流尾屿：16，口沿残。五花口，撇口，尖唇，内、外底较平，圈足较大，挖足较浅，足墙较厚。灰胎，釉呈青灰色，通体冰裂纹。内壁、底粘有少量海生物。内底、圈足足端均可见17枚泥点支钉痕迹。口径18.0、足径8.8、高6.6厘米（图2–2，5；彩版2–9）。

B型　14件。器形较小，有花口和圆口之分，敞口，尖唇，斜直腹微弧，圈足较矮，微外撇。根据口沿形态分两式。

B型Ⅰ式　8件。花口，花瓣形腹。

标本分流尾屿：18，口沿残。内底略弧，外底较平，矮圈足，足墙较厚。灰胎，釉呈青褐色，略泛黄，釉面可见少量气孔，通体有冰裂纹。内底、圈足足端均可见7枚泥点支钉痕迹。口径14.8、足径6.0、高5.8厘米（图2–2，6；彩版2–10）。

标本分流尾屿：10，口沿微残。内外底较平。灰胎，釉呈青褐色，略泛灰，釉面有较多黑点。内底可见8枚泥点支钉痕迹，并粘有少量牡蛎壳。口径14.2、足径5.8、高5.4厘米（图2–2，7；

彩版 2-9　青瓷碗（分流尾屿：16）

彩版 2-10　青瓷碗（分流尾屿：18）

彩版 2-11　青瓷碗（分流尾屿：10）

彩版 2-12　青瓷碗（分流尾屿：14）

彩版 2-11）。

B 型Ⅱ式　6 件。圆口。

标本分流尾屿：14，口沿微残。内、外底较平，矮圈足，足端中间高，两侧斜削。灰胎，胎质细腻。釉呈青黄色，略泛灰，通体冰裂纹。内壁、底粘有少量海生物。内底和圈足足端均可见 6 枚泥点支钉痕迹。口径 14.5、足径 6.4、高 5.2 厘米（图 2-2，8；彩版 2-12）。

标本分流尾屿：11，口沿残。内、外底较平，圈足较矮，足墙较厚，制作规整。灰胎，釉呈青灰色，略泛黄，釉面有较多黑点。内壁、底粘有少量牡蛎壳。圈足足端可见 8 枚泥点支钉痕迹。口径 14.5、足径 6.3、高 5.5 厘米（图 2-2，9；彩版 2-13）。

标本分流尾屿：19，完整。内底略弧，外底较平，矮圈足，足墙较厚。灰胎，釉呈青褐色，略泛灰，釉面可见少量气孔，通体有冰裂纹。内底可见 7 枚、圈足足端可见 8 枚支钉痕迹。口径 14.5、足径 6.0、高 5.2 厘米（图 2-2，10；彩版 2-14）。

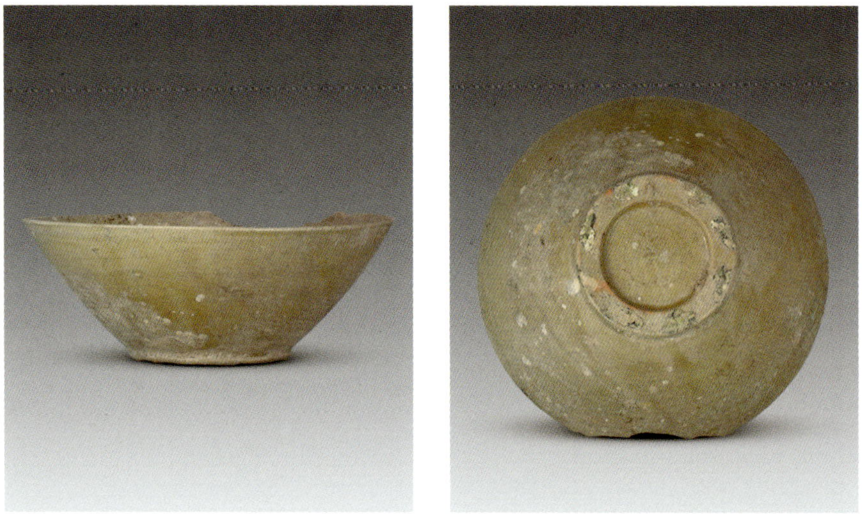

彩版 2–13　青瓷碗（分流尾屿：11）

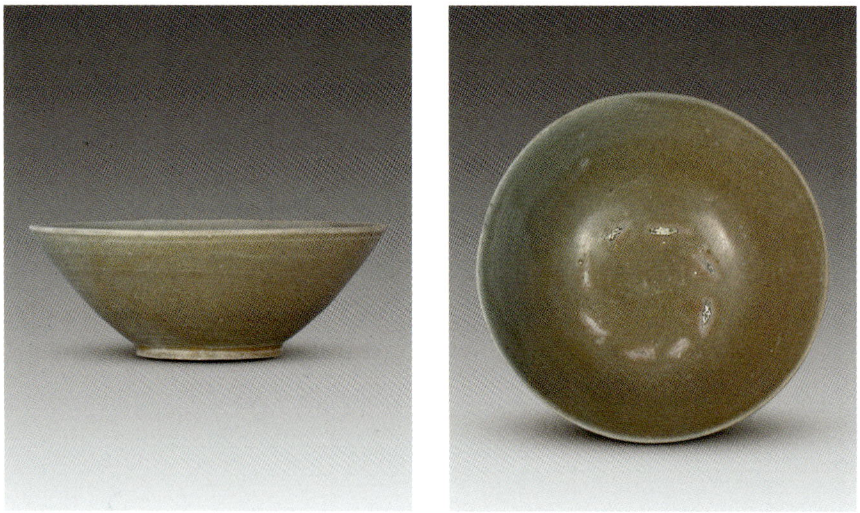

彩版 2–14　青瓷碗（分流尾屿：19）

（2）盏托

5件。根据口沿形态分两式。

Ⅰ式　3件。圆口。托盘口微敛，圆唇，宽折沿，下腹折收，内底平，中心微下凹，圈足较高，足墙较薄，微外撇。灰胎，青灰釉。

标本分流尾屿：23，口沿残。腹下部折痕明显。口径12.7、足径6.2、高3.4厘米（图2–3，1；彩版2–15）。

标本分流尾屿：22，口沿残。腹下部折痕不明显。釉略泛褐，釉面泛涩，通体布满小黑点，并附着一些海生物。口径12.5、足径6.4、高3.2厘米（图2–3，2；彩版2–16）。

Ⅱ式　2件。五花口。托盘口微敛，圆唇，宽折沿，下腹折收，平底，圈足微外撇。灰胎，青灰釉，通体冰裂纹。足端可见9枚泥点支钉痕迹。

标本分流尾屿：21，口沿残。内底中心微下凹。口径12.1、足径6.0、高3.1厘米（图

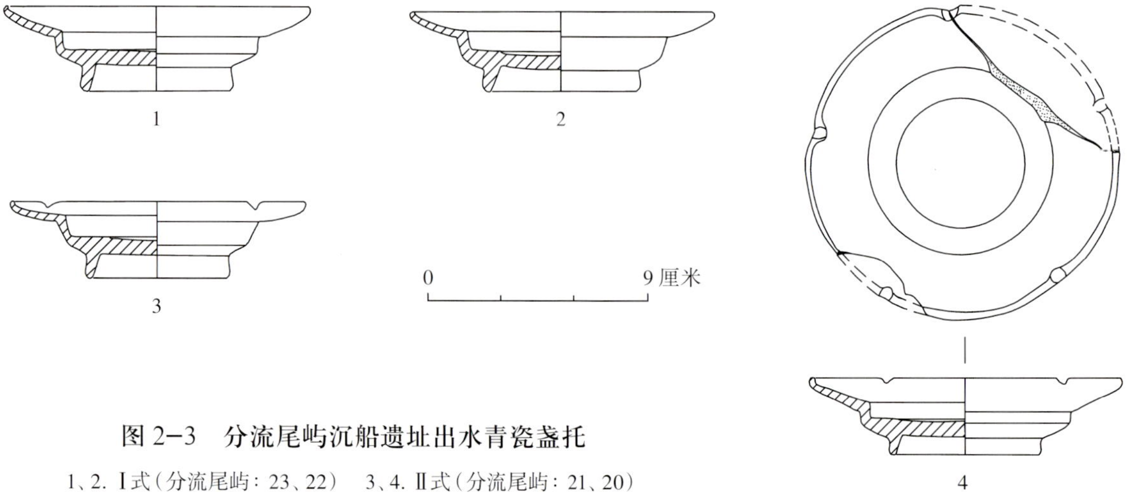


图 2–3　分流尾屿沉船遗址出水青瓷盏托

1、2. Ⅰ式（分流尾屿：23、22）　3、4. Ⅱ式（分流尾屿：21、20）

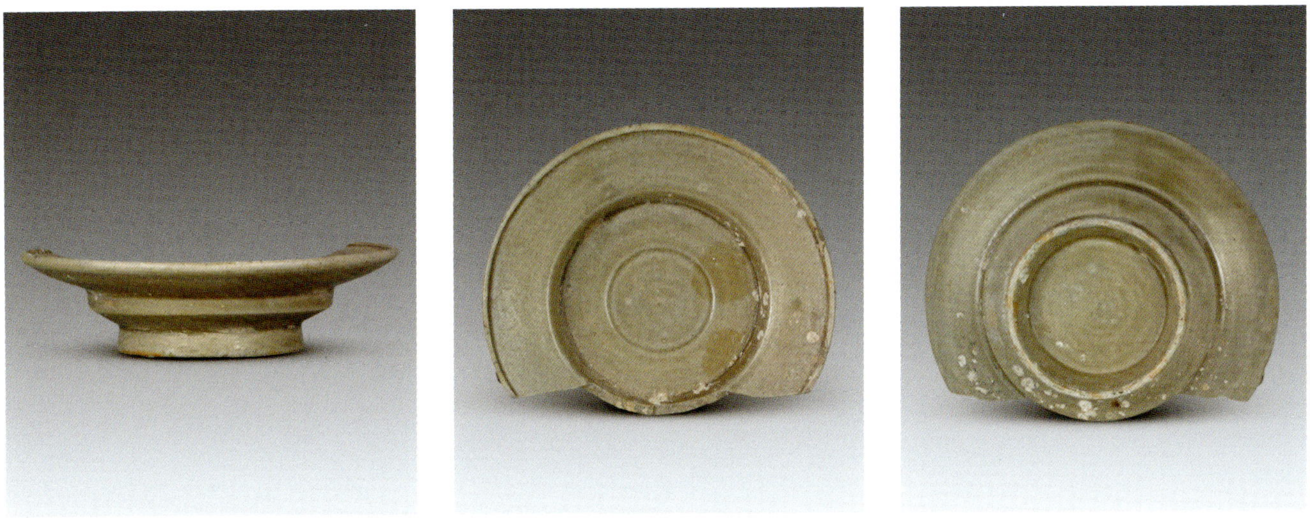

彩版 2-15　青瓷盏托（分流尾屿：23）

彩版 2-16　青瓷盏托（分流尾屿：22）

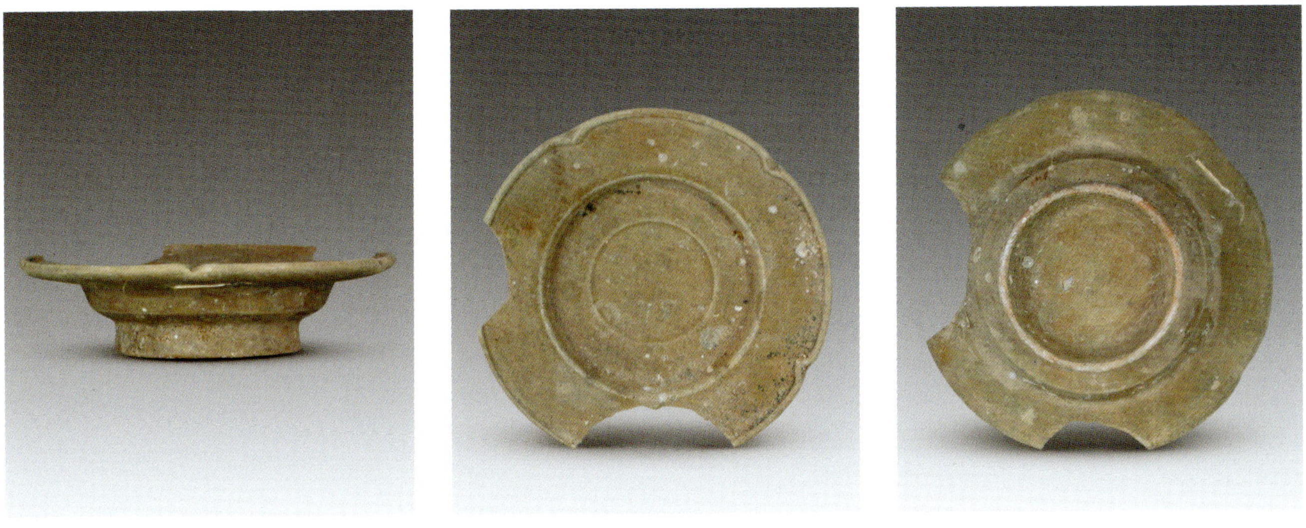

彩版 2-17　青瓷盏托（分流尾屿：21）

彩版 2-18 青瓷盏托（分流尾屿：20）

2-3，3；彩版 2-17）。

标本分流尾屿：20，口沿残。内底有一圈凹弦纹。口径 13.0、足径 6.3、高 3.1 厘米（图 2-3，4；彩版 2-18）。

（3）碟

12 件。碟的数量仅次于碗。根据底、足形态分两型。

A 型 9 件。圈足，敞口或口微撇，斜弧腹，圈足较矮直，或微撇。花瓣形腹或圆形腹。根据口沿形态分三式。

A 型Ⅰ式 5 件。花瓣形口、腹。

标本分流尾屿：6，口沿残。敞口微撇，尖唇，内底阔，内、外底较平。灰胎，釉呈青灰色，表面局部有小黑点。内底与圈足足端均可见 8 枚泥条支钉痕迹。口径 13.9、足径 6.5、高 3.5 厘米（图 2-4，1）。

标本分流尾屿：4，口沿残。敞口，尖唇，内底阔，内、外底较平，圈足微外撇。灰胎，胎质细腻。釉呈青褐色略泛黄，通体开冰裂纹。内底和圈足足端均可见 7 枚泥条支钉痕迹。口径 14.2、足径 6.7、高 3.5 厘米（图 2-4，2；彩版 2-19）。

标本分流尾屿：12，口沿残。敞口微撇，尖唇，斜弧腹，内底阔，内外底较平。灰胎，釉呈青灰色，釉色莹润，口沿及腹部开冰裂纹。内底与圈足足端均可见 7 枚泥条支钉痕迹。口径 14.3、足径 6.0、高 3.8 厘米（图 2-4，3；彩版 2-20）。

标本分流尾屿：8，口沿残。敞口微撇，尖唇，内底阔，内外底较平。灰胎，胎质细腻。釉呈青褐色，略泛灰，通体开冰裂纹。内底与圈足足端均可见 7 枚泥条支钉痕迹。口径 16.5、足径 7.4、高 4.5 厘米（图 2-4，4；彩版 2-21）。

标本分流尾屿：7，口沿残。敞口微撇，尖唇，内底阔，内、外底较平。灰胎，釉呈青灰色，略泛黄，表面局部可见小气孔。内底与圈足足端均可见 8 枚泥条支钉痕迹。口径 16.2、足径 7.5、高 4.8 厘米（图 2-4，5；彩版 2-22）。

A 型Ⅱ式　2 件。五花口。

标本分流尾屿：1，口沿残。敞口，尖唇，斜弧腹，内底阔，中心下凹，外底较平。内底可见 7 枚泥条支钉痕迹。浅灰胎，青灰釉略泛黄，釉面可见较多小气孔，口沿与内壁局部有流釉。口径

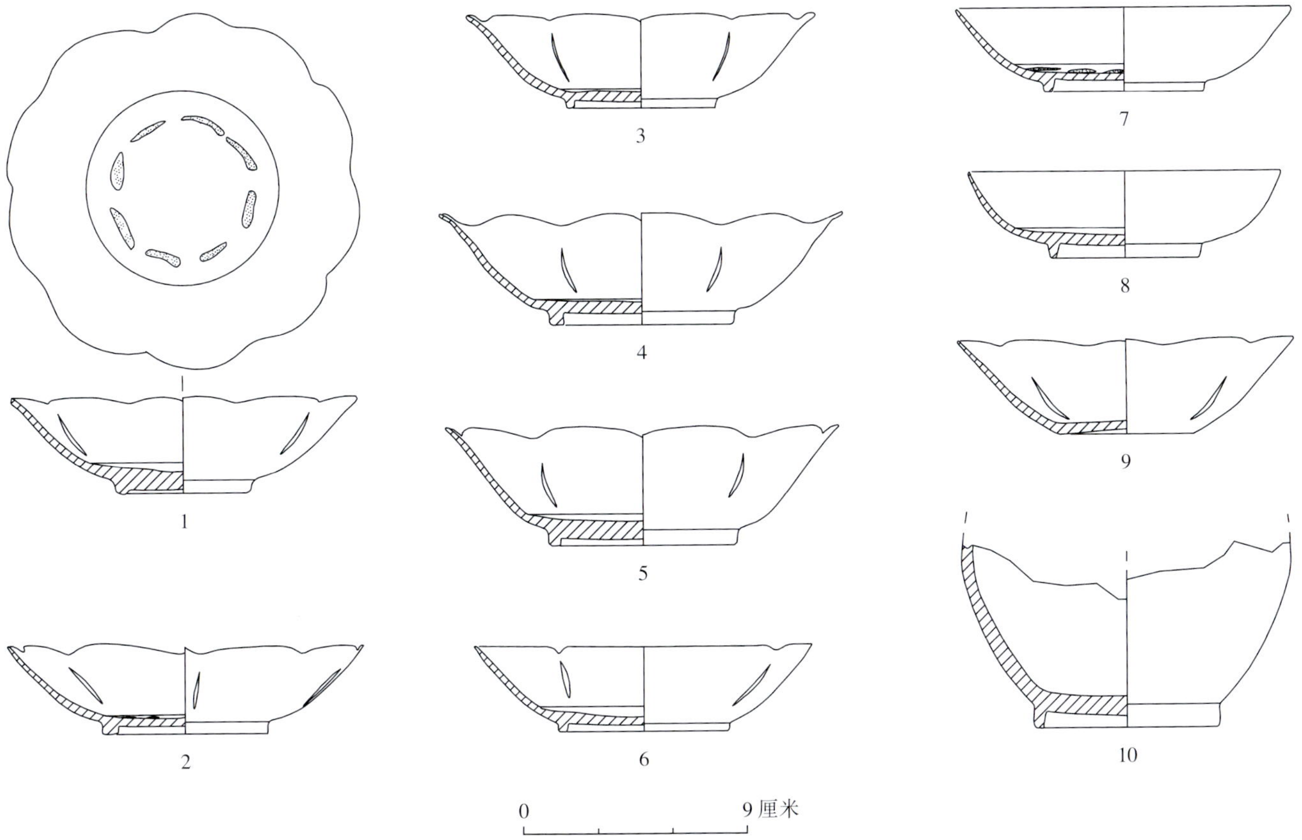


图 2-4　分流尾屿沉船遗址出水青瓷

1~5. A 型Ⅰ式碟（分流尾屿：6、4、12、8、7）　6. A 型Ⅱ式碟（分流尾屿：1）　7、8. A 型Ⅲ式碟（分流尾屿：3、2）　9. B 型碟（分流尾屿：5）　10. 执壶（分流尾屿：24）

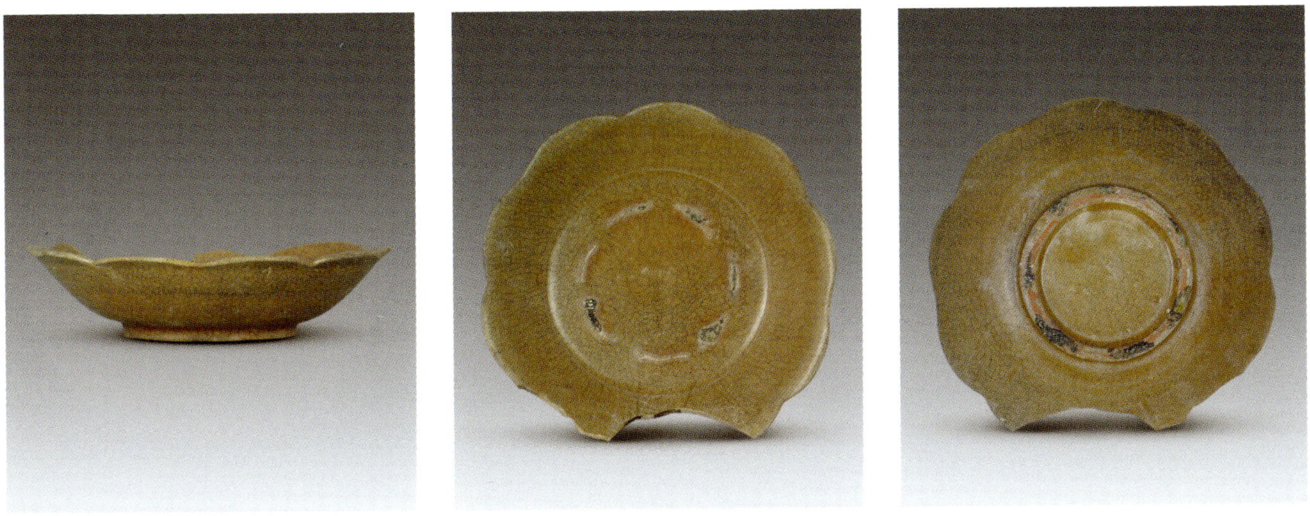

彩版 2-19　青瓷碟（分流尾屿：4）

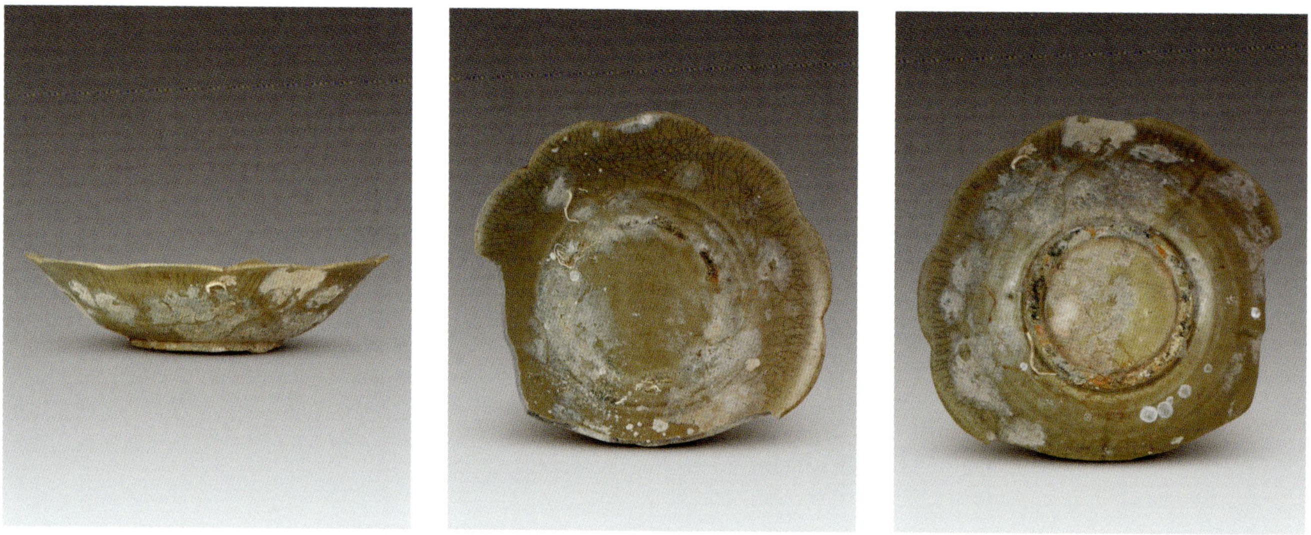

彩版 2–20　青瓷碟（分流尾屿：12）

彩版 2–21　青瓷碟（分流尾屿：8）

彩版 2–22　青瓷碟（分流尾屿：7）

彩版 2–23　青瓷碟（分流尾屿：1）

13.9、足径 7.0、高 3.4 厘米（图 2–4，6；彩版 2–23）。

A 型Ⅲ式　2 件。圆口。

标本分流尾屿：3，完整。敞口，尖唇，内底阔，微下凹，外底较平，矮圈足微撇。灰胎，釉呈青褐色，釉面较晦涩，内壁粘有大块牡蛎壳。内底可见 8 枚泥条支钉痕迹。口径 13.7、足径 6.5、高 3.4 厘米（图 2–4，7；彩版 2–24）。

标本分流尾屿：2，口沿微残。敞口，尖唇，内底阔，较平，外底中心微下凸，圈足微外撇。深灰胎，由于略生烧，釉呈青褐色，开冰裂纹。口径 12.9、足径 6.1、高 3.5 厘米（图 2–4，8；彩版 2–25）。

B 型　3 件。底内凹。

标本分流尾屿：5，口沿残。敞口微撇，尖唇，斜弧腹，内底阔，中心微下凹，外底微内凹，腹部压印五条竖条纹。灰胎，釉呈青灰色，表面由于被牡蛎壳污染，部分成黑色。内、外底均可见 7 枚泥条支钉痕迹。口径 14.0、底径 5.5、高 3.9 厘米（图 2–4，9；彩版 2–26）。

彩版 2–24　青瓷碟（分流尾屿：3）

彩版 2–25　青瓷碟（分流尾屿：2）

彩版 2–26　青瓷碟（分流尾屿：5）

彩版 2–27　青瓷执壶（分流尾屿：24）

彩版 2−28　大练岛西南屿沉船遗址位置

彩版 2−29　大练岛西南屿水下调查

彩版 2−30　大练岛西南屿水下机器人调查

彩版 2−31　大练岛西南屿潜水探摸

绸之路航线上，因此埋藏着丰富的水下文化遗存。

2009 年 10 月，在当地渔民向导的带领下，福建沿海水下考古调查队对大练岛西南屿附近进行水下考古调查，采集到部分瓷器标本。2010 年 4 月 ~5 月间，又对此处进行了物探调查和水下探摸，调查范围约 2000 平方米，采集部分标本，但未发现船体遗迹（彩版 2−28~31）。

西南屿水下文物点位于大练岛北部西南屿西南面约 500 米，低平潮时水深 35~38 米。海床大部分为礁石底，最高突出海床表面 2~3 米，礁石间低洼处为软质淤泥，其西、南面有一道沙坡，最浅处约 33 米。因此处多暗礁，水流紊乱，流速变化快，工作时间较短。

## 二　出水遗物

两次调查共采集标本 11 件，均为青瓷器，器形以碗为主，少量盘等。器物大部分内壁刻划花卉、外壁刻划折扇纹等，少量素面。

（1）碗

9件。敞口或口微撇，圆唇，斜弧腹，内、外底较平，矮圈足，足端两侧斜削。灰胎，胎体较厚，青绿釉，略泛灰或褐色，釉面多开片，内满釉，外施至足壁或足端，足内无釉。由于从海床表面采集，表面粘有较多海生物痕迹。根据口沿形态分三式。

Ⅰ式　6件。口微撇。内壁、底刻划荷花、水波纹，外壁刻划折扇纹。

标本西南屿：1，完整。口径18.4、足径6.4、高7.8厘米（图2–5，1；彩版2–32）。

标本西南屿：2，口沿微残。口径18.9、足径6.8、高8.2厘米（图2–5，2；彩版2–33）。

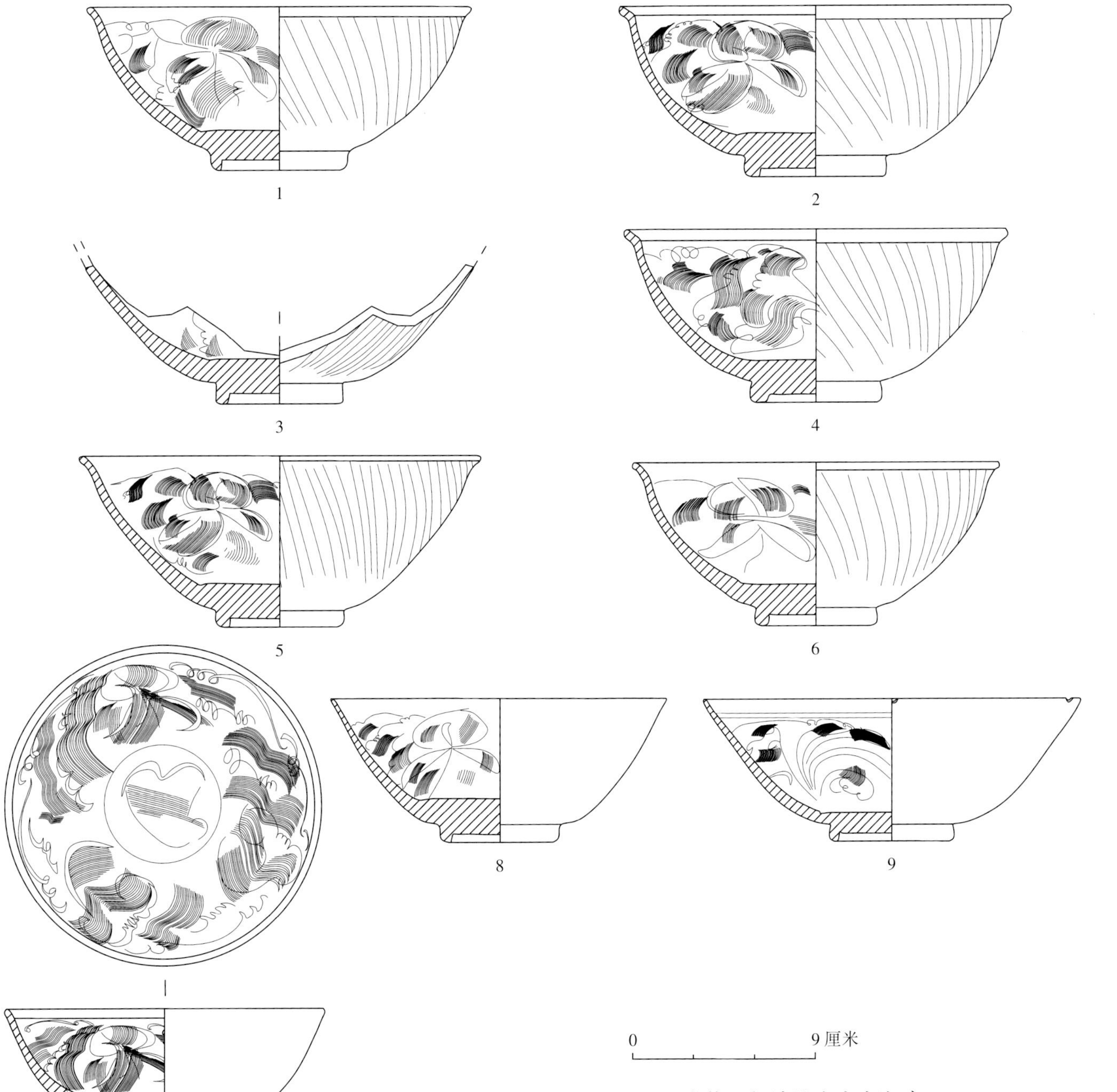


图2–5　西南屿沉船遗址出水青瓷碗

1~6. Ⅰ式（西南屿：1、2、5、8、9、11）　7、8. Ⅱ式（西南屿：4、3）　9. Ⅲ式（西南屿：7）

标本西南屿：5，仅存腹、足部。足径 6.1、残高 6.5 厘米（图 2–5，3；彩版 2–34）。

标本西南屿：8，存大部分。口径 18.5、足径 6.4、高 8.3 厘米（图 2–5，4；彩版 2–35）。

标本西南屿：9，存大部分。口径 19.1、足径 6.2、高 8.2 厘米（图 2–5，5；彩版 2–36）。

标本西南屿：11，口沿微残。口径 18.2、足径 6.0、高 7.8 厘米（图 2–5，6；彩版 2–37）。

Ⅱ式　2 件。敞口。

标本西南屿：4，口沿微残。内壁、底刻划荷花、水波纹。口径 15.9、足径 5.7、高 6.5 厘米（图 2–5，7；彩版 2–39）。

标本西南屿：3，口沿微残。内壁、底刻划水波纹。口径 16.3、足径 5.7、高 6.9 厘米（图 2–5，8；彩版 2–38）。

Ⅲ式　1 件。葵口。

标本西南屿：7，存大部分。内壁上部刻划两道细弦纹、下部及底刻划水波纹。口径 18.6、足径 6.1、高 6.9 厘米（图 2–5，9；彩版 2–40）。

彩版 2–32　青瓷碗（西南屿：1）

彩版 2–33　青瓷碗（西南屿：2）

彩版 2-34　青瓷碗（西南屿：5）

彩版 2-35　青瓷碗（西南屿：8）

彩版 2-36　青瓷碗（西南屿：9）

彩版 2-37　青瓷碗（西南屿：11）

彩版 2-38　青瓷碗（西南屿：3）

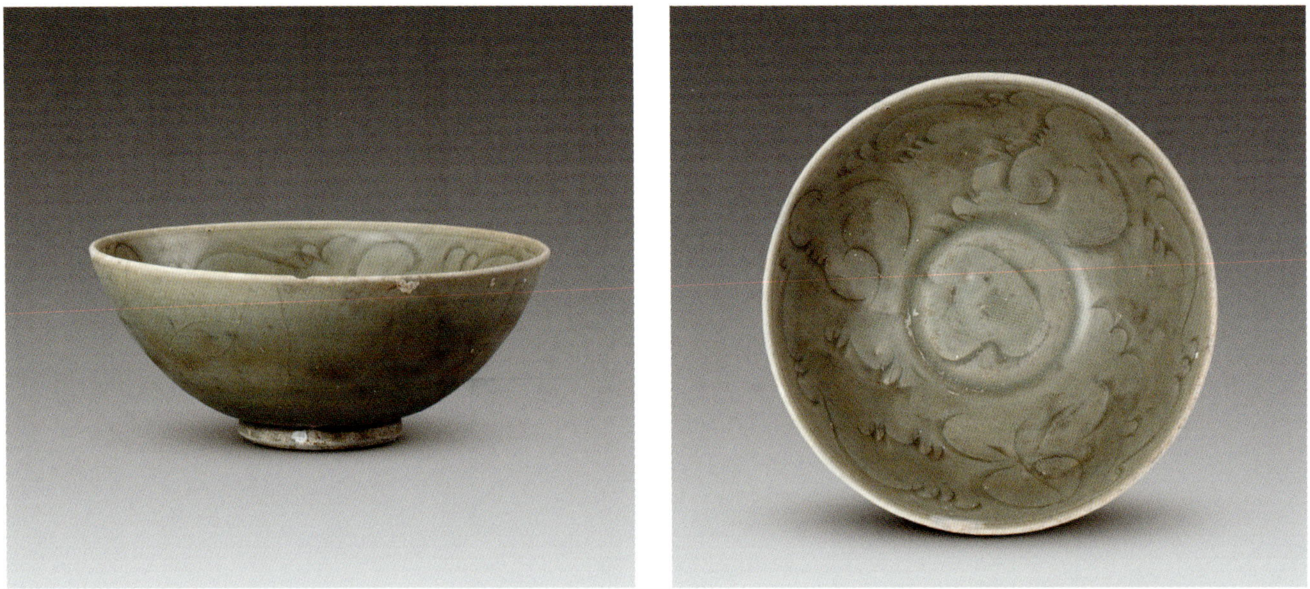

彩版 2–39　青瓷碗（西南屿：4）

彩版 2–40　青瓷碗（西南屿：7）

（2）**盘**

2 件。根据器形大小及腹部形态分两式。

Ⅰ式　1 件。器形较小，折腹，底内凹。

标本西南屿：6，口沿微残。敞口，圆唇，折腹，底内凹。灰胎，青绿釉，釉面有部分小黑点，局部开片，内满釉，外施至腹底部，外底无釉。内底刻划一叶纹，外壁素面。口径 13.7、底径 4.5、高 3.7 厘米（图 2–6，1；彩版 2–41）。

Ⅱ式　1 件。器形较大，斜弧腹，圈足。

标本西南屿：10，完整。口微撇，圆唇，斜弧腹，内、外底较平，圈足较矮，足墙较厚，外直内斜，足端两侧斜削。灰胎，较厚，青绿釉，釉面有较多小黑点，内满釉，外施至足端，足内无釉。内壁、底刻划荷叶水波纹，外壁刻划折扇纹。口径 18.5、足径 6.3、高 5.0 厘米（图 2–6，2；彩版 2–42）。

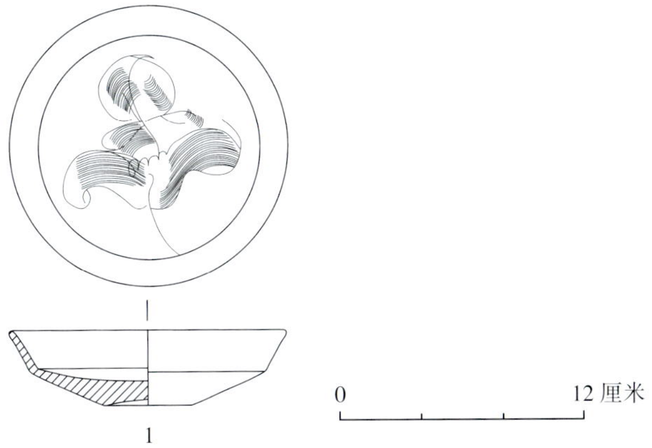

图 2–6　西南屿沉船遗址出水青瓷盘

1. Ⅰ式（西南屿：6）　2. Ⅱ式（西南屿：10）

彩版 2–41　青瓷盘（西南屿：6）

彩版 2–42　青瓷盘（西南屿：10）

## 三 小结

这两次调查，采集了一些标本，由于受调查时间和范围限制，未发现船体，因此暂定为一处水下文物点。但根据向导提供的线索，此处曾有渔民捞上来过瓷器，而且亦有不法分子在此处进行过多次盗捞活动。以后可进行重点调查，进一步扩大调查范围，找到沉船。

西南屿水下文物点出水的瓷器从胎、釉以及制作工艺来看，似应为闽北浦城碗窑背窑、松溪回场窑或浙江龙泉窑的产品。浦城、松溪与浙江龙泉毗邻，两窑无论是窑业技术还是产品均受龙泉窑影响，在胎、釉以及制作工艺上均与龙泉窑产品接近，而与福建其他窑址生产的青釉刻划花瓷器有区别。

根据浙江龙泉东区窑址发掘报告，西南屿水下文物点出水瓷器，在器形和装饰风格有其分期中第一期向第二期过渡的特征，如器物造型稳重，坯体自上而下迅速增厚，尤以内底为甚；以双面刻划花为主，同时出现单面刻划花，内壁纹饰繁缛而略显拘谨，主题不够突出；釉色以青绿为主，并具有一定的光泽感；胎色普遍较灰，质地不甚致密等。其第一期年代，报告认为应在北宋晚至北宋末期[1]。据此，西南屿水下文物点的年代应该在北宋末期至南宋早期。

# 第四节　平潭小练岛东礁村水下文物点

## 一 遗址概况

小练岛位于平潭海坛岛西北面，东面为大练岛，岛呈三角形，面积约2644平方米，多基岩海岸，有可泊船澳口10个[2]。其两侧均为航道。东礁村水下文物点位于小练岛东礁村东南面的一个小湾内（彩版2-43），中心区距岸边约100米，遗物分布范围约2500平方米。文物点所处海床往东、南为泥底，表面有一些大小不等的石块，西部（即岸边）为沙底，东北部为礁石底，基岩露出海床。低平潮时水深19~21米，潮差约3米。由于文物点所处为湾内，地形较为复杂，无论涨退潮，水流均为朝北，流向固定，除大潮期间外，其余时间流速变化较小，一般在每秒5~40厘米。

彩版2-43　小练岛遗址位置

2008年8月，福建沿海水下考古调查队在

[1] 浙江省文物考古研究所编：《龙泉东区窑址发掘报告》，文物出版社，2004年，第407页。
[2] 福建省平潭地方志编纂委员会：《平潭县志》，方志出版社，2000年，第82页。

平潭做水下文物调查时，根据渔民提供的线索，对该水下文物点进行了调查，发现两块碇石，并采集一批遗物。2009 年 7 月下旬 ~8 月底，该水下文物点做为第五期全国水下考古专业人员培训班实习地点，进行了详细的调查和试掘，通过架设基线、探方，对遗址进行了测绘（彩版 2–44~46）。

此次发掘实习，共架设 2 米 ×2 米探方 10 个，每两人一组，完成一个探方的架设、测绘、摄影以及标本的采集与整理等。

## 二 出水遗物

### （一）陶瓷器

出水遗物主要为陶瓷器，共 119 件。主要是陶瓷器，有青瓷、青白瓷、酱釉瓷，少量黑釉瓷，器形主要有碗、瓶、罐等。

#### 1. 青瓷

30 件。

##### （1）碗

11 件。分两型。

A 型 10 件。敞口或口微撇，斜弧腹。分四式。

A 型 I 式 6 件。敞口，内外底较平，圈足制作规整，足端两侧斜削。灰胎，青釉泛灰或褐色，内满釉，外施至足端，足内无釉。外壁刻划莲瓣纹，瓣脊突起。

标本小练岛：15，口径 16.2、足径 5.3、高 6.6 厘米（图 2–7，1；彩版 2–47）。

标本小练岛：41，口径 16.2、足径 5.2、高 6.2 厘米（图 2–7，2；彩版 2–48）。

标本小练岛：57，内底模印双鱼。口径 16.5、足径 5.7、高 6.1 厘米（图 2–7，3；彩版 2–49）。

1. 出海调查

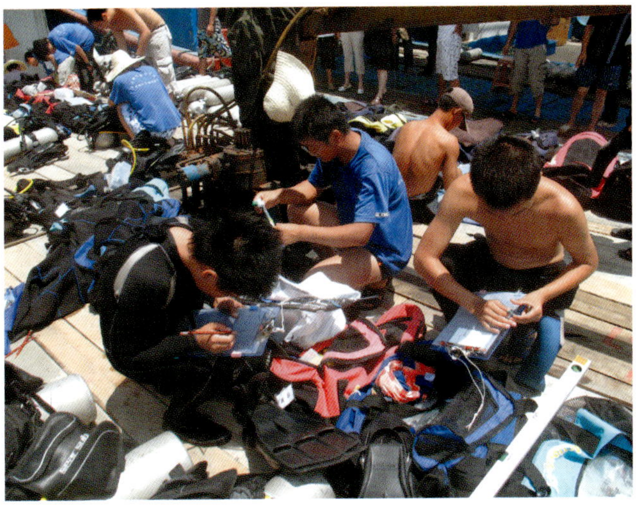

2. 潜水调查

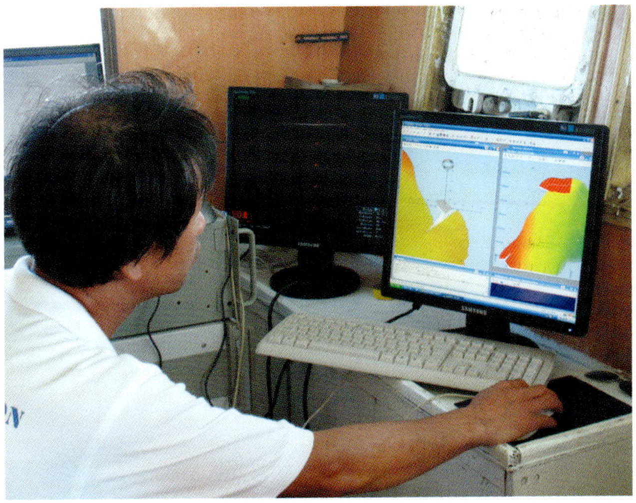

3. 物探调查

彩版 2–44 小练岛遗址调查

1. 制作试掘探方

2. 水下测绘

3. 水下考古实习授课

4. 提取文物

5. 摄影

6. 初步清洗文物

彩版 2−45　小练岛遗址调查

彩版 2–46　小练岛遗址水下堆积

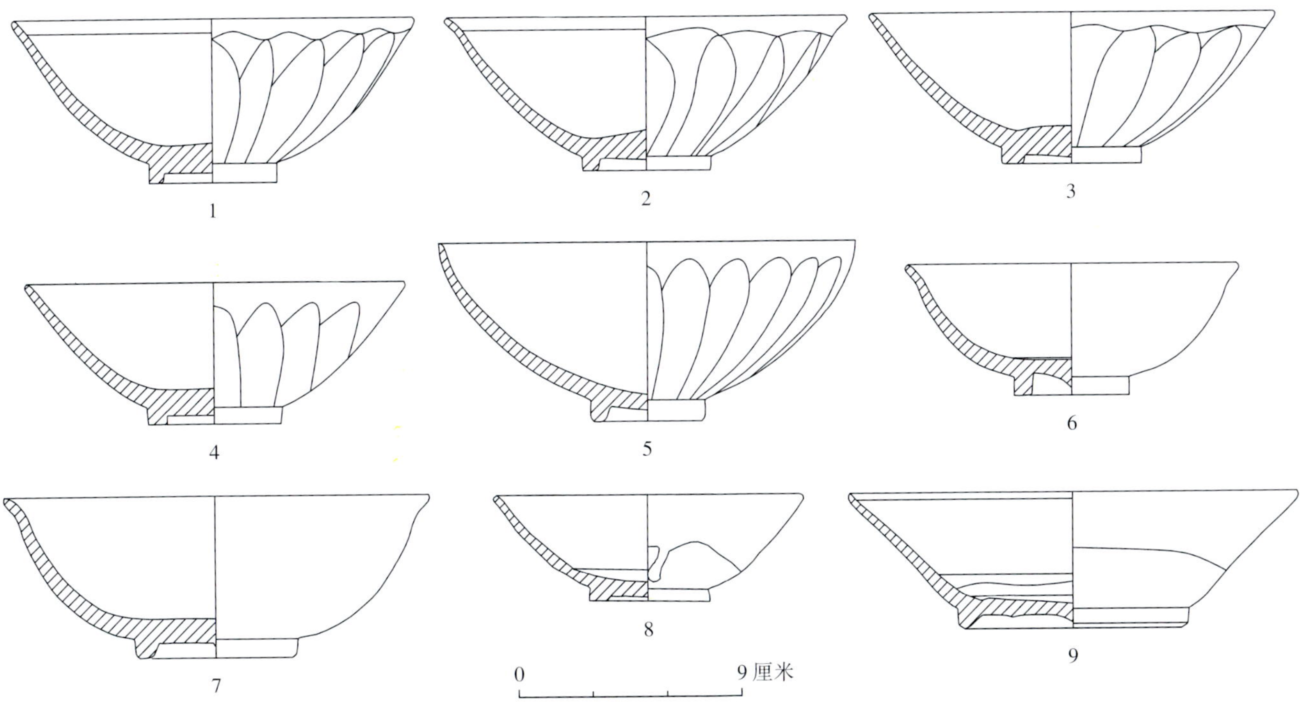

图 2–7　小练岛水下文物点出水青瓷碗

1~4. A 型Ⅰ式（小练岛：15、41、57、58）　5. A 型Ⅱ式（小练岛：72）　6、7. A 型Ⅲ式（小练岛：24、10）　8. A 型Ⅳ式（小练岛：99）　9. B 型（小练岛：69）

标本小练岛：58，口径 15.4、足径 5.4、高 5.7 厘米（图 2–7，4）。

A 型Ⅱ式　1 件。敞口微敛，斜弧腹，内底下凹成尖状。

标本小练岛：72，内底较尖，下凹，外底亦下凹，圈足较小，制作规整。灰胎，青绿釉，内外均施釉，足端无釉。外壁刻划莲瓣纹，瓣脊突起。口径 17.0、足径 4.5、高 7.2 厘米（图 2–7，5；彩版 2–50）。

彩版 2–47　青瓷碗（小练岛：15）

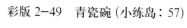

彩版 2–48　青瓷碗（小练岛：41）

彩版 2–49　青瓷碗（小练岛：57）

彩版 2–50　青瓷碗（小练岛：72）

A 型Ⅲ式　2 件。口微撇，圆唇，腹微弧。

标本小练岛：24，内底较平，外底下凸，圈足制作较规整。灰白胎，青灰釉，内底有一涩圈，外施至足墙外壁。内底模印花卉，较模糊。口径 13.5、足径 4.7、高 5.3 厘米（图 2–7，6；彩版 2–51）。

标本小练岛：10，斜弧腹，内外底较平，圈足制作较规整，足端外缘斜削。灰黄胎，青褐釉，通体冰裂纹，内满釉，外施至底部，足内中心无釉。口径 17.3、足径 6.3、高 6.5 厘米（图 2–7，7；彩版 2–52）。

A 型Ⅳ式　1 件。器形较小。

标本小练岛：99，敞口，斜弧腹，矮圈足，内底弧，外底挖足明显。灰胎，青釉，釉面有细小开片，内满釉，外施至腹中部。口径 12.6、底径 5.0、高 4.3 厘米（图 2–7，8；彩版 2–53）。

B 型　1 件。斜直腹，圈足较大。

标本小练岛：69，内外底微下凹，圈足较大，足墙较厚，足端内缘斜削。灰褐胎，青褐釉略泛红，

彩版 2–51　青瓷碗（小练岛：24）

彩版 2–52　青瓷碗（小练岛：10）

彩版 2–53　青瓷碗（小练岛：99）

通体冰裂纹，内底有一涩圈，外施釉至中部。口径 18.4、足径 9.3、高 5.5 厘米（图 2-7，9；彩版 2-54）。

（2）洗

2 件。撇口，圆唇，折沿，斜弧腹，内外底微下凹，圈足较大，制作规整。灰胎，内外均施青釉，足端无釉。

标本小练岛：75，宽折沿，沿面内凹，足端较圆。青釉略泛黄褐，通体冰裂纹。内底贴双鱼纹。口径 17.4、足径 8.0、高 5.0 厘米（图 2-8，1；彩版 2-55）。

标本小练岛：74，足端较平。青釉略泛褐，局部开片。外壁模印莲瓣纹，瓣脊突起，内底贴双鱼纹。口径 21.2、足径 9.2、高 4.8 厘米（图 2-8，2；彩版 2-56）。

（3）钵

1 件。

标本小练岛：90，敛口，圆唇，斜弧腹，内底微弧，圈足较矮。灰胎，青绿釉，釉层厚，通体开片，内满釉，外施至足外壁。外壁刻划莲瓣纹，瓣脊突起，腹部有粘连痕迹。口径 10.6、足径 4.2、高 5.2 厘米（图 2-8，3；彩版 2-57）。

（4）盆

1 件。

标本小练岛：47，敞口，圆唇，斜直腹微弧，腹部旋坯痕明显，底微内凹。灰黄胎，青黄釉。口沿附近及外底无釉，余均施釉。口径 15.9、足径 9.8、高 6.5 厘米（图 2-8，4；彩版 2-58）。

（5）瓶

14 件。分五式。

彩版 2-54　青瓷碗（小练岛：69）

彩版 2-55　青瓷洗（小练岛：75）

彩版 2-56　青瓷洗（小练岛：74）

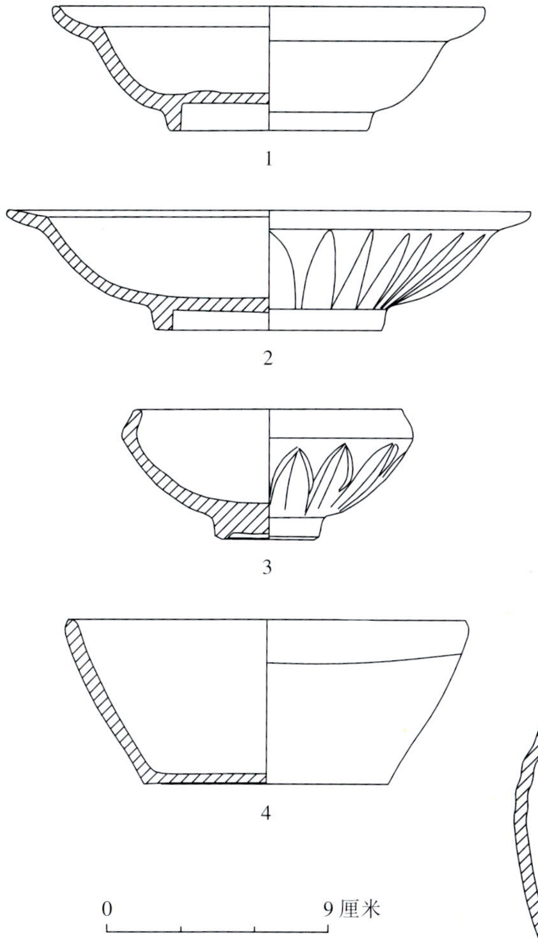


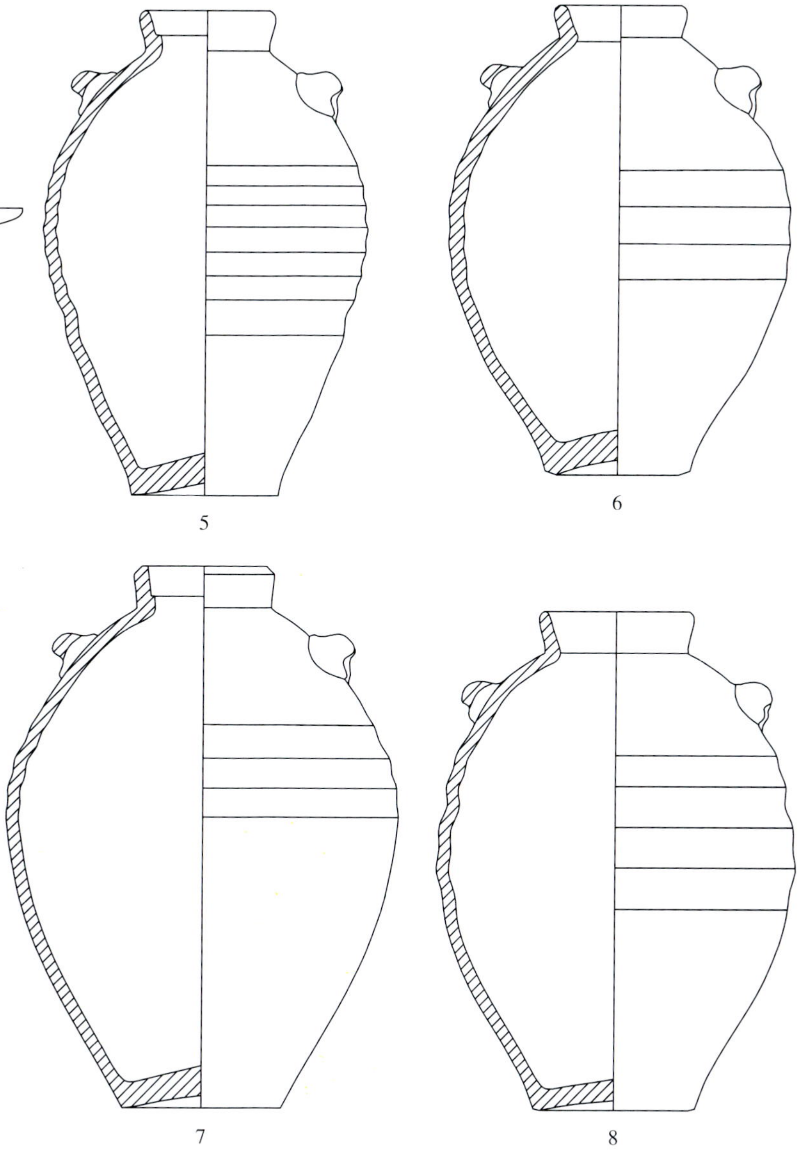


**图 2–8　小练岛水下文物点出水青瓷**

1、2. 洗（小练岛：75、74）　3. 钵（小练岛：90）　4. 盆（小练岛：47）　5~8. Ⅰ式瓶（小练岛：54、85、7、43）

彩版 2–57　青瓷钵（小练岛：90）

彩版 2–58　青瓷盆（小练岛：47）

Ⅰ式　8件。双系。口微敞，圆唇，溜肩，肩部附双横桥形系，深弧腹微鼓，腹部旋坯痕明显，底内凹。灰胎，青灰釉，大部分内外均施釉，部分外施釉至腹下部。

标本小练岛：54，口径5.1、足径6.0、高19.5厘米（图2-8，5；彩版2-59）。

标本小练岛：85，外底粘有支钉痕。口径5.0、足径6.0、高18.9厘米（图2-8，6；彩版2-60）。

标本小练岛：7，口径5.1、底径6.5、高21.8厘米（图2-8，7；彩版2-61）。

标本小练岛：43，口径6.0、足径6.6、高20.1厘米（图2-8，8；彩版2-62）。

标本小练岛：33，口径4.9、底径6.8、高22.3厘米（彩版2-63）。

标本小练岛：3，口径4.4、足径5.8、高19.9厘米（彩版2-64）。

Ⅱ式　1件。三系。

标本小练岛：6，撇口，尖唇，宽沿，短束颈，圆折肩，肩部三横桥形系，上腹较直，下腹内收，底微内凹。灰胎，青灰釉，内满釉，外施至腹下部，脱落严重。口径4.8、足径5.8、高22.7厘米（图

彩版2-59　青瓷瓶（小练岛：54）

彩版2-60　青瓷瓶（小练岛：85）

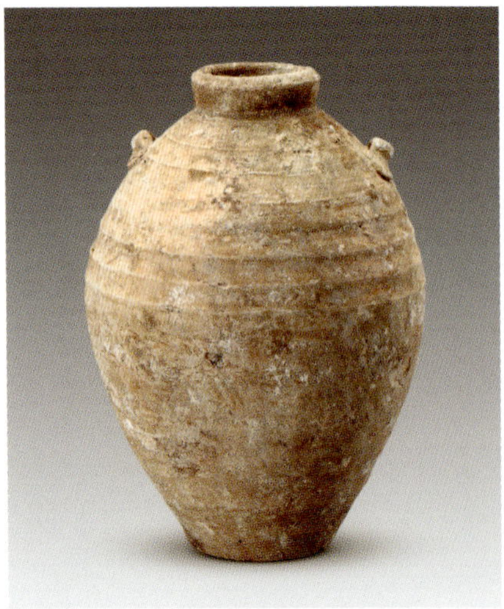

彩版2-61　青瓷瓶（小练岛：7）

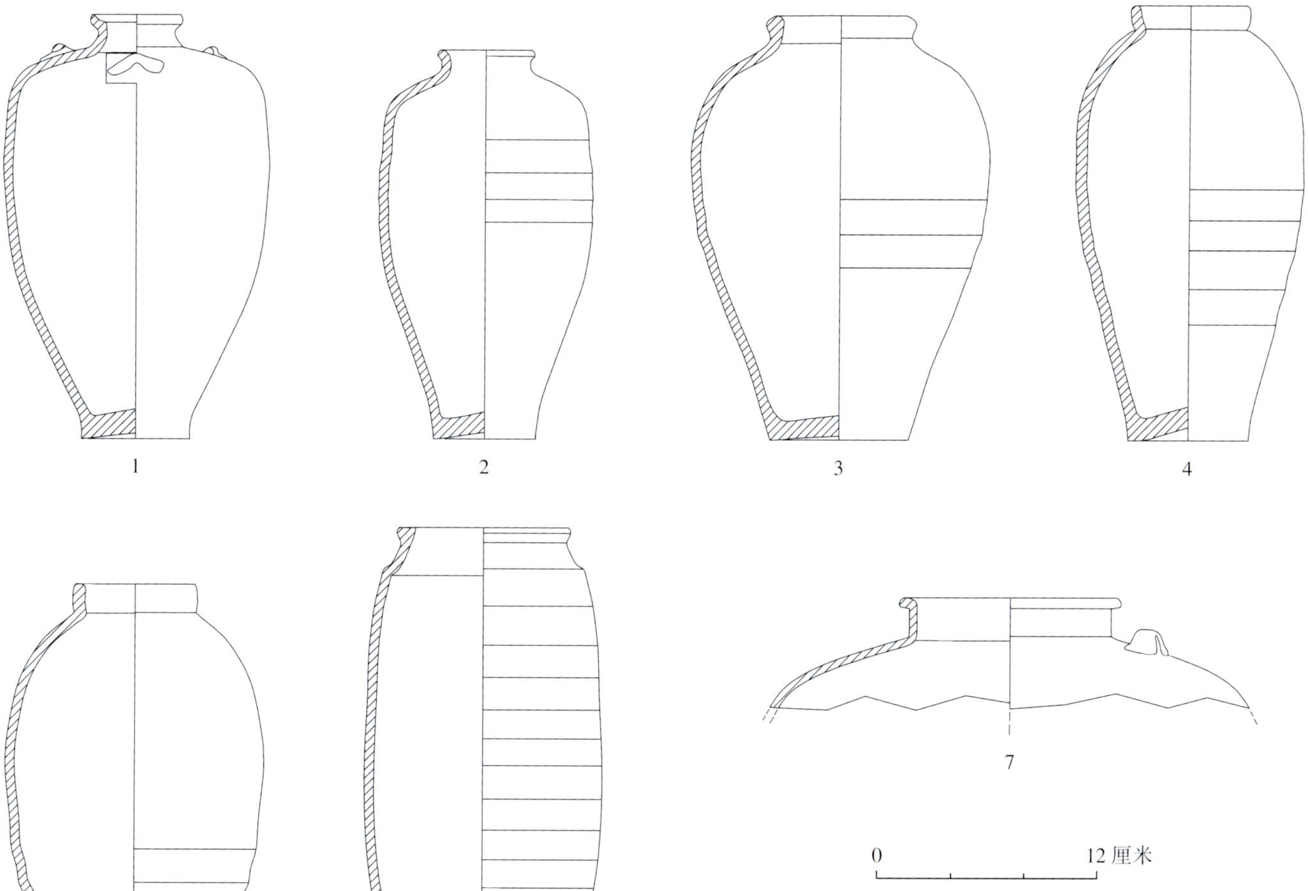

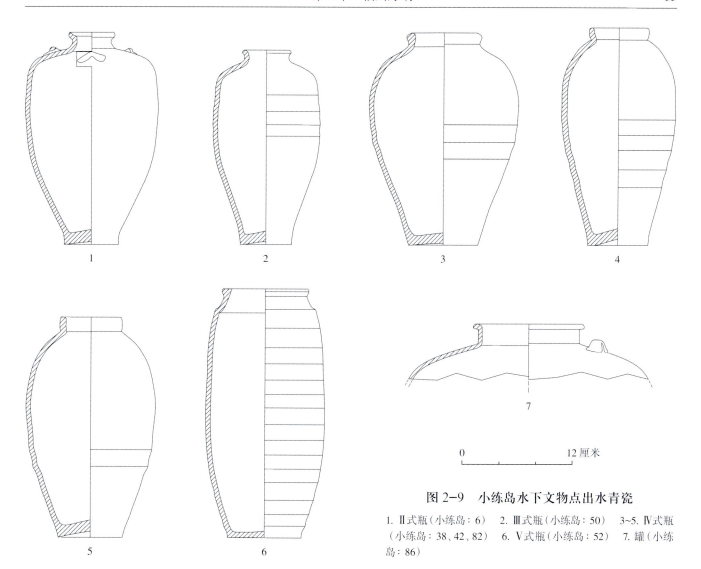

图 2-9　小练岛水下文物点出水青瓷

1. Ⅱ式瓶（小练岛：6）　2. Ⅲ式瓶（小练岛：50）　3~5. Ⅳ式瓶（小练岛：38、42、82）　6. Ⅴ式瓶（小练岛：52）　7. 罐（小练岛：86）

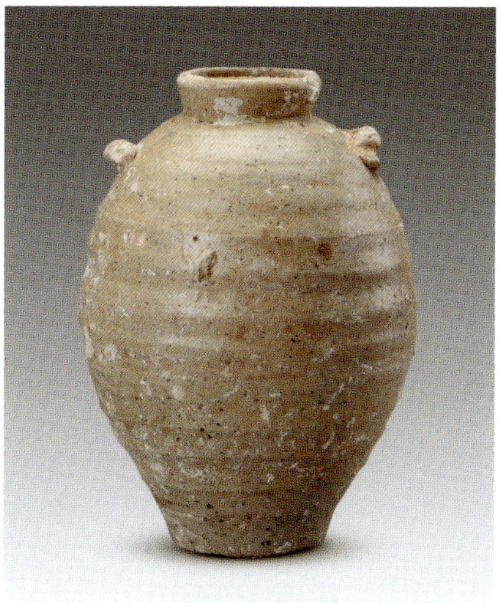

彩版 2-62　青瓷瓶（小练岛：43）

彩版 2-63　青瓷瓶（小练岛：33）

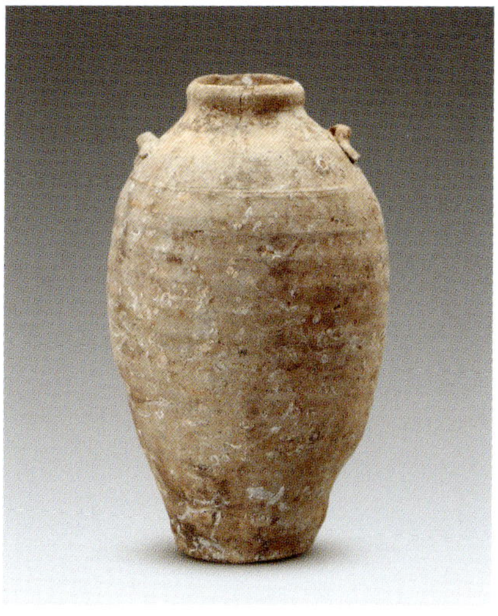

彩版 2-64　青瓷瓶（小练岛：3）

2–9，1；彩版 2–65）。

Ⅲ式　1 件。口微撇，短束颈，圆折肩。

标本小练岛：50，上腹较直，下腹内收，底内凹。灰胎，青灰釉，内满釉，外施至腹下部，脱落严重。口径 4.9、底径 5.5、高 20.8 厘米（图 2–9，2；彩版 2–66）。

Ⅳ式　3 件。直口或口微敞，圆肩，深弧腹，底微内凹。青褐釉，内外均施釉，脱落严重。

标本小练岛：38，口径 8.2、底径 7.8、高 22.7 厘米（图 2–9，3；彩版 2–67）。

标本小练岛：42，口径 6.1、底径 6.6、高 23.3 厘米（图 2–9，4；彩版 2–68）。

标本小练岛：82，口径 6.3、底径 6.8、高 23.2 厘米（图 2–9，5；彩版 2–69）。

Ⅴ式　1 件。敛口，平折沿，微折肩，深弧腹，平底。

标本小练岛：52，青褐釉，内满釉，外施至肩部，局部流至腹部。口径 9.0、足径 7.8、高 26.2 厘米（图 2–9，6；彩版 2–70）。

彩版 2–65　青瓷瓶（小练岛：6）

彩版 2–66　青瓷瓶（小练岛：50）

彩版 2–67　青瓷瓶（小练岛：38）

彩版 2–68　青瓷瓶（小练岛：42）

彩版 2–69　青瓷瓶（小练岛：82）

彩版 2–70　青瓷瓶（小练岛：52）

（6）罐

仅有 1 件残片。

标本小练岛：86，圆唇，沿外折，肩部存一个横桥形系，灰胎，夹细砂，青绿釉，开冰裂纹。内施至颈下部。口径 11.5、残高 5.9 厘米（图 2–9，7；彩版 2–71）。

彩版 2–71　青瓷罐（小练岛：86）

2. 青白瓷

31 件。

（1）碗

24 件。分两型。

A 型　4 件。圈足较高。分两式。

A 型Ⅰ式　3 件。腹较浅。

标本小练岛：68，口微撇，圆唇，斜弧腹，内外底较平。灰白胎，青白釉略泛灰，内满釉，内底粘少量细渣，外施至腹底部。口径 16.7、足径 6.2、高 6.1 厘米（图 2–10，1；彩版 2–72）。

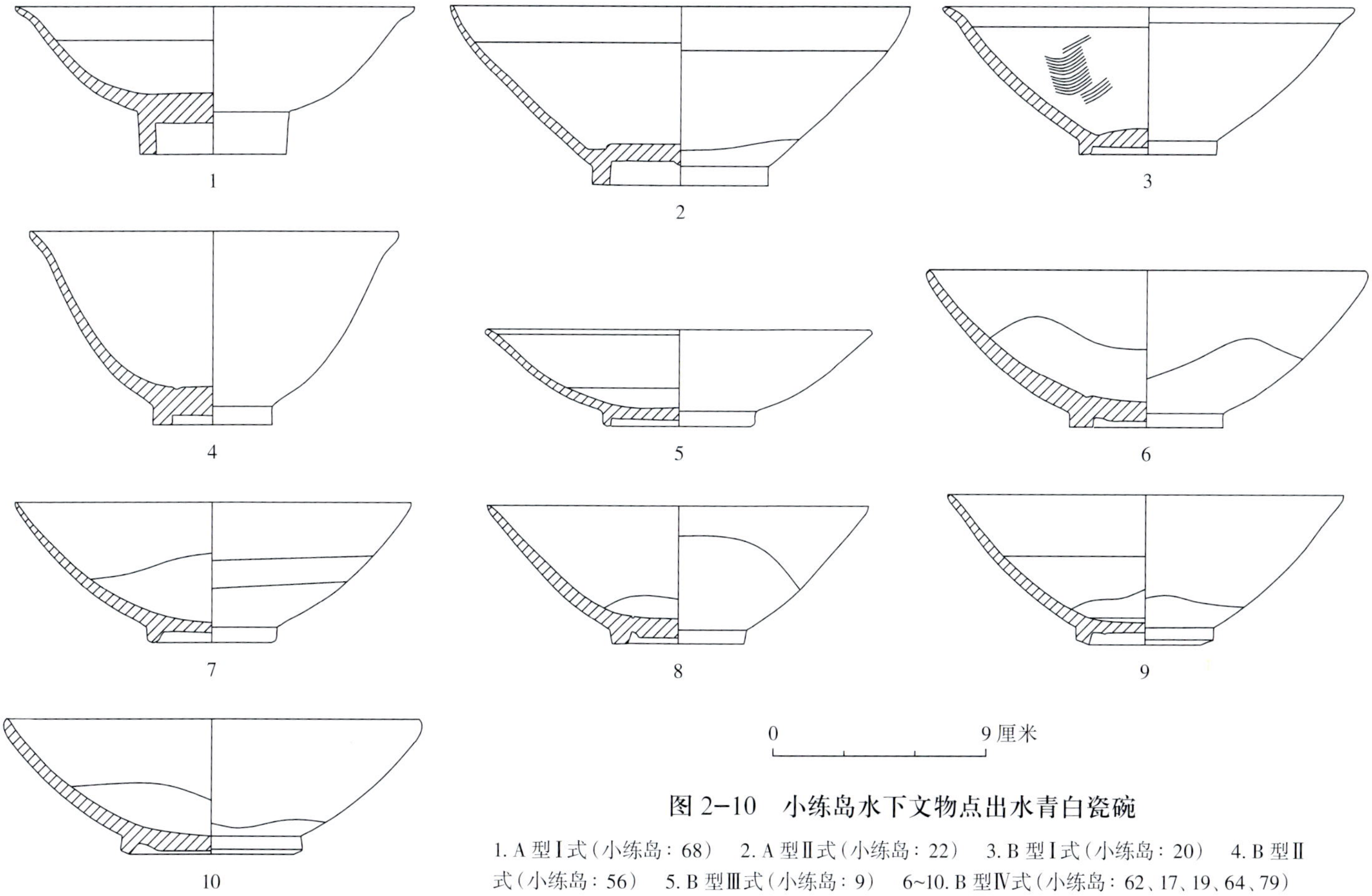


图 2–10　小练岛水下文物点出水青白瓷碗

1. A 型Ⅰ式（小练岛：68）　2. A 型Ⅱ式（小练岛：22）　3. B 型Ⅰ式（小练岛：20）　4. B 型Ⅱ式（小练岛：56）　5. B 型Ⅲ式（小练岛：9）　6~10. B 型Ⅳ式（小练岛：62、17、19、64、79）

A 型Ⅱ式　1 件。腹较深。

标本小练岛：22，敞口，尖唇，斜弧腹，内外底较平，圈足制作较规整。灰白胎，灰白釉泛青，内底有一涩圈，外施至腹下部。内壁上部有一道细凹弦纹。口径 19.3、足径 7.3、高 7.4 厘米（图 2-10，2；彩版 2-73）。

B 型　20 件。圈足较矮。分四式。

B 型Ⅰ式　2 件。口微撇。

标本小练岛：20，尖唇，斜弧腹，内底下凹成小平底，外底中心较平。灰胎，灰白釉，内满釉，外施至足墙外壁底部。内壁刻划篦梳纹。口径 17.2、足径 5.8、高 6.1 厘米（图 2-10，3；彩版 2-74）。

B 型Ⅱ式　1 件。撇口，腹较深。

标本小练岛：56，撇口，圆唇，斜弧腹，内底弧，中心微凸起，外底微下凹，中心可见挖足留下的痕迹，圈足制作较规整，足端外缘斜削。灰白胎，灰白釉泛褐，内满釉，口沿内侧刮釉，

彩版 2-72　青白瓷碗（小练岛：68）

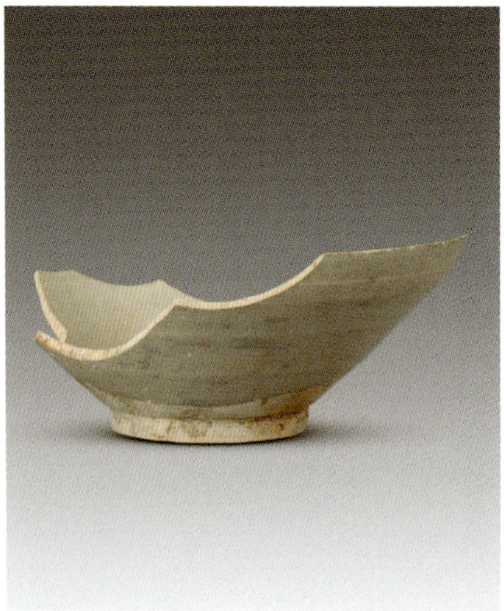

彩版 2-73　青白瓷碗（小练岛：22）

彩版 2-75　青白瓷碗（小练岛：56）

彩版 2-74　青白瓷碗（小练岛：20）

外施至腹下部，局部流至足外墙。内壁中部有一道细凹弦纹。口径 15.4、足径 5.0、高 8.0 厘米（图 2-10，4；彩版 2-75）。

B 型Ⅲ式　1 件。敞口，浅腹。

标本小练岛：9，敞口微撇，方唇，斜弧腹，内底微弧，矮圈足制作规整。白胎，青白釉略泛灰，内外均满釉，口沿刮釉。内壁下部刻划一道细凹弦纹。口径 16.2、足径 6.0、高 4.0 厘米（图 2-10，5；彩版 2-76）。

B 型Ⅳ式　16 件。敞口，腹稍深。斜弧腹，内底微弧或下凹成小平底，大部分矮圈足制作欠规整，挖足草率。胎较粗，呈灰或灰白色。釉多呈灰青色或灰白色，部分内满釉，外施至腹下部；亦有部分内底无釉，外施釉至腹中部或下部。修坯不够精细，腹部可见旋坯痕。

标本小练岛：62，内底下凹，足墙较厚。灰白胎，灰白釉，内底无釉，外施至腹下部。口径 18.4、足径 6.5、高 6.5 厘米（图 2-10，6；彩版 2-77）。

标本小练岛：17，内底弧，外底下凹，中心平。灰白胎，灰白釉泛青，内底无釉，外施至腹中部。

彩版 2-76　青白瓷碗（小练岛：9）

彩版 2-77　青白瓷碗（小练岛：62）

口径 16.6、足径 5.4、高 5.8 厘米（图 2–10，7；彩版 2–78）。

标本小练岛：19，内底微弧，外底下凹，中心略平，圈足制作较规整。灰白胎，灰白釉泛青，通体冰裂纹，内底无釉，外施至腹下部。内壁中部有一道细凹弦纹。内底露胎处有黑点彩绘。口径 16.0、足径 5.5、高 5.7 厘米（图 2–10，8；彩版 2–79）。

标本小练岛：64，内底弧，外底微下凹。灰白胎，灰白釉泛褐，通体冰裂纹，内底无釉，外施至腹下部。内壁中部有一道细凹弦纹。口径 16.7、足径 5.8、高 6.2 厘米（图 2–10，9；彩版 2–80）。

标本小练岛：79，内底弧，外底微下凹，中心较平，圈足较大。灰白胎，灰白釉泛褐，通体冰裂纹，内底无釉，外施至腹下部。口径 17.4、足径 7.6、高 5.6 厘米（图 2–10，10；彩版 2–81）。

标本小练岛：23，内底下凹成小平底。灰胎，灰白釉，釉面有较多小气孔，内满釉，外施至腹下部。口径 17.3、足径 5.5、高 6.2 厘米（图 2–11，1；彩版 2–82）。

标本小练岛：71，内底下凹成小平底。灰白胎，灰白釉，内满釉，外施至腹下部。口径 16.0、足径 5.4、高 5.7 厘米（图 2–11，2；彩版 2–83）。

标本小练岛：76，内底下凹成小平底。灰白胎，灰白釉，通体冰裂纹，内满釉，外施至腹下部。内壁中部划有一道细弦纹。口径 15.2、足径 5.1、高 6.5 厘米（图 2–11，3；彩版 2–84）。

标本小练岛：77，内底下凹成小平底。灰胎，灰白釉，通体冰裂纹，釉面布满小孔，内满釉，外施至腹下部。口径 16.2、足径 5.3、高 5.7 厘米（图 2–11，4；彩版 2–85）。

标本小练岛：78，内底下凹成小平底。灰胎，灰白釉泛青，釉面布满小孔，内满釉，外施至腹下部。口径 16.0、足径 5.5、高 5.9 厘米（图 2–11，5；彩版 2–86）。

标本小练岛：73，生烧，圈足制作较规整。灰白胎，灰白釉。内满釉，外施至腹底部。口径 16.7、足径 6.5、高 6.2 厘米（图 2–11，6；彩版 2–87）。

标本小练岛：25，圈足较大，足墙较厚，足端外缘斜削。灰胎，灰白釉泛青褐，内底有涩圈，外施釉至腹下部。口径 18.8、足径 8.0、高 6.7 厘米（图 2–11，7；彩版 2–88）。

标本小练岛：59，内底较平，外底中心呈乳突状，圈足较小，足墙较厚。灰胎，灰白釉，内满釉，

彩版 2–78 青白瓷碗（小练岛：17）

彩版 2–79 青白瓷碗（小练岛：19）

彩版 2–80 青白瓷碗（小练岛：64）

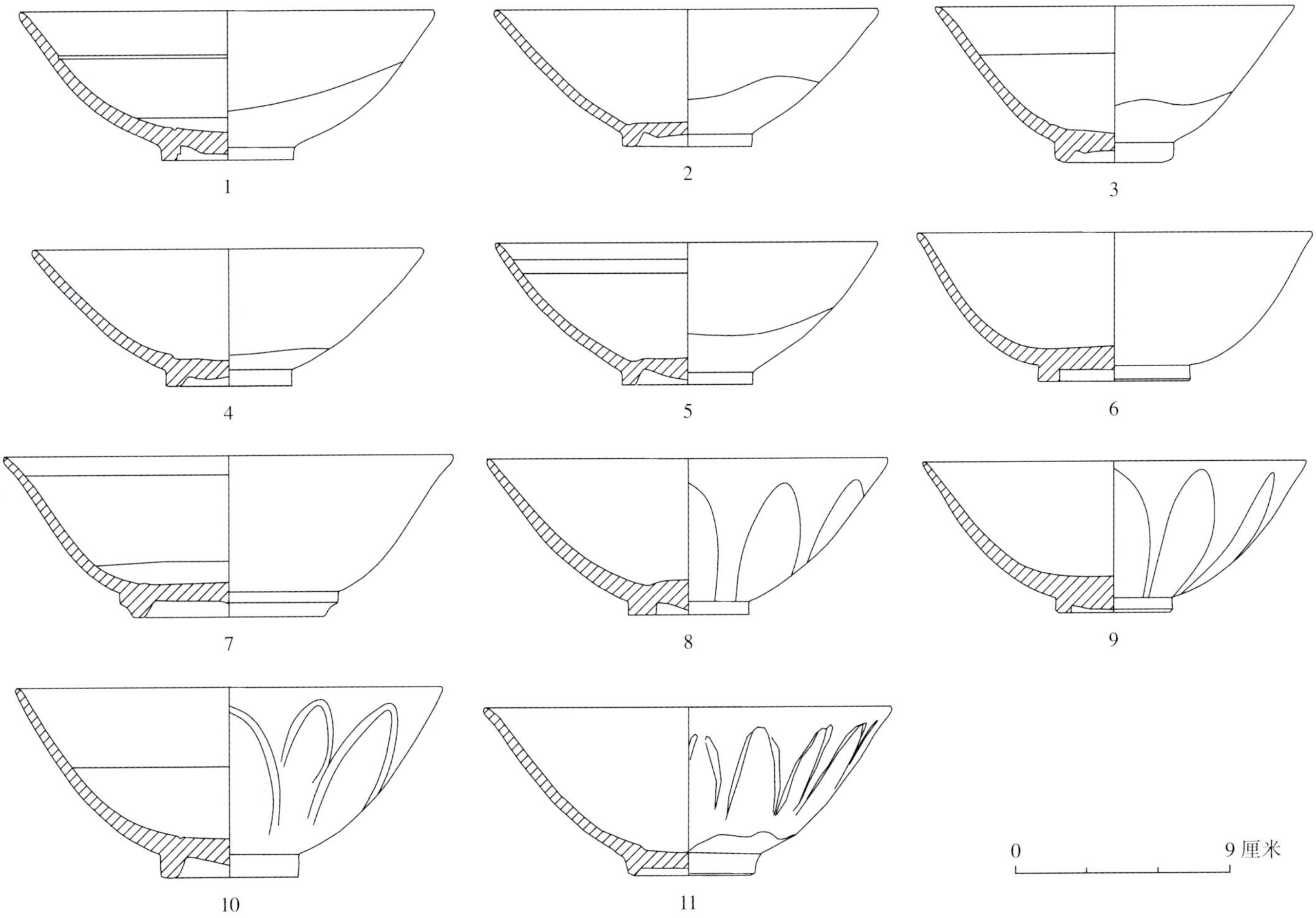


图 2-11　小练岛水下文物点出水青白瓷碗

1~11. B 型Ⅳ式（小练岛：23、71、76、77、78、73、25、59、60、63、98）

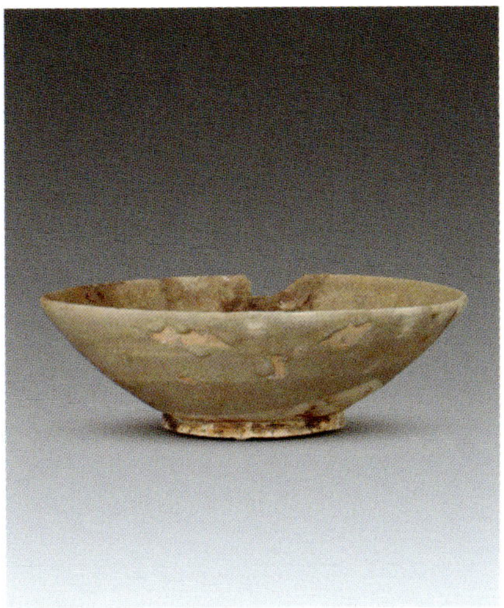

彩版 2-81　青白瓷碗（小练岛：79）

彩版 2-82　青白瓷碗（小练岛：23）

彩版 2-83　青白瓷碗（小练岛：71）

彩版 2-84　青白瓷碗（小练岛：76）

彩版 2-85　青白瓷碗（小练岛：77）

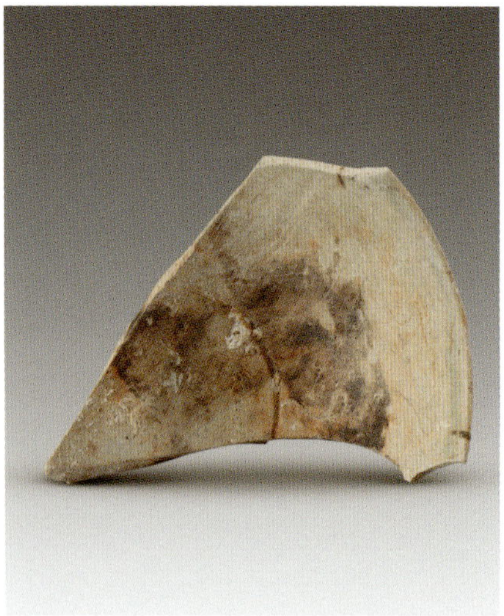

彩版 2-87　青白瓷碗（小练岛：73）

彩版 2-86　青白瓷碗（小练岛：78）

彩版 2-88　青白瓷碗（小练岛：25）

外施至足外墙。外壁刻划莲瓣纹。口径 16.8、足径 5.1、高 6.5 厘米（图 2-11，8；彩版 2-89）。

标本小练岛：60，内外底较平，圈足较小，制作规整，足端外缘斜削。灰胎，青釉略泛黄，通体冰裂纹，内满釉，外施至足外墙。外壁刻划莲瓣纹。口径 16.2、足径 5.0、高 6.3 厘米（图 2-11，9；彩版 2-90）。

标本小练岛：63，圈足足墙较厚。灰白胎，灰白釉泛黄褐，通体冰裂纹，内满釉，外施至腹下部。内壁中部有一道细凹弦纹。口径 17.8、足径 5.8、高 7.9 厘米（图 2-11，10；彩版 2-91）。

标本小练岛：98，内底下凹，外底较平。灰白胎，灰白釉，内满釉，外施至腹下部。外壁刻划仰莲瓣纹。口径 16.8、底径 5.3、高 7.0 厘米（图 2-11，11；彩版 2-92）。

（2）**盘**

6 件。分三型。

A 型　1 件。敞口，浅斜直腹，底微内凹。

标本小练岛：80，灰白胎，灰白釉，釉面较多小气孔，内满釉，外底中心无釉。口径 11.8、底径 6.8、高 2.7 厘米（图 2-12，1；彩版 2-93）。

B 型　3 件。敞口，斜折腹，卧足。

彩版 2-89　青白瓷碗（小练岛：59）

彩版 2-90　青白瓷碗（小练岛：60）

彩版 2-91　青白瓷碗（小练岛：63）

彩版 2-92　青白瓷碗（小练岛：98）

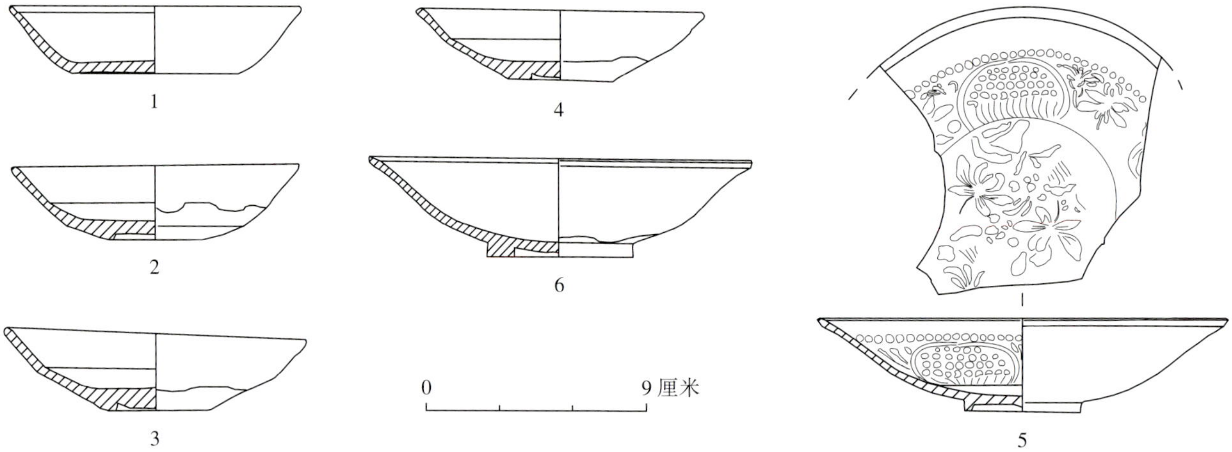


**图 2-12　小练岛水下文物点出水青白瓷盘**

1. A型（小练岛：80）　2~4. B型（小练岛：92、93、94）　5、6. C型（小练岛：91、97）

彩版 2-93　青白瓷盘（小练岛：80）

彩版 2-94　青白瓷盘（小练岛：93）

标本小练岛：93，生烧。口径 12.2、底径 3.7、高 3.5 厘米（图 2-12，3；彩版 2-94）。

标本小练岛：92，灰胎，青灰釉，内满釉，外施至腹中部。口径 11.7、底径 3.6、高 3.0 厘米（图 2-12，2；彩版 2-95）。

标本小练岛：94，釉面多已磨蚀。口径 11.6、底径 4.7、高 3.0 厘米（图 2-12，4；彩版 2-96）。

C 型　2 件。敞口，斜直腹微弧，矮圈足。

标本小练岛：91，盘心浅平，足心外突，修足规整。通体施青白釉，口沿处刮削去釉，形成芒口。盘内有印花，腹部为莲花、联珠纹，内底为莲花纹。胎体薄，白胎。口径 17.5、足径 4.9、高 3.7 厘米（图 2-12，5；彩版 2-97）。

标本小练岛：97，圈足，足墙较厚。灰胎，青白釉泛灰，内满釉，外施釉至腹下部，口沿刮釉，釉面多见气孔。口径 15.6、足径 6.0、高 4.3 厘米（图 2-12，6；彩版 2-98）。

彩版 2–95　青白瓷盘（小练岛：92）

彩版 2–96　青白瓷盘（小练岛：94）

彩版 2–97　青白瓷盘（小练岛：91）

彩版 2–98　青白瓷盘（小练岛：97）

（3）执壶

1 件。

标本小练岛：88，撇口，尖唇，沿微卷，长直颈，折肩，颈肩部附扁条形曲柄，柄面有两道凹槽，弧腹，腹部可见旋坯痕，圈足，外底可见旋足留下的痕迹。灰胎，夹细砂，内满釉，外施至腹底部。口径 9.5、足径 6.8、高 17.5 厘米（图 2–13；彩版 2–99）。

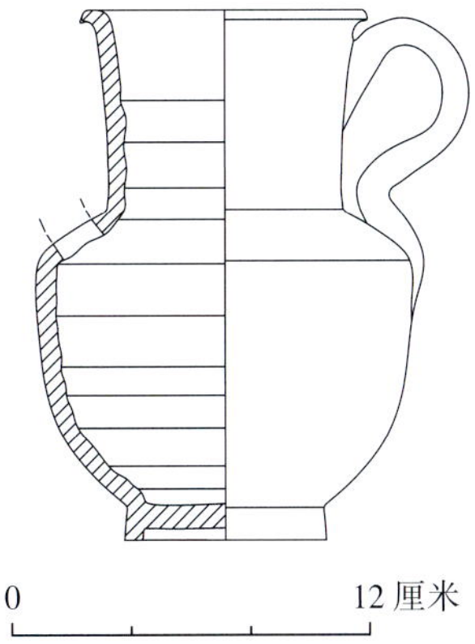


图 2–13　小练岛水下文物点出水青白瓷执壶（小练岛：88）

3. 黑釉瓷

3 件。黑釉瓷只有碗一种。

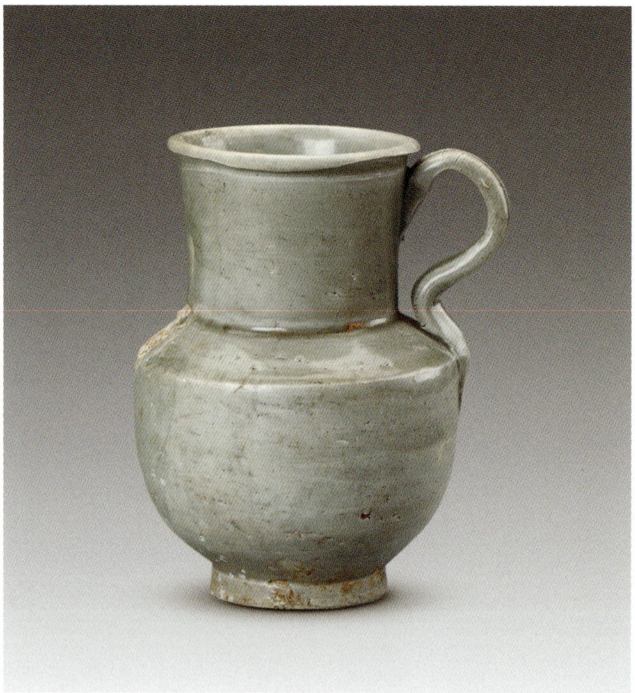

彩版 2–99 青白瓷执壶（小练岛：88）

**碗**

3 件。分两式。

Ⅰ式 1 件。敞口微敛。

标本小练岛：95，尖唇，斜弧腹，矮圈足。灰胎，黑釉，内满釉，外施釉至腹中部。口径 15.5、足径 5.0、高 5.8 厘米（图 2–14，1；彩版 2–100）。

Ⅱ式 2 件，束口。

标本小练岛：96，尖唇，外口沿下微内束，小圈足，挖足浅。盏心下凹，灰胎，施黑釉，内满釉，外施至腹下部，外腹下部聚釉成滴。内壁下部有黄褐色兔毫纹，口沿处釉薄呈深褐色。口径 11.5、足径 4.0、高 6.0 厘米（图 2–14，2；彩版 2–101）。

标本小练岛：65，尖唇，斜弧腹，小圈足，挖足浅，制作欠规整。灰黑胎，器表呈浅褐色，黑釉，釉面光亮，并部分开片，内满釉，外施至腹中部，口沿釉薄处呈赭色。口沿外侧粘较多窑渣。口径 10.9、足径 3.4、高 5.1 厘米（图 2–14，3；彩版 2–102）。

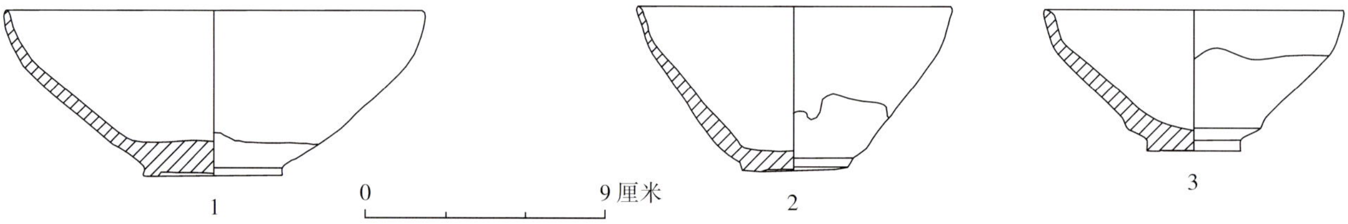


图 2–14 小练岛水下文物点出水黑釉碗

1. Ⅰ式（小练岛：95） 2、3. Ⅱ式（小练岛：96、65）

彩版 2－100　黑釉碗（小练岛：95）

彩版 2－101　黑釉碗（小练岛：96）

彩版 2－102　黑釉碗（小练岛：65）

### 4．酱釉瓷

33 件。

#### （1）瓶

14 件。

撇口，尖唇，平折沿，沿面微内凹，溜肩，深弧腹，腹部旋坯痕明显，底微内凹。灰胎，酱釉。

标本小练岛：2，口径 6.7、底径 5.5、高 20.5 厘米（图 2–15，1；彩版 2–103）。

标本小练岛：84，口径 6.9、底径 6.4、高 19.2 厘米（图 2–15，2；彩版 2–104）。

标本小练岛：36，口径 6.7、底径 6.6、高 18.0 厘米（图 2–15，3；彩版 2–105）。

标本小练岛：4，釉脱落严重。口径 6.4、底径 6.2、高 18.2 厘米（彩版 2–106）。

标本小练岛：49，口径 6.6、底径 5.7、高 16.1 厘米（彩版 2–107）。

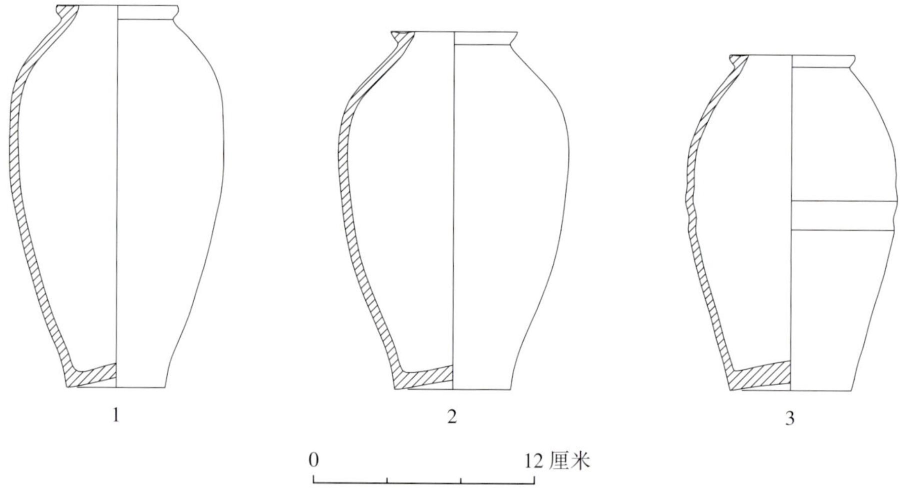


图 2–15　小练岛水下文物点出水酱釉瓶

1~3. 小练岛：2、84、36

彩版 2–103　酱釉罐（小练岛：2）

彩版 2–104　酱釉罐（小练岛：84）

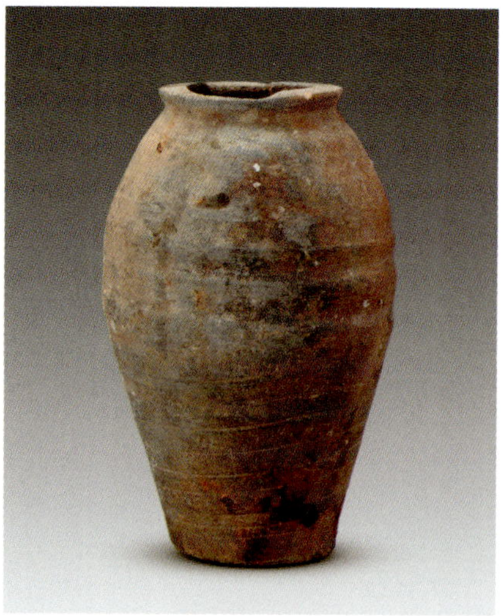

彩版 2–105　酱釉罐（小练岛：36）

彩版 2-106　酱釉罐（小练岛：4）

彩版 2-107　酱釉罐（小练岛：49）

彩版 2-108　酱釉罐（小练岛：26）

彩版 2-109　酱釉罐（小练岛：37）

彩版 2-110　酱釉罐（小练岛：32）

彩版 2-111　酱釉罐（小练岛：28）

标本小练岛：26，口径 5.9、底径 5.4、高 17.9 厘米（彩版 2-108）。

标本小练岛：37，口径 6.5、底径 6.0、高 15.7 厘米（彩版 2-109）。

标本小练岛：32，口沿变形。口径 5.9、底径 6.1、高 21 厘米（彩版 2-110）。

标本小练岛：28，口沿变形。口径 7.8、底径 6.5、高 18.8 厘米（彩版 2-111）。

标本小练岛：1，口径 6.7、底径 5.7、高 16.5 厘米（彩版 2-112）。

彩版 2-112　酱釉罐（小练岛：1）

（2）罐

18 件。分四型。

A 型　13 件。敛口，溜肩，肩部附四竖桥形系，深弧腹，底内凹。腹部旋坯痕明显。灰褐胎，酱釉，内满釉，外施至腹底部。

标本小练岛：5，口径 6.9、底径 8.3、高 23.7 厘米（图 2–16，1；彩版 2–113）。

标本小练岛：27，口径 6.4、底径 7.8、高 21.2 厘米（图 2–16，2；彩版 2–114）。

标本小练岛：30，口径 6.5、底径 7.9、高 19.8 厘米（彩版 2–115）。

标本小练岛：40，釉脱落殆尽。口径 6.0、底径 7.6、高 20.5 厘米（彩版 2–116）。

标本小练岛：44，釉脱落严重。口径 6.6、底径 7.6、高 20.5 厘米（彩版 2–117）。

标本小练岛：45，釉脱落殆尽。口径 6.0、底径 8.0、高 20.0 厘米（彩版 2–118）。

标本小练岛：51，釉脱落殆尽。口径 6.8、底径 8.3、高 22.1 厘米（彩版 2–119）。

标本小练岛：53，釉脱落殆尽。口径 6.6、底径 7.5、高 20.9 厘米（彩版 2–120）。

标本小练岛：83，釉脱落殆尽。口径 6.3、底径 7.5、高 20.2 厘米（彩版 2–121）。

B 型　1 件。器形较小，撇口，束颈。

标本小练岛：89，圆唇，折沿，沿面微内凹，鼓肩，弧腹，下腹内收，腹部可见旋坯痕，底微内凹。灰胎，夹细砂。内外均施釉。口径 5.7、底径 7.4、高 17.9 厘米（图 2–16，3；彩版 2–122）。

C 型　1 件。器形较矮，鼓腹。

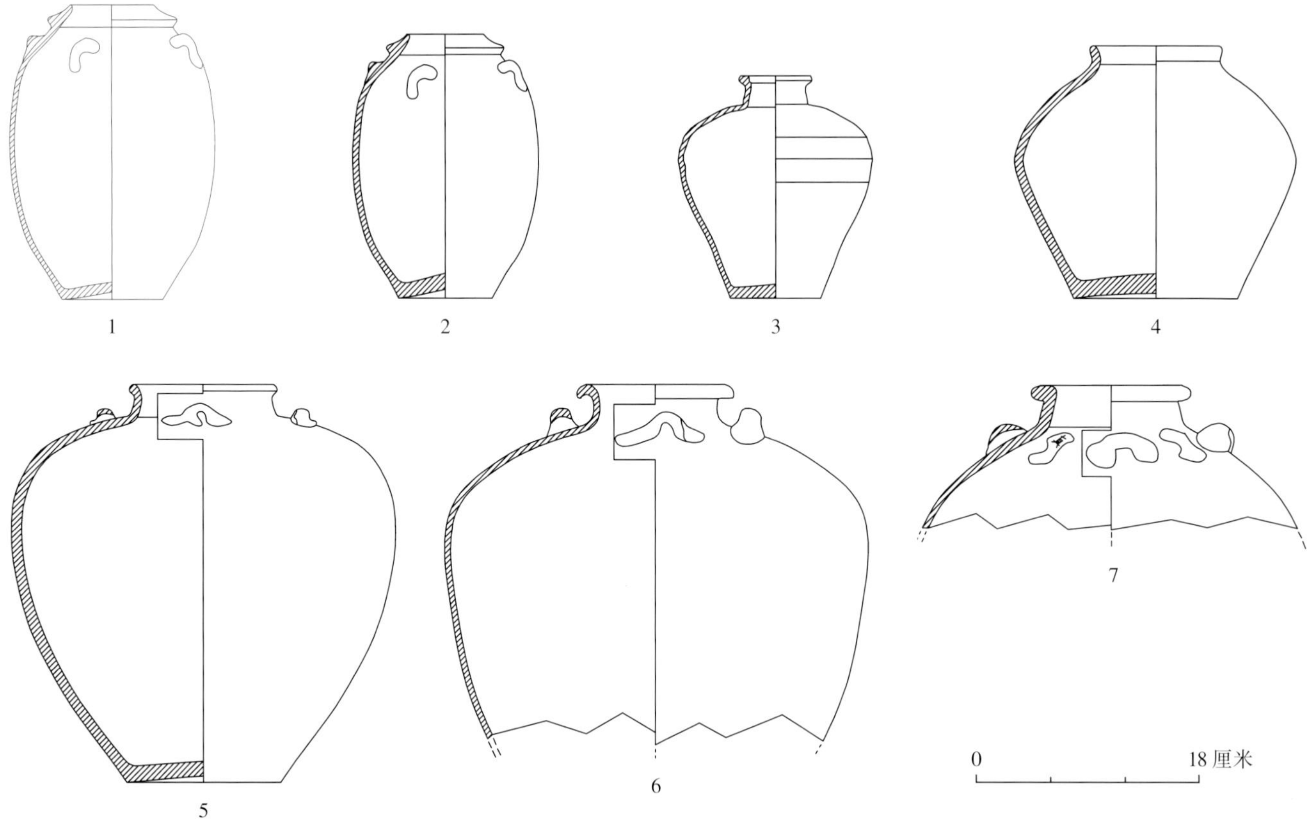


图 2–16　小练岛水下文物点出水酱釉罐

1、2. A 型（小练岛：5、27）　3. B 型（小练岛：89）　4. C 型（小练岛：87）　5~7. D 型（小练岛：12、11、46）

彩版 2-113　酱釉罐（小练岛：5）

彩版 2-114　酱釉罐（小练岛：27）

彩版 2-115　酱釉罐（小练岛：30）

彩版 2-116　酱釉罐（小练岛：40）

彩版 2-117　酱釉罐（小练岛：44）

彩版 2-118　酱釉罐（小练岛：45）

彩版 2-119　酱釉罐（小练岛：51）

标本小练岛：87，口微敞，圆唇，圆肩，鼓腹，底微内凹。灰胎，夹细砂，酱釉，脱落严重。口径 10.3、底径 13.5、高 20.3 厘米（图 2–16，4；彩版 2–123）。

D 型　3 件。器形较大，肩部附四横桥形系。

标本小练岛：12，口微撇，圆唇，圆肩，弧腹，底微内凹。灰胎，夹细砂，酱釉，开冰裂纹，局部脱落。内满釉，外施至腹底部。口径 11.5、底径 12.6、高 32.0 厘米（图 2–16，5；彩版 2–124）。

标本小练岛：11，腹下部以下残。圆唇，沿外折，束颈，鼓肩，弧腹。灰胎，夹细砂，酱釉，脱落严重。内施至口沿内侧。肩部有一圈支钉痕迹。口径 12.7、残高 29.0 厘米（图 2–16，6；彩版 2–125）。

标本小练岛：46，肩部以下残。圆唇，沿外折，束颈，圆肩。灰胎，夹细砂，酱釉，开冰裂纹，局部脱落。内施至口沿内侧。肩部系之间均有束腰形印，内有文字“真□紅”三字。口径 11.5、残高 11.6 厘米（图 2–16，7；彩版 2–126）。

彩版 2–120　酱釉罐（小练岛：53）

彩版 2–121　酱釉罐（小练岛：83）

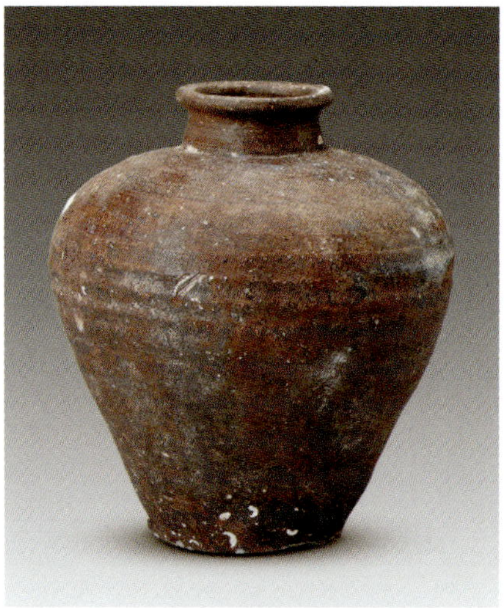

彩版 2–122　酱釉罐（小练岛：89）

彩版 2–123　酱釉罐（小练岛：87）

彩版 2–124　酱釉罐（小练岛：12）

彩版 2–125　酱釉罐（小练岛：11）

彩版 2–126　酱釉罐（小练岛：46）

彩版 2–127　酱釉瓮（小练岛：13）

（3）瓮

仅出水 1 件酱釉瓮肩部残片。

标本小练岛：13，折肩，灰胎，夹细砂，酱釉。内外均施釉。肩腹处可见胎接痕。肩径 45.0、残高 33.0 厘米（图 2–17；彩版 2–127）。

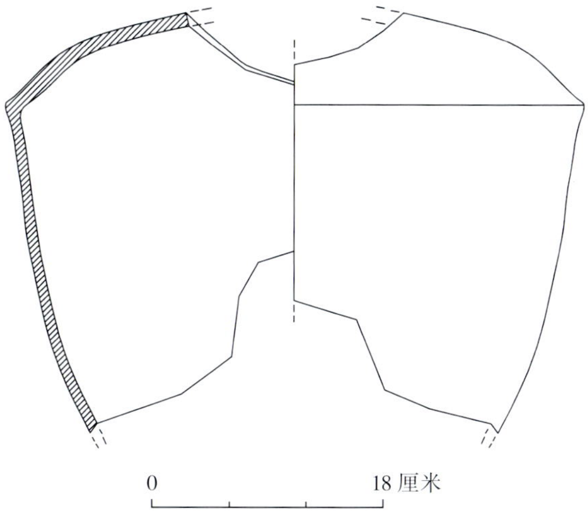


图 2–17　小练岛水下文物点出水酱釉瓮（小练岛：13）

### 5. 青花瓷

9 件。器形均为碗。

#### 碗

9 件。分两型。

A 型　7 件。敞口。分两式。

A 型 Ⅰ 式　5 件。敞口，斜弧腹。

标本小练岛：101，白胎，外壁绘青花缠枝花，口内沿处写意花卉，碗内下腹饰青花色带。青花呈色蓝。口径 13.2、足径 5.6、高 5.2 厘米（图 2–18，1；彩版 2–128）。

标本小练岛：70，内底上凸，外底微下凹，圈足较小，挖足较深，外底可见旋坯痕。灰白胎，灰白釉泛青，内满釉，内壁有缩釉现象，外施至足端。口沿内侧绘一圈青花弦纹，内底亦绘青花双圈弦纹，中心绘一“人”形图案；外壁绘满缠枝花卉纹。青花呈色灰蓝色。口径 13.7、足径 5.2、高 6.2 厘米（图 2–18，2；彩版 2–129）。

标本小练岛：18，内底中心微上凸，外底较平，圈足较高，制作较规整。灰白胎，青白釉泛灰，内底有一涩圈，外满釉，足端刮釉。内底书青花文字，不识。外壁绘四组蝙蝠纹。青花呈色黑灰色。口径 13.6、足径 6.6、高 4.9 厘米（图 2–18，3；彩版 2–130）。

标本小练岛：67，内底弧，外底微下凹，圈足制作规整。白胎，青白釉，内满釉，外施至足外墙，

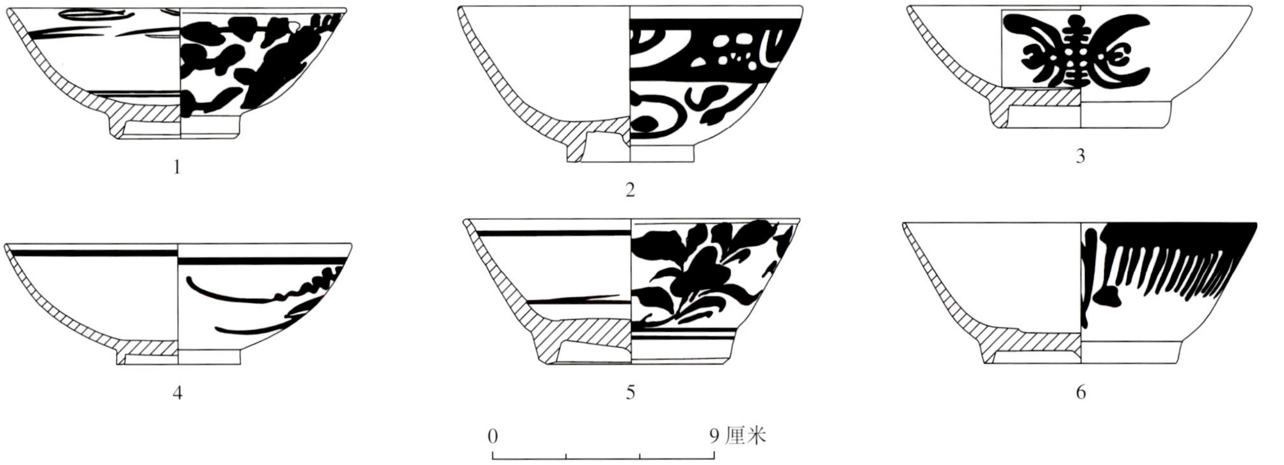


**图 2-18　小练岛水下文物点出水青花碗**

1~4. A 型Ⅰ式（小练岛：101、70、18、67）　5、6. A 型Ⅱ式（小练岛：103、16）

彩版 2-128　青花碗（小练岛：101）

彩版 2-129　青花碗（小练岛：70）

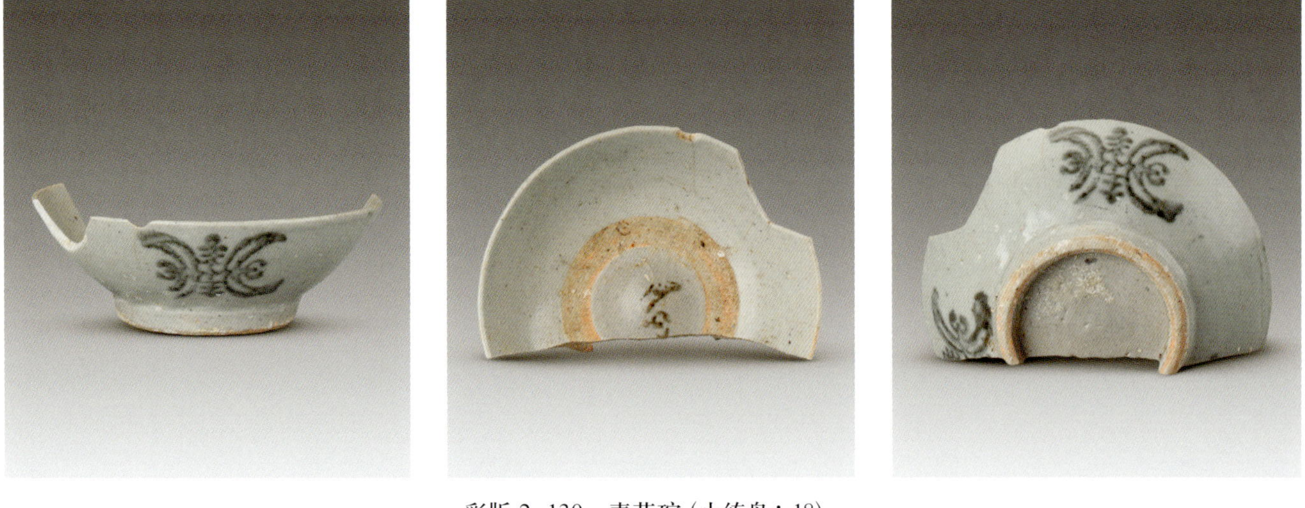

彩版 2-130　青花碗（小练岛：18）

足内无釉。口沿内侧及内底各绘一周青花弦纹，内底绘花卉；外壁上下部各绘一圈青花弦纹，外壁绘青花花卉。青花呈色蓝灰色。口径 14.0、足径 5.0、高 4.8 厘米（图 2–18，4；彩版 2–131）。

A 型Ⅱ式　2 件。腹较斜，圈足较大。

标本小练岛：103，斜弧腹，圈足厚重，外底心呈乳突状。通体施青灰釉，内底有一涩圈，足端刮釉。外壁绘六组青花折枝花卉，碗心绘花卉，内壁上下部各绘青花单圈弦纹，青花呈色蓝灰。口径 13.5、足径 7.5、高 5.6 厘米（图 2–18，5；彩版 2–132）。

标本小练岛：16，斜弧腹，内外底微下凹，内底中心下凹较大，圈足较大，制作较规整，足端较窄。灰白胎，灰白釉泛青，内底无釉，外施至腹下部。外壁绘树枝纹。青花呈色灰黑色。口径 14.2、足径 7.7、高 5.6 厘米（图 2–18，6；彩版 2–133）。

B 型　2 件。撇口。分两式。

B 型Ⅰ式　1 件。折沿。

标本小练岛：66，内底弧，外底微下凹，圈足较矮，制作较规整。白胎，白釉，内满釉，

彩版 2–131　青花碗（小练岛：67）

彩版 2–133　青花碗（小练岛：16）

彩版 2–132　青花碗（小练岛：103）

外施至足外墙，足内无釉。口沿内侧绘一周青花弦纹，内底绘一只虾；外壁上下部各绘一圈青花弦纹，外壁绘青花花卉。青花呈色蓝灰色。口径 12.4、足径 5.5、高 4.0 厘米（图 2–19，1；彩版 2–134）。

B 型Ⅱ式　1 件。撇口，斜直腹微弧。

标本小练岛：14，内外底微下凹，圈足较大，制作规整，腹足交接处有一窄平台。灰白胎，灰白釉，内底无釉，外施至腹底部，足内无釉。外壁绘两组青花花卉纹。青花呈色灰蓝色。口径 13.9、足径 6.8、高 5.5 厘米（图 2–19，2；彩版 2–135）。

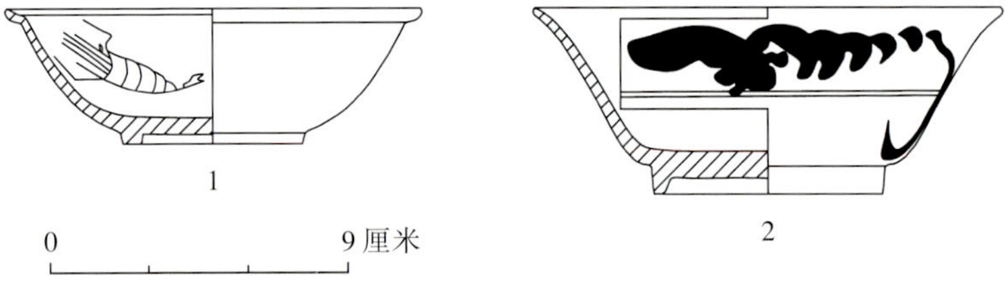


图 2–19　小练岛水下文物点出水青花碗

1. B 型Ⅰ式（小练岛：66）　2. B 型Ⅱ式（小练岛：14）

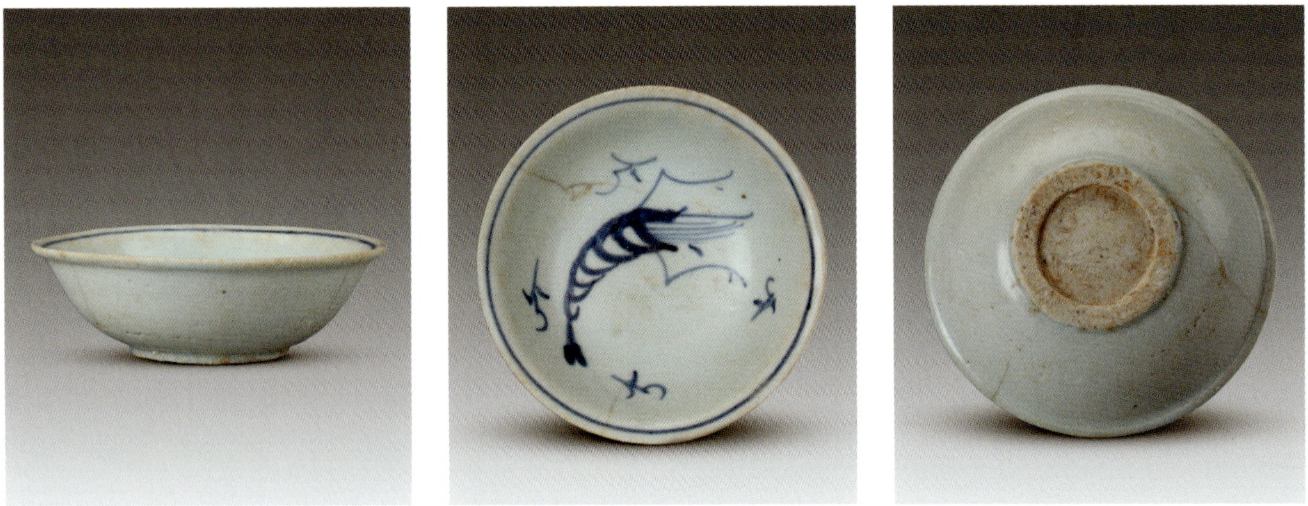

彩版 2–134　青花碗（小练岛：66）

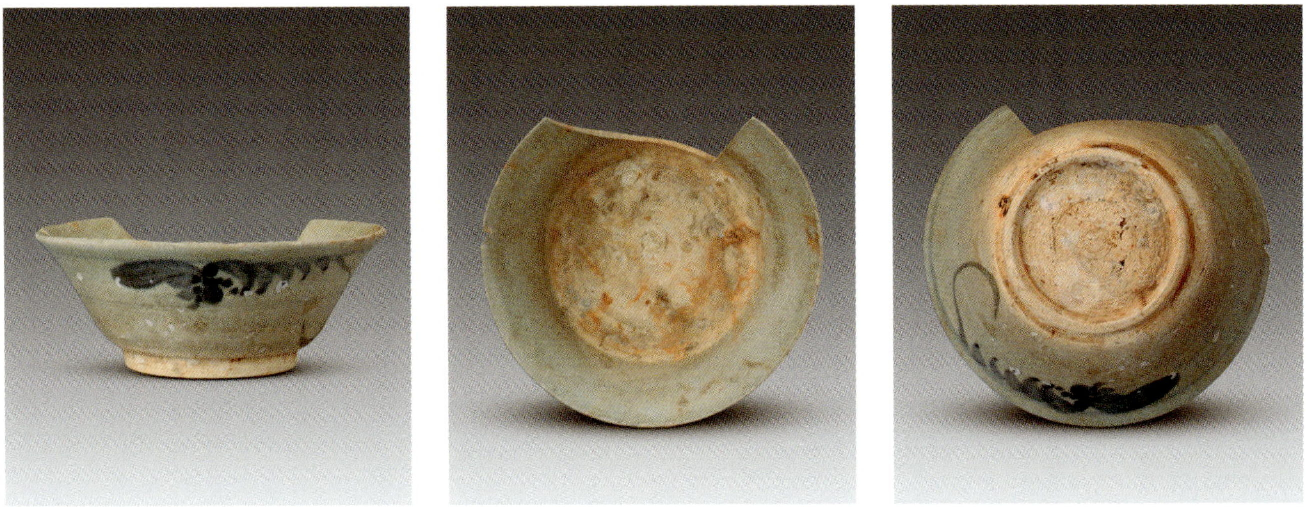

彩版 2–135　青花碗（小练岛：14）

## 6. 陶器

13件。主要有瓶、罐、器盖等。

### （1）瓶

10件。分两型。

A型　7件。深腹。分三式。

A型Ⅰ式　5件。腹部中间直，下腹内收。敛口，圆唇，折沿，沿面微内凹，溜肩，肩部附四竖桥形系，底微内凹。

标本小练岛：55，红褐胎，夹细砂。口径6.1、底径6.8、高29.6厘米（图2–20，1；彩版2–136）。

标本小练岛：29，灰胎，夹细砂。口径5.7、底径6.5、高27.7厘米（图2–20，2；彩版

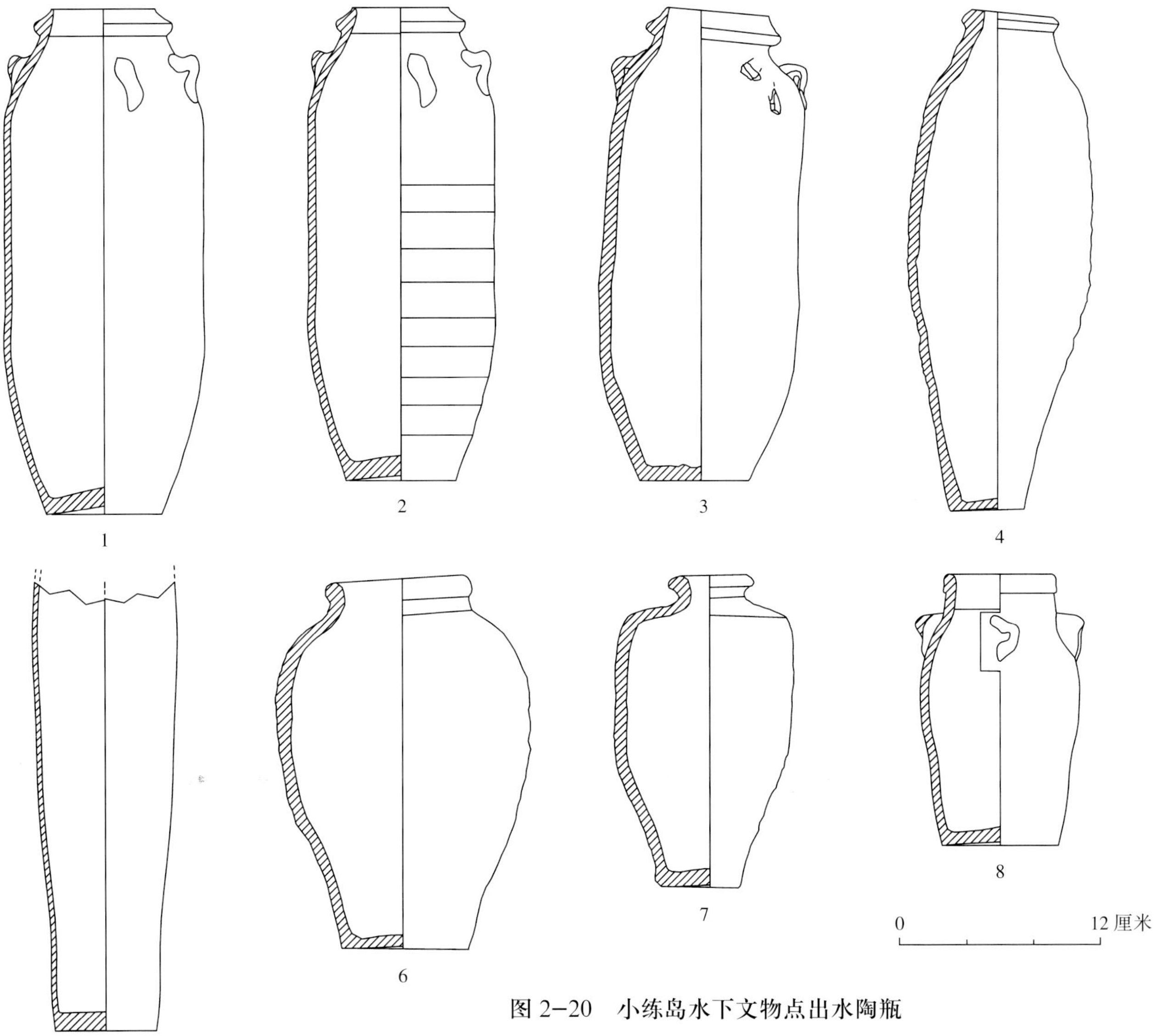


图2–20　小练岛水下文物点出水陶瓶

1~3. A型Ⅰ式（小练岛：55、29、104）　4. A型Ⅱ式（小练岛：105）　5. A型Ⅲ式（小练岛：39）　6. B型Ⅰ式（小练岛：107）　7. B型Ⅱ式（小练岛：106）　8. B型Ⅲ式（小练岛：81）

2–137）。

标本小练岛：104，红褐胎，夹细砂。口径 6.1、底径 7.0、高 28.0 厘米（图 2–20，3；彩版 2–138）。

A 型Ⅱ式　1 件。弧腹。

标本小练岛：105，小口，方唇，短颈，瘦长腹，小平底。灰胎，夹砂。口径 5.7、底径 4.5、高 29.2 厘米（图 2–20，4；彩版 2–139）。

A 型Ⅲ式　1 件。斜直腹。

标本小练岛：39，残，腹部可见旋坯痕，平底。灰胎，夹细砂。底径 6.0、残高 26.3 厘米（图 2–20，5；彩版 2–140）

B 型　3 件。腹较浅。分三式。

B 型Ⅰ式　1 件。圆肩。

标本小练岛：107，敞口，圆唇，束颈，弧腹，下腹内收，平底微内凹。灰胎，夹砂。口径 8.5、

彩版 2–136　陶瓶（小练岛：55）

彩版 2–137　陶瓶（小练岛：29）

彩版 2–138　陶瓶（小练岛：104）

彩版 2–139　陶瓶（小练岛：105）

彩版 2–140　陶瓶（小练岛：39）

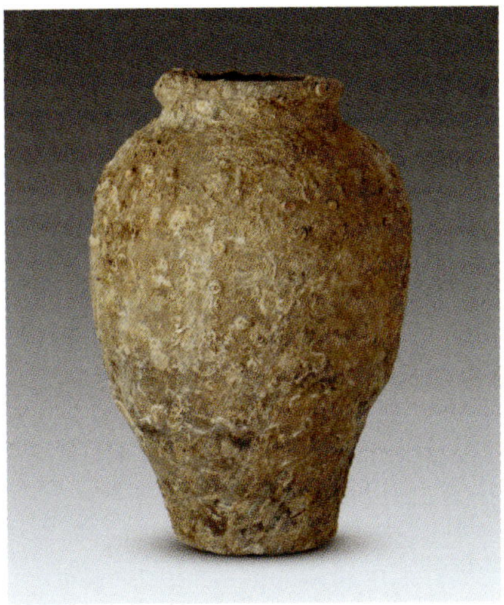
彩版 2–141 陶瓶（小练岛：107）

彩版 2–142 陶瓶（小练岛：106）

彩版 2–143 陶瓶（小练岛：81）

底径 7.4、高 21.7 厘米（图 2–20，6；彩版 2–141）。

B 型Ⅱ式 1 件。圆折肩。

标本小练岛：106，小口微敞，圆唇，束颈，折肩，弧腹近底内收，平底。灰胎，夹砂。口径 4.6、底径 5.0、高 18.3 厘米（图 2–20，7；彩版 2–142）。

B 型Ⅲ式 1 件。溜肩，四系。

标本小练岛：81，直口，圆唇，肩部附四竖桥形系，底微内凹。灰胎，夹细砂。口径 6.6、底径 7.0、高 15.8 厘米（图 2–20，8；彩版 2–143）。

（2）罐

2 件。主要为口沿和底部残片。

标本小练岛：34，仅存口沿、肩部残片。直口较短，圆唇，肩部附四个竖桥形系。灰胎，夹细砂。口沿与颈部可见接痕。口径 8.6、残高 3.2 厘米（图 2–21，1；彩版 2–144）。

标本小练岛：8，存底部残片。底内凹，灰胎，夹细砂。内壁、底部刻划细密的竖条纹。底径 13.8、残高 10.5 厘米（图 2–21，2；彩版 2–145）。

（3）器盖

1 件。

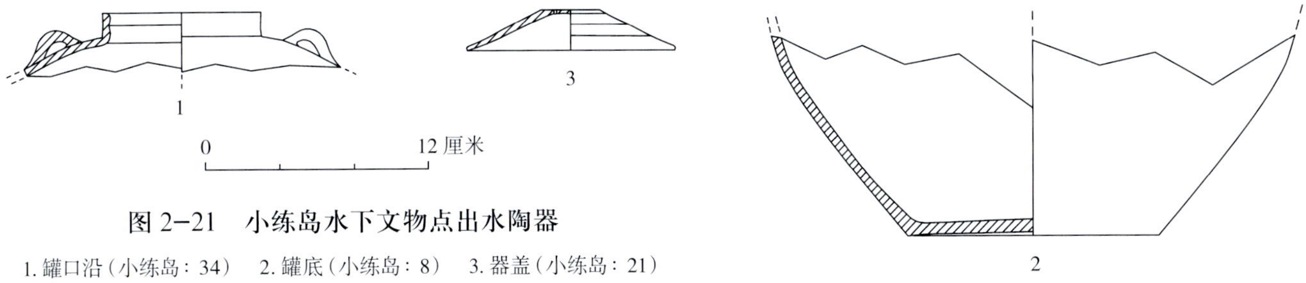


图 2–21 小练岛水下文物点出水陶器

1. 罐口沿（小练岛：34） 2. 罐底（小练岛：8） 3. 器盖（小练岛：21）

因此，初步推断东礁村在古代应该是一处商贸地点，而遗址所在的澳口除了平时停船贸易之外，在遭遇恶劣天气，还可以做为商船避风停泊港湾。

# 第五节 平潭老牛礁沉船遗址

## 一 遗址概况

老牛礁位于海坛岛西北面，其东西面均为深水航道。沉船遗址位于老牛礁东南面约2500米，低平潮水深约10米，高平潮水深约14米。2005年，该遗址曾遭不法分子盗捞，后来被当地边防派出所收缴部分出水文物。福建水下考古队在2005年碗礁一号沉船遗址水下考古发掘期间，曾对其进行了调查，采集到部分遗物，由于调查时间有限，未发现船体，只在海床表面发现较多盗捞者的脚印和盗坑。2006、2008年又分别到该遗址进行调查，并最终确认沉船的具体位置（图2–1）。

沉船遗址为泥质海床，较平坦，遗物散落面积约200平方米。遗址表面可见一盗坑，长约2.00、宽约1.00米，坑中有大量瓷片。遗址还发现部分船体残骸，埋于海床之中。已揭露出来的一块船板上还可见1.0厘米厚的黑色木碳，为火烧痕迹。

## 二 出水遗物

边防派出所收缴（标本编为“厂1次”或“厂1标”）和水下考古调查采集（标本编为“老牛礁”）标本主要有白瓷、蓝釉瓷、青花瓷、五彩瓷。

### 1. 白瓷

15件。仅发现碗、盘两种。

#### （1）碗

共3件。

标本老牛礁：37，敞口，斜弧腹，底微弧，圈足足墙薄，外斜内直。白胎，白釉，部分釉面有冰裂纹。内外均施釉，足端刮釉。口径12.5、足径5.4、高6.1厘米（图2–23，1；彩版2–147）。

#### （2）大盘

共12件。

撇口，折腹或斜弧腹，大圈足，足墙外斜内直，足端较尖。内、外底下凹。内外均施釉，足端无釉。分两型。

A型　8件。根据口沿形态分两式。

A型Ⅰ式　5件。圆口。

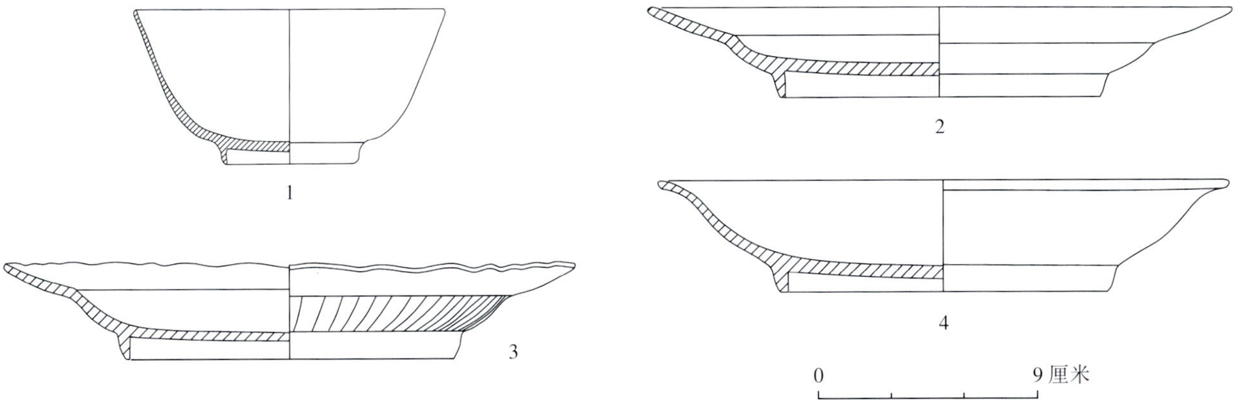


图 2-23　老牛礁沉船遗址出水白瓷

1. 碗（老牛礁：37）　2. A 型Ⅰ式大盘（厂1次：81.4）　3. A 型Ⅱ式大盘（厂1次：80.2）　4. B 型大盘（厂1次：81.5）

彩版 2-147　白瓷碗（老牛礁：37）

彩版 2-148　白瓷大盘（厂 1 次：81.4）

标本厂1次：81.4，釉面局部开片，内外均施釉，足端无釉，粘少量窑渣。口径23.9、足径13.2、高3.6厘米（图2–23，2；彩版2–148）。

A型Ⅱ式　3件。花口。

标本厂1次：80.2，外壁下部模印菊瓣纹。口径24.1、足径13.5、高3.9厘米（图2–23，3）。

B型　4件。斜弧腹。

标本厂1次：81.5，口径23.4、足径13.6、高4.5厘米（图2–23，4）。

标本厂1次：82.4，口径23.5、足径13.3、高4.2厘米（彩版2–149）。

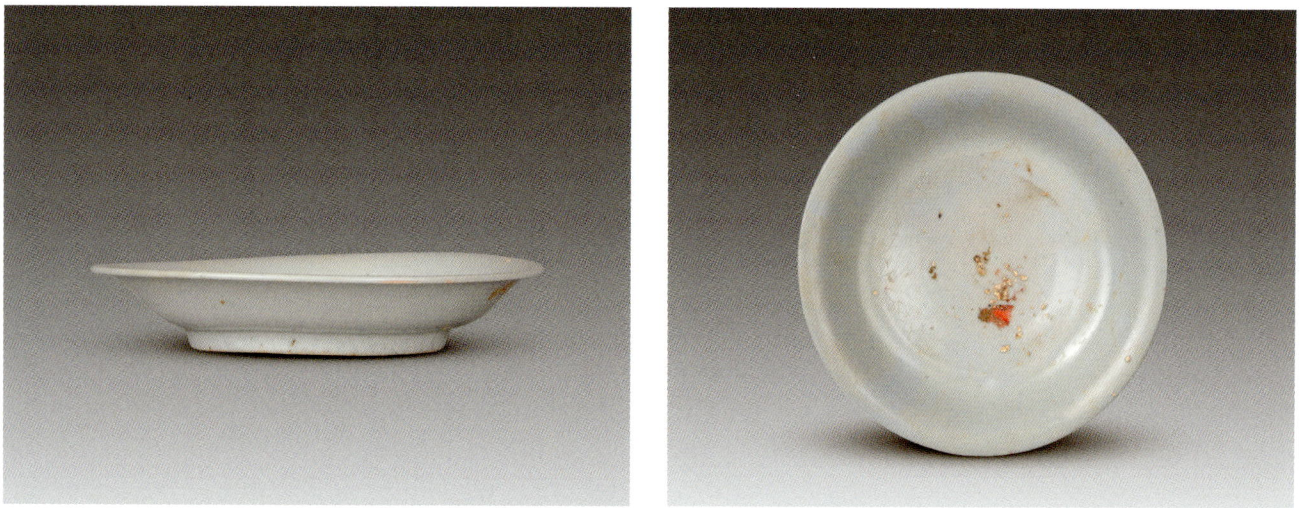

彩版2–149　白瓷大盘（厂1次：82.4）

**2. 蓝釉瓷**

7件。采集的蓝釉瓷有碗、瓶两种器形。

**（1）碗**

4件。根据腹部形态分两型。

A型　2件。斜折腹。

标本老牛礁：26，撇口，斜折腹，底阔平，圈足微内敛，足墙薄。白胎，内壁、底及足内施青白釉，外壁施蓝釉。内外均施釉，足端刮釉。口径14.0、足径5.4、高6.1厘米（图2–24，1；彩版2–150）。

B型　2件。斜弧腹。

标本老牛礁：65，撇口，斜弧腹，底微弧，圈足微内敛，足墙薄。白胎，内壁、底及足内施青白釉，釉面布满小颗粒突起，外壁施蓝釉。内外均施釉，足端刮釉。口径13.7、足径4.7、高6.3厘米（图2–24，2；彩版2–151）。

标本老牛礁：68，撇口，斜弧腹，底微弧，圈足微内敛，足墙薄，足端窄平。白胎，内壁、底及足内施青白釉，釉面有较多小颗粒突起，外壁及足内施蓝釉。内外均施釉，足端刮釉。口径13.6、足径3.9、高6.0厘米（图2–24，3）。

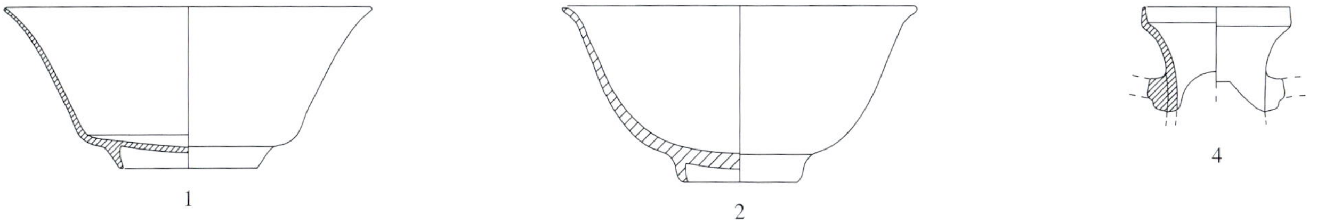

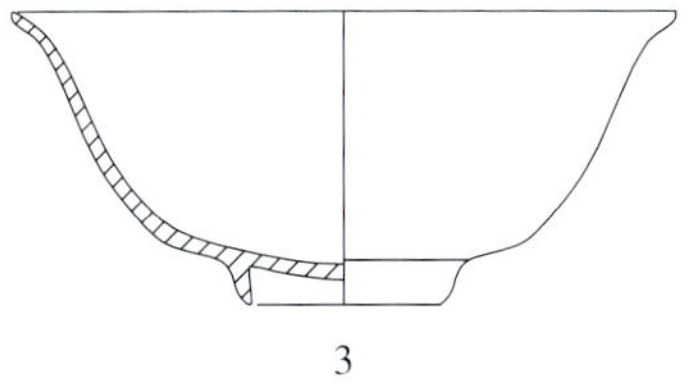

0 9厘米

图 2–24 老牛礁沉船遗址出水蓝釉瓷

1. A 型碗（老牛礁：26） 2、3. B 型碗（老牛礁：65、68） 4. 瓶（老牛礁：67）

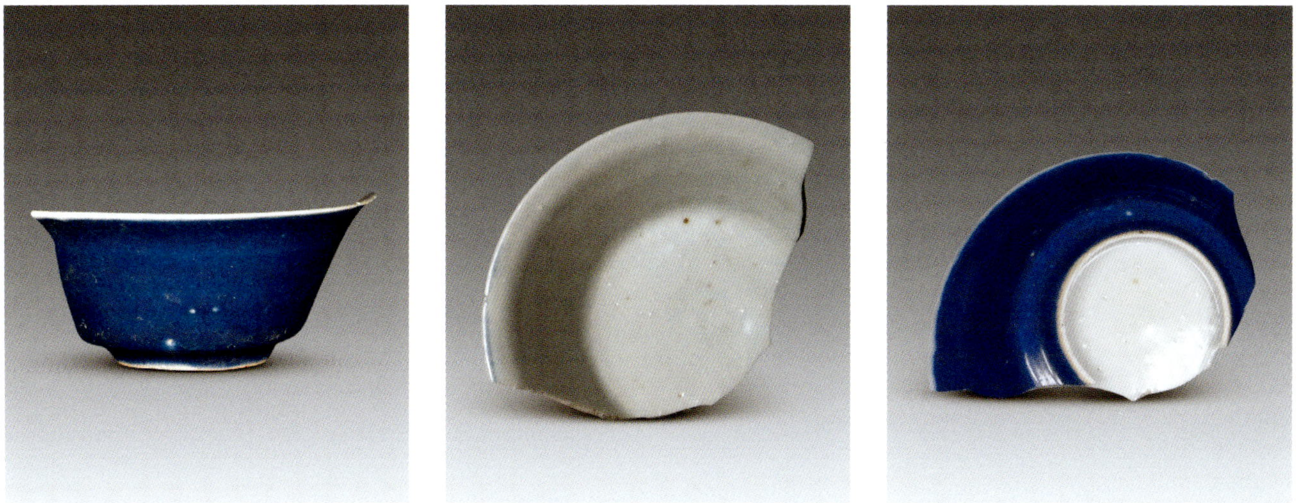

彩版 2–150 蓝釉碗（老牛礁：26）

彩版 2–151 蓝釉碗（老牛礁：65）

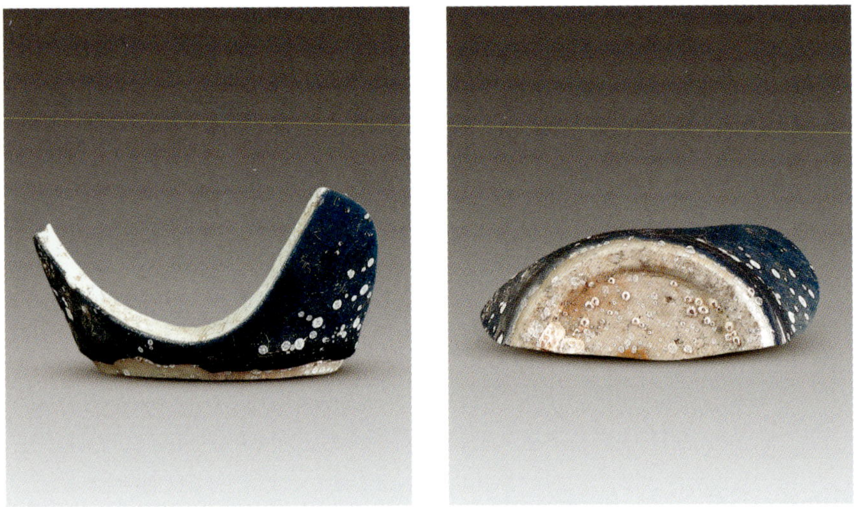

彩版 2–152　蓝釉瓶（老牛礁：66）

彩版 2–153　蓝釉瓶（老牛礁：67）

彩版 2–154　蓝釉瓶（老牛礁：70）

（2）瓶

3 件。

标本老牛礁：66，残，仅存腹下部及底部残片。下腹斜直，卧足。白胎，内壁施青白釉，外壁施蓝釉，足内无釉。口径 14.0、足径 6.3、残高 4.8 厘米（彩版 2–152）。

标本老牛礁：67，残，仅存口沿及颈部残片。盘口，颈部残存一系根部。白胎，内壁施青白釉，外壁施蓝釉。口径 5.8、残高 4.0 厘米（图 2–24，4；彩版 2–153）。

标本老牛礁：70，残，仅存腹部残片。白胎，内壁施青白釉，大部分有冰裂纹，外壁施蓝黑釉。外壁贴泥釉彩。长 7.0、宽 4.2、厚 0.4 厘米（彩版 2–154）。

### 3．青花瓷

389 件。器形有碗、大盘、碟、盆等。

（1）碗

358 件。大部分器形不太规整，有敞口和撇口两种，均为圆唇，斜弧腹，圈足，足墙外斜内直，足端较窄，内、外底微下凹。白胎大部分胎体较轻薄，亦有少量胎体较厚重。釉色泛青，大部分内外均施釉，足端无釉，少量施釉至足外墙下部，圈足内无釉。青花呈色多样，有淡蓝、蓝灰色，亦有部分呈色灰暗。大部分外壁绘花卉图案，少量奔马、人物图案。根据口沿形态不同分两型。

A 型　246 件。敞口碗。分三式。

A 型 Ⅰ 式　85 件。器形较小，斜弧腹，较深。

标本厂 1 次：54.8，青花呈色淡蓝，内底一周青花双圈弦纹，中心绘莲花水波纹，口沿外侧绘一圈莲花水波纹，外壁下部绘一圈瘦长的蕉叶纹。口径 14.0、足径 4.9、高 6.4 厘米（图 2–25，1；彩版 2–155）。

标本厂 1 次：54.22，青花呈色淡蓝，内底一周青花双圈弦纹，中心绘花卉水波纹，口沿外侧绘一圈花卉水波纹，外壁下部绘一圈瘦长的蕉叶纹。口径 14.0、足径 5.4、高 6.6 厘米（图 2–25，2；

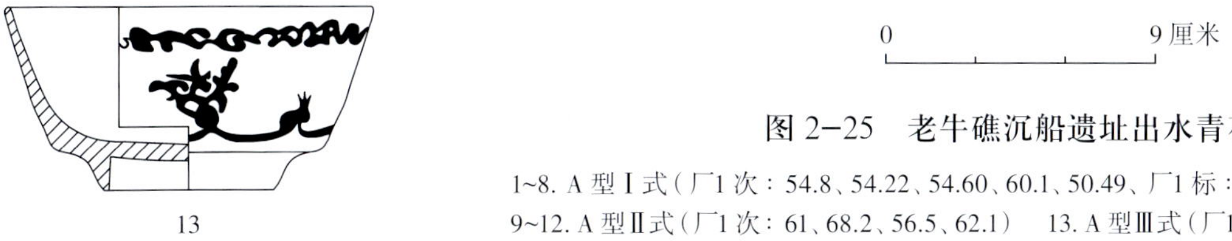


图 2–25　老牛礁沉船遗址出水青花碗

1~8. A 型Ⅰ式（厂1次：54.8、54.22、54.60、60.1、50.49、厂1标：91、厂1次：63.2、63.4）
9~12. A 型Ⅱ式（厂1次：61、68.2、56.5、62.1）　13. A 型Ⅲ式（厂1次：64.1）

彩版 2–155　青花碗（厂 1 次：54.8）

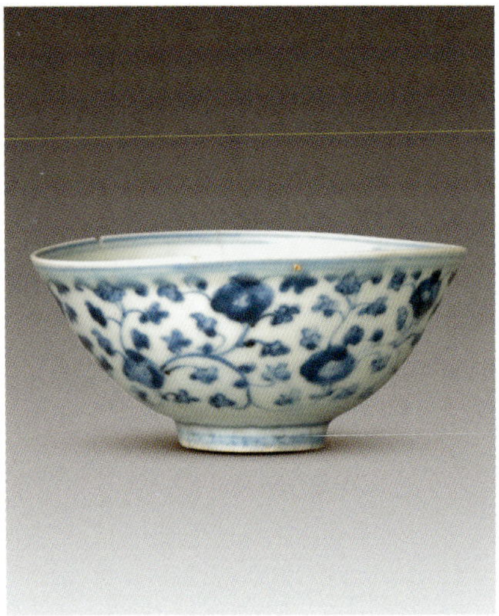

彩版 2-161　青花碗（厂 1 次：63.2）

彩版 2-163　青花碗（厂 1 次：50.13）

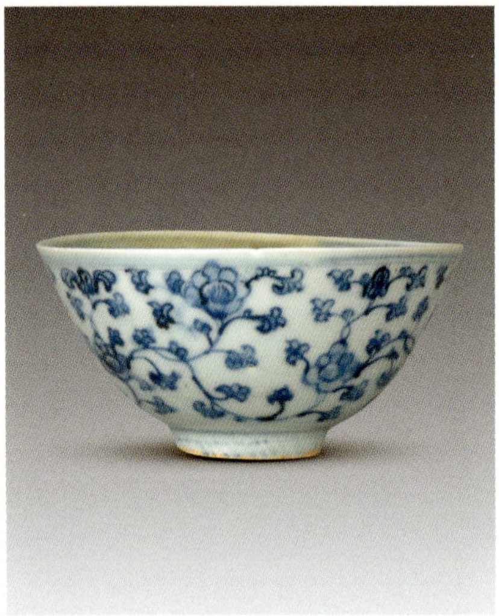

彩版 2-162　青花碗（厂 1 次：63.4）

彩版 2-164　青花碗（厂 1 次：50.67）

彩版 2-165　青花碗（厂 1 次：50.73）

标本厂 1 次：50.79，胎体略显厚重。釉泛青，腹足交接处有缩釉现象。青花呈色灰暗，内底中心绘花卉，外壁上部绘一圈花草，中间绘奔马纹，图案简化，随意。口径 13.6、足径 5.3、高 6.3 厘米（彩版 2–166）。

标本厂 1 次：50.121，胎体略显厚重。釉泛青灰。青花呈色灰暗，内底中心绘花卉，外壁上部绘一圈花草，中间绘奔马纹，图案简化，随意。口径 13.8、足径 5.8、高 6.6 厘米（彩版 2–167）。

标本厂 1 次：50.163，胎体略显厚重。青花呈色灰黑，内底一周青花双圈弦纹，中心绘花卉，外壁上部绘一圈花草，下部绘一圈连弧纹，中间绘奔马纹，图案简化，随意。口径 14.0、足径 5.5、高 6.0 厘米（彩版 2–168）。

标本厂 1 次：50.169，胎体略显厚重。青花呈色灰蓝，内底中心绘花卉，外壁上部绘一圈珠点和连弧纹，中间绘奔马纹，图案简化，随意。口径 13.9、足径 5.4、高 6.2 厘米（彩版 2–169）。

A 型Ⅱ式　42 件。器形较大，腹略浅。

标本厂 1 次：61，青花呈色蓝中泛灰，内底一周青花双圈弦纹，中心绘花卉，外壁绘满缠枝莲花。

彩版 2–166　青花碗（厂 1 次：50.79）

彩版 2–167　青花碗（厂 1 次：50.121）

口径 16.2、足径 6.4、高 5.5 厘米（图 2–25，9；彩版 2–170）。

标本厂 1 次：68.2，青花呈色淡蓝，略泛灰，内底一周青花双圈弦纹，中心绘三枝梅花，外壁绘两组鹊梅纹。口径 16.2、足径 6.3、高 5.5 厘米（图 2–25，10；彩版 2–171）。

标本厂 1 次：56.5，青花呈色灰蓝，内底一周青花双圈弦纹，中心与外壁亦绘满花叶纹。口径 15.7、足径 6.2、高 5.8 厘米（图 2–25，11；彩版 2–172）。

标本厂 1 次：62.1，青花呈色蓝灰，内底一周青花双圈弦纹，中心与外壁绘葡萄枝叶纹。口径 14.5、足径 5.7、高 5.5 厘米（图 2–25，12；彩版 2–173）。

标本厂 1 次：56.1，足端较窄，粘较多窑渣。青花呈色灰蓝，内底一周青花双圈弦纹，中心绘满花叶，外壁亦绘满花叶纹。口径 16.0、足径 6.0、高 5.8 厘米（彩版 2–174）。

标本厂 1 次：62.2，青花呈色淡蓝，内底一周青花弦纹，中心绘折枝花卉纹。外壁绘两组花叶蝴蝶纹。口径 14.5、足径 5.4、高 5.3 厘米（彩版 2–175）。

A 型Ⅲ式　129 件。折腹。

彩版 2–168　青花碗（厂 1 次：50.163）

彩版 2–169　青花碗（厂 1 次：50.169）

彩版 2–170　青花碗（厂 1 次：61）

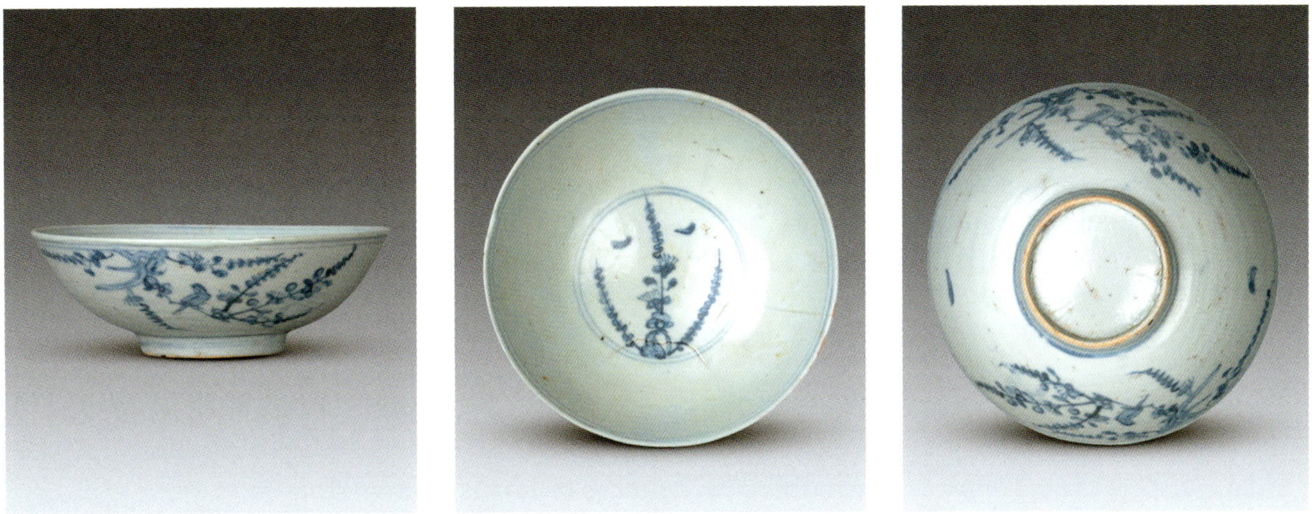

彩版 2–171　青花碗（厂 1 次：68.2）

彩版 2–172　青花碗（厂 1 次：56.5）

彩版 2–173　青花碗（厂 1 次：62.1）

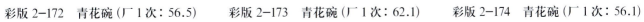

彩版 2–174　青花碗（厂 1 次：56.1）

标本厂 1 次：64.1，胎体略显厚重。釉微泛青灰，内外均施釉，足端刮釉，外壁底部及足端粘少量窑渣。青花呈色较灰暗，内底一周双圈弦纹，中心绘花草。口沿外侧以及腹部分别绘一圈缠枝花草纹。口径 12.3、足径 5.6、高 6.1 厘米（图 2–25，13；彩版 2–176）。

标本厂 1 次：64.2，胎体略显厚重。釉微泛青灰，内外均施釉，足端刮釉，外壁底部及足端粘少量窑渣。青花呈色较灰暗，内底一周双圈弦纹，中心绘花草。口沿外侧以及腹部分别绘一圈缠枝花草纹。口径 12.6、足径 5.6、高 6.2 厘米（彩版 2–177）。

B 型　122 件。撇口碗。分三式。

B 型 Ⅰ 式　52 件。器形较小，斜弧腹。

标本厂 1 次：59.1，圈足略外撇。青花呈色蓝灰，内底一周青花双圈弦纹，中心绘一人物，外壁绘四组骑马踏青图案。口径 14.8、足径 5.5、高 6.4 厘米（图 2–26，1；彩版 2–178）。

标本厂 1 次：59.45，青花呈色灰中略泛蓝，内底一周青花双圈弦纹，中心绘一人物，较抽象。外壁绘四组骑马踏青图案。口径 14.9、足径 5.5、高 6.0 厘米（图 2–26，2；彩版 2–179）。

标本厂 1 次：73.1，青花呈色浅灰略带蓝，内底一周青花双圈弦纹，中心绘仕女纹。外壁绘婴

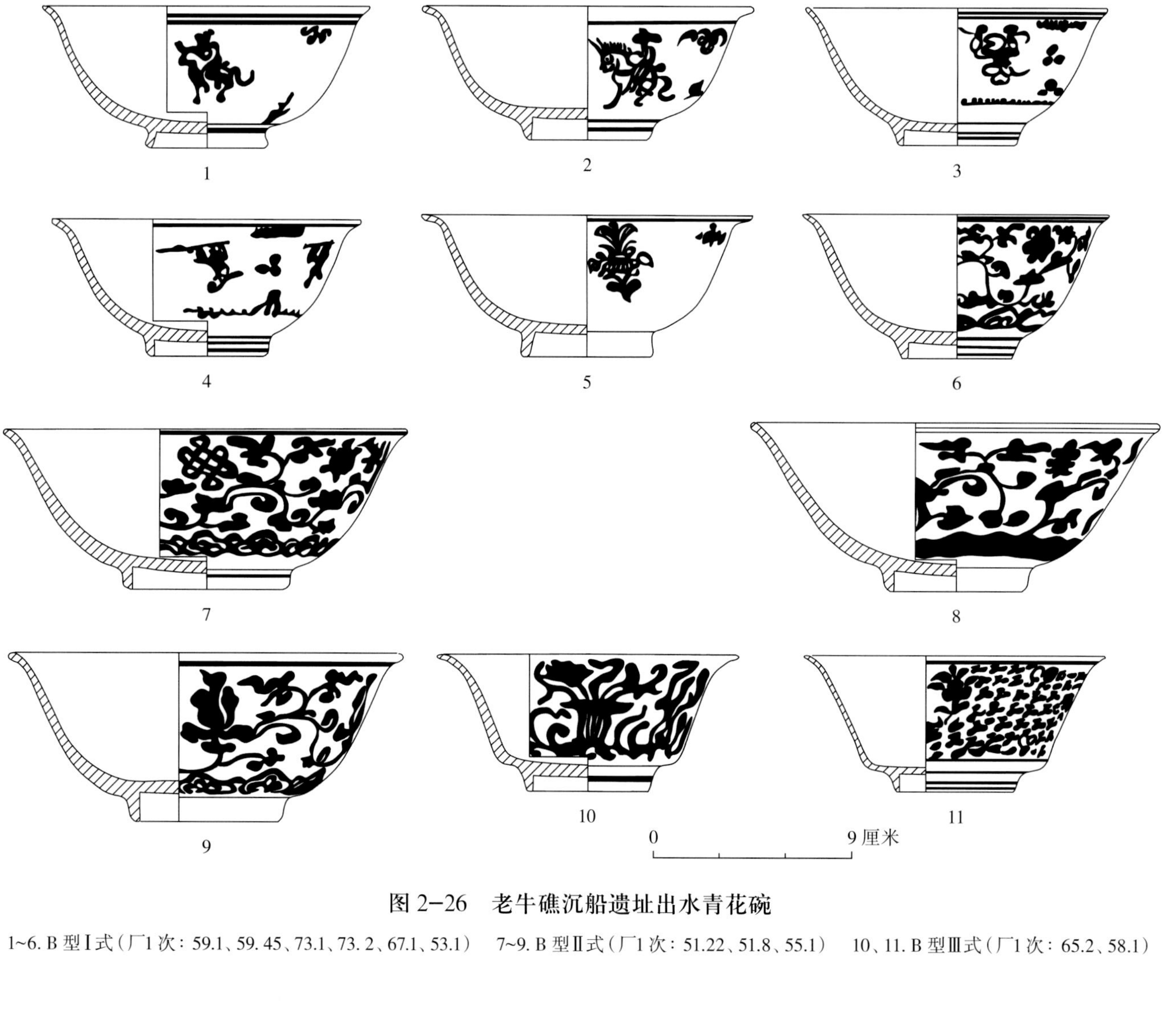


图 2–26　老牛礁沉船遗址出水青花碗

1~6. B 型Ⅰ式（厂1 次：59.1、59. 45、73.1、73. 2、67.1、53.1）　7~9. B 型Ⅱ式（厂1 次：51.22、51.8、55.1）　10、11. B 型Ⅲ式（厂1 次：65.2、58.1）

彩版 2-175　青花碗（厂 1 次：62.2）

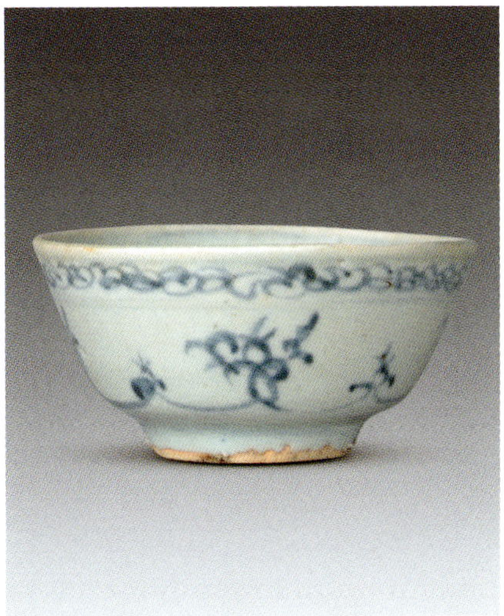

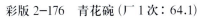

彩版 2-176　青花碗（厂 1 次：64.1）

彩版 2-177　青花碗（厂 1 次：64.2）

彩版 2-178　青花碗（厂 1 次：59.1）

戏纹。口径 14.3、足径 5.4、高 6.2 厘米（图 2–26，3；彩版 2–180）。

标本厂 1 次：73.2，青花呈色较浅，泛灰。内底一周青花双圈弦纹，中心绘仕女纹。外壁绘婴戏纹。口径 14.2、足径 5.5、高 6.2 厘米（图 2–26，4；彩版 2–181）。

标本厂 1 次：67.1，青花呈色浅灰略带蓝，内底一周青花双圈弦纹，中心绘一枝花卉，外壁绘四枝花卉。口径 14.9、足径 6.0、高 6.4 厘米（图 2–26，5；彩版 2–182）。

标本厂 1 次：59.21，青花呈色灰中略泛蓝，内底一周青花双圈弦纹，中心绘一人物，较抽象。外壁绘四组骑马踏青图案。口径 14.2、足径 5.1、高 6.2 厘米（彩版 2–183）。

标本厂 1 次：53.1，青花呈色灰暗，内底一周青花双圈弦纹，中心绘折枝花卉纹。外壁绘缠枝莲花纹。口径 14.2、足径 5.0、高 6.5 厘米（图 2–26，6；彩版 2–184）。

标本厂 1 次：59.31，圈足略外撇。釉略泛青，通体冰裂纹。青花呈色蓝灰，内底一周青花双圈弦纹，中心绘一人物，外壁绘四组骑马踏青图案。口径 15.3、足径 5.4、高 6.6 厘米（彩版 2–185）。

彩版 2–179　青花碗（厂 1 次：59.45）

彩版 2–180　青花碗（厂 1 次：73.1）

彩版 2–181　青花碗（厂 1 次：73.2）

彩版 2–182　青花碗（厂 1 次：67.1）

彩版 2–183　青花碗（厂 1 次：59.21）

彩版 2–184　青花碗（厂 1 次：53.1）

彩版 2–185　青花碗（厂 1 次：59.31）

标本厂 1 次：77.1，圈足较高，略呈喇叭形。胎体较厚重。釉泛青，通体开冰裂纹。青花呈色灰中泛蓝，内底一周青花双圈弦纹，中心书一梵文，外壁上部书五个梵文，外壁底部绘一圈菊瓣纹。口径 15.2、足径 5.8、高 6.8 厘米（彩版 2–186）。

标本厂 1 次：59.47，青花呈色灰中略泛蓝，内底一周青花双圈弦纹，中心绘一人物，较抽象。外壁绘四组骑马踏青图案。口径 14.9、足径 5.5、高 6.0 厘米（彩版 2–187）。

B 型Ⅱ式　42 件。器形较大，斜弧腹。青花呈色蓝中泛灰，内底一周青花双圈弦纹，中心绘一折枝花卉，外壁绘满缠枝花卉。

标本厂 1 次：51.8，口径 18.3、足径 6.1、高 7.6 厘米（图 2–26，8；彩版 2–188）。

标本厂 1 次：51.22，口径 18.3、足径 7.1、高 7.2 厘米（图 2–26，7；彩版 2–189）。

标本厂 1 次：51.18，口径 17.7、足径 6.6、高 7.6 厘米（彩版 2–190）。

标本厂 1 次：55.1，白胎。口径 17.7、足径 6.6、高 7.6 厘米（图 2–26，9；彩版 2–191）。

标本厂 1 次：51.53，口径 18.8、足径 7.3、高 7.8 厘米（彩版 2–192）。

标本厂 1 次：55.6，白胎。口径 18.6、足径 7.3、高 7.4 厘米（彩版 2–193）。

彩版 2-186　青花碗（厂 1 次：77.1）

彩版 2-187　青花碗（厂 1 次：59.47）

彩版 2–188　青花碗（厂 1 次：51.8）

彩版 2–189　青花碗（厂 1 次：51.22）

彩版 2–190　青花碗（厂 1 次：51.18）

彩版 2-191　青花碗（厂 1 次：55.1）

彩版 2-192　青花碗（厂 1 次：51.53）

彩版 2–193　青花碗（厂 1 次：55.6）

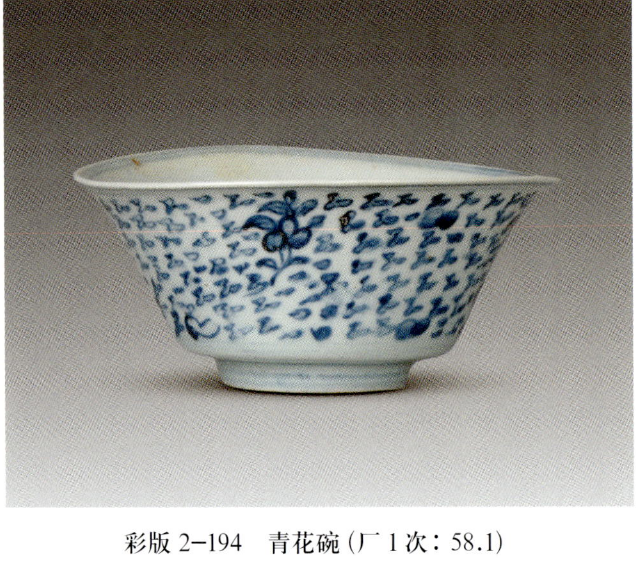

彩版 2–194　青花碗（厂 1 次：58.1）

彩版 2–195　青花碗（厂 1 次：65.2）

B 型Ⅲ式　28 件。器形较小，下腹折收。

标本厂 1 次：58.1，青花呈色蓝灰，内底一周青花双圈弦纹，中心绘满草叶纹，外壁亦绘满草叶纹。口径 13.8、足径 5.3、高 6.2 厘米（图 2–26，11；彩版 2–194）。

标本厂 1 次：65.2，内壁粘少量窑渣。青花呈色蓝灰，内底一周双圈弦纹，中心绘荷花，外壁亦满绘荷花纹。口径 13.8、足径 5.5、高 6.2 厘米（图 2–26，10；彩版 2–195）。

（2）**大盘**

22 件。大圈足，足墙外斜内直，足端较窄。内底微下凹、外底较平。白胎，胎体较厚重。釉略泛青，内外均施釉，足端无釉。分两型。

A 型　8 件。撇口，折腹。

标本厂 1 标：130，青花呈色蓝灰，内底一周青花双圈弦纹，中心绘一瑞兽，口沿绘回纹，外壁由三组双线青花弦纹分成上下两组，上部绘圆圈纹，下部绘花叶纹。口径 23.9、足径 13.1、高 3.8 厘米（图 2–27，1；彩版 2–196）。

标本厂 1 标：131，青花呈色灰黑，内底一周青花双圈弦纹，中心绘一瑞兽，口沿绘回纹，外壁由三组双线青花弦纹分成上下两组，上部绘草叶纹，下部绘卷草纹。口径 23.4、足径 13.2、高 4.2 厘米（彩版 2–197）。

B 型　14 件。敞口，斜弧腹。

标本厂 1 次：78.1，青花呈色灰中略泛蓝，内底一周青花双圈弦纹，中心绘满花卉。内、外壁绘缠枝花叶纹。口径 24.8、足径 15.3、高 5.1 厘米（图 2–27，2；彩版 2–198）。

标本厂 1 次：79.3，青花呈色深灰中略泛蓝，内底一周青花双圈弦纹，中心绘满花叶，外壁绘缠枝花叶纹。口径 23.4、足径 13.5、高 4.4 厘米（图 2–27，3；彩版 2–199）。

标本厂 1 标：126，青花呈色灰中略泛蓝，内底一周青花双圈弦纹，中心绘满花叶。外壁绘缠枝花叶纹。口径 23.0、足径 13.8、高 4.6 厘米（彩版 2–200）。

标本厂 1 标：127，青花呈色灰中略泛蓝，内底一周青花双圈弦纹，中心绘满花卉。内、外壁

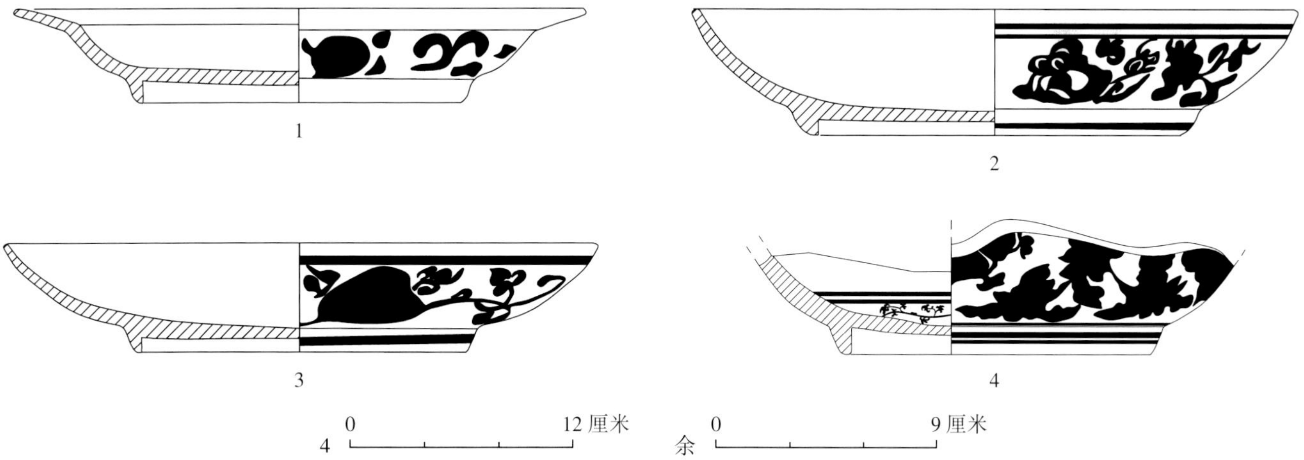


**图 2–27　老牛礁沉船遗址出水青花瓷**

1. A 型大盘（厂1 标：130）　2、3. B 型大盘（厂1 次：78.1、79.3）　4. 盆（老牛礁：64）

彩版 2-196　青花大盘（厂 1 标：130）

彩版 2-197　青花大盘（厂 1 标：131）

彩版 2-198　青花大盘（厂 1 次：78.1）

彩版 2–199　青花大盘（厂 1 次：79.3）

彩版 2–200　青花大盘（厂 1 标：126）

彩版 2–201　青花大盘（厂 1 标：127）

彩版 2–202　青花大盘（厂 1 标：128）

彩版 2–203　青花大盘（厂 1 标：129）

彩版 2–204　青花大盘（厂 1 次：79.1）

绘缠枝花叶纹。口径 24.0、足径 14.6、高 4.6 厘米（彩版 2–201）。

标本厂 1 标：128，青花呈色灰中略泛蓝，内壁、底绘花卉，外壁绘缠枝花叶纹。口径 24.0、足径 15.0、高 4.8 厘米（彩版 2–202）。

标本厂 1 标：129，青花呈色灰中略泛蓝，内底一周青花双圈弦纹，中心绘满花叶。外壁绘缠枝花叶纹。口径 22.4、足径 14.5、高 3.8 厘米（彩版 2–203）。

标本厂 1 次：79.1，青花呈色深灰中略泛蓝，内底一周青花双圈弦纹，中心绘满花叶，外壁绘缠枝花叶纹。口径 22.8、足径 14.0、高 4.7 厘米（彩版 2–204）。

（3）碟

8 件。敞口，斜弧腹，卧足。

标本老牛礁：20，青黄釉。内施满釉，外施釉至腹下部，足内亦施釉。口沿内侧绘青花单圈弦纹，内底青花双圈弦纹内绘折枝花卉；外壁上部绘一圈花叶纹，下部绘蕉叶纹。青花呈色灰黑。口径 10.4、足径 3.3、高 3.0 厘米（图 2–28，1；彩版 2–205）。

标本老牛礁：21，青白釉，通体冰裂纹。内施满釉，外施釉至腹下部，足内亦施釉。口沿内侧绘青花双圈弦纹，内底青花双圈弦纹内绘折枝花卉；外壁上部绘一圈花叶纹，下部绘蕉叶纹。青花呈色蓝灰。口径 9.6、足径 3.1、高 3.0 厘米（彩版 2–206）。

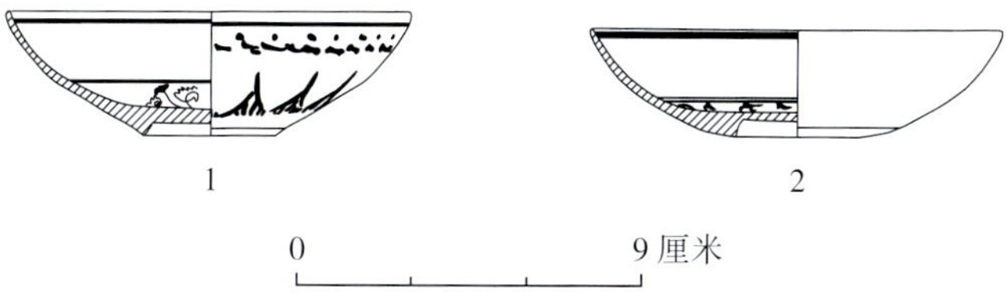


图 2–28　老牛礁沉船遗址出水青花碟

1、2. 老牛礁：20、25

标本老牛礁：23，青灰釉。内施满釉，外施釉至腹下部，足内亦施釉。口沿内侧绘青花双圈弦纹，内壁下部绘一圈花卉，内底青花双圈弦纹内绘团花；外壁上部绘一圈花叶纹，下部绘蕉叶纹。青花呈色蓝灰。口径 9.9、足径 2.8、高 2.8 厘米（彩版 2–207）。

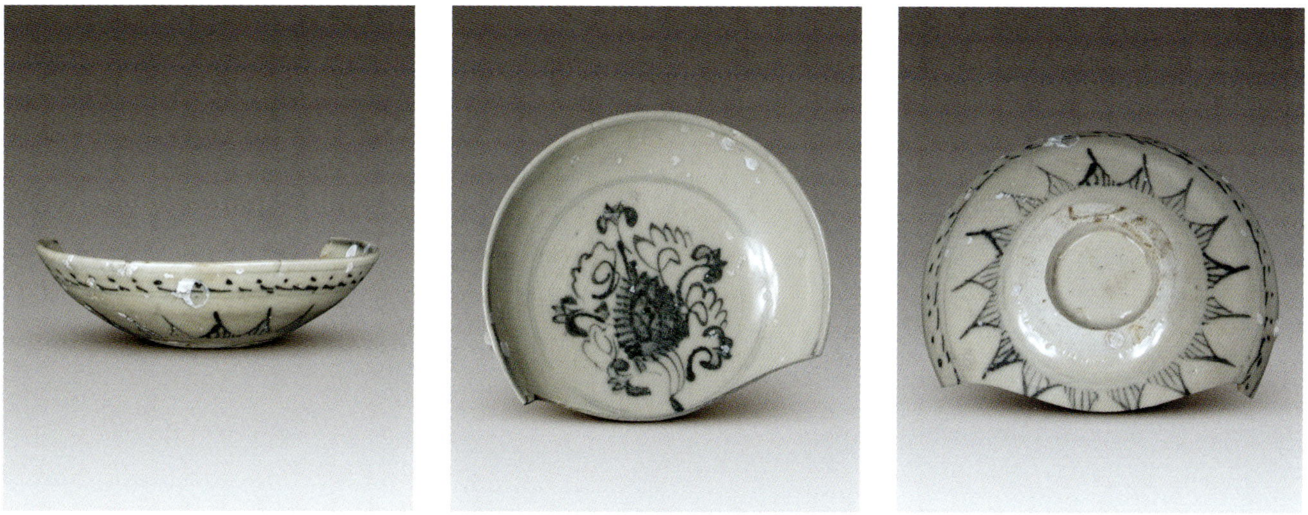

彩版 2–205　青花碟（老牛礁：20）

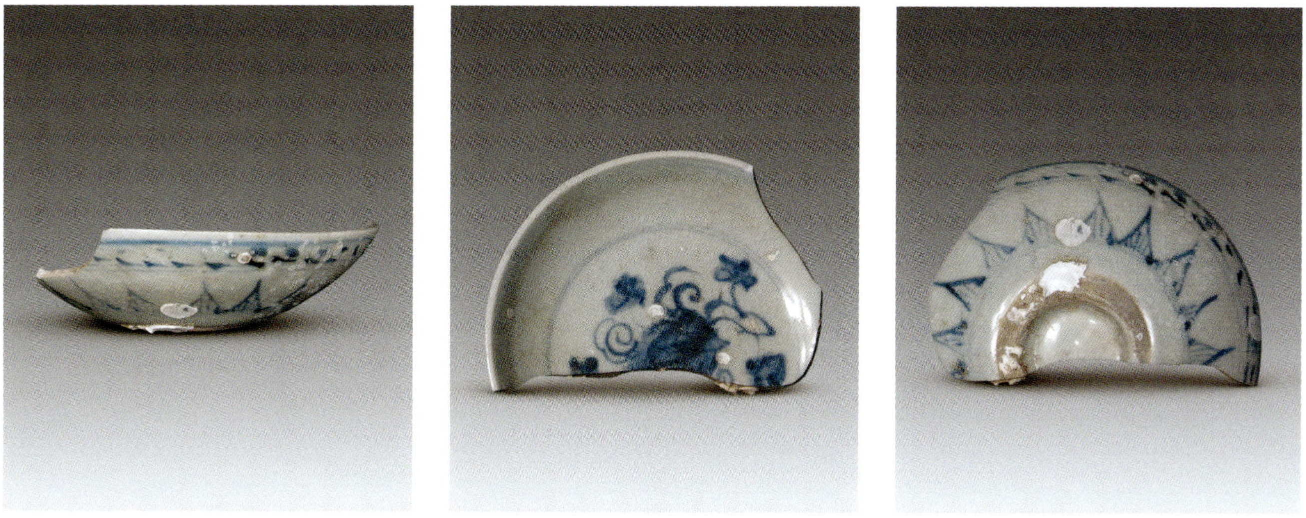

彩版 2–206　青花碟（老牛礁：21）

彩版 2–207　青花碟（老牛礁：23）

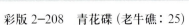

彩版 2–208　青花碟（老牛礁：25）

彩版 2–209　青花盆（老牛礁：64）

标本老牛礁：25，青白釉。内施满釉，外施釉至腹下部，足内亦施釉。口沿内侧绘青花单圈弦纹，内底青花双圈弦纹内绘奔马纹。青花呈色蓝灰。口径 10.7、足径 3.3、高 2.6 厘米（图 2–28，2；彩版 2–208）。

（4）盆

1 件。

标本老牛礁：64，底微弧，圈足微内敛，足端圆。白胎，胎体厚重，内外均施釉，足端刮釉。内底青花双圈弦纹内绘缠枝莲纹；外壁绘缠花卉。青花呈色蓝灰。足径 16.8、残高 7.0 厘米（图 2–27，4；彩版 2–209）。

4．五彩瓷

6 件。

仅大盘一种，撇口，斜弧腹，大圈足，足墙外斜内直，足端较窄。内、外底下凹。白釉，内外均施釉，足端无釉。内底红绿彩脱落殆尽，仅存痕迹，外壁残留有少量红绿彩缠枝花卉。

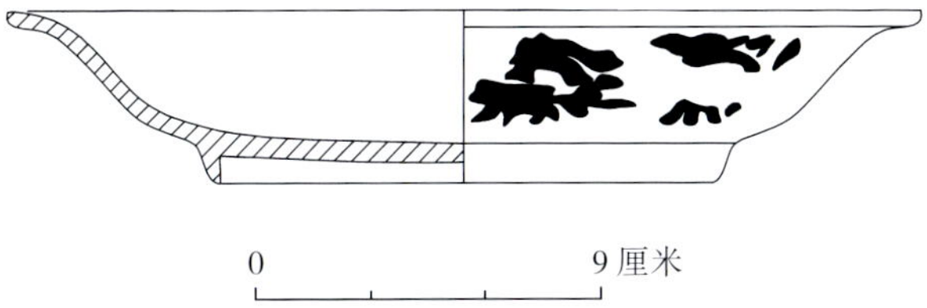


图 2–29　老牛礁沉船遗址出水五彩大盘（厂 1 次：82.5）

**大盘**

标本厂 1 次：82.5，外底的红绿彩款亦脱落，仅存痕迹。口径 23.5、足径 14.4、高 4.4 厘米（图 2–29；彩版 2–210）。

标本厂 1 次：82.2，口径 22.8、足径 13.2、高 4.2 厘米（彩版 2–211）。

彩版 2–210　五彩大盘（厂 1 次：82.5）

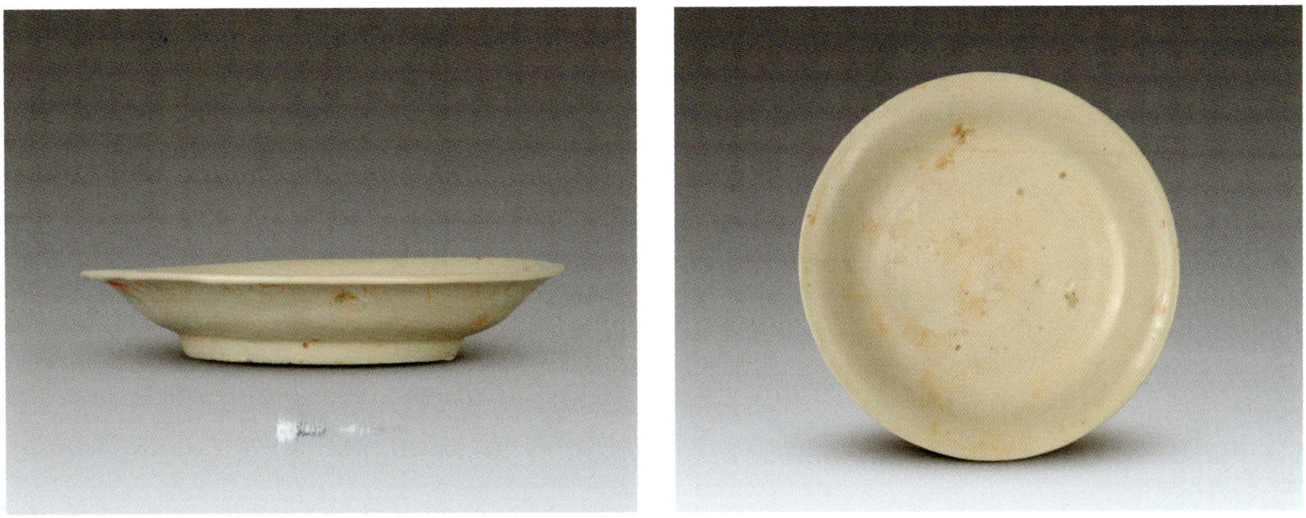

彩版 2–211　五彩大盘（厂 1 次：82.2）

## 三 小结

老牛礁沉船遗址出水青花瓷器，青花发色青淡，有晕散现象。纹饰绘画以勾勒渲染为主。图案则以缠枝花卉、婴戏、骑马、杂宝为主，具有典型明代中期弘治、正德时期景德镇民窑青花瓷器物征，因此其年代应为明代中期。

明代早中期，在隆庆开海之前，虽然实行朝贡贸易和海禁政策，严格限制民间贸易，但琉球凭借与明朝政府的良好关系，发展朝贡贸易。明朝政府于福建设置市舶司，初设于泉州，专门管理琉球朝贡事宜。由于福州从地理和航线上对琉球交通更为方便，实为是中琉交通的主要港口。后于成化十年（公元 1474 年），将福建市舶司从泉州迁到福州，福州遂成了通琉球的唯一口岸，双方往来皆经由福州港进行[1]。琉球通过朝贡获取大量瓷器，除满足自身需要之外，还将其转运至东南亚一带经营转口贸易，成了中国瓷器输出的主要通道[2]。

关于景德镇瓷器的外销路线，其瓷器进入鄱阳湖后，具体线路有如下两条：一条沿信江溯流至铅山，过分水关至崇安（今武夷山），进入闽江上游崇阳溪流域，再顺闽江至福州出港。这条古道从秦汉开始就已开通，秦人入闽、闽人反秦以及汉攻闽越均走过这条古道。第二条先沿抚河、盱江、黎滩河至黎川，向东北走东兴岭古驿道，到达闽赣交界处的杉岭，进入闽江上游的富屯溪流域，再顺闽江至福州出港。

因此，无论是从地理位置、交通条件还是经济方面，闽江流域均是景德镇瓷器往东南亚外销的最便捷运输通道。

# 第六节 平潭九梁礁沉船遗址

## 一 遗址概况

**1．调查经过**

九梁礁沉船遗址位于平潭屿头岛东部的九梁海域航道东侧（彩版 2-212），东距海坛岛约 6000 米，西北距 2005 年发掘的碗礁一号沉船遗址约 1600 米，东北距 2007 年发掘的大练岛元代沉船遗址约 5500 米。

该沉船遗址共进行 3 次水下调查，2006 年 8 月，由中国国家博物馆水下考古研究中心、福建博物院文物考古研究所、福州市文物考古工作队等单位联合组成福建沿海水下考古调查队，根据当地向导提供的线索，对这片海域进行了大范围的物探扫测，确定大致位置后，派遣水下考古队员进行水下探摸，最终找到船体残骸。发现时遗址已遭严重破坏，海床表面散落大量瓷片，露出部分隔舱板，但船底板均埋于淤泥中。确定遗物集中分布范围后，进行测绘，并采集少量标本。

[1] 廖大珂：《福建海外交通史》，福建人民出版社，2002 年，第 190 页。

[2] 陈洁：《明代早中期瓷器外销相关问题研究——以琉球与东南亚地区为中心》，《上海博物馆集刊》第十二期，上海书画出版社，2012 年，第 291 页。

2008年，结合第三次全国文物普查，福建沿海水下文物普查队在平潭海域开展水下文物普查时，又用多波束等物探设备对该遗址进行全方位扫测（图2–30），并派遣水下队员对该遗址进行重点调查。发现遗址破坏更为严重，部分船底板已露出海床，原来比较集中的遗物由于水流以及盗捞破坏，更为破碎，个别船板散落于海床。此次调查还首次使用了水下机器人进行辅助拍摄，并对船体残骸进行了较为详细的测绘。

2009年，第五期全国水下考古专业人员培训班实习工作在平潭小练岛东礁村水下遗址进行，结合实习调查科目，由学员对该遗址进行实习调查。

彩版2–212　九梁礁沉船遗址环境

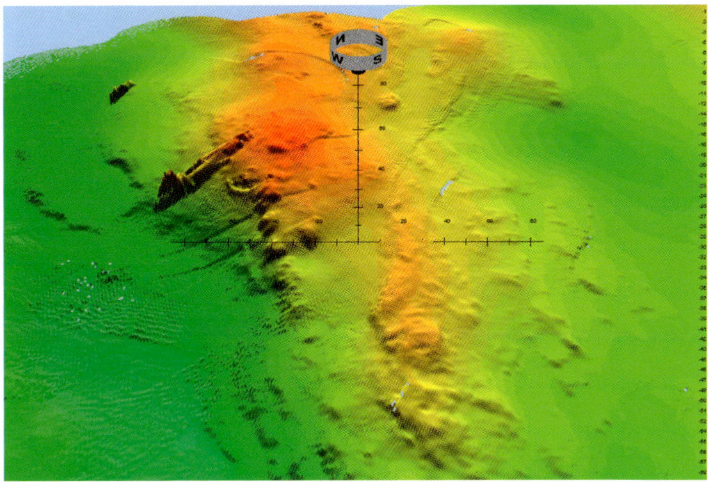

图2–30　九梁礁沉船遗址多波束声纳成像图

2. 沉船遗址水下环境

遗址东高西低呈斜坡状，南、北两侧均为礁石，突出海床约2~5米。遗址表面有大量大小不等的石块，中间淤积于少量泥沙，遗物散落堆积于石块之间。船体残骸即位于北侧礁石下略呈斜坡状的台地上。高平潮时水深约16~19米，潮差约4米。遗物散落范围较大，受地形影响，略呈东北至西南走向分布。在调查范围南北约45、东西约30米的范围内均发现有较多遗物，在西侧坡下超过30米深度的海床上均可采集到遗物（彩版2–213）。

遗址所处位置靠近航道，水流变化较快，在季节好时能见度2~3米。

3. 船体遗迹

船体残骸基本呈东西向，2008年调查时出露部分长约9.00、宽约4.00米。共有6块隔舱板露出海床。从东边开始第一块出露部分长1.20、厚0.18米；第二块出露部分长1.30、厚0.22米；第三块出露部分长3.20、厚0.16米；第四块出露部分长3.10、厚0.22米；第五块出露部分长约4.00、厚0.20、残高0.40米；第六块出露部分长1.60、厚0.10米。六块隔舱板之间的进深从东边开始依次为0.96、1.60、0.60、0.80、1.60米。此外，靠近东端还有长约2.00、宽约1.00米的船底板露出海床（图2–31；彩版2–214，1~3）。

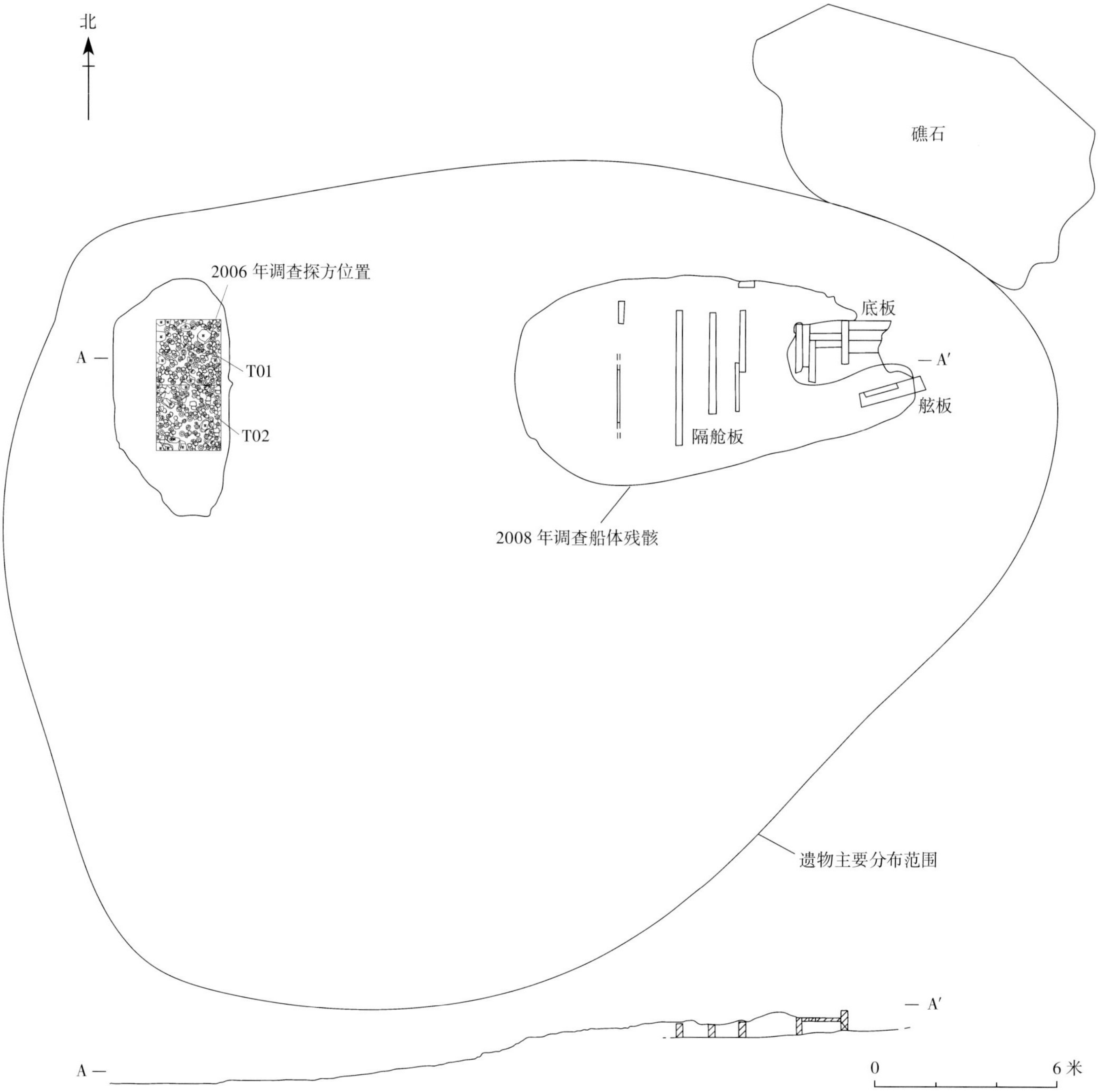


图 2-31　九梁礁沉船遗址平、剖面图

## 二　出水遗物

沉船遗址未经发掘，仅在每次调查时采集少量标本。均为陶瓷器，主要为青花瓷和青白瓷，还有少量蓝釉瓷、白瓷以及青花釉里红瓷器等（标本编为“九梁”）。此外，2008 年 6 月，龙海市公安边防大队在龙海市隆教乡镇海码头破获一起特大盗捞文物走私案件，共缴获文物 4009 件，并移交给龙海市博物馆，其中部分即为九梁礁沉船遗址出水（标本编为“龙海博”）。

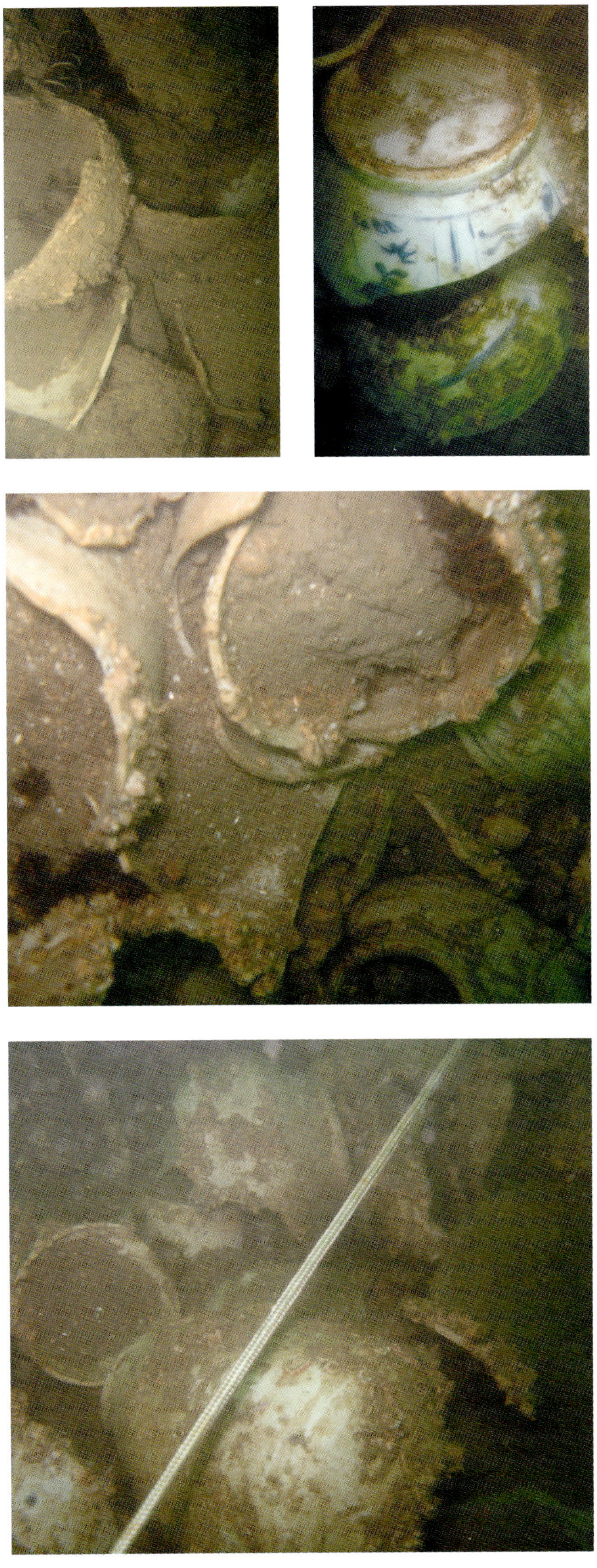

彩版 2-213　九梁礁沉船水下遗物堆积情况

1. 隔舱板

2. 隔舱板

3. 舷板

彩版 2-214　九梁礁沉船遗址船体遗迹

### 1. 青白瓷

仅发现罐一种。

#### 罐

8件。敛口或直口，尖唇，沿微外折或外卷，短束颈，折肩，斜直腹微弧，平底或底微内凹。灰白胎，灰白釉，内满釉，外施至腹底部。

标本九梁：24，口径5.4、残高12.3厘米（图2–32，1）。

标本九梁：26，口径6.7、底径6.2、高16.0厘米（彩版2–215）。

标本九梁：28，口径6.2、足径6.5、高14.5厘米（图2–32，2；彩版2–216）。

标本九梁：58，口径7.0、足径6.3、高15.5厘米（彩版2–217）。

标本九梁：59，口径7.1、足径6.2、高16.0厘米（彩版2–218）。

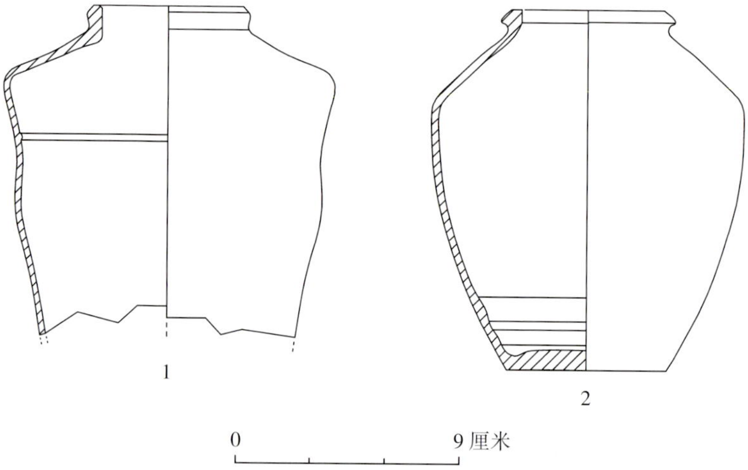


图2–32　九梁礁沉船遗址出水青白瓷罐

1、2. 九梁：24、28

彩版2–215　青白瓷罐（九梁：26）

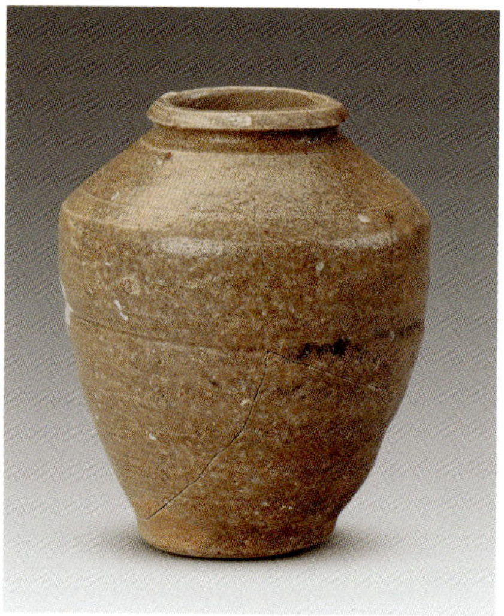

彩版2–216　青白瓷罐（九梁：28）

彩版2–217　青白瓷罐（九梁：58）

彩版2–218　青白瓷罐（九梁：59）

### 2. 蓝釉瓷

仅见高足杯一种。

#### 高足杯

4件。敞口，圆唇，深弧腹，内底较平，喇叭形高足，足内凹。白胎，胎质细腻，内满釉，足底无釉。内壁上部绘一圈青花卷草纹带，青花呈蓝黑色，外壁施蓝釉。

标本九梁：22，口径6.6、足径3.7、高7.7厘米（图2–33，1；彩版2–219）。

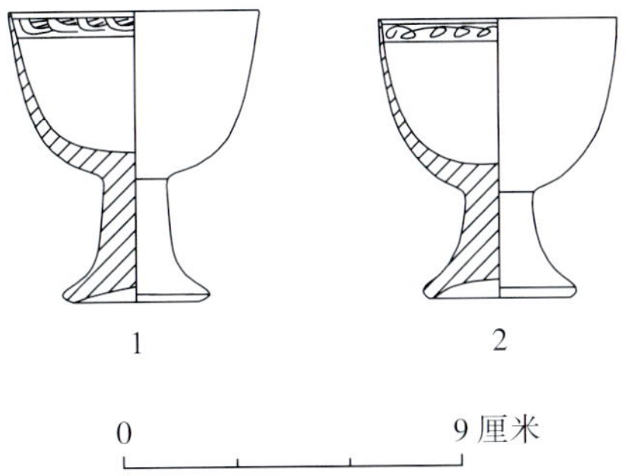


图 2-33　九梁礁沉船遗址出水蓝釉杯
1、2. 九梁：22、23

彩版 2-219　蓝釉高足杯（九梁：22）

彩版 2-220　蓝釉高足杯（九梁：23）

彩版 2-221　蓝釉高足杯（九梁：40）

标本九梁：23，口径 6.4、足径 3.8、高 7.4 厘米（图 2-33，2；彩版 2-220）。
标本九梁：40，口径 6.6、足径 3.7、高 7.7 厘米（彩版 2-221）。

**3. 青花瓷**

青花瓷的种类以碗、盘、罐等为主，均为景德镇窑产品。

**（1）碗**

18 件。根据器形大小及腹部形态分三式。

Ⅰ式　7 件。腹较浅。敞口，圆唇，弧腹，内、外底微下凹，圈足，足墙较薄。白胎，胎质细腻，内外均施釉，足端无釉。

标本九梁：3，内壁上、下部各绘两圈青花弦纹，内底绘湖石水禽；外壁上部绘一周卷草，下部绘湖石水禽；外底青花双圈内书楷体“大明成化年制”款，青花呈蓝中带灰色。口径 14.2、足径 7.2、高 4.7 厘米（图 2–34，1；彩版 2–222）。

标本九梁：16，内壁上、下部各绘两圈青花弦纹，内底绘湖石水禽；外壁上部绘一周卷草，下部绘湖石水禽；外底青花双圈内书楷体“大明成化年制”款，青花呈蓝中带灰色。口径 14.3、足径 7.0、高 5.1 厘米（图 2–34，2；彩版 2–223）。

标本九梁：18，内壁上、下部各绘两圈青花弦纹，内底绘湖石水禽；外壁上部绘一周卷草，下部绘湖石水禽；外底绘青花双圈弦纹。青花呈蓝中带灰色。口径 14.4、足径 7.2、高 4.7 厘米（彩版 2–224）。

标本九梁：19，内壁上、下部各绘两圈青花弦纹，内底绘湖石水禽；外壁上部绘一周卷草，下部绘湖石水禽；外底青花双圈内书楷体“大明成化年制”款，青花呈蓝中带灰色。口径 14.1、足径 7.2、高 5.0 厘米（彩版 2–225）。

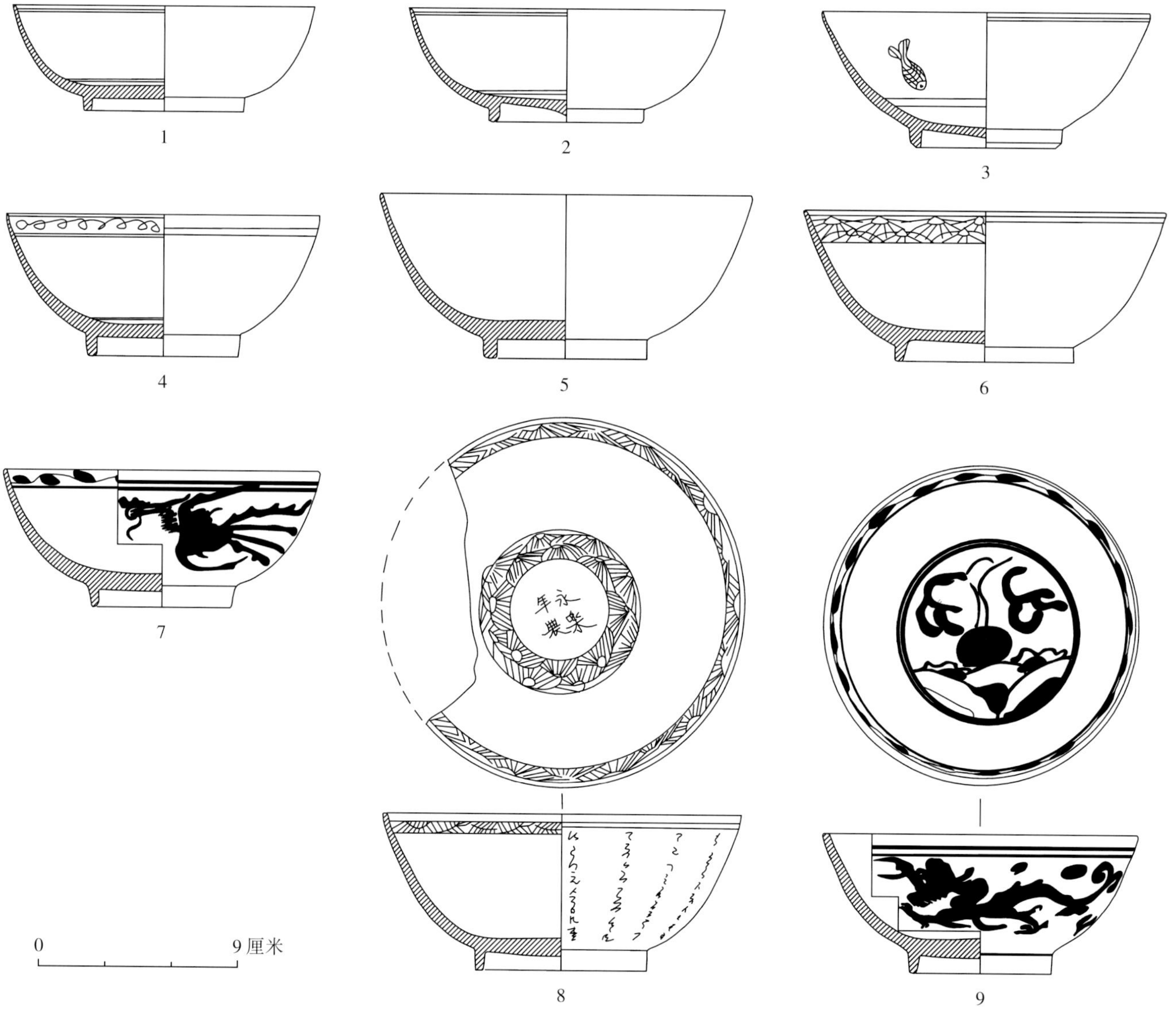


图 2–34　九梁礁沉船遗址出水青花碗

1、2. Ⅰ式（九梁：3、16）　3~9. Ⅱ式（九梁：6、7、8、17、龙海博：393、4015、391）

彩版 2–222　青花碗（九梁：3）

彩版 2–223　青花碗（九梁：16）

彩版 2–224　青花碗（九梁：18）

彩版 2–225　青花碗（九梁：19）

标本九梁：50，内壁上、下部各绘两圈青花弦纹，内底绘湖石水禽；外壁上部绘一周卷草，下部绘湖石水禽；外底绘青花单圈弦纹。青花呈蓝中带灰色。口径 13.3、足径 6.3、高 4.2 厘米（彩版 2-226）。

Ⅱ式　9 件。腹较深。敞口，圆唇，斜弧腹，内、外底下凹，圈足，足墙较薄。白胎，胎质细腻，内外均施釉，足端无釉。

标本九梁：6，内壁上、下部各绘青花双圈弦纹，中间绘四组花草，底部青花图案已残；外壁上部绘青花双圈弦纹，外壁龙凤图案；青花呈蓝中带灰色。口径 14.7、足径 6.3、高 6.0 厘米（图 2-34，3；彩版 2-227）。

标本九梁：7，内壁上部绘一圈青花卷草纹，底部绘青花双圈弦纹，中间青花图案已残；外壁上部绘青花双圈弦纹，外壁龙凤图案；外底绘青花单圈弦纹，青花呈蓝中带灰色。口径 14.2、足径 6.8、高 6.3 厘米（图 2-34，4；彩版 2-228）。

标本九梁：41，内壁上部绘一圈青花宽带弦纹，内壁下部绘四草叶纹，内底四周青花双圈弦纹，内绘草叶纹；外壁上部绘青花双圈弦纹，外壁龙凤图案；青花蓝中带灰。圈足粘有部分窑砂。

彩版 2-226　青花碗（九梁：50）

彩版 2-227　青花碗（九梁：6）

彩版 2-228　青花碗（九梁：7）

口径 14.5、足径 6.2、高 6.1 厘米（彩版 2–229）。

标本九梁：49，撇口，弧腹，内外底微下凹，圈足制作规整。白胎，胎体薄，内外均施釉，足端刮釉。内壁上下部各绘双圈青花弦纹，内底绘山水图；外壁亦绘山水图；外底绘青花单圈弦纹。青花蓝中略带灰。口径 13.6、足径 5.2、高 5.2 厘米（彩版 2–230）。

标本九梁：8，内壁及底部青花图案已模糊不清；外壁上部绘青花双圈弦纹，外壁龙凤图案已残；青花呈蓝中带灰色。口径 16.8、足径 7.4、高 7.3 厘米（图 2–34，5；彩版 2–231）。

标本九梁：17，内壁上部以及底部各绘一圈松针纹，内底中心楷书“永乐年制”；口沿外侧、圈足外壁分别绘青花双圈弦纹，外壁则行书“赤壁赋”。青花呈淡蓝色。口径 16.1、足径 8.1、高 6.7 厘米（图 2–34，6；彩版 2–232）。

标本九梁：36，内壁上部以及底部各绘一圈松针纹，内底中心楷书“永乐年制”；口沿外侧、圈足外壁分别绘青花双圈弦纹，外壁行书“赤壁赋”。青花呈淡蓝色。口径 16.6、足径 7.9、高 6.5 厘米（彩版 2–233）。

标本龙海博：393，内外均施釉，足端粘砂。青花呈色灰暗，口沿内侧绘青花双圈弦纹，中间

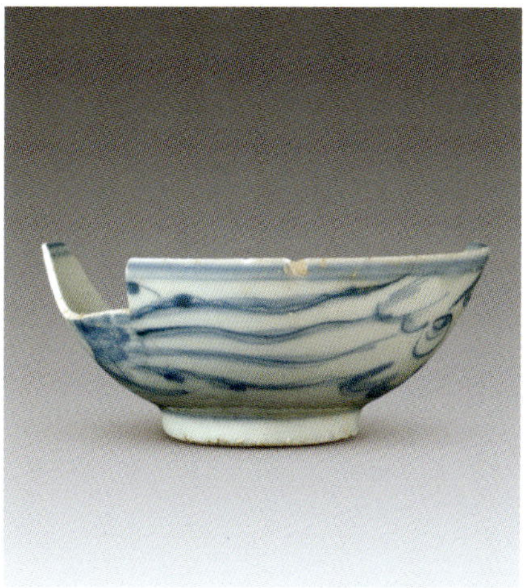

彩版 2–229　青花碗（九梁：41）

彩版 2–230　青花碗（九梁：49）

彩版 2–231　青花碗（九梁：8）

彩版 2–232　青花碗（九梁：17）

彩版 2–233　青花碗（九梁：36）

绘一圈花叶纹，内底青花双圈弦纹内绘花草纹。口沿外侧的青花双圈弦纹下绘龙凤纹，足墙根部绘青花单圈弦纹。口径 14.3、足径 6.2、高 6.1 厘米（图 2–34，7；彩版 2–234）。

标本龙海博：4015，内外均施釉，足端粘少量窑砂。口沿内侧绘一周松针纹，内底绘一周松针纹，中间楷书青花“永乐年制”，外壁绘人物故事和文字。口径 16.2、足径 7.7、高 7.0 厘米（图 2–34，8；彩版 2–235）。

标本龙海博：391，内外均施釉，足端粘砂。青花呈色鲜艳，口沿内侧绘青花双圈弦纹，中间绘一圈花叶纹，内底青花双圈弦纹内绘花草纹。口沿外侧的青花双圈弦纹下绘龙凤纹，足墙根部绘青花单圈弦纹。口径 14.1、足径 6.4、高 6.2 厘米（图 2–34，9；彩版 2–236~238）。

Ⅲ式　2 件。器形较小。

标本九梁：64，直口微敞，弧腹，圈足较高。白胎，胎体较薄，内外均施釉，足端刮釉。外壁上部、足肩处各绘青花单圈弦纹，外腹绘细密缠枝花卉，下部绘一周蕉叶纹；圈足外壁绘青花双圈弦纹，足内绘一周青花单圈弦纹，内楷书“成化年制”双行款。青花呈蓝灰色。口径 11.0、足径 4.5、高 5.9 厘米（彩版 2–239）。

彩版 2–234　青花碗（龙海博：393）

彩版 2–235　**青花碗（龙海博：4015）**

（2）**杯**

10 件。分四式。

Ⅰ式　6 件。敞口，斜直腹。敞口，尖唇，内、外底微下凹，圈足微。白胎，胎质轻薄细腻，内外均施釉，足端无釉。

标本九梁：12，外壁绘花卉蜻蜓图案，外底楷书“片玉”，青花呈蓝中带灰色。口径 8.0、足径 4.0、高 4.2 厘米（图 2–35，1；彩版 2–240）。

标本九梁：13，内壁上、下部各绘两圈青花弦纹；外壁上部、圈足外壁分别绘青花双圈弦纹；外底楷书“片玉”，青花呈蓝中带灰色。口径 8.0、足径 3.8、高 4.6 厘米（图 2–35，2；彩版 2–241）。

标本九梁：46，外壁绘飞鹤如意云纹，外底绘青花单圈弦纹，青花呈蓝中带灰色。口径 6.1、足径 2.5、高 4.1 厘米（彩版 2–242）。

标本九梁：15，外壁绘两组花草；外底绘青花单圈弦纹，中心双排楷书“大明成化年制”。

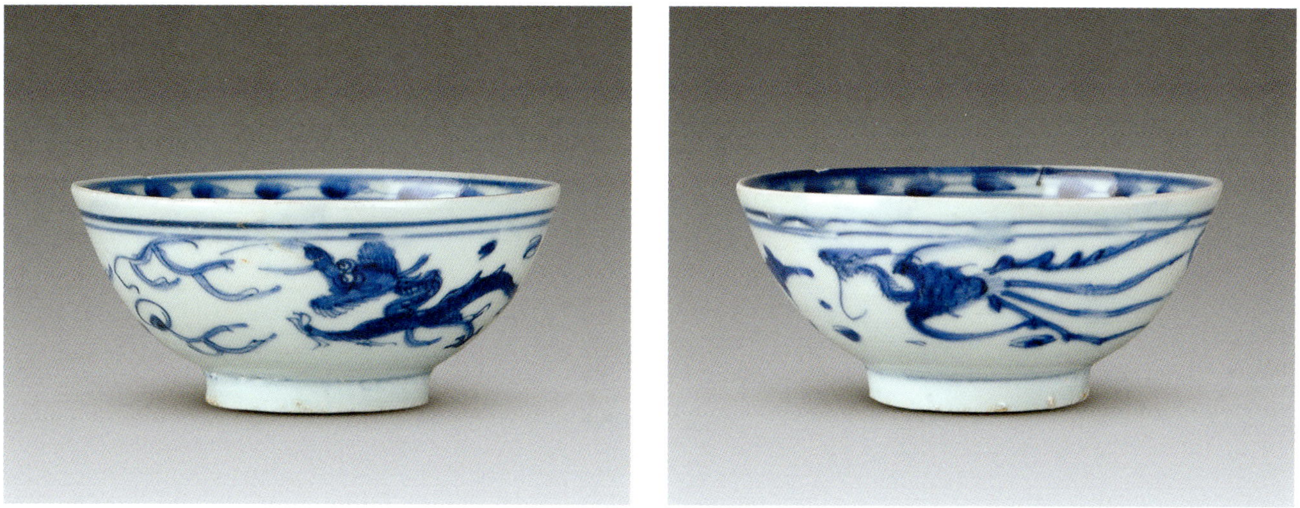

彩版 2–236　青花碗（龙海博：391）

彩版 2–237　青花碗（龙海博：391）

彩版 2–238　青花碗（龙海博：391）

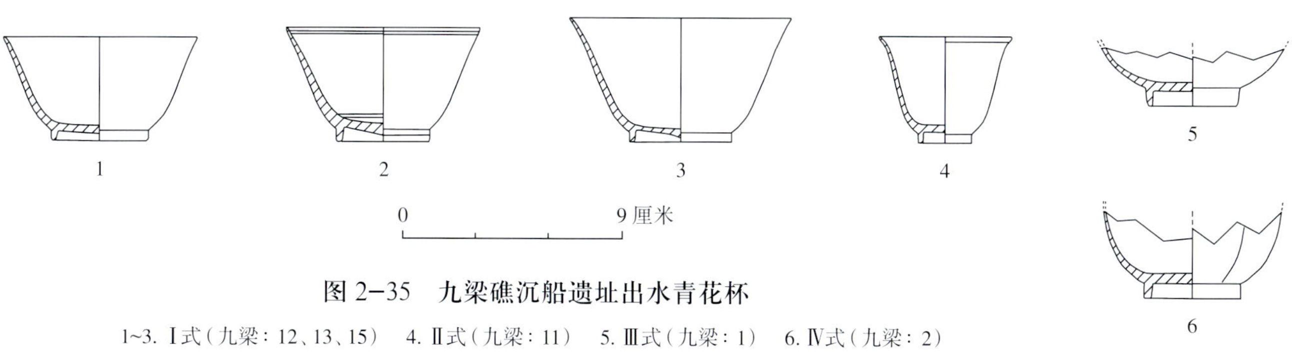


图 2–35　九梁礁沉船遗址出水青花杯

1~3. Ⅰ式（九梁：12、13、15）　4. Ⅱ式（九梁：11）　5. Ⅲ式（九梁：1）　6. Ⅳ式（九梁：2）

青花呈蓝中带灰色。口径 9.1、足径 4.2、高 5.0 厘米（图 2–35，3；彩版 2–243）。

Ⅱ式　2 件。撇口，斜直腹。

标本九梁：11，撇口，尖唇，斜直腹微弧，内、外底微下凹，圈足微内敛。白胎，胎质轻薄细腻，

彩版 2–239　青花杯（九梁：64）

彩版 2–240　青花杯（九梁：12）

彩版 2–241　青花杯（九梁：13）

彩版 2–242　青花杯（九梁：46）

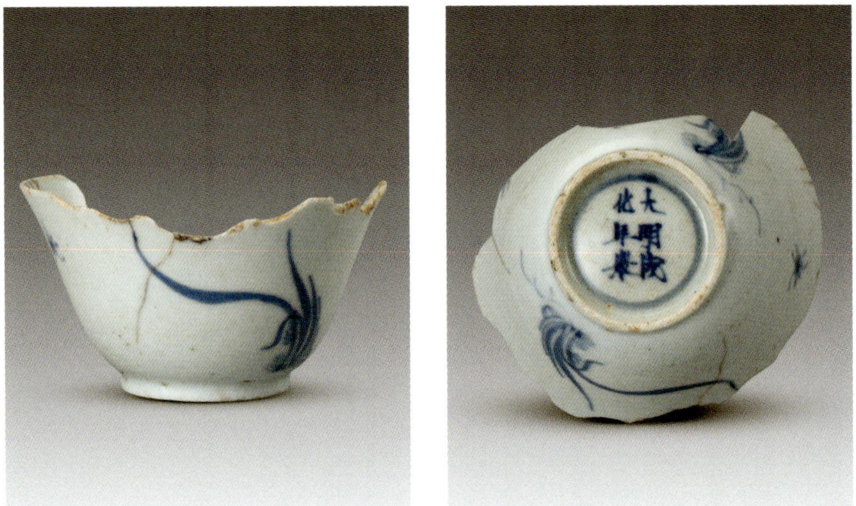

彩版 2–243　青花杯（九梁：15）

内外均施釉，足端无釉。外壁上部绘青花单圈弦纹、圈足外壁绘青花双圈弦纹，腹外壁绘飞龙戏珠图案。口径5.4、足径2.2、高4.3厘米（图2–35，4；彩版2–244）。

Ⅲ式　1件。斜弧腹。

标本九梁：1，残，仅存腹下部以下。内、外底微下凹，圈足微内敛。白胎，胎质轻薄细腻，内外均施釉，足端无釉。圈足外壁绘青花双圈弦纹；青花呈蓝中带灰色。足径3.6、残高2.5厘米（图2–35，5；彩版2–245）。

Ⅳ式　1件。八方形，弧腹。

标本九梁：2，残，弧腹呈八方形，内、外底微下凹，圈足微敛。白胎，胎质细腻，内外均施釉，足端无釉。腹部8开光内各绘花卉，圈足外壁绘青花双圈弦纹；青花呈蓝中带灰色。足径4.0、残高3.5厘米（图2–35，6；彩版2–246）。

彩版2–244　青花杯（九梁：11）

彩版2–245　青花杯（九梁：1）

彩版2–246　青花杯（九梁：2）

（3）**盘**

14 件。分两型。

A 型　8 件。器形较小。根据腹部形态分两式。

A 型Ⅰ式　4 件。斜弧腹。

标本九梁：4，口微撇，圆唇，斜弧腹，内、外底下凹，圈足，足端较圆。白胎，胎质细腻，内外均施釉，足端无釉。口沿内侧绘青花单圈弦纹，内壁绘卷云纹，底部绘青花卷云以及连珠纹等。外壁上、下部以及圈足内分别绘青花双圈弦纹；外底中心绘青花图案，已残。青花呈蓝中带灰色。口径 20.1、足径 11.7、高 4.0 厘米（图 2–36，1；彩版 2–247）。

标本九梁：25，残，内底中心及外底微下凹，圈足较大。白胎，胎质细腻，内外均施釉，足端无釉。腹内壁 16 开光内绘青花花卉等，内底绘杂宝图案。青花呈蓝中带灰色。足径 14.1、残高 3.9 厘米（图 2–36，2）。

标本九梁：29，残，内、外底下凹，圈足较大。白胎，胎质细腻，内外均施釉，足端无釉。腹内壁开光内绘青花花卉等，内底绘花卉。青花呈蓝中带灰色。足径 19.6、残高 2.8 厘米（图 2–36，3；彩版 2–248）。

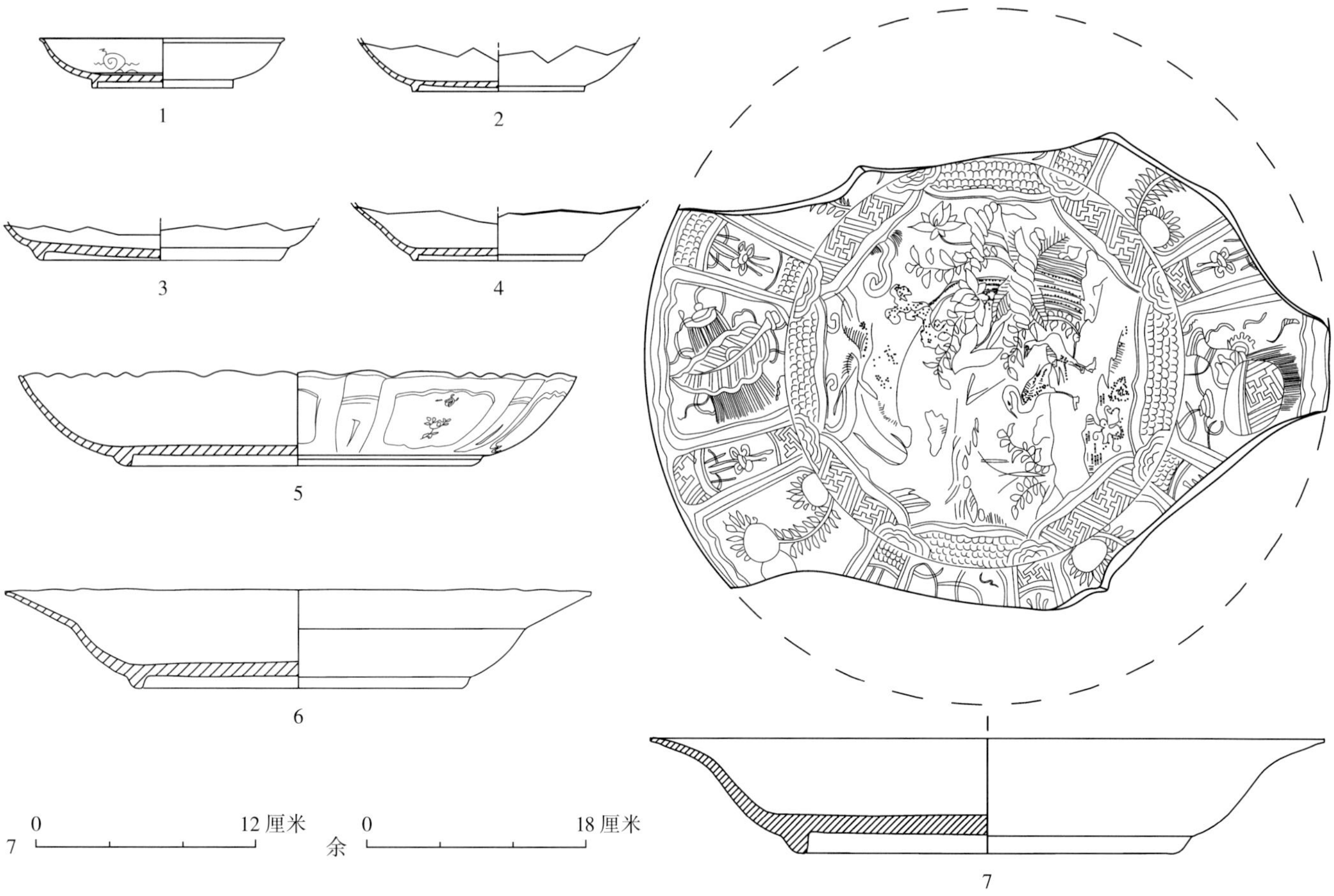


**图 2–36　九梁礁沉船遗址出水青花盘**

1~3. A 型Ⅰ式（九梁：4、25、29）　4. A 型Ⅱ式（九梁：27）　5. B 型Ⅰ式（龙海博：354）　6. B 型Ⅱ式（龙海博：355）　7. B 型Ⅲ式（龙海博：353）

彩版 2-247　青花盘（九梁：4）

彩版 2-248　青花盘（九梁：29）

彩版 2-249　青花盘（九梁：27）

A 型Ⅱ式　1 件。斜直腹。

标本九梁：27，残，内底中心及外底微下凹，圈足较大。白胎，胎质细腻，内外均施釉，足端无釉。腹内壁 16 开光内绘青花花卉等，内底绘杂宝图案。青花呈蓝中带灰色。足径 13.9、残高 4.3 厘米（图 2-36，4；彩版 2-249）。

A 型Ⅲ式　3 件。斜折腹。

标本九梁：52，菱花口，方唇，斜折腹，大圈足，足墙外斜内直。白胎，内外均施釉，足端刮釉。内壁 16 开光，开光内绘青花花卉图案。内底四周绘锦地几何纹饰，内绘花卉、禽鸟图案。外壁绘简体花卉。口径 26.6、足径 15.0、高 5.3 厘米（彩版 2-250）。

标本九梁：53，仅存腹、足部。斜折腹，大圈足，足墙外斜内直。白胎，内外均施釉，足端刮釉。内壁开光内绘青花花卉图案。内底四周绘锦地几何纹饰，内绘花卉、禽鸟图案。外壁绘简体花卉。足径 14.1、残高 4.3 厘米（彩版 2-251）。

B 型　6 件。器形较大。分三式。

B型Ⅰ式　1件。菱花口，斜弧腹。

标本龙海博：354，菱花口，方唇，斜弧腹，大圈足，足墙外斜内稍直。白胎，内外均施釉，足端刮釉。内壁8开光，开光内绘青花花卉、禽鸟图案。内底四周绘青花双圈弦纹，内绘花

彩版2–250　青花盘（九梁：52）

彩版2–251　青花盘（九梁：53）

彩版2–252　青花盘（龙海博：354）

卉、山石图案。外壁 8 开光，内绘花卉。口径 46.0、足径 29.0、高 7.6 厘米（图 2–36，5；彩版 2–252）。

B 型Ⅱ式　4 件。菱花口，斜折腹，大圈足，足墙外斜内直。内外均施釉，足端刮釉。

标本龙海博：355，内壁 8 开光，开光内绘青花花卉图案。内底四周绘锦地几何纹饰，内绘花卉、禽鸟图案。外壁 8 开光，内绘花鸟图案。口径 47.5、足径 27.0、高 8.0 厘米（图 2–36，6；彩版 2–253）。

标本九梁：51，内壁 8 开光，开光内绘青花花卉图案。内底四周绘锦地纹饰，内绘花卉、禽鸟图案；外壁 8 开光，内绘花鸟图案。口径 47.5、足径 27.0、高 8 厘米（彩版 2–254）。

标本九梁：66，内、外底微下塌，外底可见挖足形成的同心圆纹。内壁八花瓣形开光，开光内绘青花花果图案。内底绘花卉、八宝图案；外壁 8 开光内绘简体花叶纹。口径 47.2、足径 26.4、高 8.8 厘米（彩版 2–255）。

B 型Ⅲ式　1 件。折腹。

彩版 2–253　青花盘（龙海博：355）

彩版 2–254　青花盘（九梁：51）

彩版 2–255　青花盘（九梁：66）

彩版 2–256 青花盘（龙海博：353）

彩版 2–257 青花盘（九梁：65）

标本龙海博：353，撇口，方唇，斜折腹，大圈足，足墙外斜内稍直。白胎，内外均施釉，足端刮釉。内壁开光内绘青花花卉图案。内底四周绘几何纹饰，内绘花卉、禽鸟图案。外壁开光内绘花卉。口径 36.8、足径 20.6、高 6.7 厘米（图 2–36，7；彩版 2–256）。

C 型 1 件。敞口微敛。

标本九梁：65，圆唇，斜弧腹，圈足足墙内外均斜。白胎，内外均施釉，足端刮釉。口沿内侧绘青花单圈弦纹，内壁残存两组青花花卉，内底绘青花火龙纹。口径 19.5、足径 11.3、高 3.4 厘米（彩版 2–257）。

（4）**大碗**

3 件。

标本九梁：54，仅存口、腹部。花口微敞，斜弧腹。白胎，残存部分内外均施釉。内外壁开光内均绘花卉。口径 37.2、残高 13.5 厘米（彩版 2–258）。

彩版 2–258　青花大碗（九梁：54）

（5）军持

8 件。

标本九梁：55，仅存颈、腹部。细长颈，圆肩，鼓腹，肩部附葫芦形流。白胎，残存部分内外均施釉。颈部绘蕉叶纹，肩、腹部开光内绘鹭鸶及龟背锦地纹。口残高 10.9 厘米（彩版 2–259）。

标本九梁：20，仅存腹、底部。下腹鼓，内、外底微下凹，圈足足端较圆。白胎，胎质细腻，内外均施釉，足端刮釉。腹外壁 6 开光内绘青花花卉等。青花呈蓝中带灰色。腹中部可见胎接痕。足径 10.1、残高 9.0 厘米（图 2–37，1；彩版 2–260）。

标本九梁：44，仅存口、颈部。直口微敛，长颈微内束，颈口交接处有胎接痕。白胎，残存部分内外均施釉。口沿外侧绘覆莲瓣纹，颈部绘蕉叶纹。口径 3.8、残高 7.6 厘米（彩版 2–261）。

标本九梁：61，仅存腹、底部。

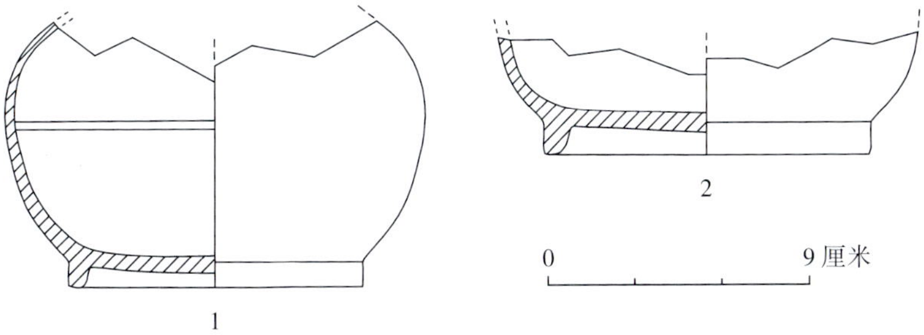


图 2–37　九梁礁沉船遗址出水青花瓷

1. 军持（九梁：20）　2. 瓶（九梁：21）

彩版 2–259　青花军持（九梁：55）

彩版 2–260　青花军持（九梁：20）

彩版 2–261　青花军持（九梁：44）

彩版 2–262　青花军持（九梁：61）

彩版 2–263　青花军持（九梁：62）

下腹鼓，内、外底微下凹，圈足足端中间高，两侧略斜。白胎，胎质细腻，内外均施釉，足端刮釉。腹外壁 6 开光内绘青花花卉和奔马纹。青花呈蓝中带灰色。腹中部可见胎接痕。足径 10.2、残高 8.6 厘米（彩版 2–262）。

标本九梁：62，仅存颈、腹部。圆肩，鼓腹，肩部附葫芦形流。白胎，残存部分内外均施釉，腹中部可见胎接痕。肩、流部开光内绘折枝花果及杂宝纹，腹部开光内绘奔马和杂宝纹（彩版 2–263）。

（6）瓶

11 件。未见可复原器物。

标本九梁：21，仅存腹、底部。内、外底微下凹，圈足足端较圆。白胎，胎质细腻，内外均施釉，足端无釉。腹外壁 6 开光内绘青花花卉等。青花呈蓝中带灰色。足径 11.2、残高 4.0 厘米（图 2–37，2；彩版 2–264）。

标本九梁：37，仅存腹、底部。弧腹，底微下凹，圈足制作工整，足端旋修成弧形。白胎，内外均施釉，足端刮釉。腹部开光内绘花卉。足径 10.1、残高 13.8 厘米（彩版 2–265）。

标本九梁：57，仅存颈、腹部。白胎，内外均施釉。腹部开光内绘花果及杂宝。残高 13.5 厘米（彩版 2–266）。

标本九梁：42，仅存口沿、颈部。直口微敞，长颈微内束。白胎，残存部分内外均施釉。口沿外侧绘覆莲瓣纹，颈部绘六组双线竖条纹，中间绘青花圈点纹。口径 3.9、残高 7.2 厘米（彩版 2–267）。

标本九梁：43，仅存口沿、颈部。直口微敞，长颈微内束。白胎，残存部分内外均施釉。口沿外侧绘青花双圈弦纹，下部绘六组双线竖条纹，中间绘青花圈点纹。口径 3.3、残高 5.1 厘米（彩版 2–268）。

标本九梁：60，仅存颈、腹部。长颈微内束，垂腹。白胎，残存部分内外均施釉，肩部内壁可见胎接痕。外壁纹饰分上下两部分，均为 6 开光，上部开光内绘青花圈点，下部开光内绘奔马和折枝花果纹。残高 23.5 厘米（彩版 2–269）。

彩版 2–264　青花瓶（九梁：21）

彩版 2–265　青花瓶（九梁：37）

彩版 2–266　青花瓶（九梁：57）

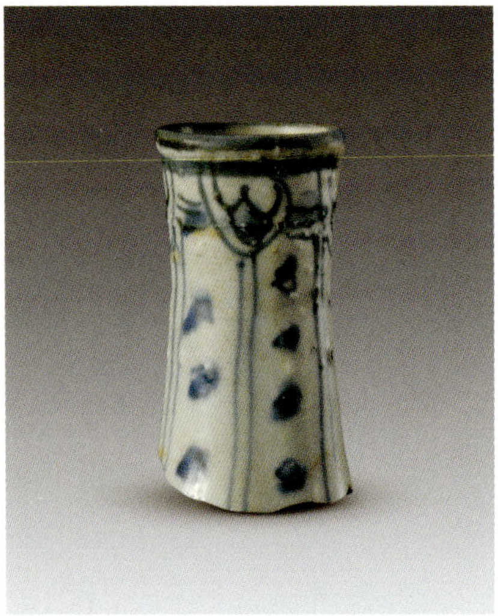

彩版 2–267　青花瓶（九梁：42）

彩版 2–268　青花瓶（九梁：43）

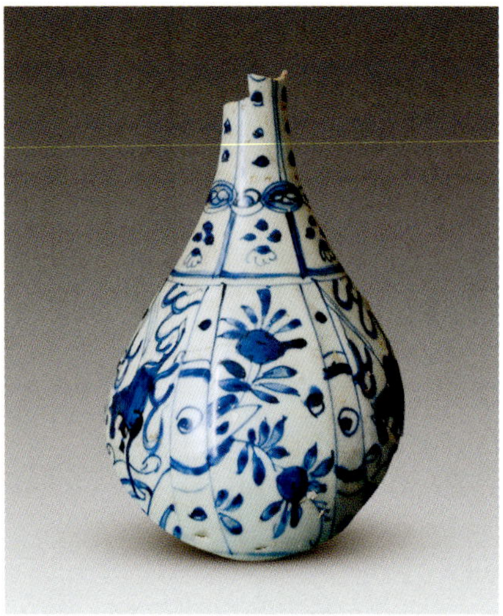

彩版 2–269　青花瓶（九梁：60）

（7）罐

12 件。未见可复原器器物，只见罐底和腹部残片。

标本九梁：33，残，筒形腹，内外底微下凹，圈足足墙较厚，白胎，胎质细腻，外壁绘青花花卉。青花呈蓝中带灰色。足径 17.0、残高 15.2 厘米（图 2–38，1；彩版 2–270）。

标本九梁：30，残，底内凹，白胎，较厚，内满釉，外施至腹底部，外底无釉。足径 21.2、残高 7.8 厘米（图 2–38，2；彩版 2–271）。

标本九梁：32，残，底内凹，白胎，较厚，内满釉，外施至腹底部，外底无釉。足径 21.5、残高 6.7 厘米（图 2–38，3；彩版 2–272）。

标本九梁：35，残，白胎，较厚，内外均有釉。外壁绘青花宽莲瓣纹。残高 18.7 厘米（彩版 2–273）。

标本九梁：34，残，白胎，较厚，内外均有釉。外壁绘青花花卉、奔马纹。残高 19.8 厘米（彩版 2–274）。

标本九梁：31，残，白胎，较厚，内外均有釉。外壁开光内绘青花宽莲瓣纹。残长 18.3、残宽 6.7 厘米（彩版 2–275）。

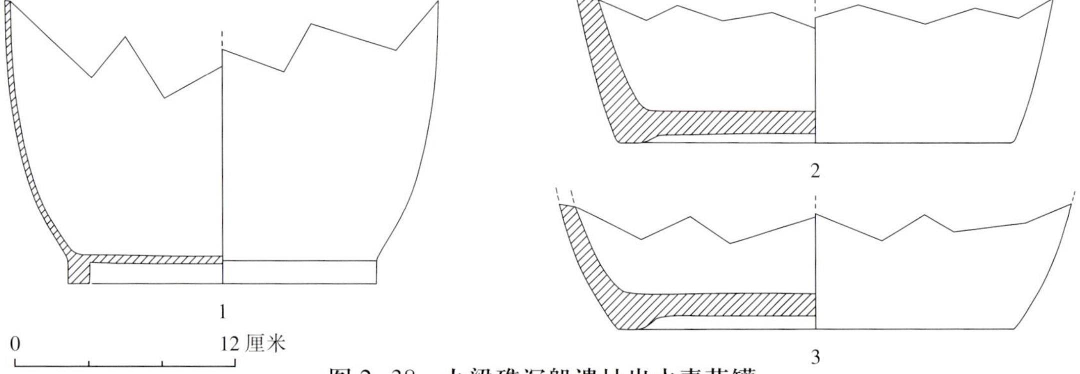


图 2–38　九梁礁沉船遗址出水青花罐

1~3. 九梁：33、30、32

彩版 2–270　青花罐（九梁：33）

彩版 2–271　青花罐（九梁：30）

彩版 2–272　青花罐（九梁：32）

彩版 2–273　青花罐（九梁：35）

彩版 2–274　青花罐（九梁：34）

彩版 2–275　青花罐（九梁：31）

彩版 2–276　青花罐（九梁：48）

彩版 2-283　**青花釉里红杯（九梁：39）**

标本九梁：39，外壁绘三组青花釉里红花卉，青花呈蓝中带灰色。口径 9.3、足径 3.7、高 4.6 厘米（彩版 2-283）。

标本九梁：63，口沿内、外侧及圈足外壁均绘青花双圈弦纹，内底绘一青花花叶，外壁残存一组青花釉里红花卉，青花呈鲜蓝色，红彩保持较鲜艳。口径 9.1、足径 4.1、高 5.3 厘米（彩版 2-284）。

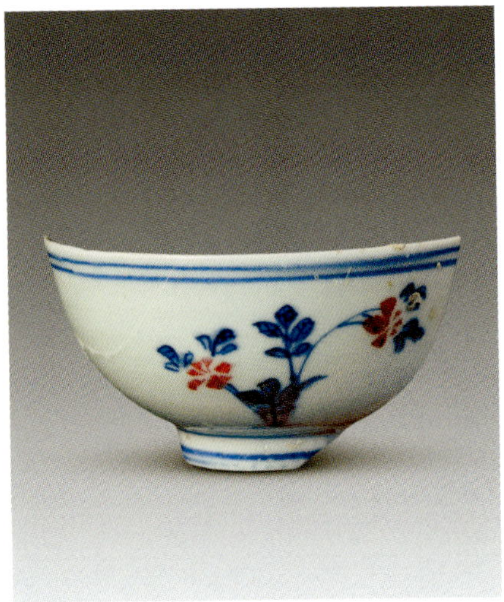

彩版 2-284　**青花釉里红杯（九梁：63）**

**5. 五彩瓷**

仅见杯一种。

**杯**

2 件。杯呈八方形。

标本九梁：14，敞口微撇，尖唇，斜弧腹，内、外底微下凹，圈足微内敛，足墙较薄。白胎，胎质轻薄细腻，内外均施釉，足端无釉。外壁绘五彩花卉，基本脱落殆尽，仅留下痕迹。口径 9.2、足径 4.0、高 5.0 厘米（图 2-39，3；彩版 2-285）。

**6. 陶器**

仅见急须一种器形。

**急须**

2 件。

标本九梁：5，口微敞，尖唇，宽折沿，沿面内凹，短直流，直柄中空，深弧腹，外底中心内凹较多，红黄色胎，夹少量细砂。器表局部呈黑色，似为烟炱。口径 8.4、足径 9.0、高 12.4 厘米（图 2-40；彩版 2-286）。

彩版 2–285　五彩杯（九梁：14）

## 三　小结

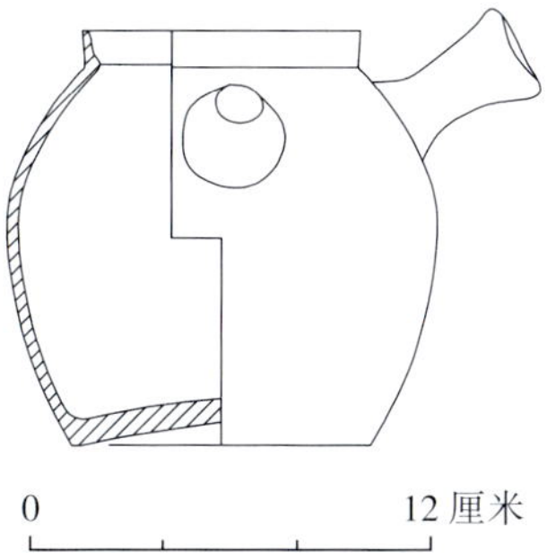


图 2–40　九梁礁沉船遗址出水陶急须（九梁：5）

彩版 2–286　急须（九梁：5）

九梁礁沉船遗址出水标本中，青花、青花釉里红以及蓝釉瓷器等均是景德镇民窑产品。从器形、青花图案和个别瓷器底部的“万历”款识特征等综合判断，其年代应为明代晚期。

该遗址出水陶瓷器中，青白釉罐较有特色。此类罐因在台湾安平地区出土较多，遂被研究人员名之为“安平壶”。关于该罐的年代、产地等问题，一些研究人员根据海内外考古出土资料，认为其产地主要位于闽北，江西亦有窑口生产。最早生产年代应在 1600 年或之前不久，一直使用到 18 世纪末、19 世纪初。由于其在东南亚、日本和台湾地区出土较多，外销路线应是通过船只，顺富屯溪入闽江，从福州港出海[1]。这点亦可以从沉船遗址发现大量景德镇窑产品相印证。景德镇窑瓷器自宋元以来，外销路线之一即是从信江水系进入闽江上游的富屯溪，再入闽江，通过福州港出海。九梁礁明代沉船遗址的发现，为探讨明代景德镇瓷器以及闽北瓷器的外销路线和方式提供了重要的资料。

[1] 陈信雄：《安平壶——汉族开台起始的标志》，《历史》2003 年 3 月刊，第 4~15 页。

# 第七节　平潭碗礁一号沉船遗址

## 一　遗址概况

碗礁位于平潭屿头岛东北面约 1000 米处，是一块突出海面约 10 米的礁石，因当地渔民经常在此海域捞出瓷碗，故名之。沉船遗址位于碗礁东南面约 500 米处（彩版 2-287），遗址所处海域为典型的半日潮，低平潮时水深 13 米，高平潮时约 16~17 米，潮差 3~4 米。海床较为平坦，以灰黑色淤泥为主，夹少量沙、贝壳等。涨、退潮时水流变化较大，一般是 0.3~0.8 米 / 秒，最大时也可超过 1 米 / 秒，主要方位角在 20°~220°之间。平潮时水流较缓，平常能下水工作时间一般在三个小时左右，小潮时工作时间可适当延长，大潮时则缩短。

彩版 2-287　碗礁一号沉船遗址位置及环境

2005 年 6 月下旬，正在福建东山进行调查的福建沿海水下考古调查队收到渔民在平潭屿头岛附近海域哄抢盗捞水下文物的信息，经了解得知其为一清代沉船遗址。经国家文物局批准，中国国家博物馆水下考古研究中心组织全国各地水下考古队员组成平潭碗礁一号沉船遗址水下考古队，对该沉船遗址进行抢救性水下考古发掘。此次发掘从 2005 年 7 月初 ~10 月中旬，历时三个半月，揭露出一处沉船遗迹，并发掘出水一大批瓷器。2008 年 8 月上旬 ~9 月上旬，开始对沉船遗址进行第二阶段发掘，计划对船体进行详细测绘，由于船体被盗捞者破

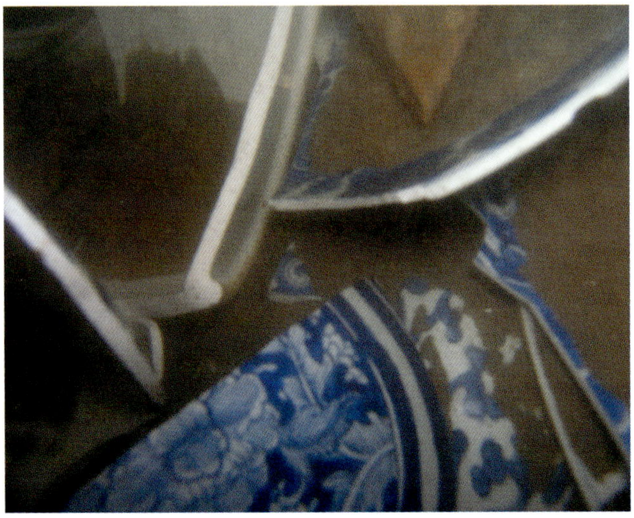
彩版 2-288　碗礁一号沉船遗址表面散落的瓷器

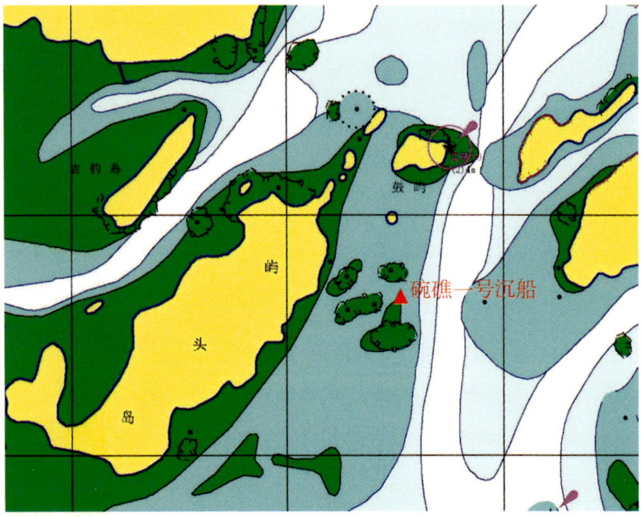

图 2-41　碗礁一号沉船遗址位置图

坏严重，大部分船板散落在泥沙中，船体所剩无几，对其进行资料提取后，又将其回填保护。

2005 年 7 月初，水下考古队经过定位和水下探摸，发现沉船准确位置（图 2–41）。由于盗捞者已对其中的六个船舱进行了破坏性盗捞，遗址表面散落着大量的瓷片（彩版 2–288）。因此，在发掘前，首先对遗址表面进行了摄影、摄像和文字记录工作，并将遗址表面的遗物全部进行采集，这一工作持续到 7 月中旬。随后，根据遗址保存状况，制定水下考古发掘方案，开始转入正式的发掘阶段（彩版 2–289）。8 月以来，先后经历四次台风，不仅延误大量工作时间，而且水下能见度亦变得极差，大部分时间均只有二三十厘米，对水下工作造成了很大影响，大大拖延了发掘进度。更有甚者，台风期间，亦有部分盗捞者趁着保护遗址的公务船避风间隙，不顾大风大浪，铤而走险，趁着黑夜进行疯狂盗捞，对沉船遗址造成不同程度破坏。至 9 月底，经过全体水下考古队员的艰苦努力，已基本完成第一阶段水下考古发掘任务，遗物全部被发掘出水，船体亦进行了初步测绘。10 月上旬，转入室内资料整理（彩版 2–290），主要是进行出水遗物统计、器物摄影，并着手编写出水器物图录。

为了工作方便，从广东调来两艘较大的船舶，用作工作平台，并聘请了部分潜水专业台班，承担部分水下工程及安全保障工作，包括对沉船遗址主体外围的发掘工作。水下考古队员则主要在船体内部进行清理和发掘工作，并负责摄影、摄像、测绘和文字记录等资料提取工作。

由于船体局部已露出海床，发掘时沿着船体方向布设一条主基线，对揭露出来的每个船舱都进行编号，并以舱为单位分层进行发掘和记录。在提取遗物时，先做好摄影、摄像、文字等记录工作再进行提取。所有出水后的文物先用海水清除淤泥和附着物，在清洗过程中，注意器物内部的包含物，并取样化验，遗物清洗后，再用淡水进行脱盐处理（彩版 2–291）。

彩版 2–289　水下考古发掘现场

彩版 2–290　室内资料整理

彩版 2–291　出水瓷器脱盐浸泡

彩版 2–302　青花铃铛杯（采：602）

彩版 2–303　青花铃铛杯（J：2139）

彩版 2–304　青花高足杯（J：2133）

彩版 2–305　青花高足杯（J：793）

小平底，矮圈足。内外均施釉，足底刮釉。

标本 J：2139，口沿内侧青花斜线三角形边饰，口沿外侧绘青花花卉边饰，腹部上下青花双圈弦纹内绘折枝菊，之下为菱点纹边饰，足壁青花单圈弦纹。口径 7.3、足径 3.4、高 7.6 厘米（图 2–43，2；彩版 2–303）。

（4）**高足杯**

直口，圆唇，上腹直，下腹弧收，喇叭形高圈足，足底二层台。内外均施釉，足底刮釉。

标本 J：2133，腹部上下青花单圈弦纹内绘杂宝博古图，足外壁中部青花双圈弦纹，上下各一周青花点彩，下部青花单圈弦纹内绘简体蕉叶纹；盖子口内敛，平沿，弧顶，钮扣形钮，盖面上下各青花双圈弦纹，中间绘三组杂宝纹，钮上部为青花地，盖缘一周酱釉。杯口径 6.4、足径 4.5、高 8.5 厘米，盖口径 5.4、高 2.4 厘米，通高 10.6 厘米（彩版 2–304）。

标本 J：793，腹部上下青花单圈弦纹内绘杂宝 2 开光人物，足外壁中部青花双圈弦纹，上下各一周青花圆圈纹，下部青花双圈弦纹内绘简体蕉叶纹；盖子口内敛，平沿，弧顶，珠形钮，盖面上下各青花双圈弦纹，中间绘青花地四如意云头纹，钮上部为青花地。杯口径 6.6、足径 4.4、高 9.9 厘米，盖口径 5.8、高 2.6 厘米，通高 12.0 厘米（彩版 2–305）。

（5）**盘**

按器形大小分大、中、小三类。

A 型　大盘，口径一般在 28 厘米以上。撇口，浅弧腹，阔平底，矮圈足。分两式。

A 型Ⅰ式　圆口，圆腹。

标本采：717，双圈矮圈足。内壁满绘缠枝莲纹，外壁上下各绘青花单圈弦纹，中间绘三组折枝花卉，外底青花双圈弦纹内绘一杂宝纹。口径 38.0、足径 22.5、高 6.8 厘米（图 2–43，3；彩版

2-306）。

A 型Ⅱ式　菱花口、腹。

标本 J：2003，口、腹为十六瓣菱花形。口沿绘十六朵连枝花卉，腹部 16 开光内绘折枝花卉，盘心绘湖石牡丹纹，外壁图案与内壁相同，外底青花双圈弦纹内绘一杂宝纹。口径 28.8、足径 15.7、高 4.9 厘米（彩版 2-307）。

B 型　中盘，口径 20~28 厘米。分两式。

B 型Ⅰ式　撇口，宽折沿，浅弧腹，阔平底，矮圈足，足壁外斜内直。内外满釉，足底刮釉。

标本 K：4，沿面绘青花地缠枝莲 4 开光杂宝，内底绘青花地缠枝莲纹，外壁绘青花杂宝纹，外底青花双圈弦纹内一双线方款篆体“徐”。口径 22.0、足径 11.6、高 3.3 厘米（彩版 2-308）。

B 型Ⅱ式　敞口，斜弧腹，口、腹为十六瓣菱花形，阔平底，矮圈足，内外施釉，足端刮釉。

标本 K：2，口沿绘十六朵连枝花卉，腹部 16 开光内绘雏菊，盘心卷叶地五缠枝菊，外壁纹饰亦为 16 开光内绘雏菊，外底青花单圈弦纹绘折枝菊。口径 21.2、足径 11.4、高 4.3 厘米（彩版 2-309）。

C 型　小盘，口径 13~20 厘米。分三式。

彩版 2-306　青花盘（采：717）

彩版 2-307　青花盘（J：2003）

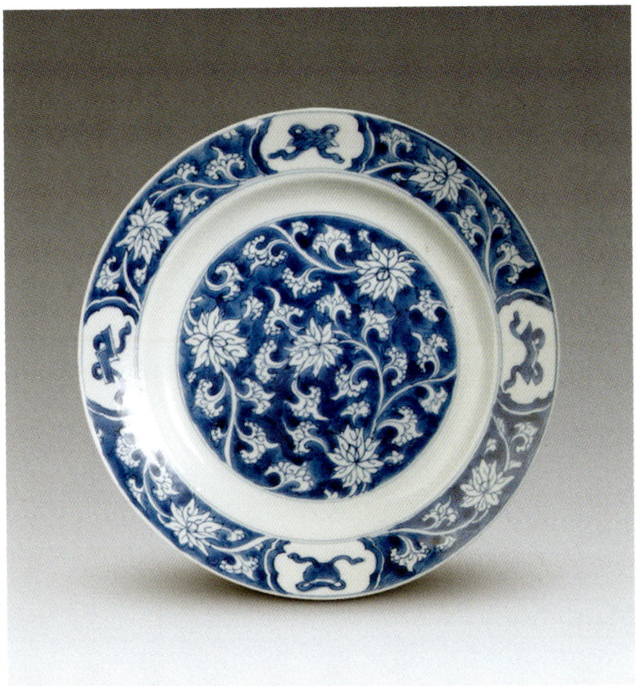

彩版 2-308　青花盘（K：4）

彩版 2–309 青花盘（K：2）

C 型Ⅰ式 敞口，斜弧腹，阔平底，矮圈足，内外施釉，足端刮釉。

标本 J：565，盘面绘仕女、婴戏纹，外壁绘两组竹枝，外底青花双圈弦纹内绘一方押款。口径 16.1、足径 9.1、高 2.6 厘米（彩版 2–310）。

C 型Ⅱ式 撇口，宽折沿，浅弧腹，阔平底，矮圈足，内外施釉，足端刮釉。

标本采：291，沿面青花地龟背锦地边饰，内壁绘四组折枝花卉，内底一周缠枝莲纹，中间青花双圈弦纹内绘一朵菊，外底青花双圈弦纹内一杂宝。口径 16.2、足径 9.0、高 2.8 厘米（彩版 2–311）。

C 型Ⅲ式 敞口，斜弧腹，口、腹为十二瓣菱花形，阔平底，矮圈足，内外施釉，足端刮釉。

标本 J：2011，口沿绘十二朵连枝花卉，腹部 12 开光内绘折枝花卉，盘心绘湖石牡丹纹，外壁图案与内壁相同，外底青花双圈弦纹内绘一杂宝纹。口径 16.4、足径 9.0、高 3.4 厘米（彩版 2–312）。

彩版 2–310 青花盘（J：565）

彩版 2–311 青花盘（采：291）

彩版 2–312　青花盘（J：2011）

（6）碟

撇口，斜弧腹，平底，矮圈足，足底刮釉露胎。

标本 J：2121，口沿内侧绘青花单圈弦纹，内底绘青花凤凰菊花纹，外底青花双圈弦纹内绘一折枝花卉。口径 12.2、足径 5.7、高 3.2 厘米（彩版 2–313）。

标本 J：2116，口沿内侧绘青花单圈弦纹，内底绘青花人物（渔家乐）纹，外底青花双圈弦纹内绘一杂宝。口径 12.5、足径 6.0、高 3.3 厘米（彩版 2–314）。

（7）瓶

分三型。

A 型　撇口，束颈，圆肩，直筒深腹，平底，二层台足。内外满釉，口沿和底足刮釉；盖子口内敛，弧顶，宝珠钮。内外施釉，口沿刮釉。

标本 E：123，颈部绘青花地荷花云肩，肩部绘菱格锦地开光边饰，腹上下部为对称的青花地荷花云肩，中间为两两对称的束莲、折枝牡丹，下为青花锦地开光宽带，下接卷云纹花边；盖面上下各绘青花双圈弦纹，中间绘青花地缠枝莲如意云肩，外边绶带，钮上部为青花地。口径 8.9、足径 10.2、高 28.6 厘米，盖口径 6.9、沿径 8.9、高 3.6 厘米，通高 31.9 厘米（彩版 2–315）。

彩版 2–313　青花碟（J：2121）

彩版 2–314　青花碟（J：2116）

B型　撇口，长束颈，溜肩，垂腹，平底，矮圈足。足底刮釉。

标本L：1168，口沿外侧、肩部绘青花斜线三角形带饰，颈、腹部冰纹地缠枝莲3开光，足壁青花单圈弦纹。口径1.4、足径1.7、高6.4厘米（彩版2-316）。

C型　撇口，长颈微束，鼓腹，平底，矮圈足。足底刮釉。

标本采：792，颈、肩上部分别绘青花斜线三角纹带饰，内绘蕉叶纹，腹中部为青花地宽带连青花地缠枝莲3开光，开光之间绘花朵，足壁青花单圈弦纹。口径1.5、足径1.8、高6.7厘米（彩版2-317）。

标本采：791，颈部呈葫芦状。颈部三道青花双圈弦纹，上绘蕉叶纹，下为青花地缠枝莲3开

彩版2-315　青花瓶（E：123）

彩版2-316　青花瓶（L：1168）

彩版2-317　青花瓶（采：792）

彩版2-318　青花瓶（采：791）

光，肩部绘蕉叶纹，腹部青花地宽带连青花地缠枝莲3开光，开光之间绘花朵，足壁青花双圈弦纹。口径1.6、足径2.0、高8.3厘米（彩版2-318）。

（8）凤尾尊

大撇口，长颈，下部略束，窄圆肩，上腹鼓，下腹内收，近底外侈，平底，二层台足。内外均施釉，足底刮釉。

标本采：20，颈部绘青花人物故事红拂记，腹部绘“邴吉问牛”故事。外底青花双圈弦纹。口径22.8、足径14.2、高44.5厘米（彩版2-319）。

标本J：2178，颈、腹下部绘仰覆蕉叶纹，内绘青花地杂宝、卷云、太极、齿状纹。肩上部一周三角形带饰，下部以及腹上部青花云雷纹地云肩、杂宝、兽面纹。外底青花双圈弦纹。口径22.0、足径17.0、高45.6厘米（图2-44，1；彩版2-320）。

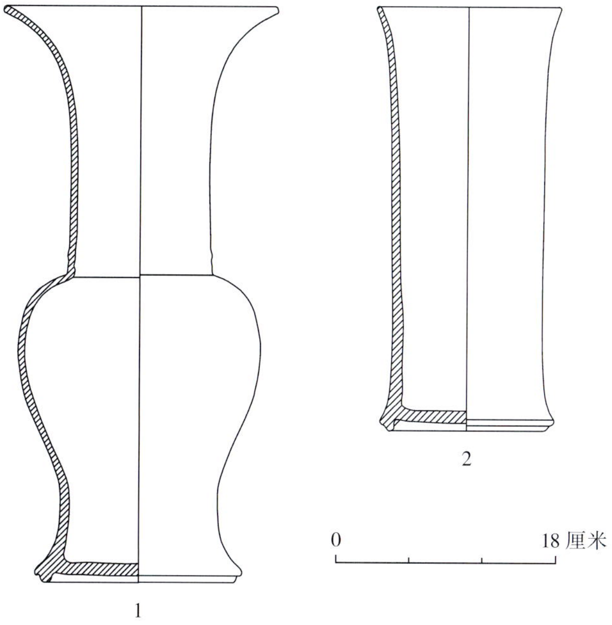


图2-44　碗礁一号沉船遗址出水青花瓷

1. 凤尾尊（J：2178）　2. 觚（E：119）

（9）觚

方唇，敞口，筒腹微弧，近底略外敞，平底，二层台足。内外均施釉，口沿、足底刮釉；盖

彩版2-319　青花凤尾尊（采：20）

彩版2-320　青花凤尾尊（J：2178）

子口内敛，平沿，弧顶，宝珠顶钮。口沿刮釉。

标本 E ：119，口沿外侧青花双圈弦纹内绘连枝半边梅纹带饰，腹部为青花折枝牡丹、荷花 2 开光，开光内中间绘人物，上下绘杂宝博古图，近底处亦为青花双圈弦纹内绘连枝半边梅纹带饰，下接卷云纹花边和青花单圈弦纹；盖面上下各绘青花双圈弦纹，中间四如意云肩内绘琴、棋、书、画，外绘折枝牡丹，钮上部为青花地。口径 15.0、足径 14.0、高 29.2 厘米，盖口径 13.4、沿径 16.5、高 4.8 厘米，通高 33.6 厘米（图 2–44，2；彩版 2–321）。

彩版 2–321　青花觚（E：119）

（10）将军罐

器形较大，数量不多，罐均为直口，方唇，短直颈，圆肩，斜弧腹，下腹内收，底部较平，二层台足或浅凹足。盖呈头盔状，子口内敛，平沿外伸，盖面坚直微弧，平顶微隆，宝珠形钮。胎体厚重，内外均施釉，足底刮釉。

标本采：10，颈部绘青花地缠枝莲纹宽带，肩上部绘青花地叶片纹，上腹部四如意云头纹内绘牡丹、荷、菊、梅四季盆花，4 个圆形开光内绘缠枝莲纹，腹下部分绘冰梅纹地 4 开光及折枝莲云肩，开光内分别绘山水及花篮，外底绘青花双圈弦纹；盖面绘缠枝莲纹 4 开光，钮上半部为青花地。罐口径 21.4、足径 28.0、高 47.4 厘米，盖口径 19.8、沿径 26.5、高 14.0 厘米，通高 61.0 厘米（彩版 2–322）。

标本采：19，斜直腹微弧，下腹微内收。颈部绘青花地缠枝莲纹宽带，肩上部绘青花地三角纹带饰，肩、腹部青花地缠枝牡丹如意云头纹，腹下部为四青花地牡丹纹方胜，腹底部以及外底均绘双圈弦纹。盖钮顶部残，盖面青花地缠枝牡丹花纹。罐口径 21.5、足径 26.7、高 44.4 厘米，盖口径 18.0、沿径 24.6、残高 9.3 厘米，通高 51.8 厘米（彩版 2–323）。

彩版 2–322　青花将军罐（采：10）

标本 J：2556，缺盖，上腹鼓，下腹内收，平底，二层台足。口沿及足底刮釉。颈部青花双圈弦纹下绘青花地云肩，颈下、足上饰青花地齿形宽带，肩、腹部满绘青花地冰梅纹。口径 12.2、足径 17.0、高 30.4 厘米（图 2–45，1；彩版 2–324）。

彩版 2-323　青花将军罐（采：19）

彩版 2-324　青花将军罐（J：2556）

（11）盖罐

分五型。

A 型　敛口，圆肩，深弧腹，平底，浅凹足。

标本 E ：129，肩部和腹底部分别绘青花地缠枝半菊纹带饰，腹部回纹地 4 开光内绘博古图、雉鸡牡丹纹，外底青花双圈弦纹内绘杂宝纹。盖方唇，口微敛，直壁微弧，平顶。外满釉，内无釉。顶部青花双圈弦纹内绘博古图，外壁青花地 4 开光内绘折枝花、博古图，下部为青花地缠枝半菊纹带饰。罐口径 9.5、足径 12.8、高 24.0 厘米，盖口径 11.2、高 5.0 厘米，全器通高 28.0 厘米（图 2-45，2；彩版 2-325）。

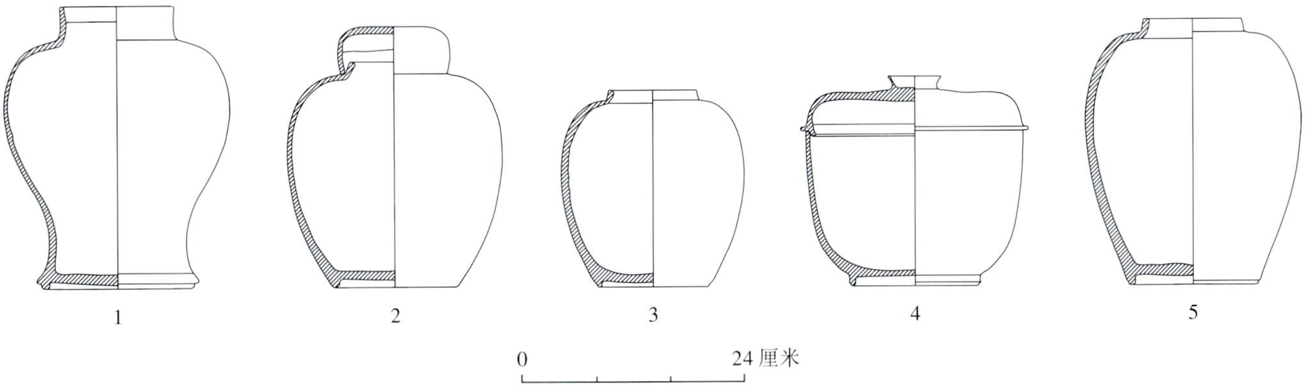


图 2-45　碗礁一号沉船遗址出水青花、五彩瓷

1. 青花将军罐（J：2556）　2、3. A 型青花盖罐（E：129、采：54）　4. E 型青花盖罐（J：2005）　5. 五彩盖罐（E：117）

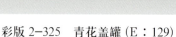

彩版 2–325 青花盖罐（E：129）

彩版 2–326 青花盖罐（采：54）

标本采：54，内外满釉，口、颈、足底刮釉露胎。腹部上、下各绘青花双圈弦纹，中间绘青花杂宝博古图；盖直口，直壁，平顶。外满釉，内素胎，壁顶转接处施一周酱褐釉。盖顶青花双圈弦纹内绘博古图，外壁上、下部各绘一圈青花弦纹，中间绘杂宝、卷云纹。罐口径 9.6、足径 12.0、高 21.2 厘米，盖口径 11.2、高 4.0 厘米，通高 23.8 厘米（图 2–45，3；彩版 2–326）。

B 型　直口，溜肩，腹微鼓，平底，圈足略撇。内外满釉，口沿、足底刮釉。

标本 E ：126，外壁口沿绘青花双圈弦纹，下绘一周倒垂蕉叶纹，腹部绘月下清供图，足外壁绘一周筒体蕉叶纹。盖为子口稍敛，平沿，平顶，外满釉，口沿刮釉露胎。顶绘青花双圈弦纹，中间绘清供图。罐口径 12.0、足径 11.6、高 20.2 厘米，盖口径 10.4、高 2.1 厘米，通高 21.8 厘米（彩版 2–327）。

C 型　直口，筒腹，平底，矮圈足，内外均施釉，足底露胎。

标本 E ：125，腹部上、下各绘一周三角形锦地纹，中间绘青花杂宝博古图，足肩处青花单圈弦纹，外底绘青花双圈弦纹；盖子口，方唇，直壁，弧肩，平顶，宝珠形钮。外壁满釉，内素胎，顶中央绘青花双圈弦纹，外绘杂宝和博古图，外壁下部一周三角形锦地边饰。罐口径 9.0、足径 6.4、通高 10.5 厘米（彩版 2–328）。

D 型　直口，深直筒形腹，矮圈足，盖较高。内外均施釉，足沿露胎。

标本 J：2507，口沿外壁下部绘青花三角形锦地边饰，腹部青花缠枝花卉，外底青花双圈弦纹。盖子口，弧壁，穹窿顶，葫芦形钮，内外施釉，子口外侧刮釉。盖面绘青花缠枝花卉，钮顶绘青花伞骨纹，束腰处一圈花边纹。罐口径 9.1、足径 9.2、高 10.2 厘米，盖口径 8.2、高 8.6 厘米，通高 18.5 厘米（彩版 2–329）。

E 型　直口，上腹直，下腹内收，平底，矮圈足，足外墙斜削成二层台。内外均施釉，口沿及足底刮釉。

标本 J：2005，腹部上、下各绘青花双圈弦纹，中间绘缠枝莲纹，足肩绘青花单圈弦纹；盖子口内敛，盖沿平出，弧壁，平顶，小碟状钮。外满釉，内素胎。盖顶以及壁下部各绘青花双圈弦纹，中间绘缠枝莲纹，钮内绘一青花杂宝。钮沿、盖沿各施一周酱褐釉。罐口径 23.2、足径 14.4、高 16.6 厘米，盖口径 23.0 厘米，通高 22.5 厘米（图 2–45，4；彩版 2–330）。

彩版 2–327　青花盖罐 (E：126)

彩版 2–328　青花盖罐 (E：125)

彩版 2–329　青花盖罐 (J：2507)

彩版 2–330　青花盖罐 (J：2005)

标本采：604，敞口，尖唇，口、腹压印成菱花形，斜直腹下弧，平底，矮圈足。足底刮釉露胎。口沿内侧绘五彩宽弦纹，内底五彩折枝花，口沿外侧绿彩回纹宽带，外壁上部绘绿彩折枝花，下部绘红绿彩仰莲瓣纹，部分釉彩脱落，绿彩多呈黑灰色，红彩多呈黄褐色。口径 8.0、足径 3.6、高 7.0 厘米（彩版 2–341）。

（2）**盘**

形制与 C 型 Ⅰ 式青花盘相同。

标本采：75，撇口，尖唇，斜弧腹，平底，圈足外斜内直，足底刮釉露胎。口沿内侧五彩宽弦纹，内壁、底绘五彩杂宝博古图（暗八仙），外壁三组五彩折枝花，外底青花双圈弦纹内一杂宝纹。五彩呈红、黑褐色。口径 13.6、足径 7.3、高 2.1 厘米（彩版 2–342）。

彩版 2–342　五彩盘（采：75）

（3）**盖罐**

形制与 A 型青花盖罐相同。

标本 E ：117，罐敛口，方唇，圆肩，弧腹，平底，二层台足。口沿及足底刮釉。肩部青花双圈弦纹内绘五彩龟背锦地花鸟 4 开光，腹部五彩龟背锦地纹团寿 4 开光，开光内绘五彩花鸟图，之下为青花双圈弦纹内绘五彩卷草纹宽带；盖方唇，直壁微弧，弧顶，盖面施釉，内素胎。盖顶青花双圈弦纹内绘五彩花蝶纹，盖壁青花双圈弦纹内钱纹锦地杂宝 4 开光。五彩多呈黑色，局部可见红、黄色。口径 10.4、足径 13.6、通高 30.5 厘米（图 2–45，5；彩版 2–343）。

彩版 2–343　五彩盖罐（E：117）

**5．仿哥釉瓷**

仅 1 件洗，此外仿哥釉开片装饰方法还见于葫芦瓶局部位置。

**洗**

标本 J：30，圆唇，沿微外卷，上腹直，下腹内弧，平底微鼓，矮圈足，足心内凹，二层台，内外满施仿哥窑开片釉，足心内圈刮釉。口沿、足底一周浅褐色釉，即“紫口铁足”。

口径 14.8、足径 8.2、高 5.7 厘米（彩版 2-344）。

彩版 2-344　仿哥釉洗（J：30）

## 四　小结

### 1. 货物装船位置以及方式

根据遗址发掘情况，在东部船舱及其附近，即船的前半部，出水的遗物主要为将军罐、炉、瓶等形体较大器物，而碗、盘、杯、碟等较小的器物则大部分在船体的中后部发现。因此我们可以判断，体量较大的器物装在船的前半部，而后半部则主要装一些体量较小的器物。在船的中后部，还有一些木桶，在清理时亦发现其中有一些杯、碗、葫芦瓶等小型器物。在清理船舱瓷器的过程中，发现一小段棕绳，长约 5~6 厘米，初步推测是用来捆扎包装瓷器，由于时代久远，再加上海水浸泡，绝大多数包装物均已朽烂。此外，在成摞的五彩杯中发现有大量的稻壳（彩版 2-345），在部分碗之间也有这种现象，说明当时装船时，有意识的在瓷器中间填塞部分稻壳，以减轻瓷器在搬运、运输途中的碰撞带来的损伤。

从瓷器在船舱的摆放方式看，盘是成摞竖放，小碗、杯是成摞侧放，碗、碟是成摞正放或倒扣，青花罐、五彩罐则是成排叠放。

彩版 2-345　杯中的稻壳

### 2. 沉船年代以及出水遗物性质

碗礁一号沉船出水遗物有一枚“顺治通宝”铜钱，未能发现其他纪年资料。此次发掘出水瓷器均为景德镇民窑生产，其造型风格和装饰工艺具有清康熙中期特征。经学者对这些出水器物全面细致的比较研究，初步推断碗礁一号沉船的沉没年代为 17 世纪末期，即康熙中期[1]。

所有出水瓷器均应属于景德镇民窑产品，不少器物制作精细、纹饰精美，基本代表了康熙中期景德镇民窑生产的最高水平。明清时期，景德镇窑产品大量外销，在东南亚、欧洲均发现与碗礁一号出水遗物相同的瓷器，而碗礁一号沉船正好位于古代海上丝绸之路航线上，由此可以推断碗礁一号沉船出水瓷器应是外销产品，其应是自赣东南进入闽江水系，尔后顺江而下，从闽江口入海[2]。

碗礁一号沉船遗址的发现，对探讨我国古代陶瓷尤其是景德镇瓷器的外销路线、方式及贸易情况等有着重要意义，为研究我国古代海外交通史提供了丰富的第一手材料。

[1] 碗礁一号水下考古队：《东海平潭碗礁一号出水瓷器》，科学出版社，2006 年，第 20 页。
[2] 碗礁一号水下考古队：《东海平潭碗礁一号出水瓷器》，科学出版社，2006 年，第 20 页。

外壁绘凤穿花纹；外底青花双圈弦纹内绘一杂宝图案，青花呈色蓝中偏灰黑色。口径 15.8、足径 7.0、高 7.8 厘米（图 2–46，2；彩版 2–349）。

标本碗礁二号：19，口沿内、外侧以足外壁分别绘青花双圈弦纹，内底青花双圈弦纹内绘菊花；外壁绘松鼠葡萄纹，外底青花双圈弦纹内绘一杂宝图案，青花呈深蓝色。口径 14.8、足径 6.5、高 8.2 厘米（图 2–46，3；彩版 2–350）。

标本碗礁二号：20，口沿内、外侧以足外壁分别绘青花双圈弦纹，内底青花双圈弦纹内绘菊花；外壁绘凤穿花图案，外底青花双圈弦纹内绘一杂宝图案，青花呈色蓝中偏灰黑色。口径 15.1、足径 6.7、高 8.1 厘米（图 2–46，4；彩版 2–351）。

标本碗礁二号：22，口沿内、外侧以足外壁分别绘青花双圈弦纹，内底青花双圈弦纹内绘菊花，内底青花双圈弦纹内图案已残；外壁绘骏马图案；外底青花双圈弦纹内图案已残，青花呈色蓝中偏灰色。口径 15.0、足径 6.6、高 7.7 厘米（图 2–46，5；彩版 2–352）。

B 型　8 件。器形较小。分两式。

彩版 2–348　青花碗（碗礁二号：6）

彩版 2–349　青花碗（碗礁二号：9）

彩版 2–350　青花碗（碗礁二号：19）

彩版 2−351　青花碗（碗礁二号：20）

B型Ⅰ式　7件。敞口，圆唇，斜弧腹，内底微弧，外底较平，圈足较高，足端较圆。内外均施釉，足端无釉。

标本碗礁二号：12，口沿内、外侧以足外壁分别绘青花双圈弦纹，内底青花双圈弦纹内绘花卉；外壁绘螭龙纹；外底青花双圈弦纹内绘杂宝图案。青花呈色蓝中偏灰黑色。口径11.9、足径5.5、高7.0厘米（图2-47，1；彩版2-354）。

标本碗礁二号：16，口沿内、外侧以足外壁分别绘青花双圈弦纹，内底青花双圈弦纹内绘立鸟草叶纹；外壁绘洞石花卉、蝴蝶纹，外底青花双圈弦纹内绘杂宝图案。青花呈色蓝中偏灰。口径11.5、足径5.3、高7.1厘米（图2-47，2；彩版2-353）。

标本碗礁二号：31，口残。口沿内、外侧以足外壁分别绘青花双圈弦纹，内底青花双圈弦纹内绘岩石草叶纹；外壁绘洞石花卉，外底青花双圈弦纹内绘杂宝图案。青花呈色蓝中偏灰黑色。

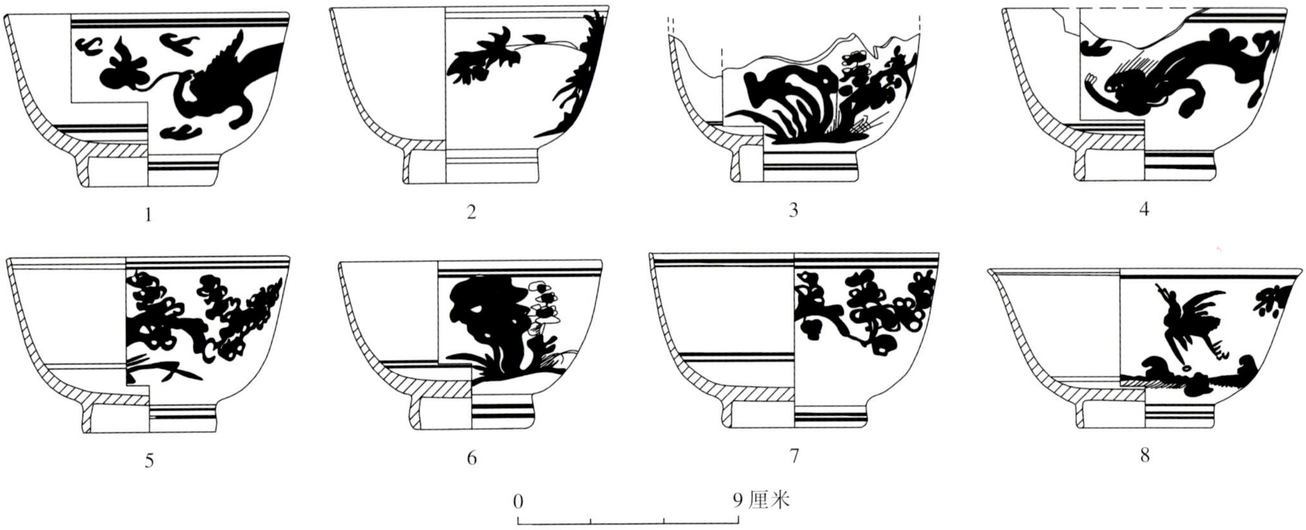


图2-47　碗礁二号水下文物点出水青花碗

1~7. B型Ⅰ式（碗礁二号：12、16、31、34、37、38、41）　8. B型Ⅱ式（碗礁二号：13）

彩版2-352　青花碗（碗礁二号：22）

彩版2-353　青花碗（碗礁二号：16）

足径 5.2、残高 6.4 厘米（图 2–47，3；彩版 2–355）。

标本碗礁二号：34，口沿内、外侧以足外壁分别绘青花双圈弦纹，内底青花双圈弦纹内绘花卉；外壁绘双螭龙纹，外底青花双圈弦纹内绘一杂宝图。青花呈色蓝中偏灰黑色。口径 11.5、足径 5.6、高 7.0 厘米（图 2–47，4；彩版 2–356）。

标本碗礁二号：37，口沿内、外侧以足外壁分别绘青花双圈弦纹，内底青花双圈弦纹内绘岩石草叶纹；外壁绘洞石花卉、飞鸟，外底青花双圈弦纹内绘一杂宝图。青花呈色蓝中偏灰黑色。口径 11.7、足径 5.4、高 7.1 厘米（图 2–47，5；彩版 2–357）。

标本碗礁二号：38，口沿内、外侧以足外壁分别绘青花双圈弦纹，内底青花双圈弦纹内绘岩石草叶纹；外壁绘洞石花卉、飞鸟，外底青花双圈弦纹内绘一杂宝图。青花呈色蓝中偏灰色。口径 11.2、足径 5.1、高 6.8 厘米（图 2–47，6；彩版 2–358）。

标本碗礁二号：41，口沿内、外侧以足外壁分别绘青花双圈弦纹，内底青花双圈弦纹内绘岩石草叶纹；外壁绘洞石花卉、飞鸟，外底青花双圈弦纹内绘一杂宝图。青花呈色蓝中略泛灰。口径

彩版 2–354　青花碗（碗礁二号：12）

彩版 2–355　青花碗（碗礁二号：31）

彩版 2–356　青花碗（碗礁二号：34）

彩版 2–357　青花碗（碗礁二号：37）

彩版 2–358　青花碗（碗礁二号：38）

彩版 2–359　青花碗（碗礁二号：41）

11.6、足径 5.8、高 7.0 厘米（图 2–47，7；彩版 2–359）。

B 型Ⅱ式　1 件。口微撇。

标本碗礁二号：13，圆唇，斜弧腹，内底微弧，外底较平，圈足内墙微内凹。口沿内、外侧以足外壁分别绘青花双圈弦纹，内底青花双圈弦纹内绘花叶纹；外壁绘山石花卉、飞鸟纹，外底青花双圈弦纹内绘双鱼图案。青花呈色蓝中偏灰。口径 12.6、足径 5.4、高 6.3 厘米（图 2–47，8；彩版 2–360）。

彩版 2–360　青花碗（碗礁二号：13）

（2）杯

8 件。分两型。

A 型　5 件。腹较浅。分三式。

A 型Ⅰ式　2 件。口微敞，器形较大。圆唇，斜弧腹，内底微弧，外底较平，圈足较高，足端较圆。内外均施釉，足端无釉。

标本碗礁二号：25，口沿内、外侧以足外壁分别绘青花双圈弦纹，内底青花双圈弦纹内绘花叶纹；外壁绘凤穿洞石花卉；外底青花双圈弦纹内绘青花花叶图案，青花呈色蓝中偏灰黑色。口径 8.5、足径 3.9、高 5.8 厘米（图 2–48，1；彩版 2–361）。

标本碗礁二号：39，内底绘岩石草叶纹；外壁绘洞石花卉和蝴蝶，外底绘青花双圈弦纹内有一青花方押。青花呈色蓝中偏灰色。口径 6.0、足径 2.6、高 4.3 厘米（图 2–48，4；彩版 2–362）。

标本碗礁二号：28，口沿内、外侧以足外壁分别绘青花双圈弦纹，内底青花双圈弦纹内绘立鸟花叶纹；外壁绘洞石花卉以及蝴蝶纹，外底青花双圈弦纹内绘青花花叶图案。青花呈色蓝中偏灰色。口径 8.4、足径 3.9、高 5.8 厘米（图 2–48，2；彩版 2–363）。

A 型Ⅱ式　2 件。口微敞，器形较小。圆唇，斜弧弧，内底微弧，外底较平，圈足较矮，足端较圆。内外均施釉，足端无釉。

标本碗礁二号：21，内底绘岩石草叶纹；外壁绘洞石花卉和蝴蝶；外底青花双圈弦纹内有一青花方押。青花呈色蓝中偏灰色。口径 5.9、足径 2.7、高 4.6 厘米（图 2–48，3；彩版 2–364）。

A 型Ⅲ式　1 件。口微撇。

标本碗礁二号：18，圆唇，内、外底较平，圈足内敛，足端较圆。内外均施釉，足端无釉。口沿内、外侧以足外壁分别绘青花双圈弦纹，内底青花双圈弦纹内绘老翁独钓图；外壁绘渔家乐图案，外底青花双圈弦纹内绘一杂宝图案。

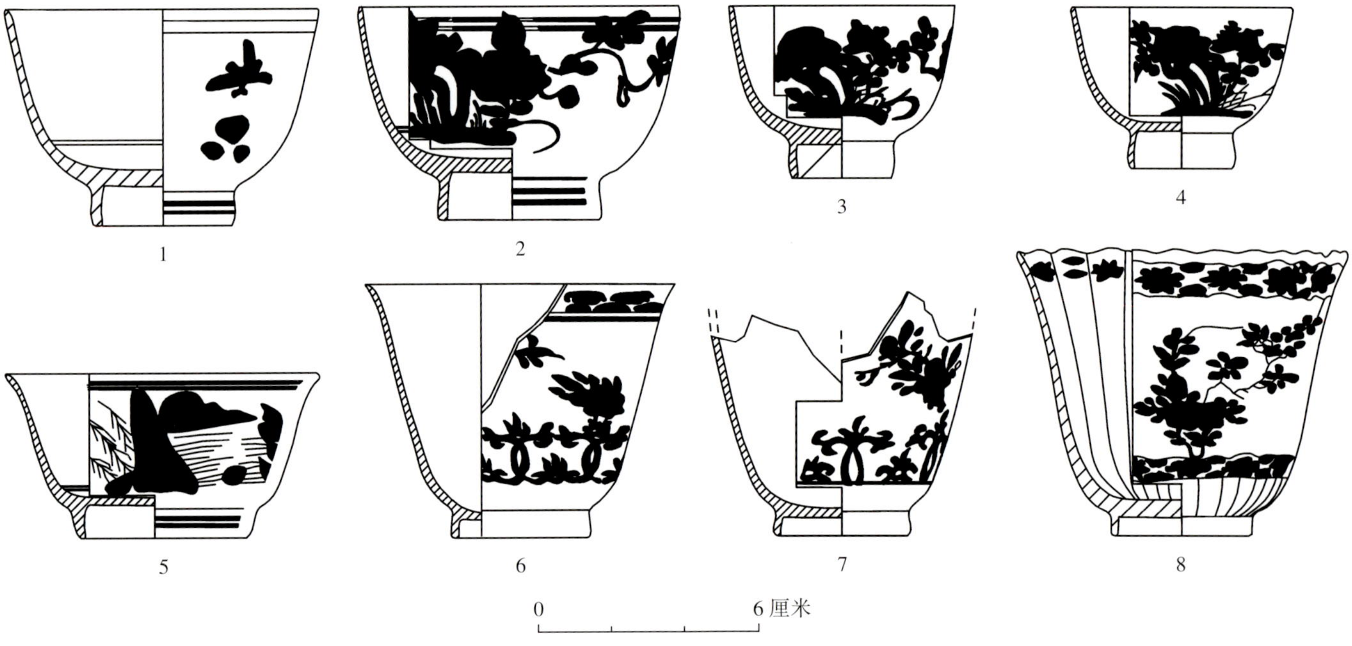


**图 2-48　碗礁二号水下文物点出水青花杯**

1、2. A 型Ⅰ式（碗礁二号：25、28）　3、4. A 型Ⅱ式（碗礁二号：21、39）　5. A 型Ⅲ式（碗礁二号：18）　6、7. B 型Ⅰ式（碗礁二号：10、23）　8. B 型Ⅱ式（碗礁二号：24）

**彩版 2-361　青花杯（碗礁二号：25）**

**彩版 2-362　青花杯（碗礁二号：39）**

青花呈色蓝中偏灰色。口径 7.9、足径 4.3、高 4.3 厘米（图 2-48，5；彩版 2-365）。

B 型　3 件。腹较深。根据口沿形态不同分两式。

B 型Ⅰ式　2 件。圆口，深弧腹。

标本碗礁二号：10，撇口，圈足微外撇。内壁上部绘几何形带饰，内底绘菊花纹；口沿外侧绘龟背带饰，外壁绘缠枝花卉；外底青花双圈弦纹内绘一杂宝图案。青花呈色蓝中偏灰色。口径 8.4、足径 3.8、高 6.8 厘米（图 2-48，6；彩版 2-366）。

标本碗礁二号：23，口残。内底绘菊花纹；外壁绘缠枝花卉，外底青花双圈弦纹内绘一杂宝图案。

彩版 2-363　青花杯（碗礁二号：28）

彩版 2-364　青花杯（碗礁二号：21）

彩版 2-365　青花杯（碗礁二号：18）

彩版 2-366　青花杯（碗礁二号：10）

彩版 2-367　青花杯（碗礁二号：23）

彩版 2-368　青花杯（碗礁二号：24）

青花呈色蓝中偏灰色。足径 3.7、残高 6.5 厘米（图 2-48，7；彩版 2-367）。

B 型Ⅱ式　1 件。花口。

标本碗礁二号：24，花口微撇，圆唇，花瓣形深腹，内底微弧，外底较平，圈足较矮，足端较圆。内外均施釉，足端无釉。口沿内、外侧以及外壁下部各绘菊花带饰，内底绘一朵菊花；腹外壁绘盆花，外底青花双圈弦纹内绘杂宝图案。青花呈色蓝中偏灰色。口径 8.3、足径 3.8、高 7.6 厘米（图 2-48，8；彩版 2-368）。

（3）**高足杯**

1 件。

标本碗礁二号：40，口残。深弧腹，内底微弧，高圈足，呈喇叭形。内外均施釉，足端无釉。外壁绘杂宝图；圈足外壁中部、下部各绘青花双圈弦纹，中间则绘圆圈纹以及三角形纹，青花呈色鲜艳。足径 5.0、残高 6.9 厘米（图 2-49；彩版 2-369）。

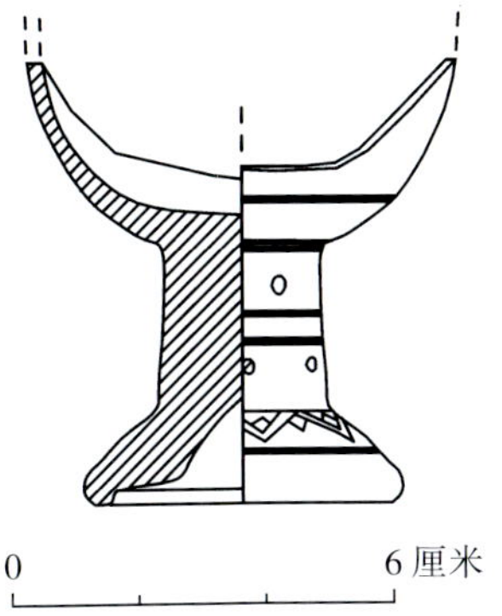


图 2-49　碗礁二号水下文物点出水青花高足杯（碗礁二号：40）

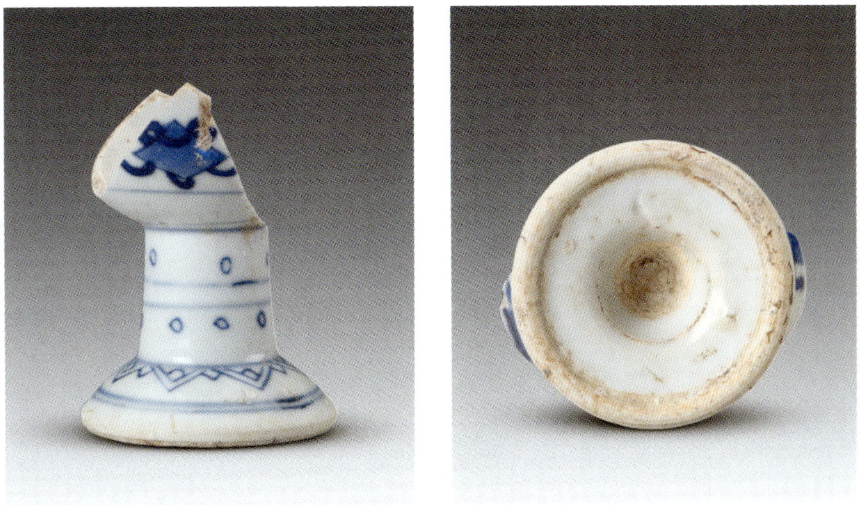

彩版 2-369　青花高足杯（碗礁二号：40）

（4）盘

1 件。

标本碗礁二号：7，口微撇，圆唇，斜弧腹，内外底较平，圈足较矮，足端较尖。内外均施釉，足端无釉。口沿内侧绘龟背纹带饰，内壁绘四组花卉，内底青花双圈弦纹内绘一周缠枝花卉，中心绘团菊纹；外底青花双圈弦纹内绘一杂宝图案。青花呈色蓝中偏灰。口径 12.9、足径 7.9、高 2.2 厘米（图 2-50，1；彩版 2-370）。

（5）碟

4 件。口微撇，圆唇，斜弧腹，内底微弧，外底较平，圈足内墙微内凹。内外均施釉，足端无釉。内壁、底绘青花山水渔家乐图案；外底青花双圈弦纹内绘一杂宝图案。青花呈色蓝中偏灰或灰黑。

标本碗礁二号：14，口径 12.2、足径 6.0、高 2.8 厘米（图 2-50，2；彩版 2-371）。

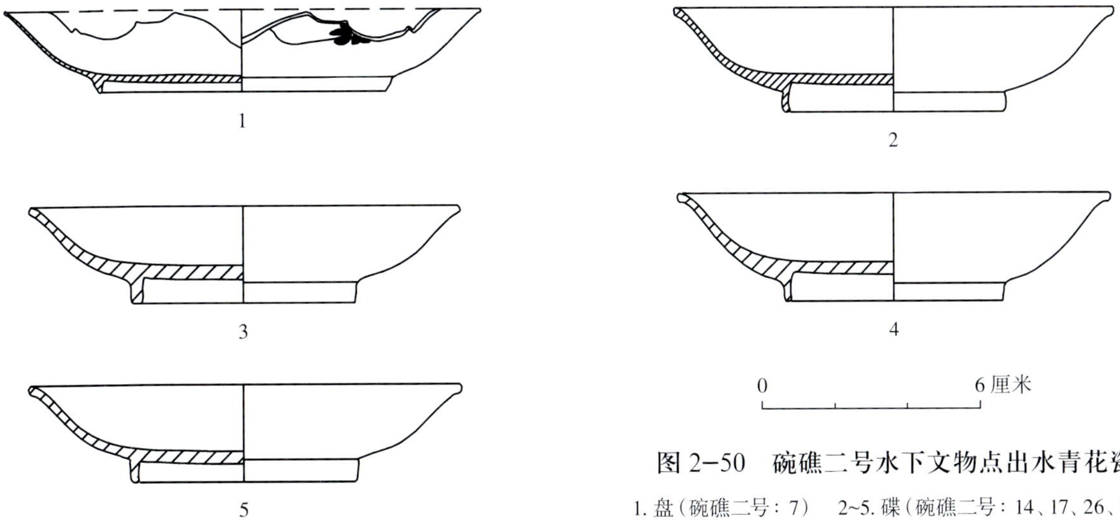


图 2-50　碗礁二号水下文物点出水青花瓷

1. 盘（碗礁二号：7）　2~5. 碟（碗礁二号：14、17、26、32）

彩版 2–370　青花盘（碗礁二号：7）

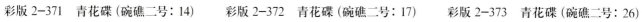

彩版 2–371　青花碟（碗礁二号：14）

彩版 2–372　青花碟（碗礁二号：17）

彩版 2–373　青花碟（碗礁二号：26）

标本碗礁二号：17，口径11.7、足径6.2、高2.6厘米（图2-50，3；彩版2-372）。

标本碗礁二号：26，口径11.8、足径5.9、高2.9厘米（图2-50，4；彩版2-373）。

标本碗礁二号：32，口径11.7、足径6.2、高2.6厘米（图2-50，5；彩版2-374）。

彩版2-374　青花碟（碗礁二号：32）

（6）罐

1件。

标本碗礁二号：35，盖缺失。直口，圆唇，筒形腹，矮圈足。内外均施釉，口沿内侧以及足端刮釉。外壁上下部三角形图案内青花地荷花纹，中间绘各种不规则形状；外底以及圈足内分别绘青花双圈弦纹。口径14.5、足径9.7、高12.5厘米（图2-51；彩

彩版2-375　青花罐（碗礁二号：35）

版 2–375）。

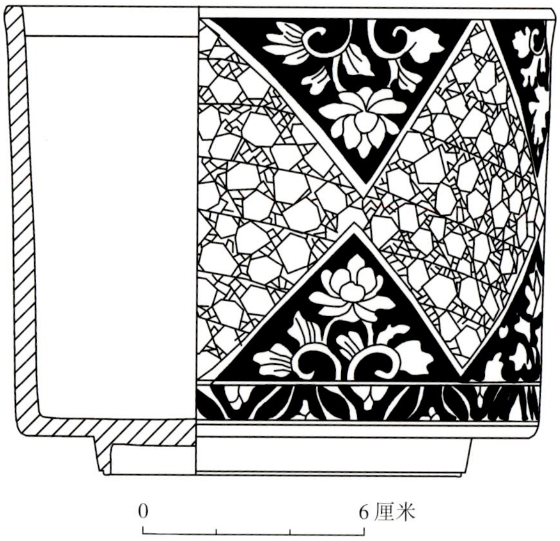


图 2–51　碗礁二号水下文物点出水青花罐（碗礁二号：35）

**2. 第二类青花瓷**

11 件。器形有碗、盘。

**（1）碗**

5 件。根据器形大小分两式。

Ⅰ式　4 件。器形较大。口微撇，圆唇，斜弧腹，圈足较高。内外均施釉，内底有一涩圈，足端刮釉。口沿外侧、腹下部、腹足交接处、足墙外壁分别绘青花单圈弦纹，腹部绘洞石花卉以及山水图案，青花呈蓝灰色。

标本碗礁二号：1，口径 14.8、足径 7.3、高 6.0 厘米（图 2–52，1；彩版 2–376）。

标本碗礁二号：2，口径 13.0、足径 7.0、高 7.0 厘米（图 2–52，2；彩版 2–377）。

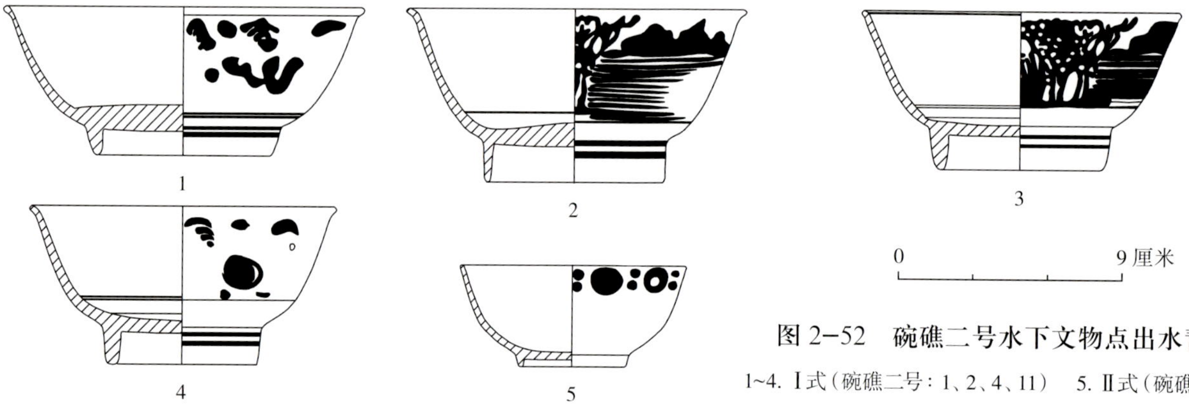


图 2–52　碗礁二号水下文物点出水青花碗

1~4. Ⅰ式（碗礁二号：1、2、4、11）　5. Ⅱ式（碗礁二号：30）

彩版 2–376　青花碗（碗礁二号：1）

彩版 2–377　青花碗（碗礁二号：2）

彩版 2–378　青花碗（碗礁二号：4）

标本碗礁二号：4，口径12.7、足径6.6、高6.4厘米（图2–52，3；彩版2–378）。

标本碗礁二号：11，口径12.7、足径6.2、高6.4厘米（图2–52，4；彩版2–379）。

Ⅱ式　1件。器形较小。

标本碗礁二号：30，略生烧。敞口，圆唇，弧腹，内底微弧、外底较平，圈足较矮，足端较圆。内外均施釉，足端刮釉。口沿外侧绘青花圈点纹，

彩版 2–379　青花碗（碗礁二号：11）

彩版 2–380　青花碗（碗礁二号：30）

较模糊；青花呈蓝黑色。口径 9.5、足径 4.5、高 4.1 厘米（图 2–52，5；彩版 2–380）。

（2）**盘**

6 件。根据器形大小分两式。

Ⅰ式　5 件。器形较大。敞口，圆唇，斜弧腹，内底中心上凸、外底较平，圈足较大，足墙较厚。青白釉泛灰，内底有一涩圈，外施釉至腹下部。

标本碗礁二号：5，内壁上部两组飞鸟、花卉，下部绘青花双圈弦纹，内底心有一方押图案；外壁上部绘三朵花卉，青花呈色灰暗。口径 22.6、足径 11.6、高 4.5 厘米（图 2–53，1；彩版 2–381）。

标本碗礁二号：36，内壁上部绘两组飞鸟、花卉，下部绘青花双圈弦纹，内底有一方押图案；外壁上部印三折枝花卉，青花呈色灰暗。口径 22.6、足径 11.3、高 4.6 厘米（图 2–53，2；彩版 2–382）。

标本碗礁二号：27，内壁中部印两圈变体“寿”字纹，内底青花双圈弦纹内有一方押图案；外壁上部印三折枝花卉，青花呈色灰暗。口径 22.8、足径 11.1、高 4.8 厘米（图 2–53，3；彩版 2–383）。

标本碗礁二号：33，内壁中部印两圈变体“寿”字纹，内底有一方押图案；外壁上部印三折枝花卉，青花呈色灰暗。口径 23.0、足径 11.7、高 5.1 厘米（图 2–53，4；彩版 2–384）。

标本碗礁二号：8，内壁上、下部各绘青花单、双圈弦纹，中间为两圈变体“寿”字纹，内底青花双圈弦纹内有一方押图案；外壁上部一圈青花弦纹，下有四只蝙蝠图案，青花呈色灰暗。口径 26.0、足径 12.4、高 5.6 厘米（图 2–53，5；彩版 2–385）。

Ⅱ式　1 件。器形较小。

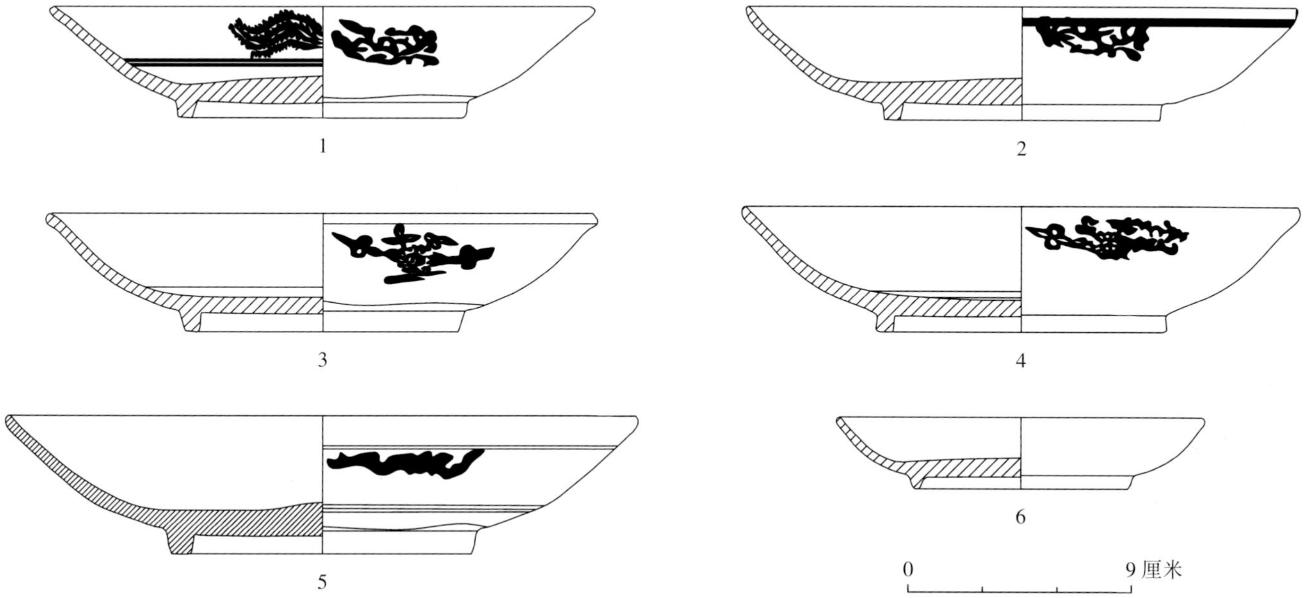


**图 2–53　碗礁二号水下文物点出水青花盘**

1~5. Ⅰ式（碗礁二号：5、36、27、33、8）　6. Ⅱ式（碗礁二号：3）

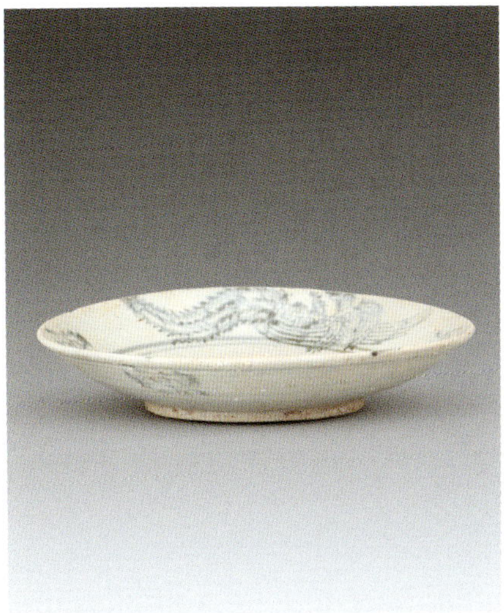

彩版 2–381　青花盘（碗礁二号：5）

彩版 2–382　青花盘（碗礁二号：36）

彩版 2–383　青花盘（碗礁二号：27）

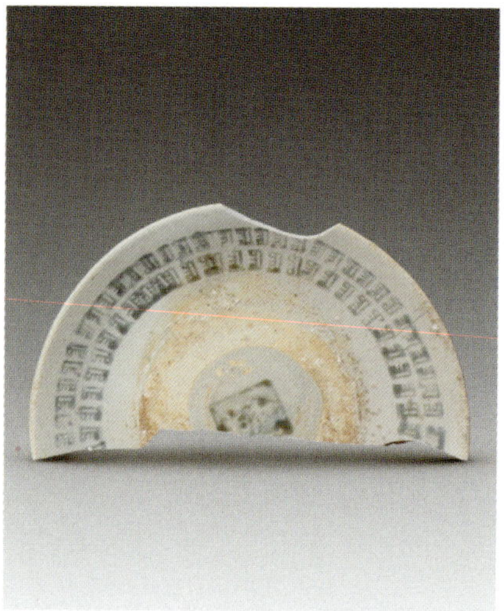

彩版 2−384 青花盘（碗礁二号：33）

彩版 2−385 青花盘（碗礁二号：8）

彩版 2−386 青花盘（碗礁二号：3）

标本碗礁二号：3，敞口，圆唇，斜弧腹，内、外底较平，圈足较矮，足端较圆。白胎，内外均施釉，足端刮釉。口沿内侧、内壁下部各绘青花单圈弦纹，内底绘花卉，青花呈灰蓝色。口径 15.0、足径 9.0、高 2.9 厘米（图 2−53，6；彩版 2−386）。

## 三 小结

碗礁二号水下文物点位于海坛海峡北部，从此次调查情况来看，遗物分布有一定范围，而且有一定数量，但未发现船体，因此暂定为一处水下文物点。

从出水遗物看，第一类青花瓷质量较好，与 2005 年发掘的碗礁一号沉船遗址出水青花瓷基本相同。如：A 型碗与碗礁一号沉船的青花松鼠葡萄纹碗（J：2141）、青花凤穿牡丹纹碗（J：2142）

相同；碟与碗礁一号沉船的青花渔家乐人物图碟（J：2116）相同；BⅡ式杯与碗礁一号沉船的青花折枝花纹菱花杯（采：602）相同。经研究，碗礁一号沉船出水瓷器为景德镇民窑产品，其年代为清康熙中期，即17世纪末期[1]。因而，这类瓷器也应是清康熙中期景德镇窑产品。

第二类青花瓷的胎、釉与制作工艺均相对较粗，青花色调较为灰暗。其中Ⅰ式盘青花图案多为印花，内底心有一枚青花方押款印章，如标本碗礁二号：27、33，在东南亚海域打捞的清代商船“泰兴号”中发现有类似器物[2]。“泰兴号”沉没于1822年（清道光二年），因此这批遗物年代也应与此接近。这类器物，在福建德化、华安、东溪等地数处窑址均有发现[3]，其出海口岸则由漳州月港逐渐淤塞而移至九龙江出海口北岸的厦门港。

通过以上分析，碗礁二号水下文物点形成年代应该是从清康熙至道光时期。平潭海坛海峡因位置特殊、海况险要，埋藏了丰富的水下文化遗存，一处遗存中出现不同时期的遗物也较常见，如小练岛东礁村宋至清代水下文物点等。

---

[1] 碗礁一号水下考古队编著：《东海平潭碗礁一号出水瓷器》，科学出版社，2006年，第161、162、159、221、20页。

[2] Nagel Auctions, *Tek Sing Treasures*, Stuttgart, 2000；郑炯鑫：《从“泰兴号”沉船看清代德化青花瓷器的生产与外销》，《文博》2001年第6期，第49、50页。

[3] 曾凡：《福建陶瓷考古概论》，福建地图出版社，2001年。

# 第三章 莆田海域

## 第一节 概述

### 一 历史沿革与地理环境

莆田，古称“兴化”、又称“莆阳”、“莆仙”，位于福建省中部沿海，北连福州，南接泉州。夏商时属“九州”之一的扬州，西周时属“七闽”地，战国后期属闽越国地，秦时属闽中郡，西汉后期属会稽郡，三国时属建安郡，西晋时属晋安郡，南朝时属南安郡。陈光大二年（公元568年）始置莆田县，此后先属南安郡，后属丰州、泉州（福州）；唐代先后属丰州（今泉州）、武荣州、清源郡、长乐郡；宋代先后属平海军、太平军、兴化军、兴安州；元代属兴化路；明清属兴化府；民国时期撤府设道，先后隶属南路道、厦门道、泉海省（兴泉省）、第四行政督察区；解放后，先后隶属省第五行政督察专员公署，晋江专区、闽侯专区等，于1983年成立莆田市[1]。

本文的莆田海域主要是指莆田沿海海域，北接海坛海峡，南接泉州海域。主要有兴化湾、平海湾、湄州湾等港湾。其中，兴化湾为福建省最大海湾，长达28、宽23千米，总面积619.4平方千米。这一带位于华南加里东褶皱系东部浙—闽—粤中生代火山断折带中段，主要分布中生代火山岩和侵入岩，构造以断裂为主，褶皱不发育。

该海域尤其是南日岛海域，是古代海上丝绸之路必经之地，暗礁林立，海况复杂，夏天台风较为频繁，冬季东北季风猛烈，常有海难事故发生。因此，该海域埋藏着丰富的水下文化遗产。

### 二 调查概况

2005年10月6~10日，莆田南日岛海域北土龟礁附近发生几起盗捞事件，南日岛边防派出所先后六次出动警力，抓获一批盗捞人员和船只，并收缴近百件瓷器。2005年11月8~11日，海警支队又在湄洲湾海域破获3起盗捞案件，收缴一批出水瓷器。

2006年9月上旬，根据当地边防派出所与海警支队提供的线索，福建沿海水下考古调查队在湄洲岛和南日岛海域开展调查工作，后因转向遭到盗捞破坏的平潭大练岛元代沉船遗址，遂中断在莆田海域的调查。

[1] 莆田市地方志编纂委员会：《莆田市志》，方志出版社，2001年，第2页。

2008 年 4 月下旬，福建沿海水下文物普查队至莆田南日岛海域进行调查，根据莆田市文物管理委员会办公室、南日岛边防派出所提供的线索及当地渔民的指引，先后发现了兴化湾北土龟礁一号[1]、二号沉船遗址、北土龟礁三号水下文物点及北日岩一号、二号水下文物点。同年 5 月中旬 ~6 月下旬，又到南日岛和湄洲湾海域开展调查，先后发现北日岩三、四号水下文物点、湄洲湾东吴门峡屿、文甲大屿等水下文物点（图 3–1）[2]。这些发现的大多数遗址遭到盗掘，破坏严重，仅北土龟礁二号沉船遗址保存较好。

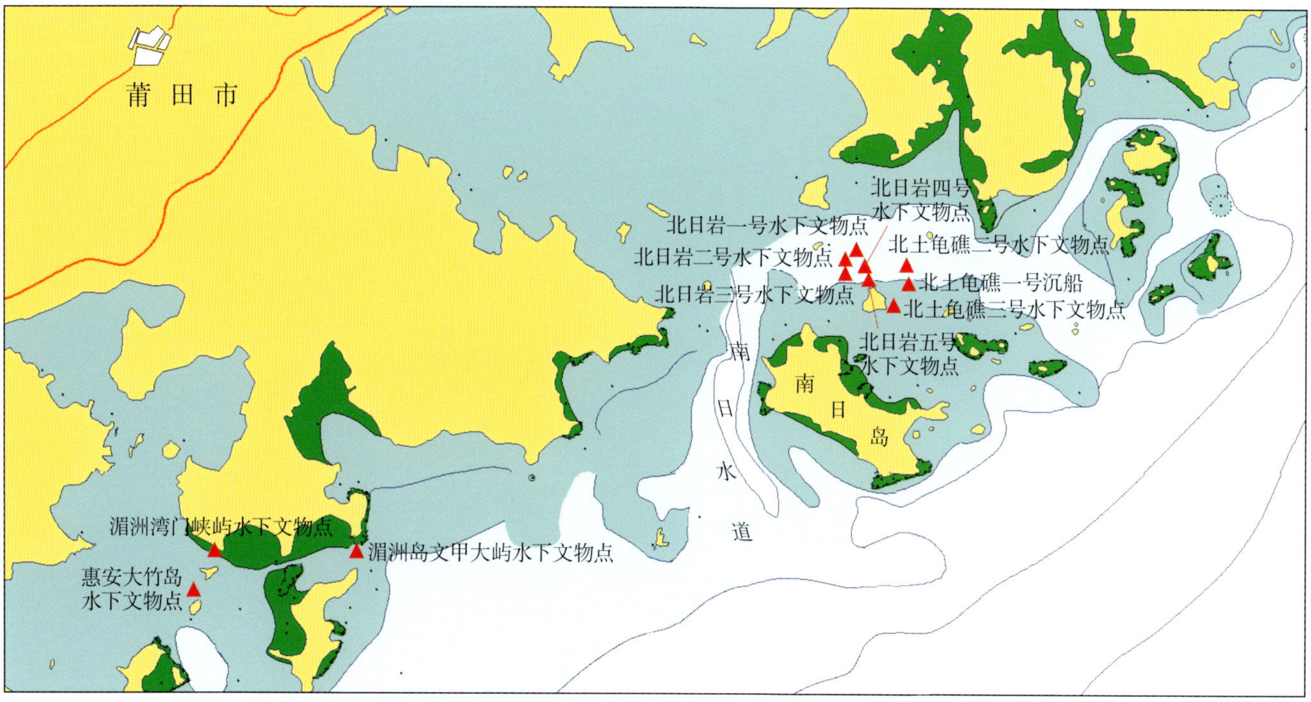


图 3–1　莆田海域水下文化遗存分布图

# 第二节　南日岛北土龟礁一号沉船遗址

## 一　遗址概况

北土龟礁位于兴化湾南侧南日岛海域小日岛的东面约 1400 米，其南面 500 米为南土龟礁，东北面约 3000 米即为兴化水道主航道。北土龟礁高平潮时仅礁尖露出海面 2~3 米，西面靠近小日岛有几处暗礁（彩版 3–1）。

北土龟礁一号沉船遗址位于北土龟礁北面约 300 米处（彩版 3–2）。海床表面为泥底，较平坦，遗物散落范围较大，因此，在水下调查时（彩版 3–3、4），定位后进行水下圆周搜索，先将遗物

[1] 福建沿海水下考古调查队：《福建沿海水下考古调查》，《文物》2014 年第 2 期，第 29~40 页。
[2] 福建沿海水下考古调查队：《2008 年莆田沿海水下考古调查简报》，《福建文博》2009 年第 2 期，第 1~7 页。

彩版 3-1　北土龟礁周边环境

彩版 3-2　北土龟礁一号沉船遗址位置

彩版 3-3　水下考古调查

分布范围和中心区域确定下来，遗物散落面积约有 5000 平方米，较为集中的约 200 平方米。随后，在遗物分布范围内，再采用基线搜索方法，即在海床表面拉设一条长 50 米的基线，在基线两侧进行搜索，根据搜索情况再平行移动基线，扩大搜索范围。本次调查以此方法找到了沉船残骸，并发现两块碇石，采集了部分标本（彩版 3–5）。

经调查发现，沉船残件埋藏较浅，保存较差，方向 330°，残长约 7.50、宽约 1.80 米。船板最宽约 0.28、厚 0.03~0.04 米，仅存一道隔舱板，长 0.95、厚 0.07、高 0.15 米。两块碇石分别发现于船体的两端，相距约 10 米，船体内及周围均未发现成摞的船货堆积（图 3–2；彩版 3–6、7）。

此外，2008 年 6 月，龙海市公安边防大队破获一起盗捞水下文物的案件，并收缴了大批盗捞出水文物，现藏于龙海市博物馆。经过与调查材料比较，其中部分为北土龟礁一号沉船遗址出水的文物。经过整理，现将其与调查采集的文物一起介绍如下（标本编为“龙海博”）。

彩版 3–4　水下考古调查

彩版 3-5　采集出水文物标本

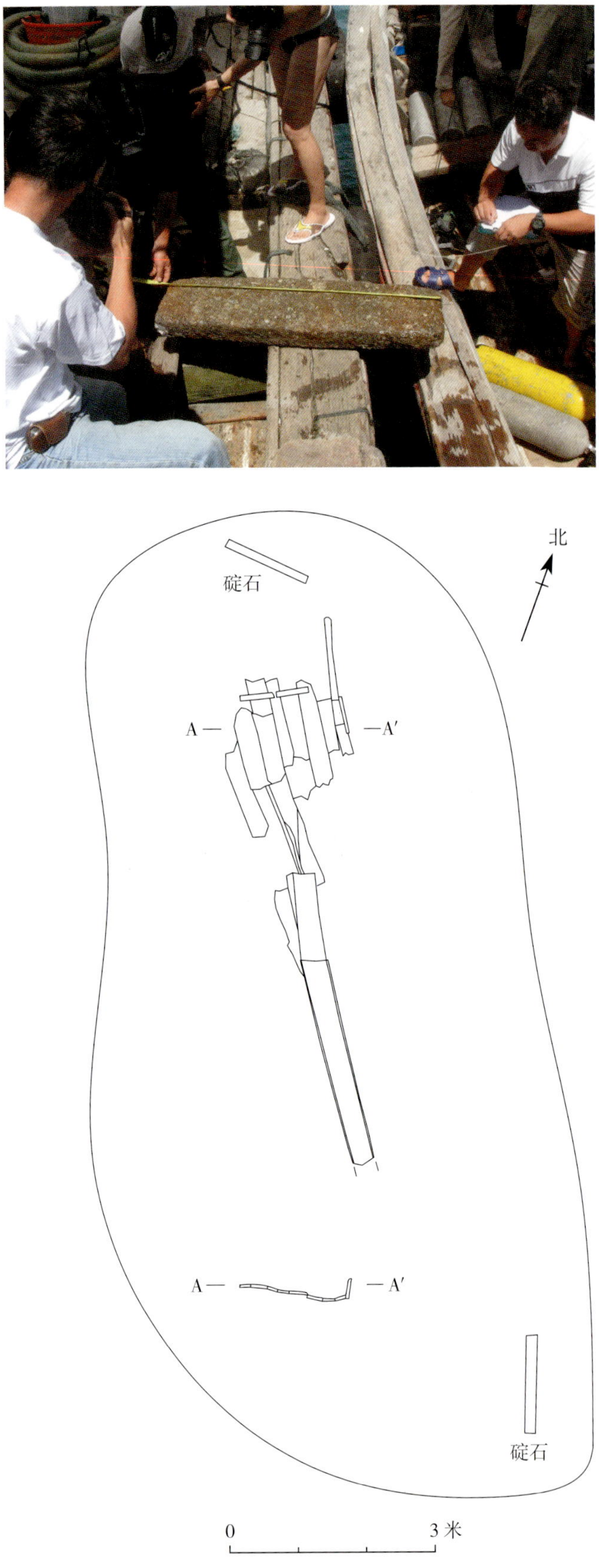


图 3-2　北土龟礁一号沉船遗址平、剖面图

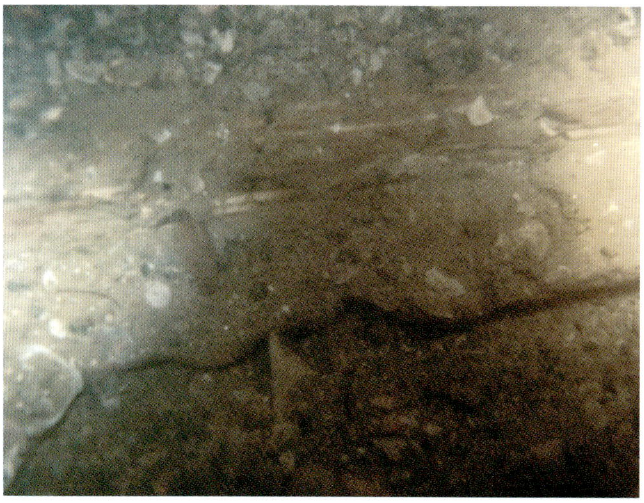

1. 船体

2. 船体

3. 船体

4. 船体

5. 船体

6. 船体

彩版 3-6　北土龟礁一号沉船遗址水下堆积情况

1. 船体

2. 碇石

3. 瓷片

4. 铜钱

彩版 3–7　北土龟礁一号沉船遗址水下堆积情况

## 二　出水遗物

有陶瓷器、铜钱以及 2 块碇石。瓷器除 1 件青白瓷外，余皆青瓷；陶器仅发现 1 件陶罐残片。

### （一）陶瓷器

#### 1. 青瓷

数量最多，计 59 件。器形有碗、碟，以碗居多。

**（1）碗**

58 件。器形制作较规整，变形者少，腹部旋坯痕不甚明显。胎呈灰色或灰白色，质较坚硬。釉呈青绿色，大多釉面比较莹润，有光泽，多有冰裂纹，也有少量未烧透，呈灰色、灰白或灰褐色，釉面呈失透状。内壁大多刻划花纹和篦点纹，纹饰布局疏密有致，部分外壁亦有成组篦划纹或折扇纹。分三型。

A 型　20 件。器形较小，深腹。

标本北土龟礁一号：1，外壁饰成组篦划纹，每组九道，内壁刻划两朵对称草叶纹和之字形篦点纹。青绿釉，局部开片，内满釉，外施至足端。口径 14.7、足径 4.5、高 6.1 厘米（彩版 3–8）。

标本北土龟礁一号：2，外壁饰成组篦划纹，每组九道，内壁刻划两朵对称草叶纹和之字形篦点纹。青绿釉，内满釉，外施至足端，部分流至外底，口沿附近流釉。口径 15.1、足径 4.8、高 6.5 厘米（彩版 3–9）。

标本北土龟礁一号：3，外壁饰成组篦划纹，每组九道，内壁刻划两朵对称草叶纹和之字形篦点纹。青绿釉，釉面开片，内满釉，外施至足端，部分流至外底，口沿附近流釉。口径 15.2、足径 4.6、高 6.4 厘米（彩版 3–10）。

标本北土龟礁一号：4，外壁饰成组篦划纹，每组九道，内壁刻划两朵对称草叶纹和之字形篦

彩版 3–8　青瓷碗（北土龟礁一号：1）

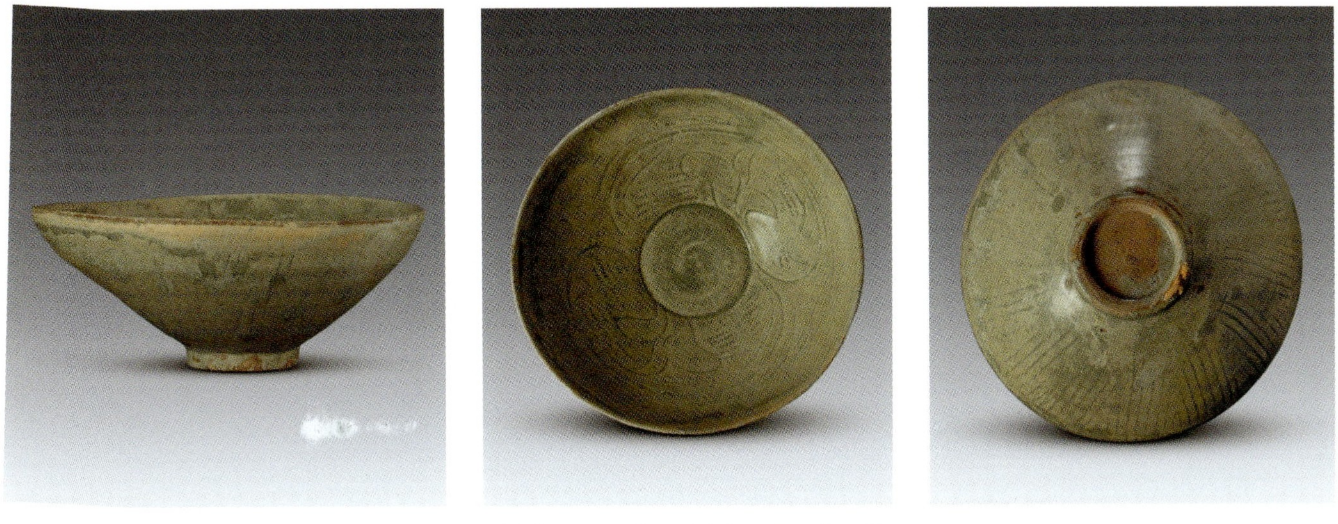

彩版 3–9　青瓷碗（北土龟礁一号：2）

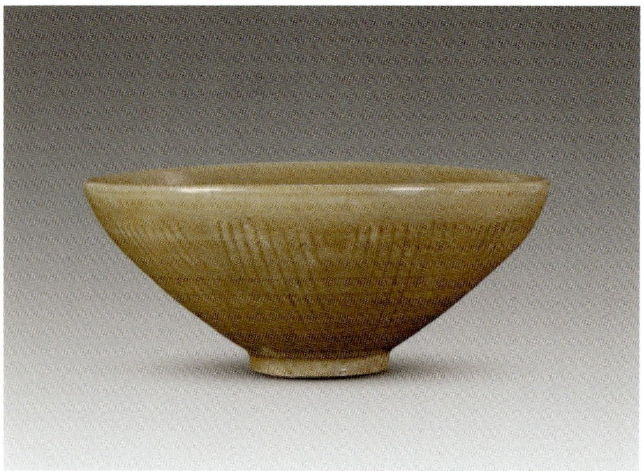

彩版 3–10　青瓷碗（北土龟礁一号：3）

点纹。绿釉，内满釉，外施至足端。外壁可见旋坯痕。口径 15.0、足径 4.6、高 6.1 厘米（图 3–3，1；彩版 3–11）。

标本北土龟礁一号：19，外壁饰成组篦划纹，每组七道，内壁刻划两朵对称的草叶纹。青绿釉泛褐，通体冰裂纹。内满釉，外施至足外壁底部，局部流至足端。口径 15.4、足径 4.3、高 6.4 厘米（图 3–3，2）。

B 型　37 件。器形较大，深腹。根据口沿形态分两式。

B 型Ⅰ式　34 件。敞口微敛。圆唇，斜弧腹，内、外底较平。灰胎，青釉泛绿或褐色，内壁均满釉，外施至足端，部分流至外底。大部分内壁刻划花卉和篦点纹，部分内底亦刻划团花，

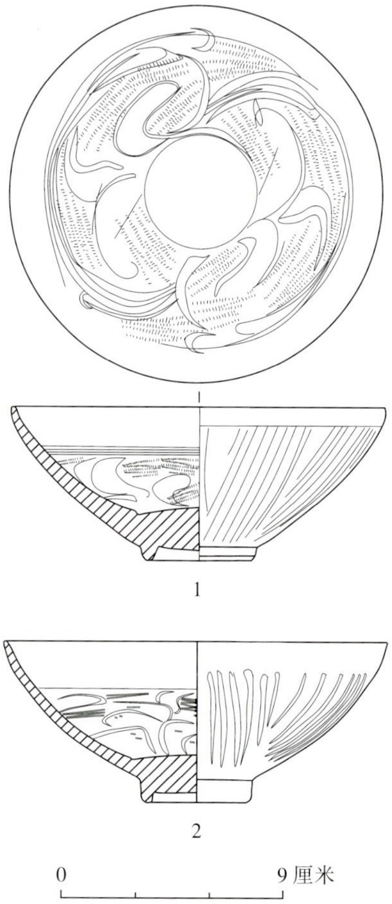


图 3–3　北土龟礁一号沉船遗址出水青瓷碗

1、2. A 型（北土龟礁一号：4、19）

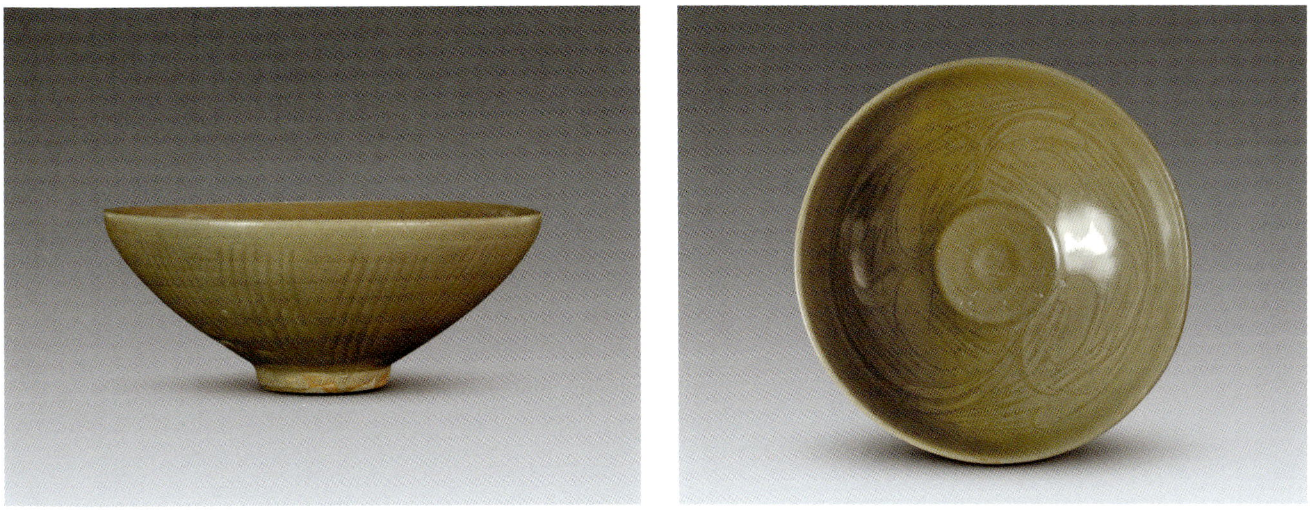

彩版 3–11　青瓷碗（北土龟礁一号：4）

彩版 3–12　青瓷碗（北土龟礁一号：5）

外壁则饰成组篦划纹。

标本北土龟礁一号：12，外壁饰成组粗篦划纹，每组四道，内壁上部刻划水波纹，下面对称刻划两朵盛开的荷花和之字形篦点纹，内底刻划团花。青绿釉，通体冰裂纹，内满釉，外施至足内壁。口径 17.7、足径 5.1、高 7.7 厘米（图 3–4，1；彩版 3–13）。

标本北土龟礁一号：5，外壁饰成组粗篦划纹，每组五道，内壁上部以篦梳刻划七道弦纹，下面刻两朵对称的荷花纹和之字形篦点纹，内底刻划团花纹。青绿釉，通体冰裂纹，内满釉，外施至足端。口径 18.2、足径 5.8、高 7.5 厘米（图 3–4，2；彩版 3–12）。

标本北土龟礁一号：6，外壁饰成组篦划纹，每组八道，内壁上部刻划两条弦纹，中间刻划水波纹，下面刻两朵对称的荷花纹和之字形篦点纹。青绿釉，通体冰裂纹，内满釉，外施至足外壁底部，局部流至足端。口径 17.5、足径 5.3、高 7.6 厘米（彩版 3–14）。

标本北土龟礁一号：7，外壁饰成组粗篦划纹，每组三道，内壁上部以篦梳刻划七道弦纹，下面刻两朵对称的荷花纹和之字形篦点纹。青绿釉，局部开片，内满釉，外施至足端。口径 16.9、足

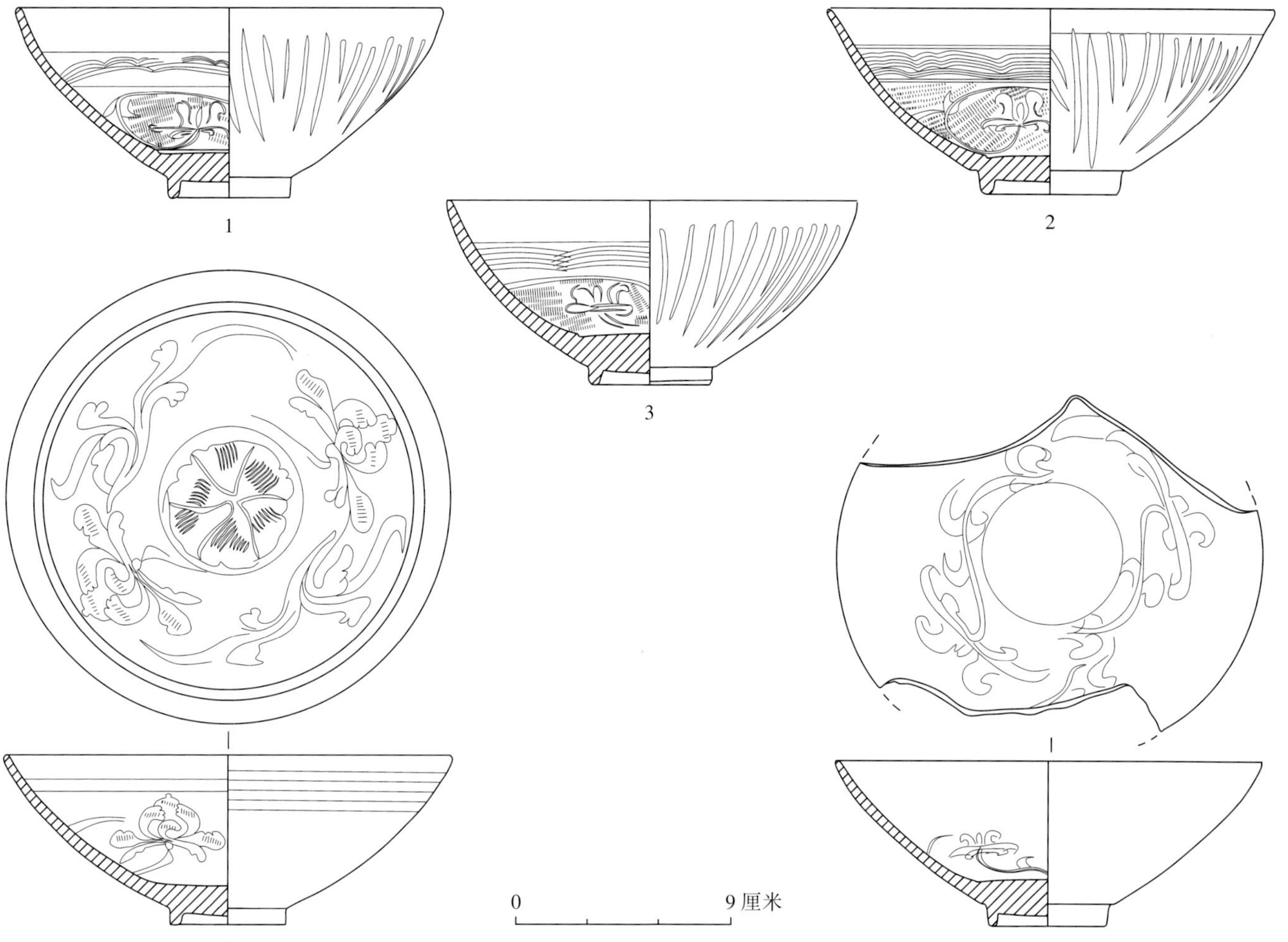


**图 3–4 北土龟礁一号沉船遗址出水青瓷碗**

1~5. B 型Ⅰ式（北土龟礁一号：12、5、7、龙海博：944、北土龟礁一号：11）

径 5.0、高 7.5 厘米（图 3–4，3；彩版 3–15）。

标本北土龟礁一号：8，外壁饰成组粗篦划纹，每组四道，内壁上部刻划两条弦纹，中间刻划水波纹，下面刻两朵对称的荷花纹和之字形篦点纹。青绿釉泛褐，通体冰裂纹，内满釉，外施至足内壁。口径 17.6、足径 4.9、高 7.3 厘米（彩版 3–16）。

标本北土龟礁一号：9，外壁饰成组篦划纹，每组六道，内壁上部刻划数道弦纹，下面刻两朵对称的荷花纹和之字形篦点纹。釉呈青褐色，脱落严重。内满釉，外施至足外壁底部。口径 17.2、足径 5.1、高 7.4 厘米。

标本北土龟礁一号：10，外壁饰成组粗篦划纹，每组五道，内壁上部刻划两组双线弦纹，中间刻划水波纹，下面刻两朵对称的荷花纹和之字形篦点纹，内底刻划团花纹。青绿釉，通体冰裂纹，内满釉，外施至足外壁底部，部分流至外底。口径 17.8、足径 5.0、高 7.1 厘米（彩版 3–17）。

标本龙海博：944，内壁上部刻划两道弦纹，下面刻划两组对称荷花，内底刻划六瓣团花纹。青釉泛灰，脱落严重，内满釉，外施至足外墙底部。口径 18.4、足径 4.8、高 6.9 厘米（图 3–4，4；彩版 3–18）。

彩版 3–13　青瓷碗（北土龟礁一号：12）

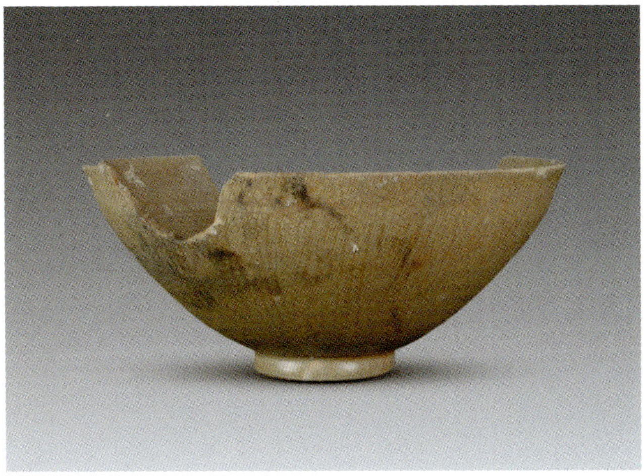

彩版 3–14　青瓷碗（北土龟礁一号：6）

彩版 3–15　青瓷碗（北土龟礁一号：7）

彩版 3–16　青瓷碗（北土龟礁一号：8）

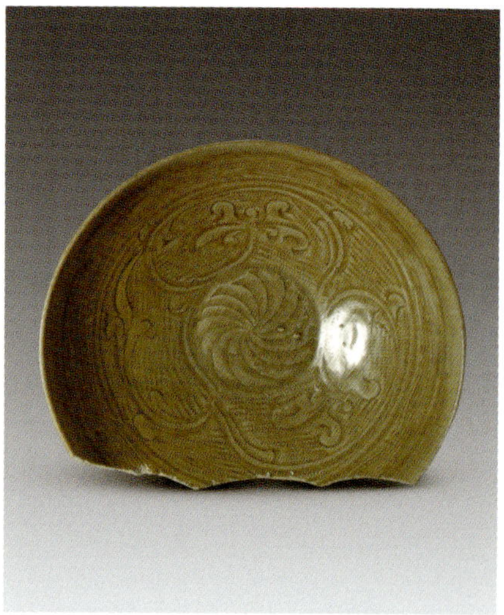

彩版 3–17　青瓷碗（北土龟礁一号：10）

彩版 3–18　青瓷碗（龙海博：944）

标本北土龟礁一号：11，外壁素面，内壁对称刻划两朵盛开的荷花。青绿釉，大部分开片，内满釉，外施至足端。口径 17.5、足径 4.9、高 6.7 厘米（图 3–4，5；彩版 3–19）。

标本北土龟礁一号：13，青褐釉，釉面泛涩，内满釉，外施至足内壁。素面。口径 19.7、足径 5.5、高 8.4 厘米（彩版 3–20）。

标本北土龟礁一号：14，青绿釉，通体冰裂纹，内满釉，外施至足内壁。素面。口径 18.7、足径 5.3、高 7.9 厘米（彩版 3–21）。

标本龙海博：943，内壁上部刻划两道弦纹，下面两组对称草叶纹，中间填饰“之”字形篦点纹，外壁上部一道弦纹，下面刻划成组篦划纹，每组 5 道。青绿釉泛灰，内满釉，外施至足外墙下部。口径 17.3、足径 4.8、高 7.4 厘米（图 3–5，1；彩版 3–23）。

标本龙海博：948，内壁上部刻划两道弦纹，下面两组对称草叶纹，中间填饰“之”字形篦点纹，外壁刻划成组篦划纹，每组八道。青绿釉泛褐，通体冰裂纹，内满釉，外施至足外墙下部。口径 17.9、足径 5.2、高 7.6 厘米（图 3–5，2；彩版 3–22）。

彩版 3–19　青瓷碗（北土龟礁一号：11）

彩版 3–20　青瓷碗（北土龟礁一号：13）

彩版 3–21　青瓷碗（北土龟礁一号：14）

彩版 3–22　青瓷碗（龙海博：948）

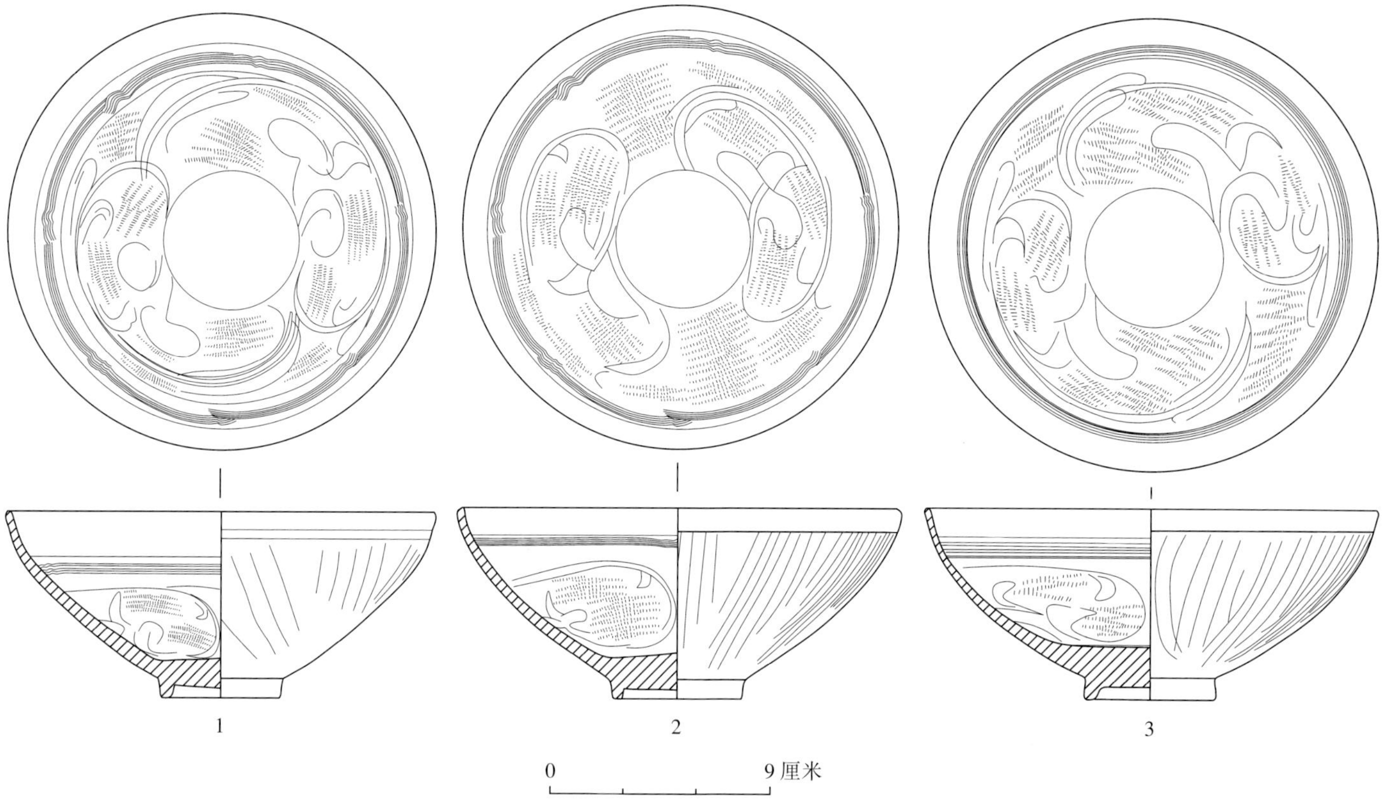

图 3-5　北土龟礁一号沉船遗址出水青瓷碗

1~3. B 型Ⅰ式（龙海博：943、948、945）

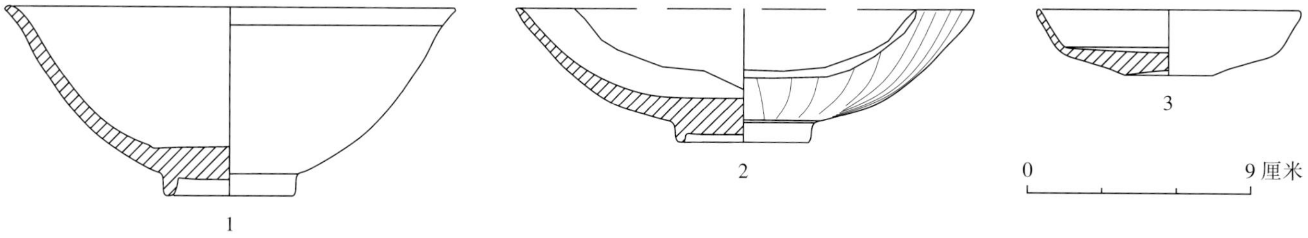

图 3-6　北土龟礁一号沉船遗址出水青瓷

1. B 型Ⅱ式碗（北土龟礁一号：15）　2. C 型碗（北土龟礁一号：16）　3. 碟（北土龟礁一号：18）

标本龙海博：945，内壁上部刻划两道弦纹，下面两组对称草叶纹，中间填饰“之”字形篦点纹，外壁刻划成组篦划纹。青绿釉，釉色莹润，通体冰裂纹。口径 18.0、足径 5.2、高 7.6 厘米（图 3-5，3；彩版 3-24）。

B 型Ⅱ式　3 件。敞口微撇。

标本北土龟礁一号：15，圆唇，斜弧腹，圈足足端较圆，内底较平。灰胎。青绿釉，釉面泛褐处开冰裂纹，内满釉，外施至足内壁。口径 18.2、足径 5.3、高 7.5 厘米（图 3-6，1；彩版 3-25）。

C 型　1 件。器形较大，腹稍浅。

彩版 3–23　青瓷碗（龙海博：943）

彩版 3–24　青瓷碗（龙海博：945）

彩版 3–25　青瓷碗（北土龟礁一号：15）

彩版 3–26　青瓷碟（北土龟礁一号：18）

彩版 3–27　青白瓷碗（北土龟礁一号：17）

标本北土龟礁一号：16，敞口，圆唇，斜弧腹，圈足规整，足端圆。外壁底刻划一道弦纹，上面饰均匀篦划纹，内壁上下分别刻划一道弦纹，内底刻划一折枝荷花。灰白胎，青绿釉，通体冰裂纹，内满釉，外施至足内壁。口径 18.4、足径 5.4、高 5.3 厘米（图 3–6，2）。

（2）碟

仅 1 件。

标本北土龟礁一号：18，敞口，圆唇，圆折腹，小平底微内凹。灰胎。青绿釉泛褐，内满釉，外施至腹底部。口径 10.6、底径 3.5、高 2.6 厘米（图 3–6，3；彩版 3–26）。

**2．青白瓷**

仅见 1 件碗。

碗

1 件。

标本北土龟礁一号：17，斜直腹，圈足壁薄，规整。白胎，青白釉，釉面布满黑褐色小点。内满釉，外施至外底四周。外壁素面，内壁模印花纹，模糊不清。足径 5.9、残高 5.0 厘米（图 3–7，1；彩版 3–27）。

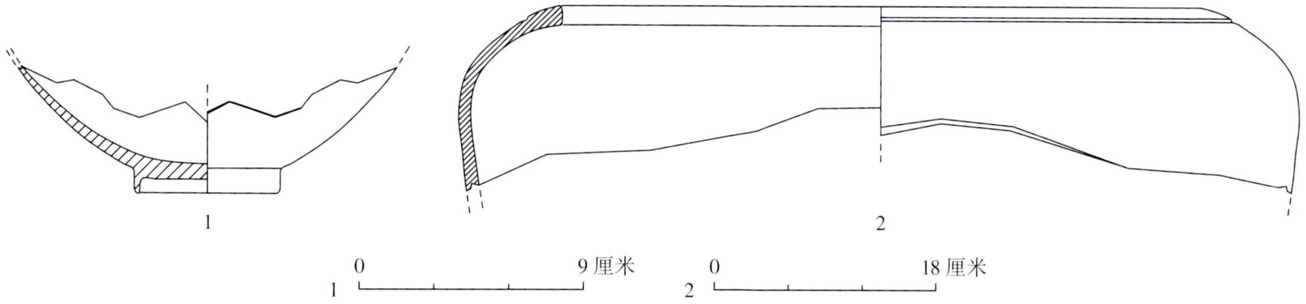


图 3–7　北土龟礁一号沉船遗址出水陶瓷器

1. 青白瓷碗（北土龟礁一号：17）　2. 陶缸（北土龟礁一号：20）

3. 陶器

仅见 1 件缸残片。

缸

1 件。

标本北土龟礁一号：20，敛口，方唇，圆肩，肩部以下残。肩部有一道粗弦纹。厚胎，胎色灰白，质较疏松。口径 52.0、残高 13.5 厘米（图 3–7，2；彩版 3–28）。

彩版 3–28　陶缸（北土龟礁一号：20）

（二）铜器

铜器仅有铜钱一类，共 144 枚。

（1）开元通宝

6 枚。钱文楷书，顺读。钱径 2.3~2.5、穿径 0.6~0.7、缘宽 0.2 厘米（彩版 3–29、30）。

（2）宋元通宝

1 枚。钱文楷书，顺读。钱径 2.4、穿径 0.6、缘宽 0.2 厘米（彩版 3–31）。

（3）至道元宝

1 枚。钱文为楷书，旋读。钱径 2.5、穿径 0.6、缘宽 0.2 厘米（彩版 3–32）。

（4）**咸平元宝**

1 枚。钱文楷书，旋读。钱径 2.4、穿径 0.6、缘宽 0.3 厘米（彩版 3–33）。

（5）**景德元宝**

1 枚。钱文楷书，旋读。钱径 2.4、穿径 0.6、缘宽 0.2 厘米（彩版 3–34）。

（6）**祥符通宝**

1 枚。钱文楷书，旋读。钱径 2.5、穿径 0.6、缘宽 0.3 厘米（彩版 3–35）。

（7）**祥符元宝**

2 枚。钱文楷书，顺读。钱径 2.4~2.5、穿径 0.6、缘宽 0.2~0.3 厘米（彩版 3–36、37）。

（8）**皇宋通宝**

13 枚。钱文篆书，顺读。一枚钱径 3.0、穿径 0.7、缘宽 0.4 厘米；其余钱径 2.4、穿径 0.6、缘宽 0.15 厘米（彩版 3–38、39）。

（9）**天圣元宝**

6 枚。钱文有篆书、楷书两种，旋读。钱径 2.4~2.5、穿径 0.6、缘宽 0.2 厘米（彩版 3–40、41）。

彩版 3–29　开元通宝

彩版 3–30　开元通宝

彩版 3–31　宋元通宝

彩版 3–32　至道元宝

彩版 3–33　咸平元宝

彩版 3–34　景德元宝

彩版 3–35　祥符通宝

彩版 3–36　祥符元宝

（10）**景祐元宝**

1 枚。钱文楷书，旋读。钱径 2.6、穿径 0.8、缘宽 0.2 厘米（彩版 3-42）。

（11）**嘉祐通宝**

3 枚。钱文楷书，顺读。钱径 2.4~2.5、穿径 0.6~0.7、缘宽 0.2 厘米（彩版 3-43）。

（12）**嘉祐元宝**

1 枚。钱文楷书，旋读。钱径 2.3、穿径 0.6、缘宽 0.2 厘米（彩版 3-44）。

彩版 3-37　祥符元宝

彩版 3-38　皇宋通宝

彩版 3-39　皇宋通宝

彩版 3-40　天圣元宝

彩版 3-41　天圣元宝

彩版 3-42　景祐元宝

彩版 3-43　嘉祐通宝

彩版 3-44　嘉祐元宝

彩版 3-45　治平元宝

彩版 3-46　治平元宝

彩版 3-47　熙宁元宝

彩版 3-48　熙宁元宝

彩版 3–49　熙宁元宝

彩版 3–50　熙宁元宝

彩版 3–51　熙宁元宝

彩版 3–52　熙宁重宝

彩版 3–53　熙宁重宝

彩版 3–54　熙宁重宝

彩版 3–55　熙宁重宝

彩版 3–56　熙宁重宝

（13）**治平元宝**

2 枚。钱文有篆书、楷书两种，顺读。钱径 2.3~2.4、穿径 0.6、缘宽 0.15 厘米（彩版 3–45、46）。

（14）**熙宁元宝**

14 枚。钱文有隶书、篆书、楷书三种，旋读。钱径 2.3~2.4、穿径 0.6、缘宽 0.2 厘米（彩版 3–47~51）。

（15）**熙宁重宝**

6 枚。钱文有篆书、隶书两种，旋读。钱径 3.1、穿径 0.7、缘宽 0.4 厘米（彩版 3–52~57）。

（16）**元丰通宝**

21 枚。钱文有篆书、行书两种，旋读。有大小两种，大者钱径 2.9~3.0、穿径 0.7、缘宽 0.4 厘米；小者钱径 2.3~2.4、穿径 0.6、缘宽 0.2 厘米（彩版 3–58~60）。

（17）**元祐通宝**

15 枚。钱文有篆书、行书两种，旋读。有大小两种，大者钱径 3.0、穿径 0.8、缘宽 0.3 厘米；小者钱径 2.4、穿径 0.7、缘宽 0.2 厘米（彩版 3–61~63）。

彩版 3-57　熙宁重宝

彩版 3-58　元丰通宝

彩版 3-59　元丰通宝

彩版 3-60　元丰通宝

彩版 3-61　元祐通宝

彩版 3-62　元祐通宝

彩版 3-63　元祐通宝

彩版 3-64　绍圣元宝

彩版 3-65　绍圣元宝

彩版 3-66　元符通宝

彩版 3-67　元符通宝

彩版 3-68　圣宋元宝

（18）绍圣元宝

11 枚。钱文有行书、篆书两种，旋读。一枚钱径 3.1、穿径 0.7、缘宽 0.4 厘米；其余钱径 2.3~2.4、穿径 0.6、缘宽 0.3 厘米（彩版 3-64、65）。

（19）元符通宝

2 枚。钱文行书，旋读。钱径 2.3~2.5、穿径 0.6、缘宽 0.2 厘米（彩版 3-66、67）。

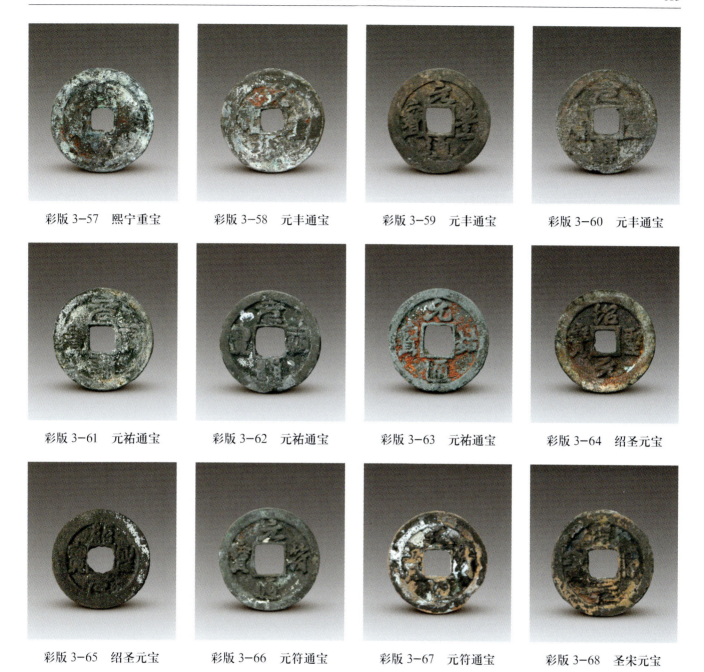

（20）圣宋元宝

1 枚。钱文篆书，旋读。钱径 2.4、穿径 0.6、缘宽 0.2 厘米（彩版 3–68）。

（21）大观通宝

4 枚。钱文楷书，顺读。钱径 2.4、穿径 0.6、缘宽 0.15 厘米（彩版 3–69）。

（22）政和通宝

5 枚。钱文有篆书、隶书两种，顺读。钱径 2.4、穿径 0.6、缘宽 0.15 厘米（彩版 3–70、71）。

（23）宣和通宝

4 枚。钱文有篆书、隶书两种，顺读。两枚钱径 2.5~2.8、穿径 0.6~0.7、缘宽 0.2 厘米；两枚钱径 2.9~3.0、穿径 0.7、缘宽 0.2 厘米（彩版 3–72、73）。

（24）绍兴元宝

1 枚。钱文楷书，旋读。钱径 2.9、穿径 0.8、缘宽 0.2 厘米（彩版 3–74）。

（25）剪轮钱

1 枚。外廓被剪。钱径 2.3、穿径 1.0 厘米（彩版 3–75）。

彩版 3–69　大观通宝

彩版 3–70　政和通宝

彩版 3–71　政和通宝

彩版 3–72　宣和通宝

彩版 3–73　宣和通宝

彩版 3–74　绍兴元宝

彩版 3–75　剪轮钱

（26）**其他**

20 枚。圆形大孔。锈蚀严重，字迹不清，无法辨识。

## （三）石器

石器仅有碇石一种。

**碇石**

2 块。花冈岩石质，长条形，中间略宽、厚，两端略窄、薄，中间四周均有凹槽。

标本北土龟礁一号：21，正、背面凹槽较宽，宽 13.5、深 0.8 厘米；两侧凹槽较窄，宽 4.0、深 0.7 厘米。长 110.0、宽 24.0~28.6、厚 8.5~9.2 厘米（图 3-8，1；彩版 3-76 左）。

标本北土龟礁一号：22，正、背面凹槽较宽，宽 16.0、深 0.9 厘米；两侧凹槽较窄，宽 4.5、深 0.8 厘米。长 150.0、宽 19.0~23.5、厚 9.0~13.0 厘米（图 3-8，2；彩版 3-76 右）。

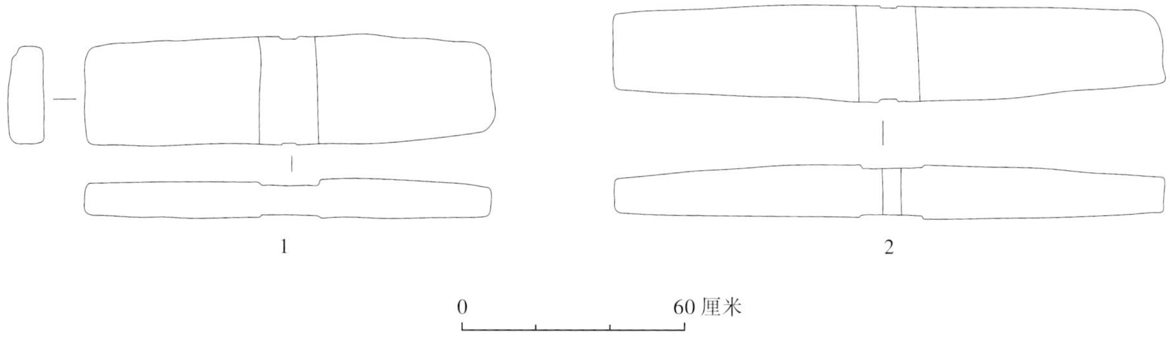


图 3-8　北土龟礁一号沉船遗址出水碇石

1、2. 北土龟礁一号：21、22

彩版 3-76　碇石（北土龟礁一号：21、22）

### 三　小结

北土龟一号沉船，遗物散落范围大，并发现船体残件和碇石，可确定其为一处沉船遗址。但是，此沉船遗址未发现大量的船货堆积，初步判断有以下两种可能：第一，该沉船遗址曾多次被盗捞，据南日岛边防派出所提供材料，最多时曾有七八条船在此疯狂盗捞，该遗址船货可能已大部分被盗走，因而遗址上保留很少；第二，此船所装船货中，瓷器数量本就不多。

从北土龟礁一号沉船遗址采集标本看，青瓷器形较规整，胎泥练制、制坯、施釉、装饰等工艺较精细，应为龙泉窑或福建省北部窑址的产品。青白瓷器仅有一件，尚无法断定其是否属于船货，但从胎、釉以及纹饰等判断其应为江西景德镇窑产品。从这些出水瓷器特征来看，应属北宋晚期或者南宋早期。此外，根据此次调查所采集铜钱，大部分为北宋中晚期，如"大观通宝"、"祥符通宝"、"熙宁通宝"等，而年号最晚者为南宋"绍兴通宝"，数量很少。因此，我们初步判断北土龟礁一号沉船遗址的年代为南宋早期。

## 第三节　南日岛北日岩一号水下文物点

### 一　遗址概况

北日岩位于莆田市秀屿区南日镇小日岛的西北面约2千米处，当地人称"北叉礁"。高潮时，没入水中，低平潮时才露出海平面约1米。北日岩西北面约3千米为大蛇岛、小蛇岛、鸡蛋岛等诸岛，北面四千米即为兴化水道的5万吨级船舶主航道。北日岩周围暗礁林立，海况复杂，水下文化遗存极为丰富。

北日岩一号水下文物点位于北日岩东北面约200米，发现于2008年4月26日。该文物点所处海床为岩石底，起伏不平，高平潮时水深约16米。遗物均散布在岩石缝中，调查面积约500平方米，采集一些瓷器标本。

### 二　出水遗物

共采集12件标本，均为青白瓷，器形有碗、盘、瓶。

（1）碗

8件。分四型。

A型　1件。器形较小，浅腹。

标本北日岩一号：5，敞口，斜弧腹，矮圈足，内底较平，外底微下凹。灰胎，灰白釉，内、外施青灰釉均不及底。口径11.8、足径6.1、高3.2厘米（图3-9，1）。

B型　5件。器形较大，腹较深。分两式。

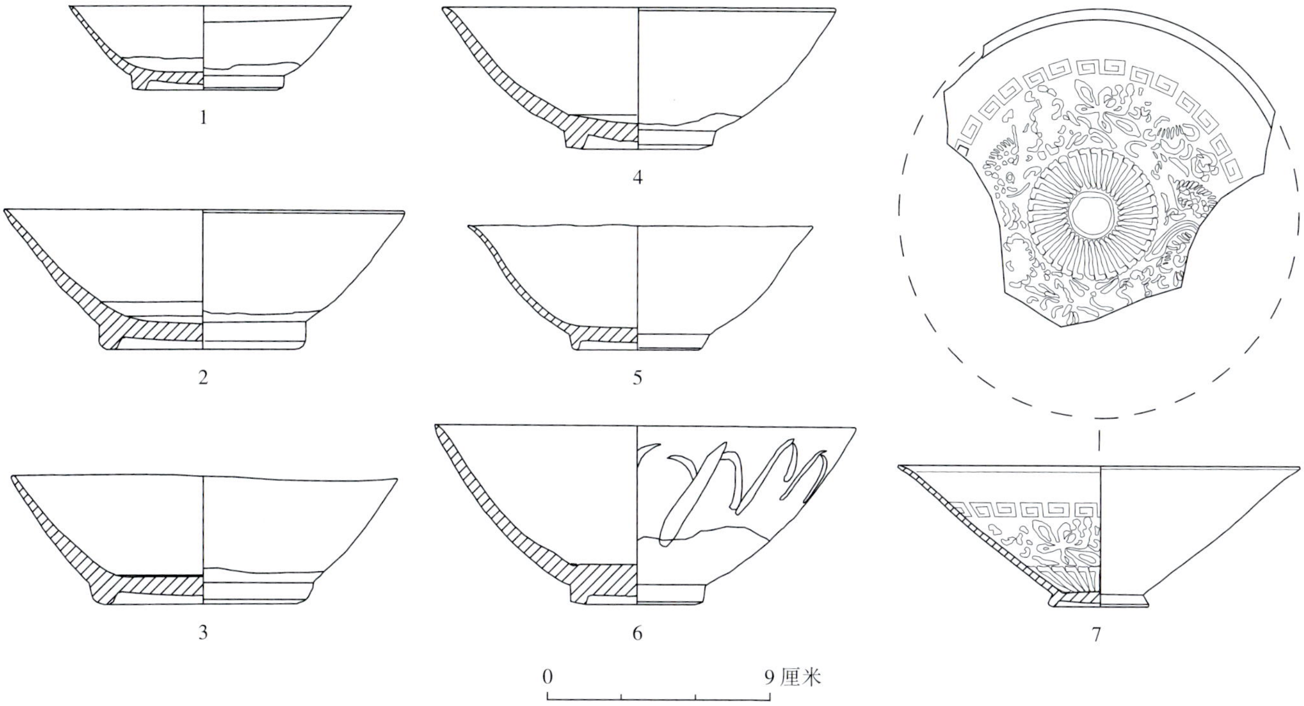


**图 3–9　北日岩一号水下文物点出水青白瓷碗**

1. A 型（北日岩一号：5）　2~4. B 型Ⅰ式（北日岩一号：3、4、2）　5. B 型Ⅱ式（北日岩一号：7）　6. C 型（北日岩一号：1）　7. D 型（北日岩一号：8）

彩版 3–77　青白瓷碗（北日岩一号：3）

B 型Ⅰ式　3 件。敞口。灰胎。灰白釉，外施釉至腹下部。

标本北日岩一号：3，斜直腹微弧，圈足较大，足墙低矮，碗心微弧。内有涩圈一道，釉多被磨蚀。口径 16.1、足径 8.3、高 4.6 厘米（图 3–9，2；彩版 3–77）。

标本北日岩一号：4，斜直腹微弧，圈足较大，足墙低矮，内外底较平。内有涩圈一道。口径 15.7、足径 8.5、高 5.1 厘米（图 3–9，3）。

彩版 3-78　青白瓷碗（北日岩一号：7）

彩版 3-79　青白瓷碗（北日岩一号：8）

标本北日岩一号：2，斜弧腹，碗心稍下弧，圈足。内满釉。口径 16.0、足径 5.8、高 5.6 厘米（图 3-9，4）。

B 型Ⅱ式　2 件。撇口。

标本北日岩一号：7，口沿残损较多，斜弧腹，内外底较平，小圈足，足墙矮，修足规整。灰白胎，胎体薄。青白釉，釉层多被磨蚀，器表受沁成黑色。口径 13.6、足径 5.3、高 5.0 厘米（图 3-9，5；彩版 3-78）。

C 型　1 件。深腹。

标本北日岩一号：1，敞口，斜弧腹，圈足较小，挖足浅，碗内底平。灰白胎，灰白釉，内满釉，外施半釉，釉面有冰裂纹。外壁刻划莲瓣纹。口径 17.0、足径 5.2、高 7.2 厘米（图 3-9，6）。

D 型　1 件。斗笠碗。

标本北日岩一号：8，敞口，方唇，斜直腹，小圈足制作规整，足墙外撇，较矮。内壁上部模印飞鹤与莲花纹，下部模印菊瓣纹。白胎，胎体体薄。青白釉，釉面布满小黑点，内满釉，口沿刮釉，外施至底，中心露胎。口径 16.5、足径 3.8、高 5.7 厘米（图 3-9，7；彩版 3-79）。

（2）**盘**

5 件。白胎，胎体较薄。青白釉，釉面磨损，局部成灰黑色，通体冰裂纹，内满釉，口沿刮釉，外施至底部，足心露胎。根据圈足形态分两型。

A 型　3 件。大圈足。敞口，斜弧腹，底微上弧，圈足较浅。

标本北日岩一号：10，内壁模印云雷纹、连珠纹、竖条纹，盘心模印莲花、水波及鱼纹。口径 15.5、足径 9.0、高 3.0 厘米（图 3-10，1；彩版 3-80）。

标本北日岩一号：9，内腹饰三排圆珠纹，盘心印花较模糊，可见双鱼及水波纹。口径 15.1、足径 8.9、高 2.7 厘米（图 3-10，2；彩版 3-81）。

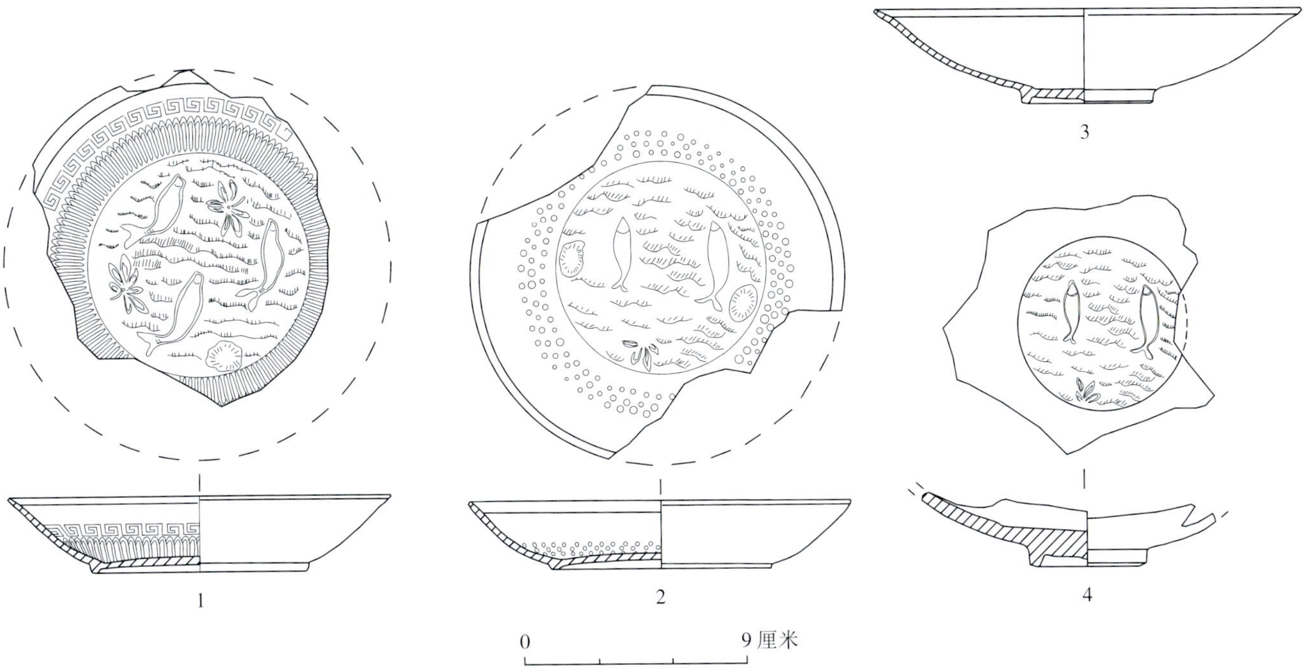


**图 3-10　北日岩一号水下文物点出水青白瓷盘**

1、2. A 型（北日岩一号：10、9）　3、4. B 型（北日岩一号：11、12）

**彩版 3-80　青白瓷盘（北日岩一号：10）**

B 型　2 件。小圈足。敞口，方唇，斜弧腹，内底微下凹，足墙矮。

标本北日岩一号：11，内壁及盘心均模印花卉，较模糊。口径 17.5、足径 5.4、高 3.9 厘米（图 3-10，3；彩版 3-82）。

标本北日岩一号：12，残存腹、足部。内壁模印莲花，底部模印水波纹、双鱼纹。足径 4.8、残高 3.2 厘米（图 3-10，4；彩版 3-83）。

彩版 3-81　青白瓷盘（北日岩一号：9）

彩版 3-83　青白瓷盘（北日岩一号：12）

彩版 3-84　青白瓷瓶（北日岩一号：6）

彩版 3-82　青白瓷盘（北日岩一号：11）

（3）瓶

1 件。

标本北日岩一号：6，仅存口沿、颈部以及肩部残片。撇口，卷沿，长颈，溜肩，肩以下残，颈肩交接处仅存一环形耳。通体施灰白釉，略泛青。口径 9.4、残高 9.7 厘米（图 3-11；彩版 3-84）。

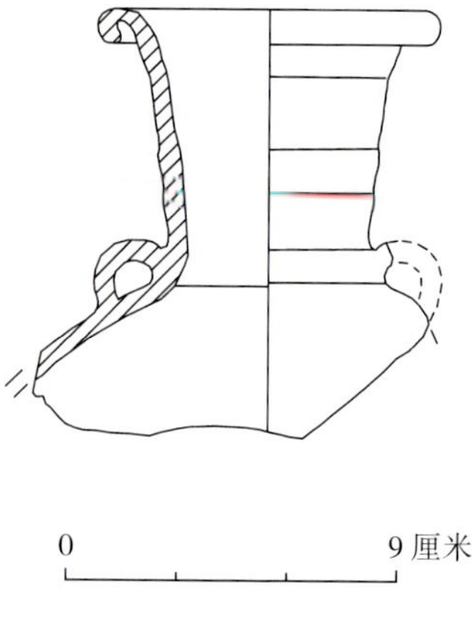

图 3-11　北日岩一号水下文物点出水青白瓷瓶（北日岩一号：6）

## 三　小结

北日岩一号水下文物点由于调查时间有限，未能进行更大面积调查与探摸，并未发现沉船遗迹和大量遗物堆积，但因北日岩附近海域地处古代海上丝绸之路航线上，其同类遗物在西沙海域和东南亚一些国家屡有发现，推测其有可能为海外贸易船货。

该遗址所采集遗物均为青白瓷，胎色白，体轻薄，器形规整，纹饰繁密而布局得当，施釉、烧造工艺均具有景德镇窑产品风格。因此，这些遗物应为景德镇窑烧造，其年代应为南宋时期，这为研究景德镇窑瓷器外销线路提供了新资料。

# 第四节　湄洲湾门峡屿水下文物点

## 一　遗址概况

门峡屿位于莆田秀屿区东埔镇东吴村东南面约500米，地处湄洲湾口北面，是一处突出海平面约十余米的礁石（彩版3-85）。高平潮时大部分淹没于水下，露出不到100平方米，低平潮时则露出大片相连的礁石。根据渔民提供的线索，在此处撒网时曾捞出陶罐等器物，因此，福建沿海水下考古调查队伍于2008年5月20日和6月28日分别对此处进行了水下探摸和声呐扫描（彩版3-86）。经调查，基本弄清了此处水下文化遗存的性质和内涵，并采集一批标本（彩版3-87）。

门峡屿水下文物点低平潮时水深约8~10米，潮差约3米，在其东面约50米处有渔民定置网。海床表面礁石较多，在礁石间空隙里淤积有泥沙，遗物大部分散落在泥沙里，调查范围约2000多平方米，在此范围内均能见有散落遗物。该地点未发现比较集中的遗物分布区，也没发现船体遗迹。

彩版3-85　门峡屿水下遗存环境

彩版3-86　水下考古调查

彩版 3-87　采集出水标本

## 二　出水遗物

此次调查共采集 27 件标本，均为陶瓷器，以陶器为主，器形有罐、瓮、壶等；瓷器仅见青白釉碗。出水器物表面附着大量海生物残骸。

### 1. 青白瓷

器类全为碗，釉面布满冰裂纹，大部分脱落严重。

**碗**

8 件。敞口，圆唇，斜直腹微弧，饼足，内底微下凹。灰白胎，胎质较粗。釉生烧，内满釉，外施至腹下部。

标本门峡屿：2，器表大部呈灰黑色。口径 19.0、足径 9.5、高 6.7 厘米（图 3-12，1；彩版 3-88）。

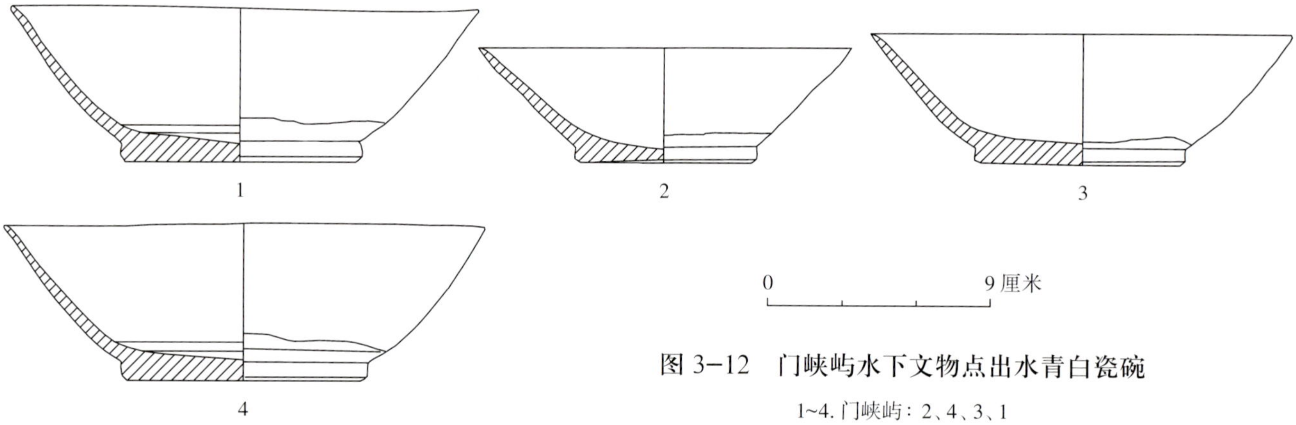


图 3-12　门峡屿水下文物点出水青白瓷碗

1~4. 门峡屿：2、4、3、1

彩版 3-88　青白瓷碗（门峡屿：2）

彩版 3-89　青白瓷碗（门峡屿：4）

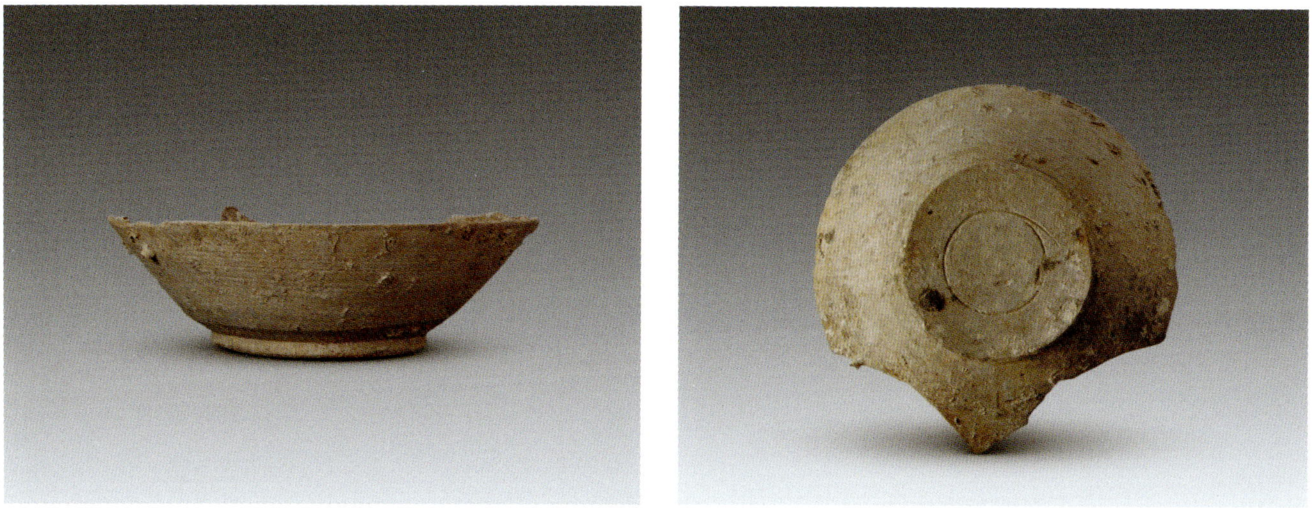

彩版 3-90　青白瓷碗（门峡屿：3）

彩版 3-91　青白瓷碗（门峡屿：1）

标本门峡屿：4，口径 15.0、足径 7.2、高 4.7 厘米（图 3-12，2；彩版 3-89）。

标本门峡屿：3，口径 16.8、足径 8.5、高 5.2 厘米（图 3-12，3；彩版 3-90）。

标本门峡屿：1，口径 19.5、足径 9.6、高 6.2 厘米（图 3-12，4；彩版 3-91）。

## 2. 陶器

19 件。器类有壶、罐、瓮等。部分施青釉，但釉层脱落殆尽。

### （1）壶

1 件。

标本门峡屿：15，口残，细长颈，圆肩，弧腹，底内凹。弯管流，流与颈部间用泥条连接。灰黄胎，较薄，腹部可见旋坯痕。青黄釉，脱落较多。底径 5.6、残高 14.5 厘米（图 3-13，1；彩版 3-92）。

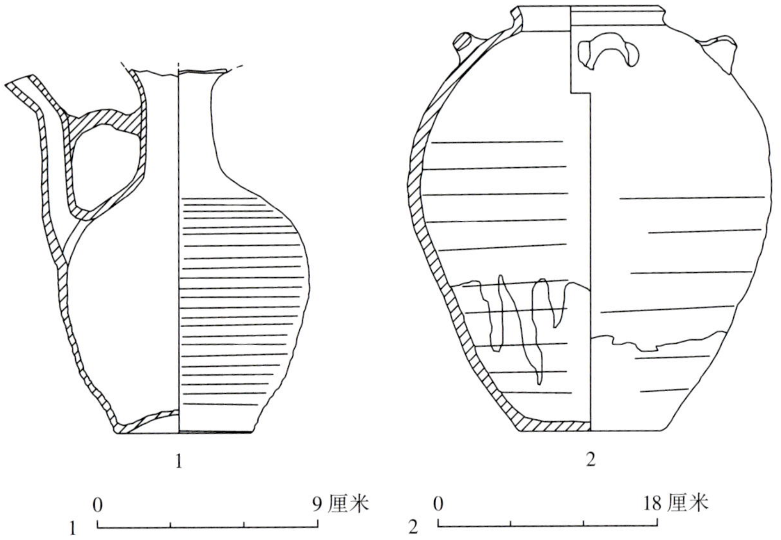


图 3–13　门峡屿水下文物点出水陶器

1. 壶（门峡屿：15）　2. 瓮（门峡屿：14）

彩版 3–92　陶壶（门峡屿：15）

（2）罐

17 件。分四型。

A 型　8 件。广肩，底部较小。

标本门峡屿：6，口微敞，斜方唇，短直颈，直腹微弧，下腹内收，小平底，微内凹。肩上部附四桥形耳。深灰胎，夹细砂，器表呈灰黑色。口径 9.5、底径 6.3、高 21.6 厘米（图 3–14，1；彩版 3–93）。

标本门峡屿：7，腹以下残。肩部折痕明显，深灰胎，夹细砂。口径 10.0、残高 11.7 厘米（图 3–14，2；彩版 3–94）。

标本门峡屿：8，胎呈灰黄色，夹细砂。口径 8.8、底径 5.2、高 15.8 厘米（图 3–14，3；彩版

彩版 3–93　陶罐（门峡屿：6）

彩版 3–94　陶罐（门峡屿：7）

彩版 3–95　陶罐（门峡屿：8）

3–95）。

B 型　6 件。鼓肩，深腹。

标本门峡屿：9，口部变形厉害。直口，方唇，短直颈，弧腹往下斜内收，平底。颈肩部附三桥形耳，灰胎，夹细砂。口径 10.5、底径 8.5、高 20.2 厘米（图 3–14，4；彩版 3–96）。

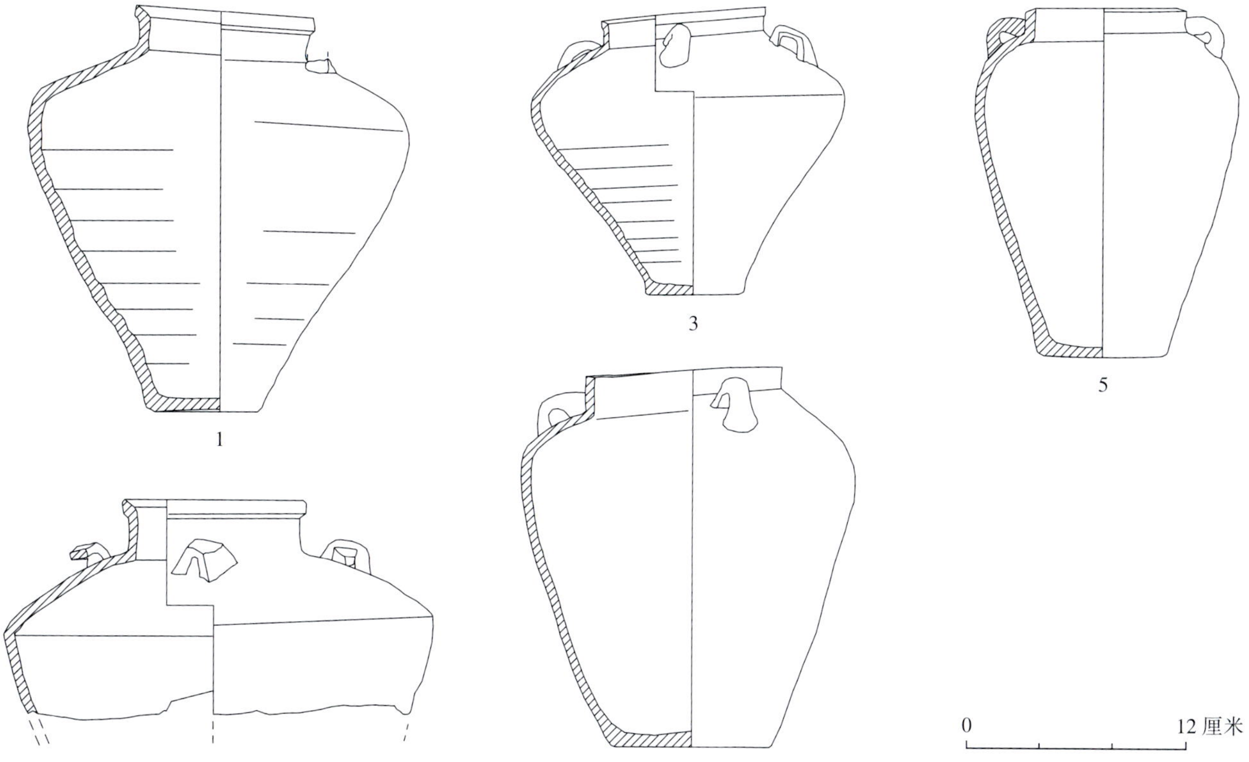


图 3–14　门峡屿水下文物点出水陶罐

1~3. A 型（门峡屿：6、7、8）　4、5. B 型（门峡屿：9、10）

彩版 3–96　陶罐（门峡屿：9）

彩版 3–97　陶罐（门峡屿：10）

彩版 3–98　陶罐（门峡屿：11）

彩版 3-99　陶罐（门峡屿：12）

彩版 3-100　陶罐（门峡屿：13）

彩版 3-101　陶瓮（门峡屿：14）

标本门峡屿：10，肩部附双桥形耳。灰黄胎质，夹细砂。口径 8.7、底径 7.0、高 18.6 厘米（图 3-14，5；彩版 3-97）。

C 型　2 件。长颈，深弧腹。

标本门峡屿：11，敞口，方唇，宽折沿，沿面微下凹，直颈，溜肩，肩部双桥形耳，平底。灰黄胎，夹细砂。外壁施有青褐釉，并有流釉现象。口径 11.0、底径 9.0、高 21.2 厘米（图 3-15，1；彩版 3-98）。

标本门峡屿：12，腹部以下残。唇面深凹，形似双唇，灰胎。口径 10.5、残高 10.0 厘米（图 3-15，2；彩版 3-99）。

D 型　1 件。器形较矮，鼓腹。

标本门峡屿：13，撇口，圆唇，束颈，圆肩，平底微内凹。灰黄胎，胎体较薄。青褐釉，釉脱落严重。器表可见拍印纹饰，模糊不清。口径 13.2、底径 10.2、高 15.7 厘米（图 3-15，3；彩版 3-100）。

（3）瓮

1 件。

标本门峡屿：14，敞口，方唇，束颈，圆肩，深弧腹，平底。肩附四桥形耳。灰胎，内外施青褐釉，脱落殆尽。口径 12.7、底径 11.0、高 33.8 厘米（图 3-13，2；彩版 3-101）。

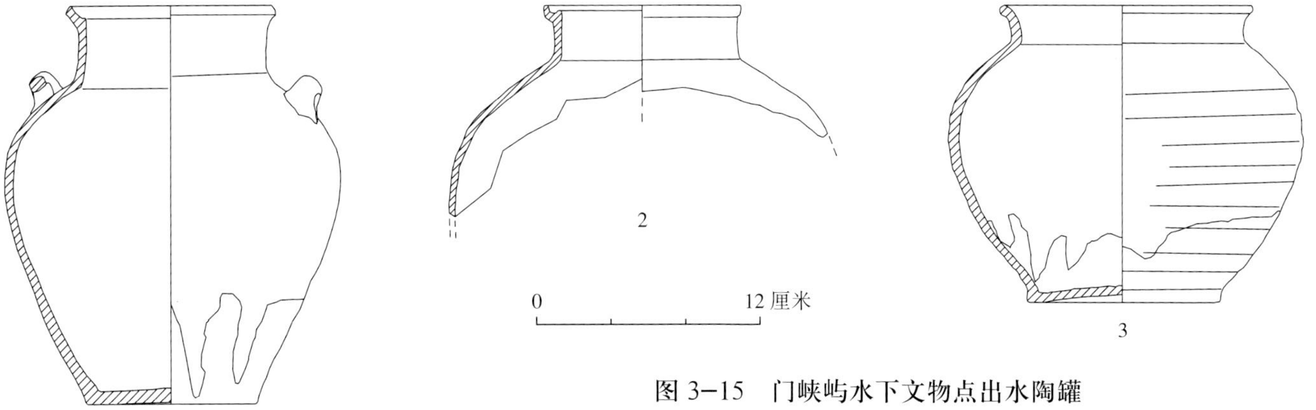


图 3-15　门峡屿水下文物点出水陶罐
1、2. C 型（门峡屿：11、12）　3. D 型（门峡屿：13）

## 三　小结

通过此次调查，门峡屿水下文化遗存采集到了一批水下遗物标本，并了解其有一定的分布范围，基本掌握了其性质和内涵。调查受工作时间等因素限制，未能进行大面积水下探摸和物探。由于此处海底环境不利于沉船埋藏，也未发现大批船货堆积，因此将其作为一处水下文物点。

在采集的陶瓷器标本中，陶器与湄洲湾南部的惠安银厝尾窑址产品相似，窑址发掘者研究认为银厝尾古窑址 Y1 的年代为南宋至元代[1]。据此判断，门峡屿水下文物点的年代大致为南宋至元代。

# 第五节　湄洲岛文甲大屿水下文物点

## 一　遗址概况

文甲大屿位于福建省莆田市湄州岛的北面，在文甲码头至湄州岛的航线上。其东北面有文甲小屿，南面有一暗礁。文甲大屿水下文物点位于文甲大屿南部约 50 米，高平潮时水深约 13 米，潮差约 3~4 米。2006 年，福建沿海水下考古调查队曾在文甲大屿的东北面海域进行了调查，采集到少量青白瓷片。2008 年 5 月下旬，福建沿海水下考古调查队在湄洲湾海域进行调查时，根据渔民提供线索，在文甲大屿南部进行了 4 天的水下调查（彩版 3-102），调查面积约 5000 平方米，对该遗物点进行了绘图、摄影记录，基本了解了该水下文物点的性质与内涵，并采集了一批标本（彩版 3-103）。

经调查发现，该地点遗物分布面积较大，分布范围可达上万平方米。遗址所处海床表面有大小石块，部分较平坦处为泥。遗物均发现于礁石缝中或埋藏于较平坦处的泥中（彩版 3-104）。大部分遗物呈单层覆置，其上有一层厚约几厘米的泥（图 3-16）。

[1] 福建省博物馆：《福建惠安银厝尾古窑址发掘简报》，《考古》1993 年第 1 期，第 37 页。

彩版 3-102　文甲大屿水下遗存调查

彩版 3-103　文甲大屿遗存水下标本

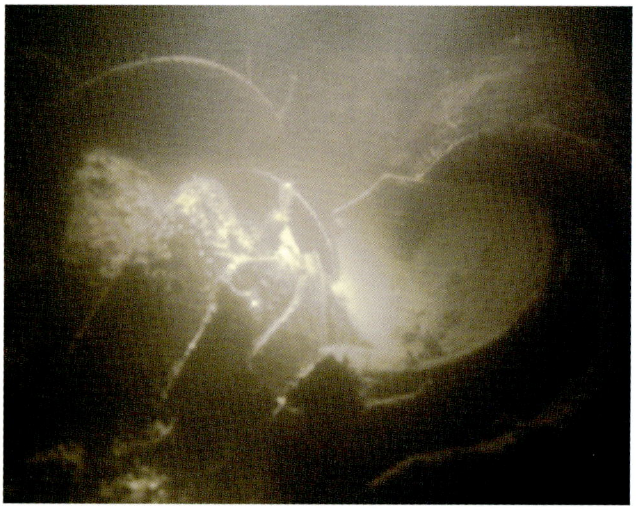

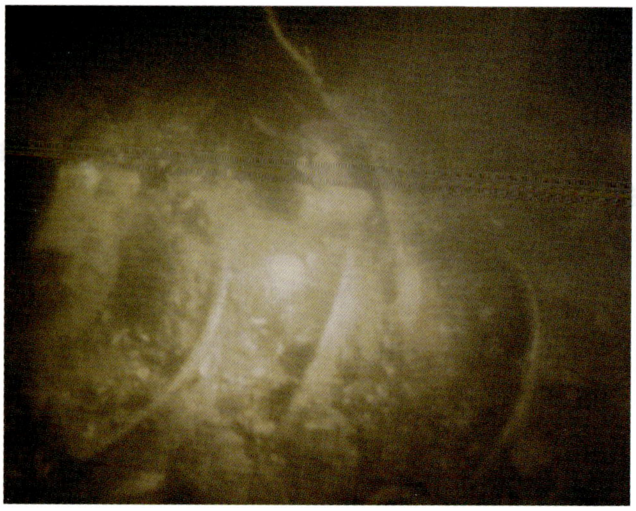

彩版 3-104　文甲大屿遗存水下堆积

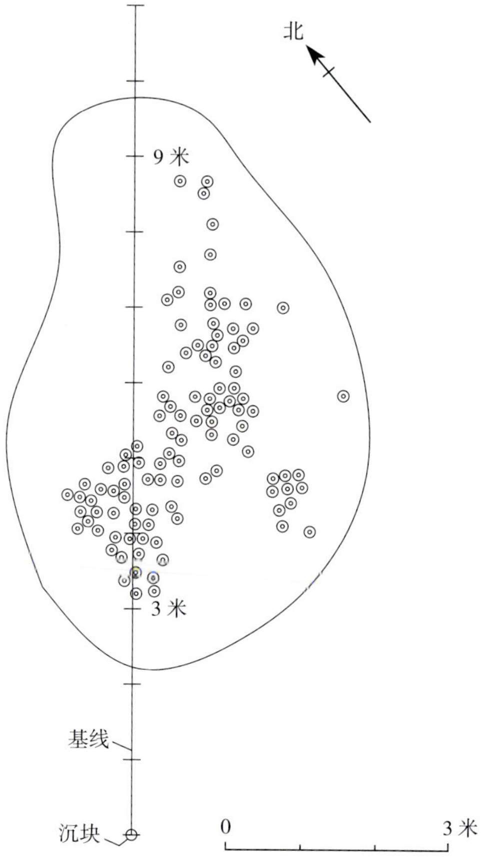


图 3-16　文甲大屿水下文物点局部遗物分布平面图

## 二　出水遗物

此次调查采集遗物全为陶瓷器，瓷器大部分为青白瓷，还有少量青花瓷、酱釉瓷；陶器有罐、瓶、坩锅等。

### 1. 青白瓷

88 件。器类有碗、盘、碟。

#### （1）碗

77 件。分三型。

A 型　74 件。敞口，斜弧腹。分三式。

A 型Ⅰ式　68 件。器形较大，腹部较弧。圆唇，内底较平，外底微下凹，可见挖足形成的近似扇形平面。灰白胎，灰白釉，有的局部呈黄褐色、青绿色，釉面有较多小气孔，部分有冰裂纹。内满釉，外施至腹下部或底部，部分流至足墙外壁。

标本文甲大屿：1，素面。口径 15.2、足径 5.0、高 4.3 厘米（图 3-17，1；彩版 3-105）。

标本文甲大屿：2，素面。口径 15.1、足径 5.2、高 5.0 厘米（图 3-17，2；彩版 3-106）。

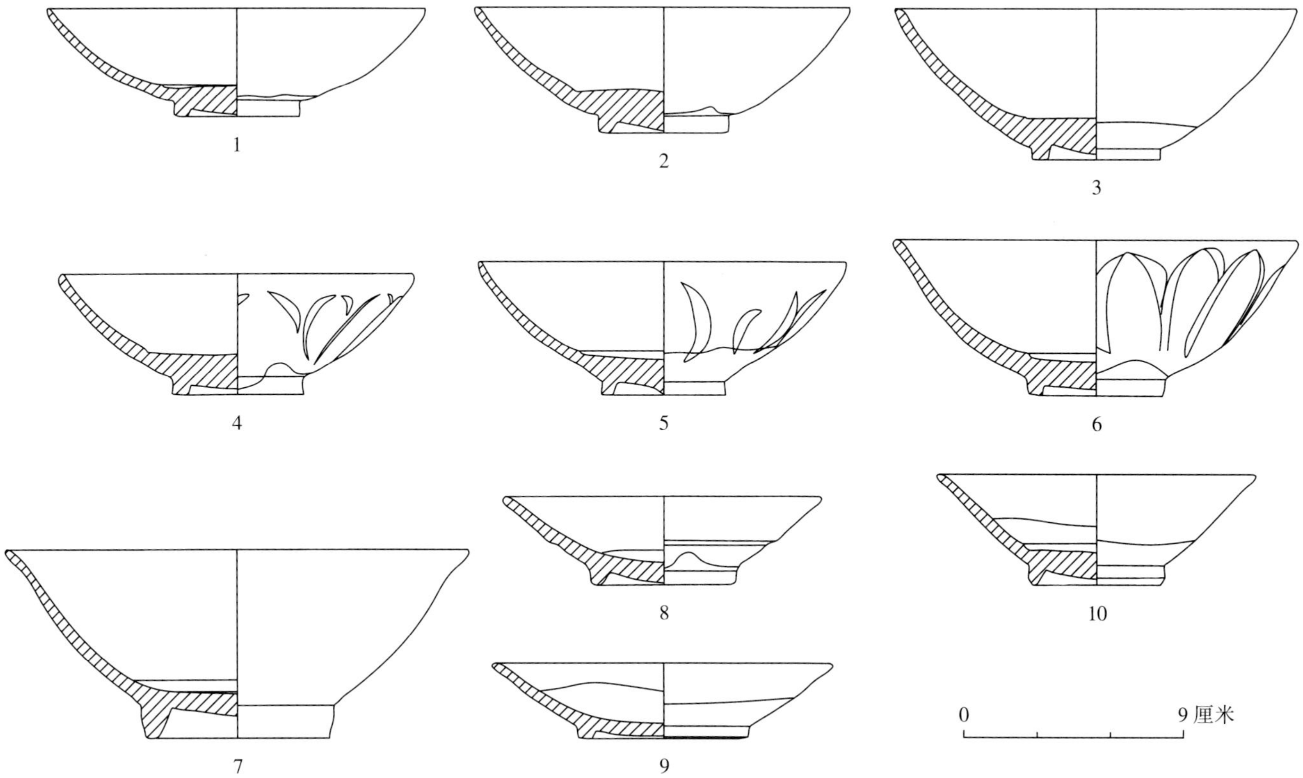


图 3-17　文甲大屿水下文物点出水青白瓷碗

1~6. A 型Ⅰ式（文甲大屿：1、2、4、20、22、23）　7. A 型Ⅱ式（文甲大屿：14）　8~10. A 型Ⅲ式（文甲大屿：26~28）

彩版 3–105　青白瓷碗（文甲大屿：1）

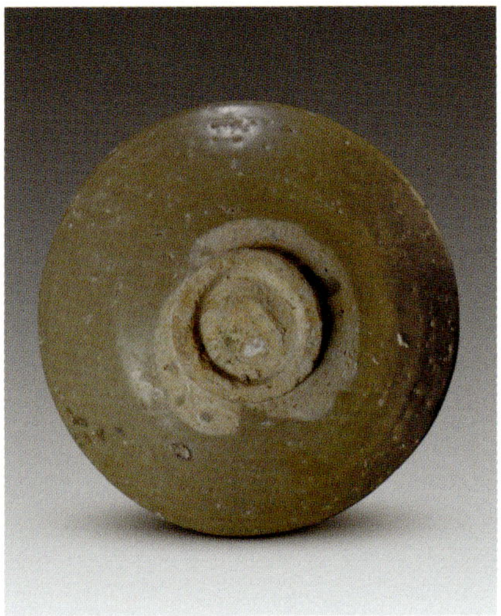

彩版 3–106　青白瓷碗（文甲大屿：2）

标本文甲大屿：3，素面。口径 15.1、足径 4.7、高 4.7 厘米（彩版 3–107）。

标本文甲大屿：4，素面。口径 16.4、足径 5.2、高 6.0 厘米（图 3–17，3；彩版 3–108）。

标本文甲大屿：20，外壁刻划粗莲瓣纹。口径 14.3、足径 5.3、高 4.8 厘米（图 3–17，4；彩版 3–109）。

标本文甲大屿：21，外壁刻划粗莲瓣纹。口径 15.2、足径 5.4、高 4.7 厘米（彩版 3–110）。

标本文甲大屿：22，外壁刻划粗莲瓣纹。口径 14.8、足径 5.0、高 5.3 厘米（图 3–17，5；彩版 3–111）。

标本文甲大屿：23，外壁刻划粗莲瓣纹。口径 16.6、足径 5.3、高 6.5 厘米（图 3–17，6；彩版 3–112）。

A 型Ⅱ式　1 件。器形较大，敞口微撇，腹微弧。

标本文甲大屿：14，圆唇，圈足较高，外底可见挖足形成的扇形台面。灰胎，釉生烧，脱落殆尽，内底有一涩圈，外施至腹下部。口径 18.6、足径 7.4、高 7.5 厘米（图 3–17，7）。

A 型Ⅲ式　5 件。器形较小，斜弧腹近直。

标本文甲大屿：26，内底心无釉，余皆施釉，外施釉至腹底部。口径 12.8、足径 5.8、高 3.5 厘米（图 3–17，8；彩版 3–113）。

标本文甲大屿：27，圈足较大，足端较平。内外壁均施半釉。外壁中部刻划一道弦纹。口径 13.4、足径 6.7、高 3.0 厘米（图 3–17，9；彩版 3–114）。

标本文甲大屿：28，内外壁均施半釉。外壁可见跳刀痕。口径 12.9、足径 5.4、高 4.4 厘米（图 3–17，10）。

B 型　1 件。敞口，斜直腹微弧，饼足。

标本文甲大屿：7，灰黄胎，釉脱落殆尽，表面附满海生物。口径 17.2、足径 9.4、高 4.7 厘米

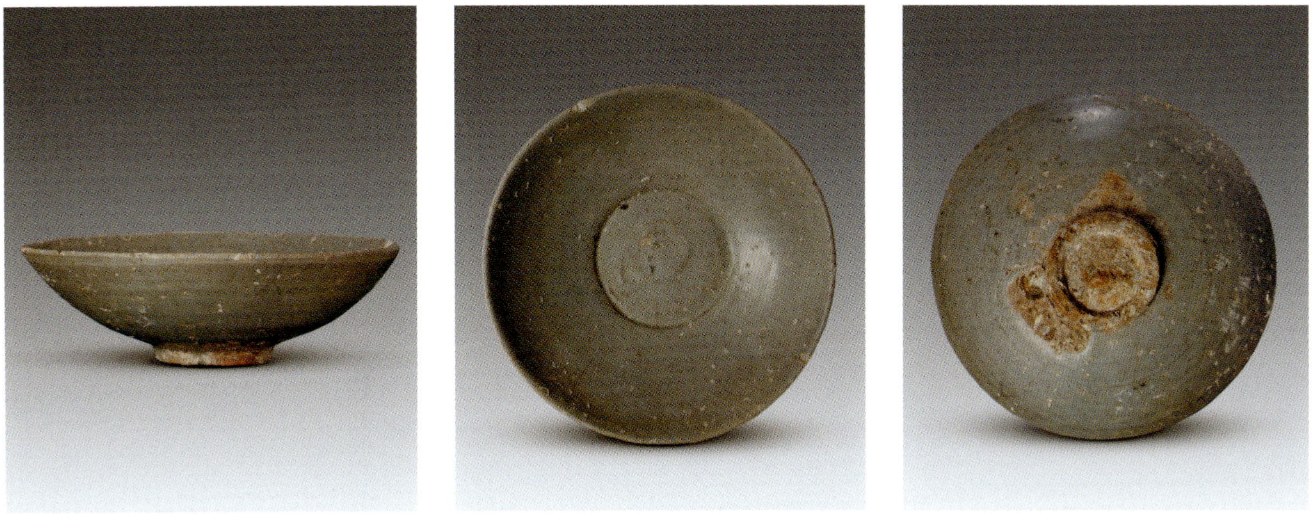

彩版 3–107　青白瓷碗（文甲大屿：3）

彩版 3–108　青白瓷碗（文甲大屿：4）

彩版 3–109　青白瓷碗（文甲大屿：20）

彩版 3-110　青白瓷碗（文甲大屿：21）

彩版 3-111　青白瓷碗（文甲大屿：22）

彩版 3-112　青白瓷碗（文甲大屿：23）

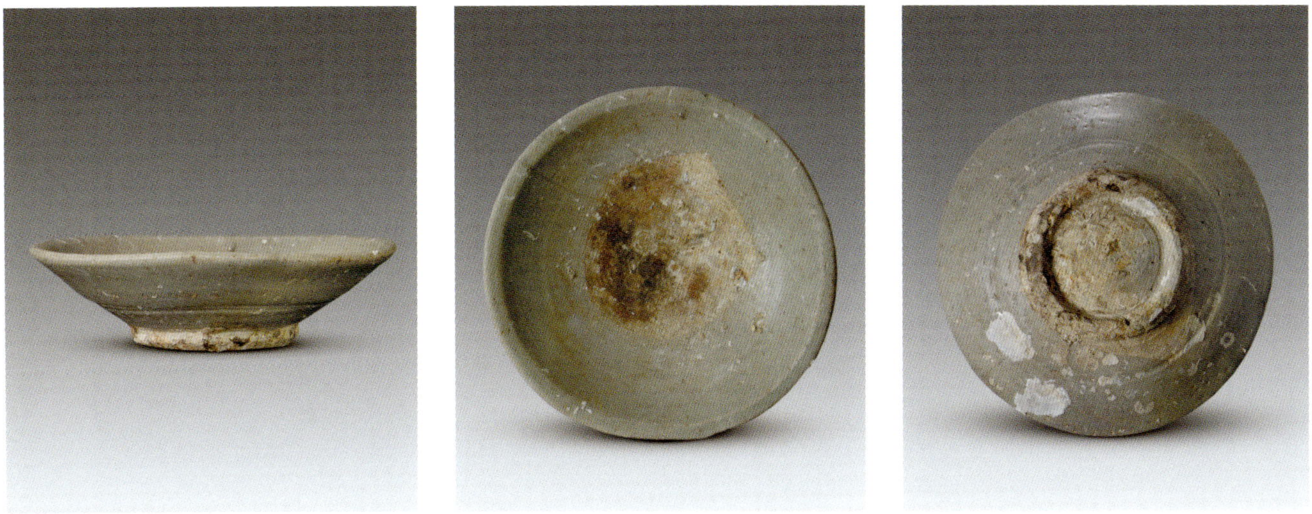

彩版 3-113　青白瓷碗（文甲大屿：26）

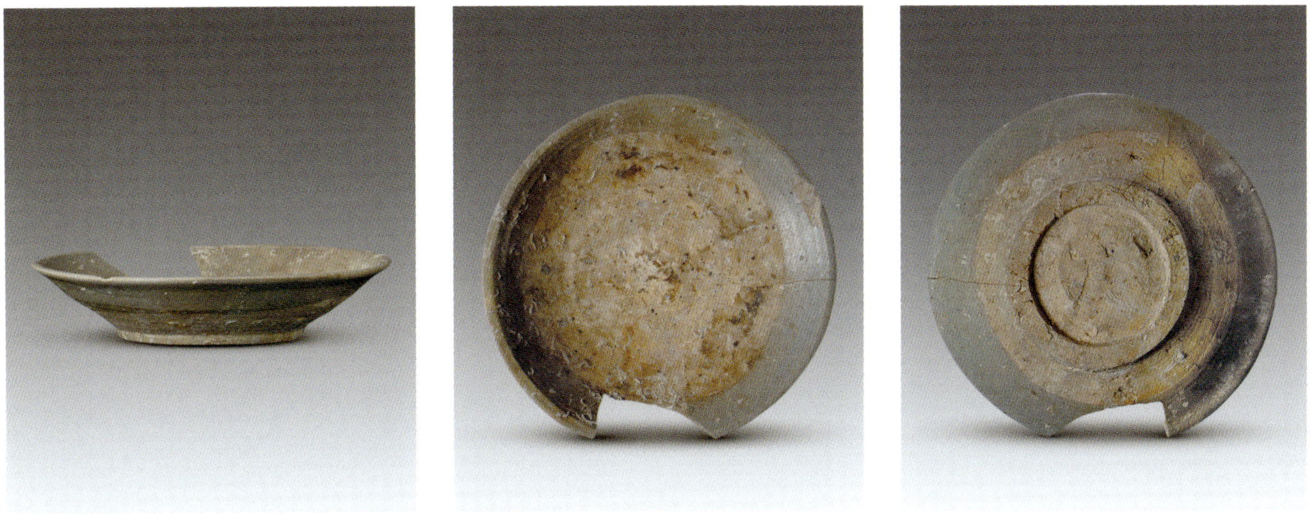

彩版 3-114　青白瓷碗（文甲大屿：27）

（图 3-18，1）。

C 型　2 件。敞口微撇，斜直腹，小圈足。圈足制作规整。白胎。青白釉，局部呈深褐色，通体冰裂纹，内满釉，芒口，外施至足外壁底部。

标本文甲大屿：6，釉局部呈深褐色。口径 15.2、足径 4.4、高 4.7 厘米（图 3-18，2）。

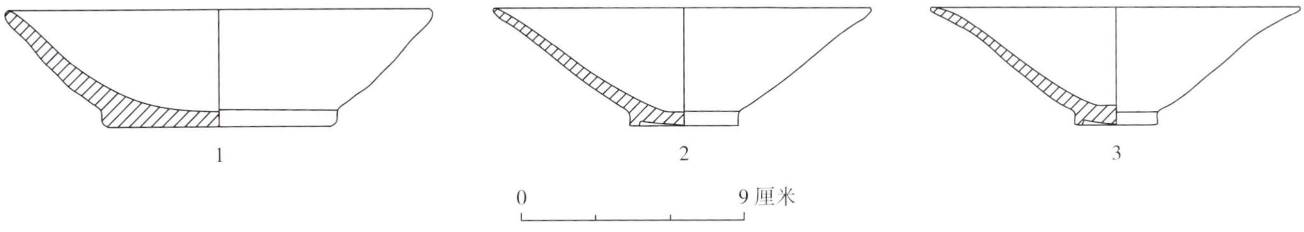


图 3-18　文甲大屿水下文物点出水青白瓷碗

1. B 型（文甲大屿：7）　2、3. C 型（文甲大屿：6、8）

标本文甲大屿：8，釉大部分呈黑褐色。外壁素面，内壁上部为一圈回纹，下部为飞鹤、莲花纹。口径 15.1、足径 3.3、高 4.7 厘米（图 3–18，3）。

（2）**盘**

3 件。分两型。

A 型　口微撇，圆唇，斜弧腹，圈足制作规整。灰白胎。青白釉，局部呈黑色，内满釉，芒口，外施至足外壁底部。根据圈足大小分两式。

A 型Ⅰ式　1 件。圈足较小。

标本文甲大屿：29，撇口，内圜底。釉局部呈黑色。内壁中部为一圈乳钉纹、下面模印缠枝菊纹。口径 16.9、足径 4.9、高 4.1 厘米（图 3–19，1）。

A 型Ⅱ式　1 件。圈足较大。

标本文甲大屿：30，内壁中部模印一圈回纹、下面为羽状纹，底部为双鱼、水波和莲花纹。口径 15.5、足径 6.7、高 2.6 厘米（图 3–19，2）。

B 型　1 件。口微撇，圆唇，圆折腹，平底微内凹。灰胎。青灰釉，内满釉，外施至腹底部。

标本文甲大屿：16，内底刻划莲花。口径 14.4、底径 5.4、高 3.0 厘米（图 3–19，3）。

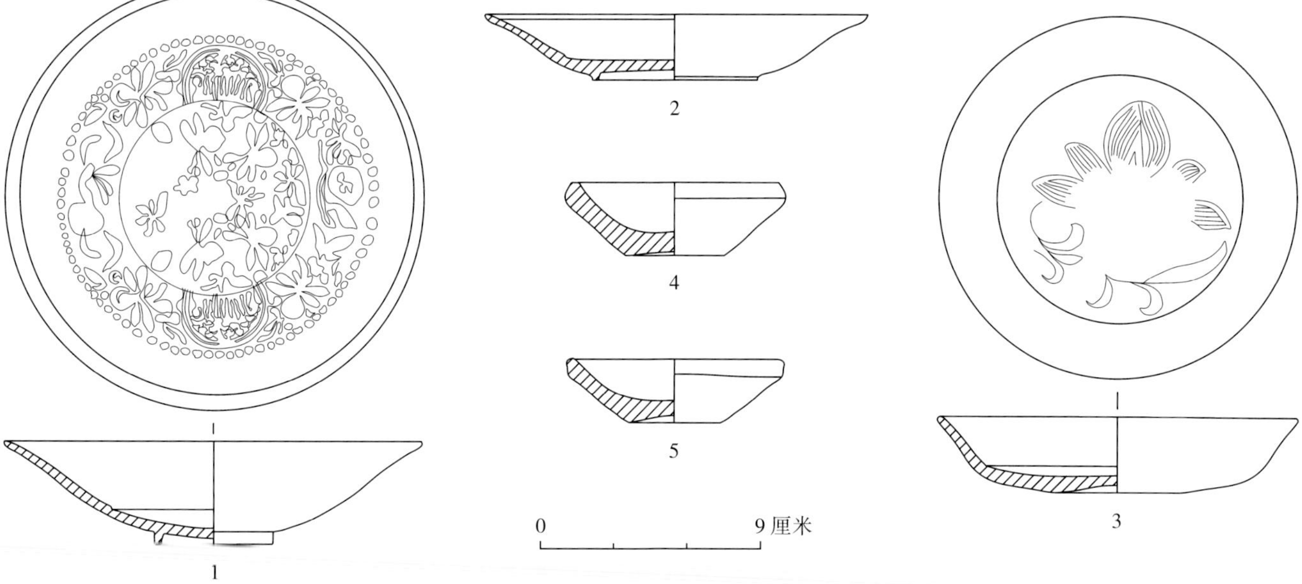


**图 3–19　文甲大屿水下文物点出水青白瓷**

1. A 型Ⅰ式盘（文甲大屿：29）　2. A 型Ⅱ式盘（文甲大屿：30）　3. B 型盘（文甲大屿：16）　4、5. 碟（文甲大屿：17、18）

（3）**碟**

8 件。微敛口，方唇，斜直腹，平底微内凹。灰胎。青灰釉，局部开片，内满釉，外施至腹中部。

标本文甲大屿：17，口径 8.4、底径 4.0、高 2.9 厘米（图 3–19，4）。

标本文甲大屿：18，口径 8.8、底径 3.7、高 2.5 厘米（图 3–19，5）。

### 2. 酱釉瓷

仅 1 件碗。

**碗**

1 件。

标本文甲大屿：15，敛口，圆唇，斜弧腹，圈足足壁外直内斜，足端较圆。灰胎。酱釉，内壁流釉严重，外施至腹下部。口径 17.7、足径 5.7、高 6.5 厘米（图 3–20）。

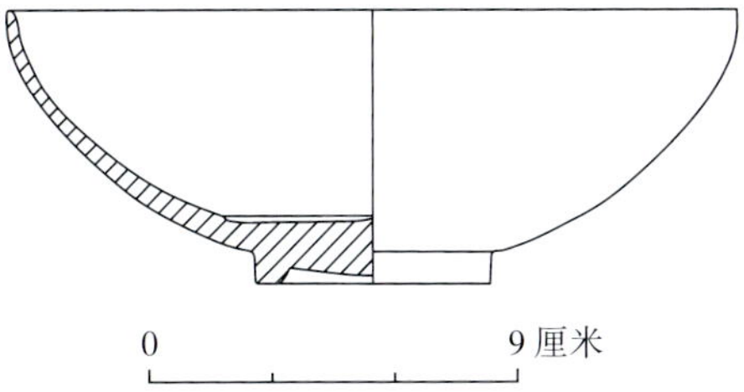


图 3–20　文甲大屿水下文物点出水酱釉碗（文甲大屿：15）

### 3. 青花瓷

5 件。器形均为碗。

**碗**

5 件。敞口，圆唇，斜弧腹，圈足。灰白胎。

标本文甲大屿：10，内底较平，圈足制作规整。釉面有少量气孔，通体开片，内底有一涩圈，外施釉至足外壁底部。内外壁上、下部均各绘青花单圈弦纹。口径 12.4、足径 4.1、高 5.0 厘米（图 3–21，1；彩版 3–115）。

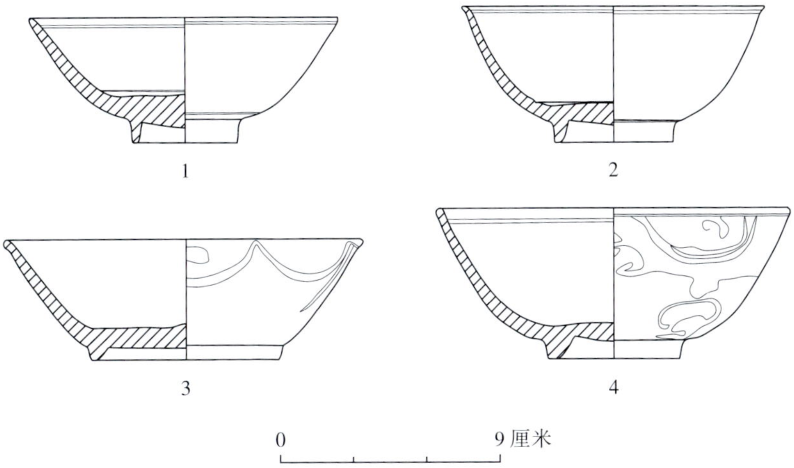


图 3–21　文甲大屿水下文物点出水青花碗

1~4. 文甲大屿：10、11、13、9

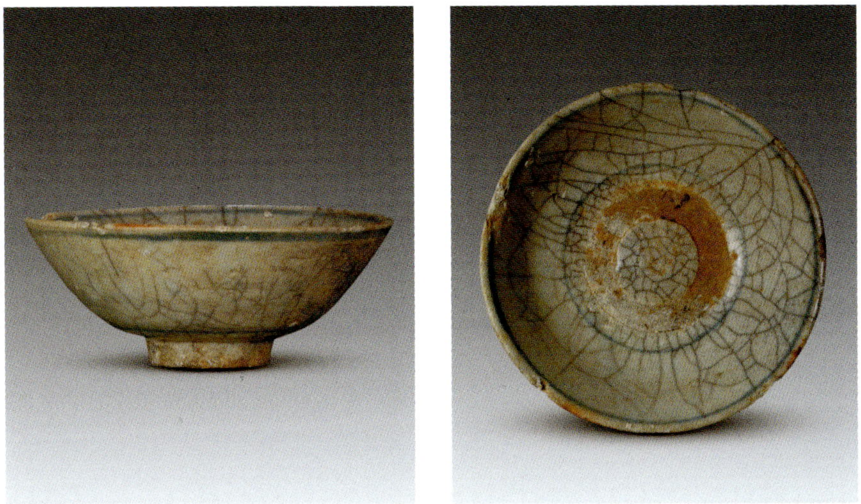

彩版 3–115　青花碗（文甲大屿：10）

标本文甲大屿：11，口微撇，内底中心微上凸，圈足制作规整。釉面有较多气孔，通体冰裂纹，内满釉，外施至足外壁底部。内外壁上、下部均各绘青花单圈弦纹。口径 12.3、足径 4.8、高 5.4 厘米（图 3–21，2；彩版 3–116）。

标本文甲大屿：13，口微撇，圈足足端尖，内外壁斜，内底平。内满釉，外施至足外壁底部。内底四周绘青花单圈弦纹。外壁绘两组变体寿字纹和花卉。口径 14.3、足径 7.5、高 4.8 厘米（图 3–21，3；彩版 3–117）。

标本文甲大屿：9，圈足内外壁均斜。釉面有较多气孔，局部缩釉，通体冰裂纹，内外均施釉，足端刮釉。外壁绘青花缠枝花卉，内底四周绘青花单圈弦纹，中间绘青花图案，模糊不清。口径 13.6、足径 5.3、高 6.0 厘米（图 3–21，4；彩版 3–118）。

彩版 3–116　青花碗（文甲大屿：11）

彩版 3–117　青花碗（文甲大屿：13）

彩版 3–118　青花碗（文甲大屿：9）

**4. 陶器**

14件。有罐、瓶、坩锅等。

（1）瓶

1件。

标本文甲大屿：35，深腹，平底，灰褐胎。底径9.8、残高16.4厘米（图3–22，1；彩版3–119）。

（2）罐

7件。分两型。

A型　4件。双系罐。

标本文甲大屿：32，直口，方唇，沿微外卷，短颈，溜肩，肩部附双拱形系。灰红胎。口径9.9、残高9.7厘米（图3–22，2）。

B型　3件。四系罐。

标本文甲大屿：33，口沿微外撇，方唇，短颈，圆折肩，肩部附四拱形系。灰红胎。口径9.5、残高10.2厘米（图3–22，3）。

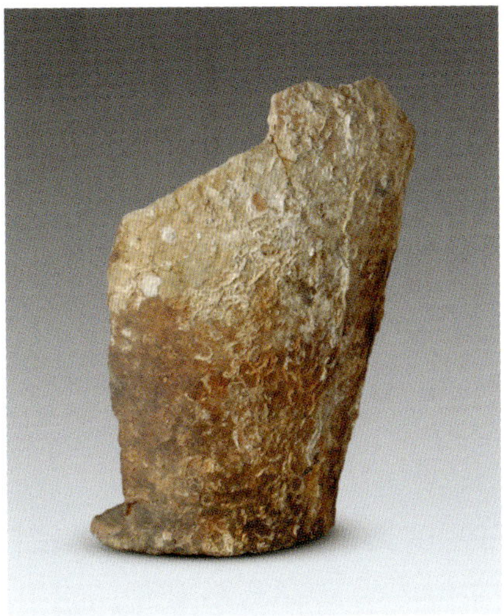

彩版3–119　陶瓶（文甲大屿：35）

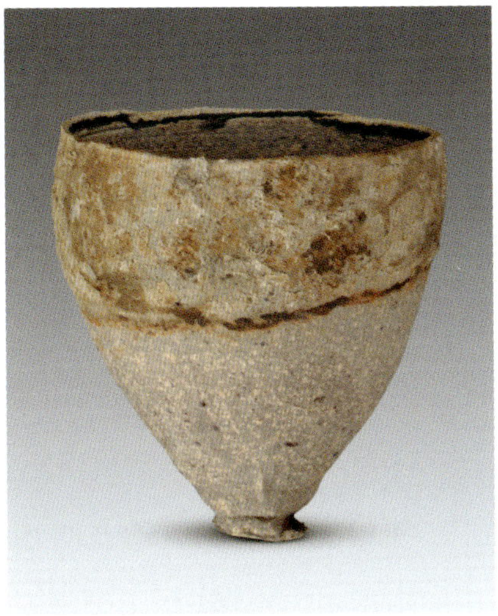

彩版3–120　坩埚（文甲大屿：34）

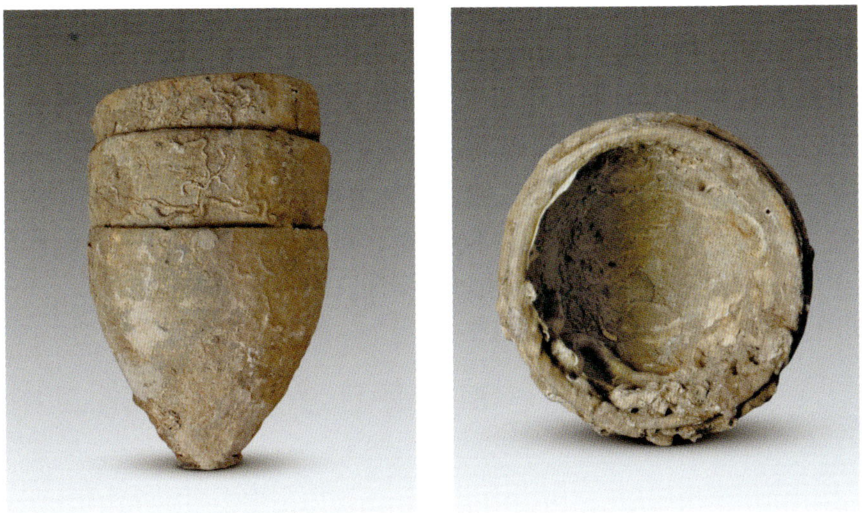

彩版3–121　坩埚（文甲大屿：31）

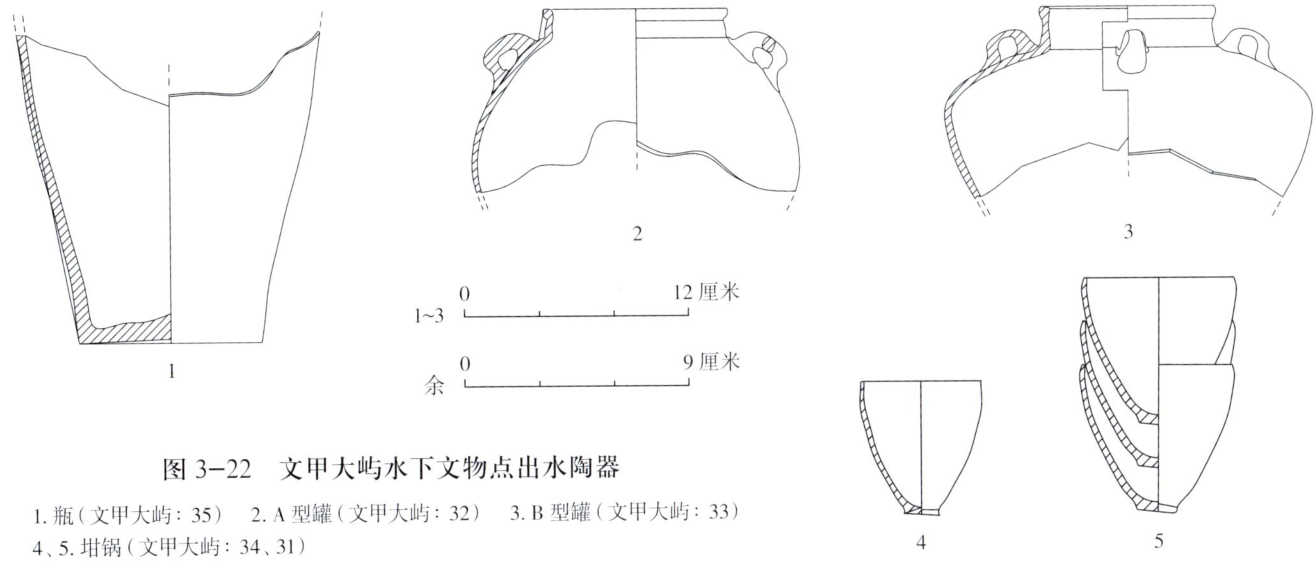


图3–22　文甲大屿水下文物点出水陶器

1. 瓶（文甲大屿：35）　2. A型罐（文甲大屿：32）　3. B型罐（文甲大屿：33）
4、5. 坩锅（文甲大屿：34、31）

（3）坩锅

6件。

标本文甲大屿：34，杯状，直口，圆唇，弧腹，小平底。灰胎，夹较多细砂。口径4.9、底径1.3、高5.3厘米（图3-22，4；彩版3-120）。

标本文甲大屿：31，三个坩锅黏连标本。口径6.3、底径1.5、通高9.2厘米（图3-22，5；彩版3-121）。

## 三 小结

文甲大屿水下遗物点遗物分布范围大，数量多，内涵丰富，年代跨度大。此次调查没有发现沉船遗迹，一方面因工作时间而调查面积有限；另一方面，此处为湄洲湾与文甲大屿之间的水道，海床石块多、水流急，地理环境和海况不利于沉船保存，遗物也散落严重。

该文物点调查采集标本数量多，内涵丰富。其中，青白瓷分两类：第一类，釉色呈青白色，胎白质细，体较薄，制作规整，工艺精细，如C型碗、A型盘，此类器物应该为景德镇窑产品，年代大致在南宋时期；第二类，釉色呈灰白色，大部分泛青灰或青绿色，胎色灰白，体较厚，工艺较粗糙，如A、B型碗、碟等，此类器物应为福建莆田庄边窑或连江浦口窑产品，年代大致为元代。青花瓷数量不多，制作较粗糙，其烧造地有待于进一步研究，年代大致为清代晚期至民国时期。

文甲大屿水下遗物点不仅包含不同历史时期遗物，也包含福建本地和江西景德镇窑产品。同类遗物在海外也常有发现，推测其可能作为商品对外输出。

# 第六节 南日岛北土龟礁二号沉船遗址

## 一 遗址概况

北土龟礁二号沉船遗址位于兴化湾口，北面为兴化水道，水流变化较快，流速较急，工作时间仅限于平潮前后约2个小时左右；能见度也较差，最好时仅1米左右。2008年4月26日，根据渔民提供线索，福建沿海水下考古调查队发现并确认了北土龟礁二号沉船遗址，其位于北土龟礁北面约1900米处，南距北土龟礁一号沉船遗址约1600米。同年6月上旬至中旬，又对该沉船遗址进行水下探摸，并布设基线，调查遗物分布范围，了解沉船保存状况及船货堆积方式（彩版2-122），并对遗址进行测绘和影像记录。通过调查，基本弄清了该沉船遗址的性质、保存状况、遗物分布范围等，并采集一批瓷器标本。

该遗址低平潮时水深25~27米，潮差3~4米。海床大部分为沙底，部分为岩石底。沉船主体位于岩石上，部分为沙所覆盖。整个遗址堆积中间高，四周低，最高处突出海床表面约1.3米。方向大致为西北至东南走向，西北部略高。遗物分布范围，南北长约17、东西宽约12米，面积约204平方米；遗物主要堆积区域，南北长约10、东西宽约5米，面积约50平方米。在遗物堆积南侧，露出两块隔舱板，间距约1.6米，其中南面的隔舱板出露长约1.4米，北面的隔舱板出露长约1.60、

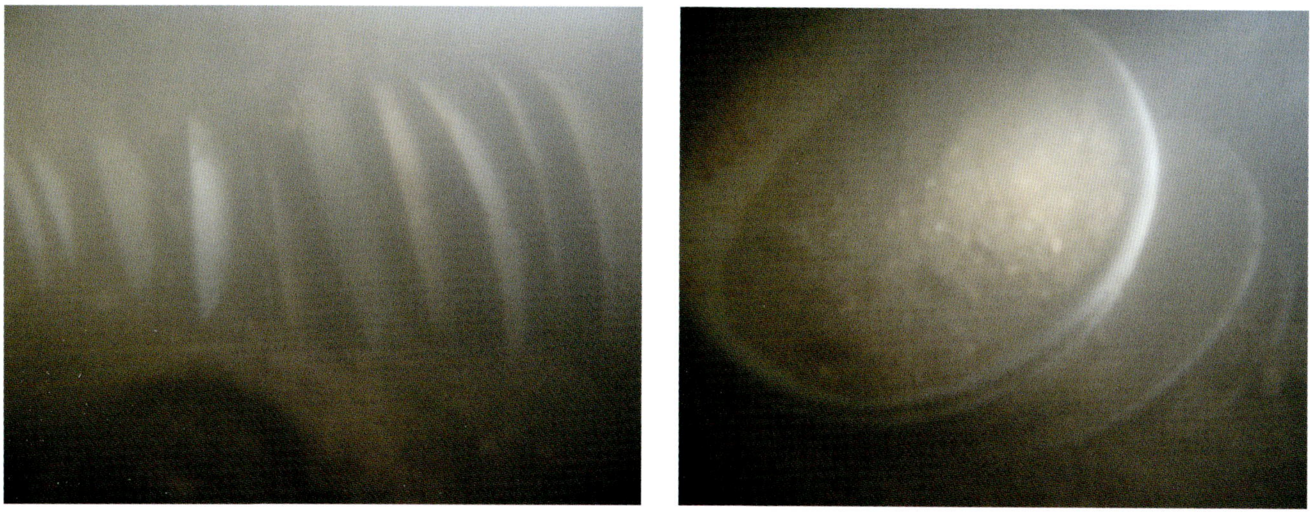

彩版 3-122　北土龟礁二号沉船遗址水下堆积

厚约 0.08 米。由于沉船遗址未经盗捞破坏，基本上保持沉没时状态，船体内部瓷器与隔舱板垂直码放整齐，仅在遗址表面和四周有一些散乱瓷器。

## 二　出水遗物

此次调查采集标本 28 件，均为青白瓷，器形有碗、盘、碟等。器物大多变形。灰白色胎，质多较致密。釉色多呈灰白略泛青，有的釉面见较多小气孔，大多内底涩圈或未施釉，外壁施至腹下部，圈足及外底露胎。器表多见旋坯痕。

（1）碗

16 件。分三型。

A 型　4 件。器形较大，腹较深。分两式。

A 型Ⅰ式　1 件。口微撇，尖唇，斜弧腹，圈足较大。

标本北土龟礁二号：1，足墙较厚，内外均下凹。内底有一涩圈，外施釉至腹下部。外腹刻划较粗的仰莲瓣纹。口径 18.0、足径 8.7、高 7.2 厘米（图 3-23，1；彩版 3-123）。

A 型Ⅱ式　3 件。敞口，尖唇，斜弧腹，内底中心下塌成小平底，圈足较小，足墙厚薄不匀。

标本北土龟礁二号：2，圈足挖足草率，外底可见挖足形成的小台面。灰白胎，质较粗，灰白釉泛青，釉色莹润。外壁刻划粗仰莲瓣纹。口径 16.4、足径 5.4、高 6.5 厘米（图 3-23，2；彩版 3-124）。

标本北土龟礁二号：3，外底下凹。灰白釉略泛青，通体开冰裂纹，内满釉，外施至腹下部。口径 16.4~17.4、足径 6.0、高 6.8 厘米（图 3-23，3；彩版 3-125）。

B 型　9 件。腹较浅。分两式。

B 型Ⅰ式　7 件。敞口，尖唇，斜弧腹，圈足较小。

标本北土龟礁二号：4，内外底均下凹，足端外侧斜削，足端较平。灰白釉，釉面有较多小气孔，

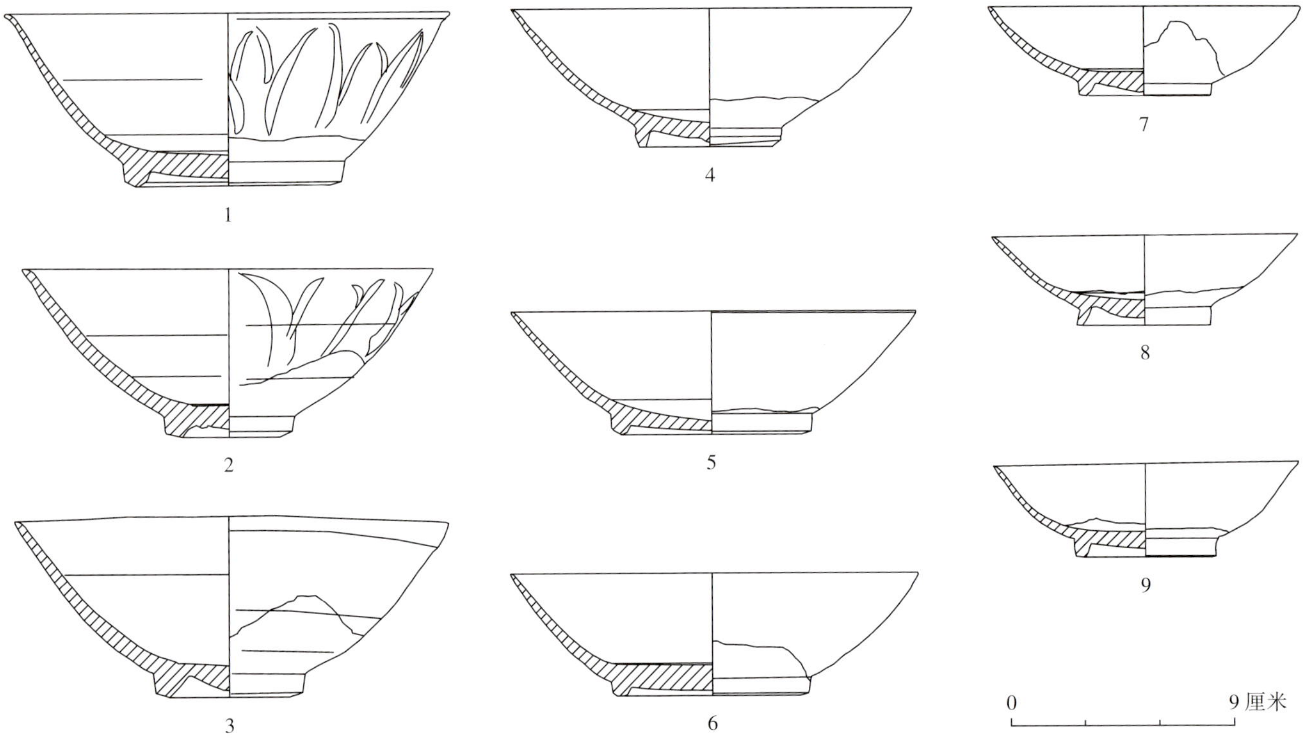


图 3-23　北土龟礁二号沉船遗址出水青白瓷碗

1. A型Ⅰ式（北土龟礁二号：1）　2、3. A型Ⅱ式（北土龟礁二号：2、3）　4. B型Ⅰ式（北土龟礁二号：4）　5、6. B型Ⅱ式（北土龟礁二号：5、6）　7~9. C型（北土龟礁二号：7~9）

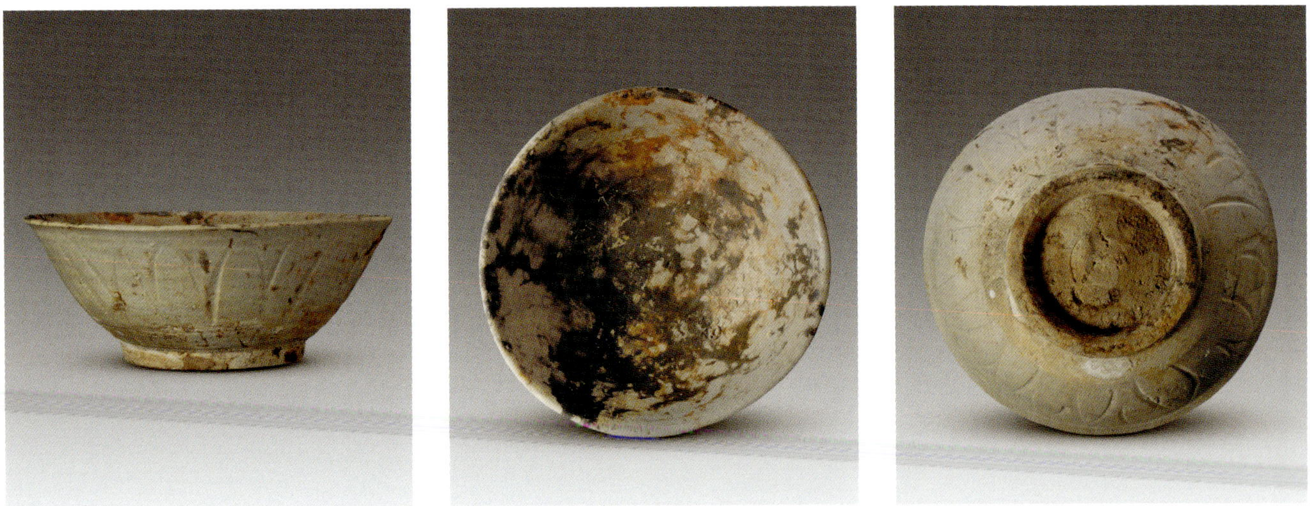

彩版 3-123　青白瓷碗（北土龟礁二号：1）

内底无釉，外施釉至腹下部。口径 16.0、足径 5.9、高 5.6 厘米（图 3-23，4；彩版 3-126）。

B 型Ⅱ式　2 件。敞口，斜弧腹，圈足较大，足端外侧斜削。

标本北土龟礁二号：5，内底弧，外底微下凹，中心有旋足留下的近似圆形台面，圈足制作规整。灰白釉，釉面有较多小气孔，内底无釉，外底施至腹下部。口径 16.1、足径 8.2、高 5.0 厘米（图 3-23，5；彩版 3-127）。

彩版 3-124　青白瓷碗（北土龟礁二号：2）

彩版 3-125　青白瓷碗（北土龟礁二号：3）

彩版 3-126　青白瓷碗（北土龟礁二号：4）

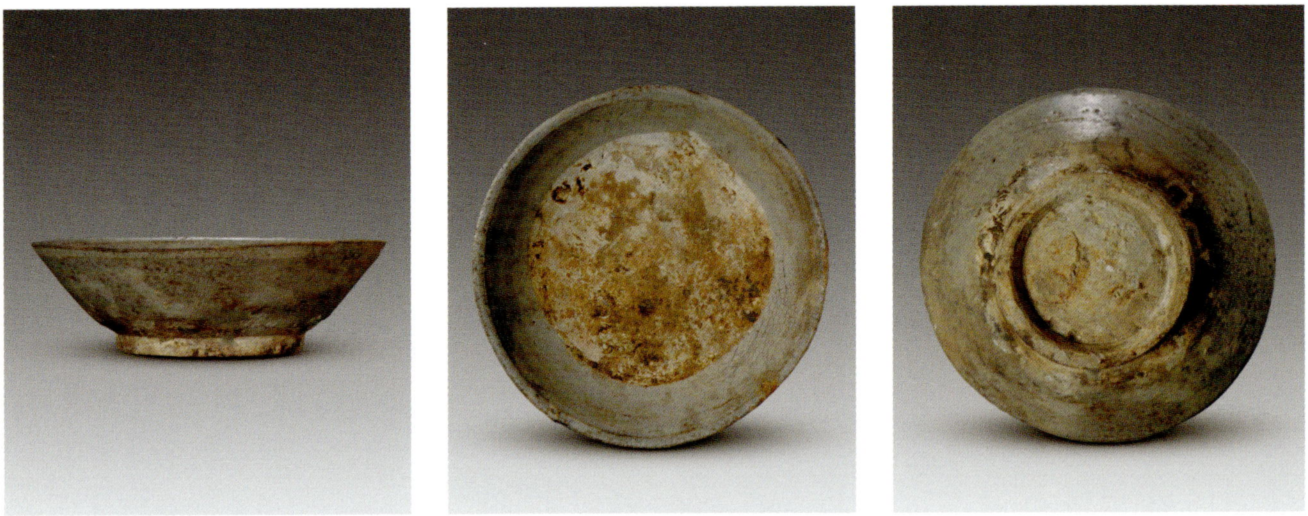

彩版 3-127　青白瓷碗（北土龟礁二号：5）

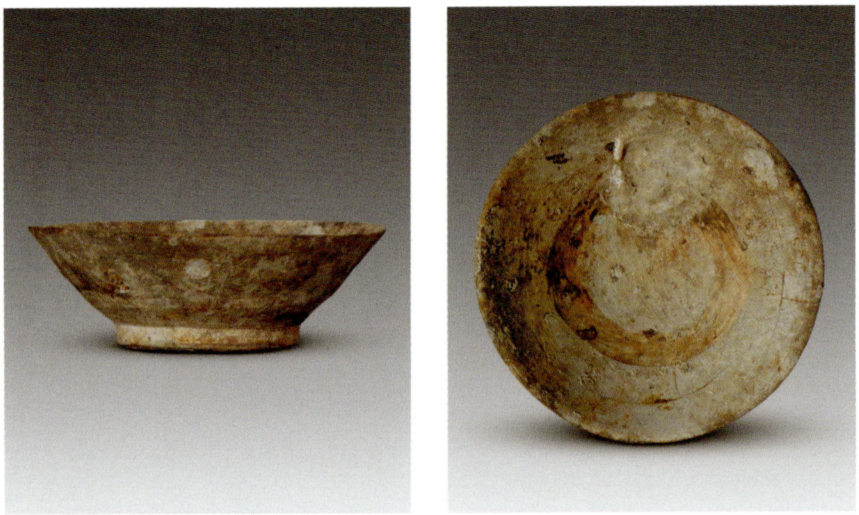

彩版 3-128　青白瓷碗（北土龟礁二号：6）

彩版 3-129　青白瓷碗（北土龟礁二号：7）

标本北土龟礁二号：6，内底较平，外底微下凹，中心有旋足留下的近似圆形台面。足墙厚薄不匀。灰白釉，釉面有较多小气孔，内底有一涩圈，外底施至腹下部。口径 15.6、足径 7.9、高 5.0 厘米（图 3-23，6；彩版 3-128）。

C 型　4 件。器形较小，浅弧腹。敞口，尖唇，圈足较大，微外撇。

标本北土龟礁二号：7，碗内底较平，外底下凹，并可见旋足留下的扇形台面。灰白釉，釉面有较多气孔，局部开冰裂纹，内底有涩圈，外施至腹下部。口径 12.5、足径 5.4、高 3.5 厘米（图 3-23，7；彩版 3-129）。

标本北土龟礁二号：8，碗内底弧，外底下凹。足墙较高，外撇。灰白釉，釉面有少量气孔，内底无釉，外施至腹下部。口径 12.3、足径 5.2、高 3.6 厘米（图 3-23，8；彩版 3-130）。

标本北土龟礁二号：9，碗内底弧，外底下凹。灰白釉，釉面有少量气孔，内底无釉，外施至腹下部。口径 12.2、足径 5.6、高 3.6 厘米（图 3-23，9；彩版 3-131）。

彩版 3-130　青白瓷碗（北土龟礁二号：8）

（2）盘

4 件。撇口，折沿，浅斜弧腹，内外底微下凹，大圈足，外底可见旋足留下的扇形台面。灰白釉，釉面有较多气孔，内底有涩圈，外施釉至腹下部。

标本北土龟礁二号：10，口径 19.6、足径 10.5、高 4.3 厘米（图 3-24，1；彩版 3-132）。

标本北土龟礁二号：11，口径 19.8、足径 11.0、高 5.5 厘米（图 3-24，2；彩版 3-133）。

彩版 3-131　青白瓷碗（北土龟礁二号：9）

（3）碟

8 件。敞口，圆唇，斜直腹微弧，平底。灰白釉，内满釉，外施至腹下部，口沿刮釉。

标本北土龟礁二号：12，略生烧，内壁釉面布满冰裂纹。口径 9.2、底径 4.0、高 2.5 厘米（图 3-25，1；彩版 3-134）。

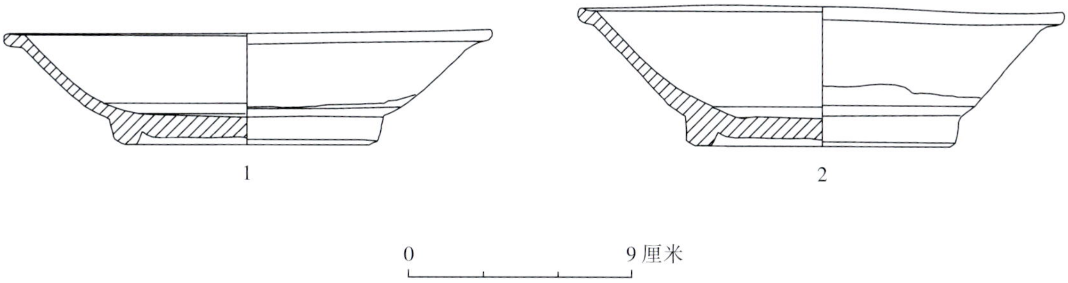


图 3-24　北土龟礁二号沉船遗址出水青白瓷盘

1、2. 北土龟礁二号：10、11

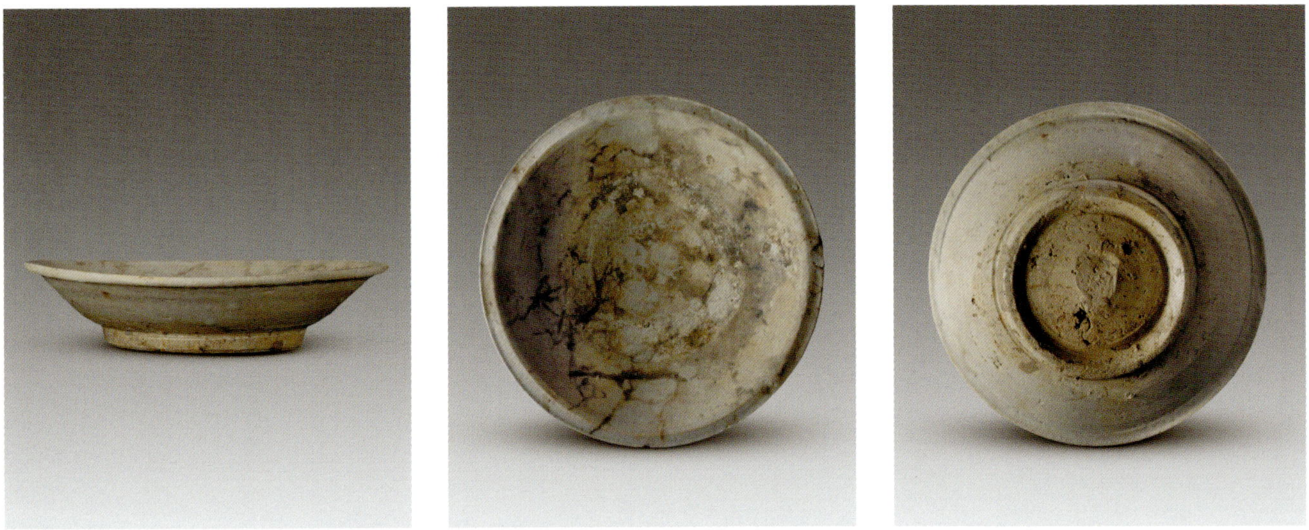

彩版 3-132　青白瓷盘（北土龟礁二号：10）

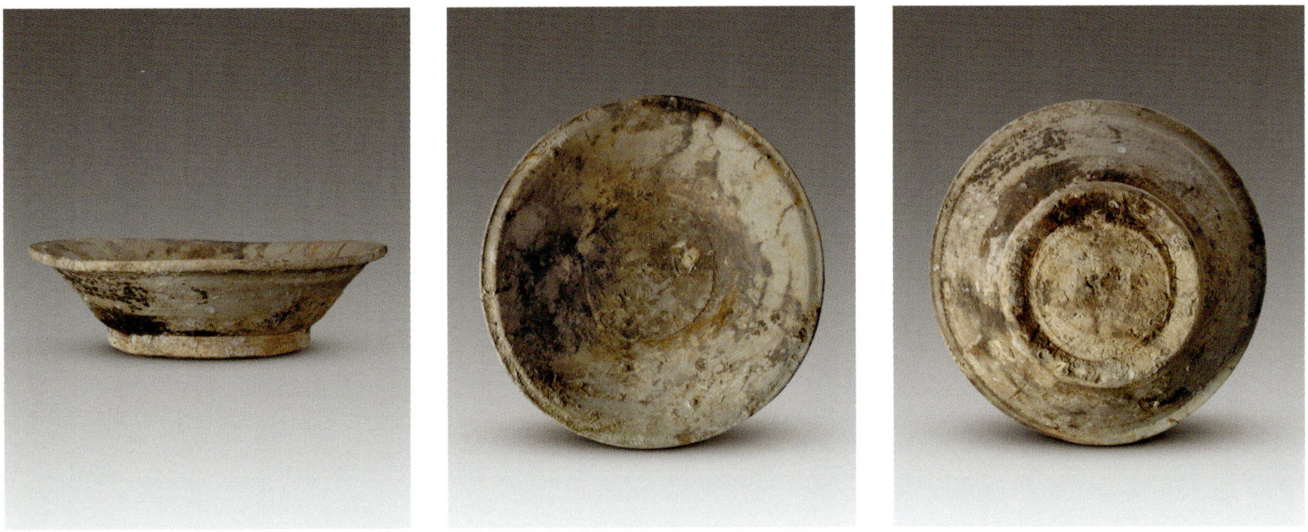

彩版 3-133　青白瓷盘（北土龟礁二号：11）

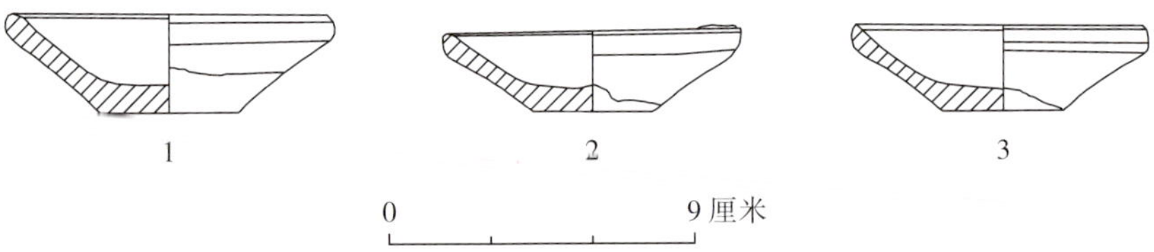


图 3-25　北土龟礁二号沉船遗址出水青白瓷碟

1~3. 北土龟礁二号：12~14

标本北土龟礁二号：13，口沿处有对口烧黏连的痕迹。碟心微突，釉面大部分有冰裂纹。外壁下部露胎处呈青褐色。口径 8.7、底径 3.6、高 2.4 厘米（图 3-25，2；彩版 3-135）。

标本北土龟礁二号：14，釉面大部分有冰裂纹，内壁釉面莹润，外壁釉呈灰黑色，并且流釉

彩版 3–134　青白瓷碟（北土龟礁二号：12）

彩版 3–135　青白瓷碟（北土龟礁二号：13）

彩版 3–136　青白瓷碟（北土龟礁二号：14）

至底部。口径 8.3、底径 3.5、高 2.6 厘米（图 3–25，3；彩版 3–136）。

## 三　小结

北土龟礁二号沉船遗址是目前福建省仅见的未被盗捞者破坏过的沉船遗址，船货保存较好，除了沉没时部分船货散落，以及水流和渔业生产活动的少量破坏外，大部分船货基本上保存于船舱内；船体由于被船货和淤沙掩埋，保存状况应比较好。

从北土龟礁二号沉船遗址调查采集标本看，其瓷器在胎质、成形、施釉、烧造等工艺上均显粗糙，这也是宋元时期福建地区大部分窑场的产品特征。从该遗址出水器物来看，其风格与莆田市庄边窑、连江县浦口窑的产品相同，年代大致为元代。这类遗物在国内遗址比较少见，而在海外则屡有发现，因而推测其应是一种外销商品。

# 第七节 南日岛北日岩四号水下文物点

## 一 遗址概况

北日岩四号水下文物点位于福建莆田南日镇小日岛西北面海域的北日岩附近，东北距北日岩约 200 米。2008 年 6 月 10 日，根据渔民提供的线索，福建沿海水下考古调查队在北日岩西南面海域调查时发现。通过定向搜索和圆周搜索，基本上弄清了遗物分布范围以及遗物点的性质、内涵等，并采集部分遗物，但未发现沉船遗迹。

该遗存遗物散落面积较大，约有 2000 多平方米，并且数量较多。该遗物点高平潮时水深约 21 米，潮差 3~4 米。在调查范围内，西边是礁石，东边是泥质海床。在西部礁石区，遗物大部分散落在礁石缝里；在东部泥质海床，由于受水流作用，遗物则大部分呈单层倒扣在海床表面，器表均长满海生物（彩版 3–137）。

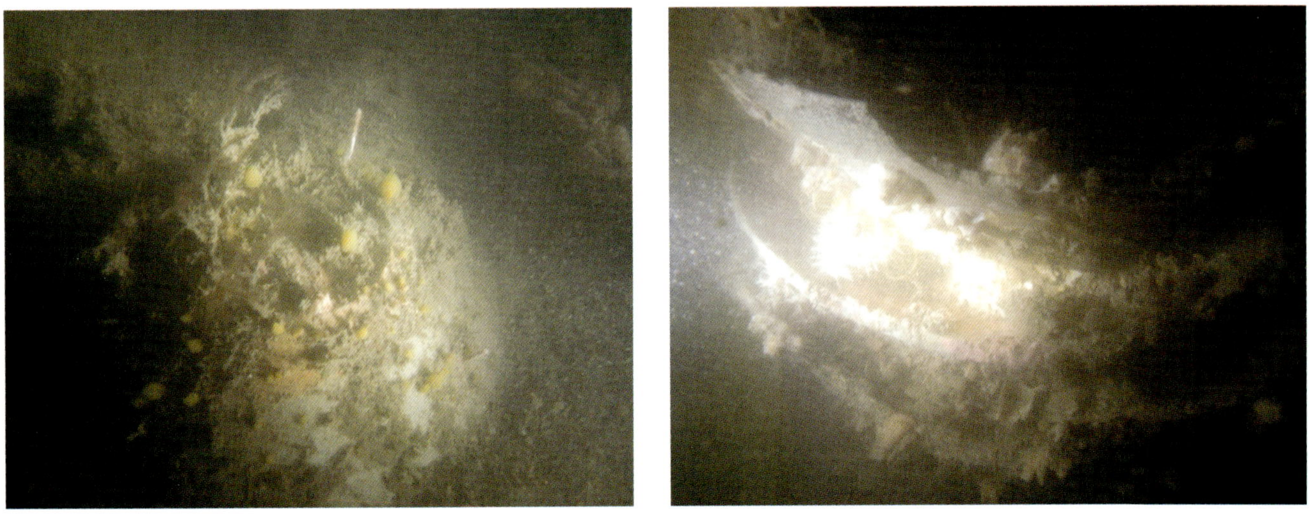

彩版 3–137 北日岩四号遗存水下堆积情况

## 二 出水遗物

此次调查采集 19 件标本，除 1 件陶罐残片外，其余均为青白瓷碗。

### 1. 青白瓷

**碗**

18 件。分两型。

A 型 17 件。腹稍浅，大圈足。敞口，圆唇，斜弧腹近直，内底弧，外底较平，圈足足墙较厚，足端斜削，挖足浅。外底均有挖足形成的小平面。灰白胎，胎较致密，釉略呈灰白色。

标本北日岩四号：1，内底有涩圈，可见叠烧痕迹，外施釉至腹下部，釉面见缩釉的小气孔，叠烧时涩圈处黏附较多砂粒。器表可见旋坯痕。口径19.2、足径9.8、高6.6厘米（图3-26，1；彩版3-138）。

标本北日岩四号：2，整个内底无釉，外施至腹下部。口径19.0、足径8.5、高5.6厘米（图3-26，2；彩版3-139）。

标本北日岩四号：3，内底有一涩圈，外施釉至腹底部，釉面因火候不均而局部呈青灰、青黄色。口径19.3、足径9.0、高6.0厘米（图3-26，3；彩版3-140）。

标本北日岩四号：4，釉色泛青，玻璃质感强，通体冰裂纹，内底有一涩圈，外施至

彩版3-138　青白瓷碗（北日岩四号：1）

彩版3-139　青白瓷碗（北日岩四号：2）

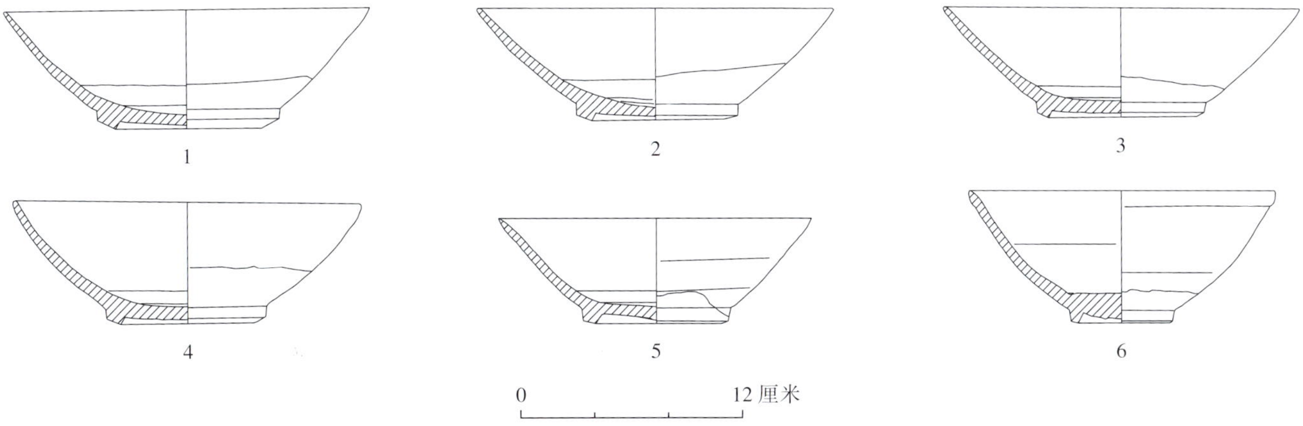


图3-26　北日岩四号水下文物点出水青白瓷碗

1~5. A型（北日岩四号：1~5）　6. B型（北日岩四号：6）

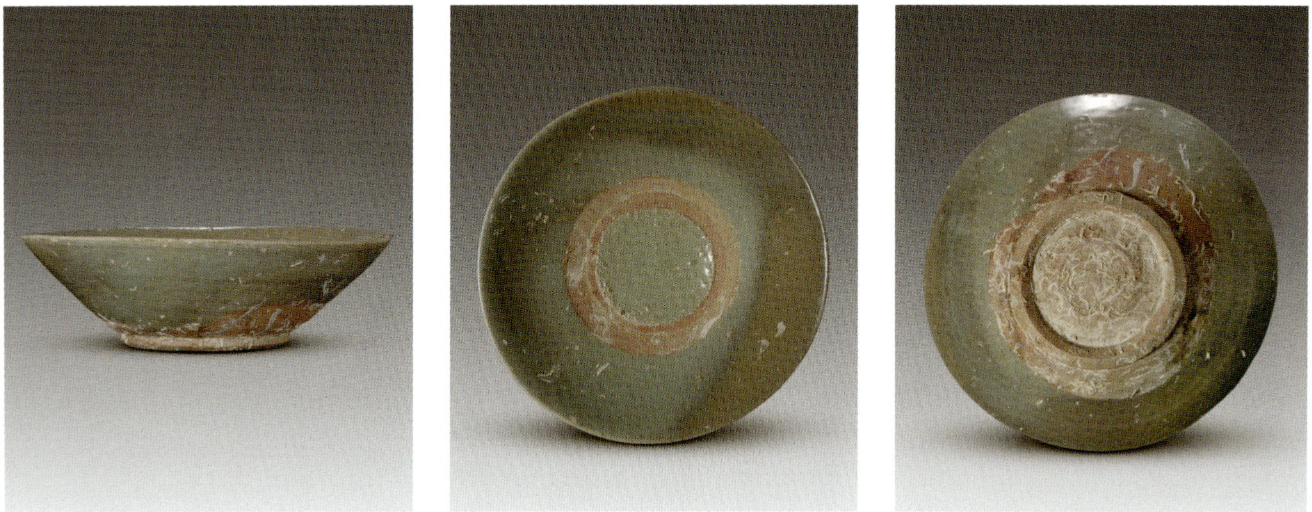

彩版 3-140　青白瓷碗（北日岩四号：3）

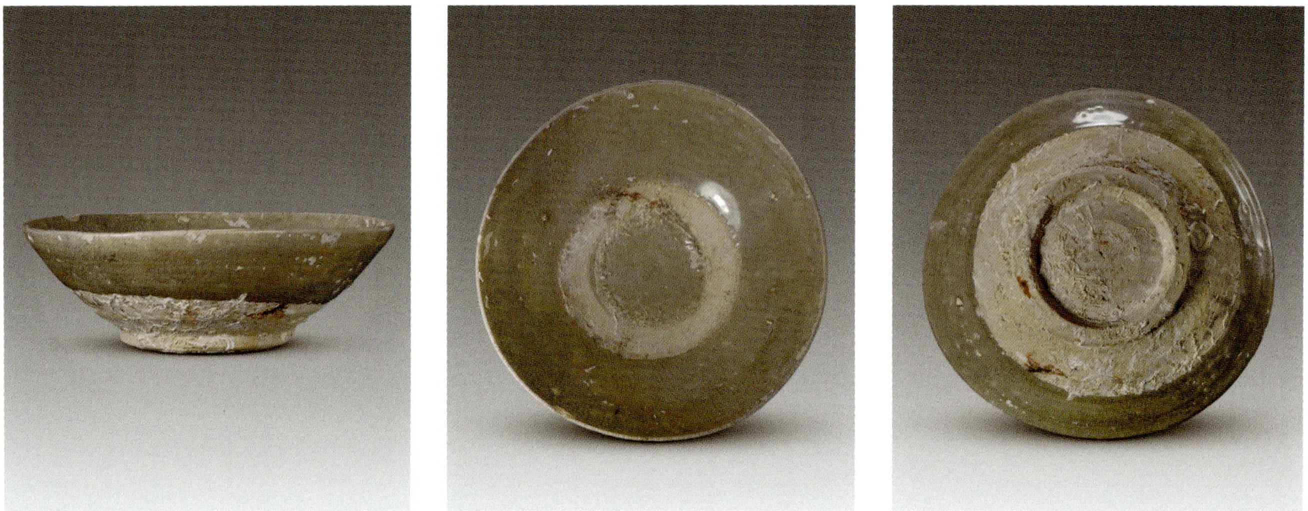

彩版 3-141　青白瓷碗（北日岩四号：4）

彩版 3-142　青白瓷碗（北日岩四号：5）

腹下部。口径 18.8、足径 9.0、高 6.5 厘米（图 3–26，4；彩版 3–141）。

标本北日岩四号：5，生烧，器型稍小，腹斜直。内底有一涩圈，外施釉至腹下部，通体冰裂纹。口径 16.8、足径 7.8、高 5.7 厘米（图 3–26，5；彩版 3–142）。

B 型 1 件。腹较深，圈足较小。

标本北日岩四号：6，生烧。敞口，尖唇，斜弧腹，内底较平，外底微下凹，圈足较小，足墙矮，足根平切，挖足浅，外底有挖足留下的痕迹。灰胎，灰白釉，内满釉，外施至腹下部。口径 16.6、足径 5.6、高 7.1 厘米（图 3–26，6；彩版 3–143）。

彩版 3–143 青白瓷碗（北日岩四号：6）

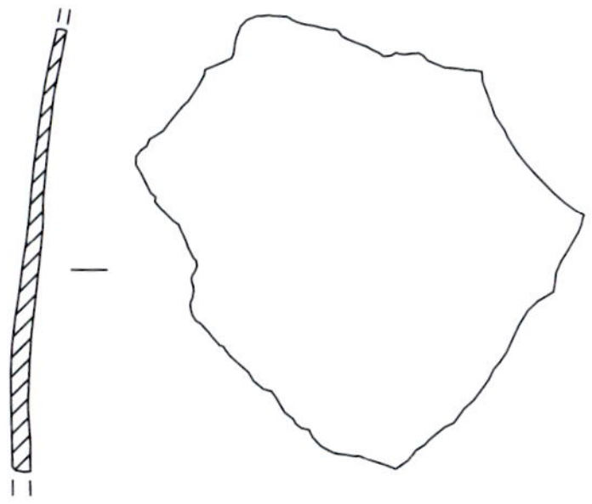

图 3–27 北日岩四号水下文物点出水陶缸（北日岩四号：7）

彩版 3–144 陶缸（北日岩四号：7）

**2．陶器**

**陶缸**

1 件。仅见腹部残片。

标本北日岩四号：7，夹砂灰陶质，施青釉，器表有釉下褐彩花叶。长 22.8、宽 21.0 厘米（图 3–27；彩版 3–144）。

## 三　小结

北日岩四号水下文物点，遗物分布有一定面积，而且数量比较多。此次调查虽未发现船体遗迹，但不排除其是一处沉船遗址的可能性。一方面调查面积有限，另一方面该遗物点东部的大片泥质海床，有利于沉船埋藏，因此还可借助物探设备进行进一步调查。

从此次调查采集标本看，制作工艺较为粗糙，如：胎泥练制不够精细，夹有少量细砂；修坯较为草率，腹部均可见明显旋坯痕，圈足制作不规整；器物内底涩圈或不施釉，外面施釉至腹中下部，露胎较多等。从这些特点来看，可能是莆田庄边窑或连江浦口窑产品，年代大致为元代。北日岩四号水下文物点出水标本数量较多，应是当时商品，而且可能是作为外销商品。

# 第八节　南日岛北日岩五号水下文物点

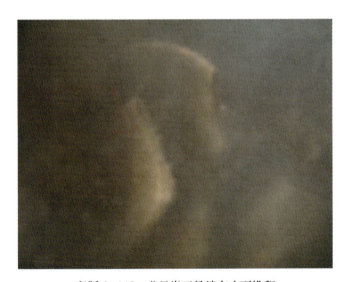

彩版 3-145　北日岩五号遗存水下堆积

## 一　遗址概况

北日岩五号水下文物点位于北山岩东南面，西北距北日岩约 1000 米，距小日岛岸边约 100 米，于 2008 年 6 月中旬调查发现。文物点所处海床为一斜坡，斜坡上还有一窄平台，高平潮时水深约 13 米，潮差 3~4 米，沙底，遗物点的北面则为礁石。遗物散落面积不大，约 200 平方米（彩版 3-145）。

## 二　出水遗物

采集标本均为陶瓷器，瓷器有青白瓷、白瓷、黑釉瓷、青花瓷等，陶器数量较少，仅见器盖、罐等残片。

### 1. 白瓷

3 件。器类均为碗。

#### 碗

3 件。分两型。

A 型　1 件。撇口。

标本北日岩五号：2，圆唇，深弧腹，内底下凹，饼足，足面内凹。白胎，白釉呈失透状。内满釉，外施至腹下部。口径 18.0、足径 5.4、高 6.8 厘米（图 3-28，1；彩版 3-146）。

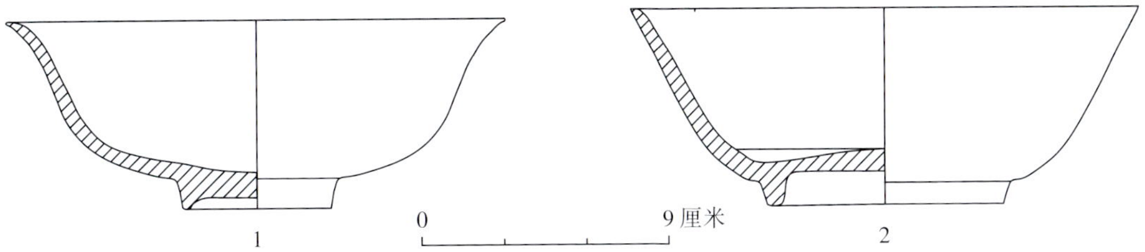


图 3–28　北日岩五号水下文物点出水白瓷碗

1. A 型（北日岩五号：2）　2. B 型（北日岩五号：5）

彩版 3–146　白瓷碗（北日岩五号：2）

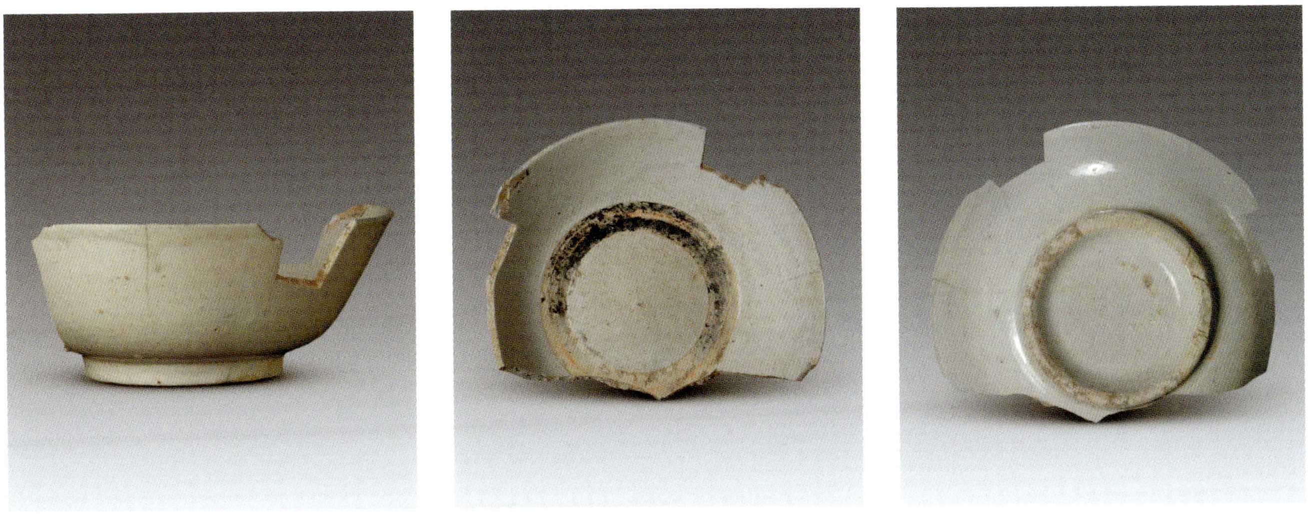

彩版 3–147　白瓷碗（北日岩五号：5）

B 型　2 件。敞口。

标本北日岩五号：5，圆唇，深弧腹，内底微上凸，圈足较厚，内外壁均斜。白胎，白釉略泛青，釉面可见较多小黑点，内底有一涩圈，外满釉，足端刮釉。口径 18.7、足径 8.7、高 7.1 厘米（图 3–28，2；彩版 3–147）。

## 2．青白瓷

6 件。器类均为碗。

### 碗

6 件。分两型。

A 型　5 件。敞口，方唇，浅腹，圈足极浅。足腹交接处有一窄平台。灰胎，灰青釉，内满釉，外施至腹部，口沿无釉。部分内底模印双鱼纹。

标本北日岩五号：6，内底印双鱼纹，模糊。口径 14.3、足径 5.7、高 3.4 厘米（图 3–29，1；彩版 3–148）。

标本北日岩五号：7，外施釉至腹中部，部分流至腹下部。口径 14.2、足径 5.4、高 3.4 厘米（图 3–29，2；彩版 3–149）。

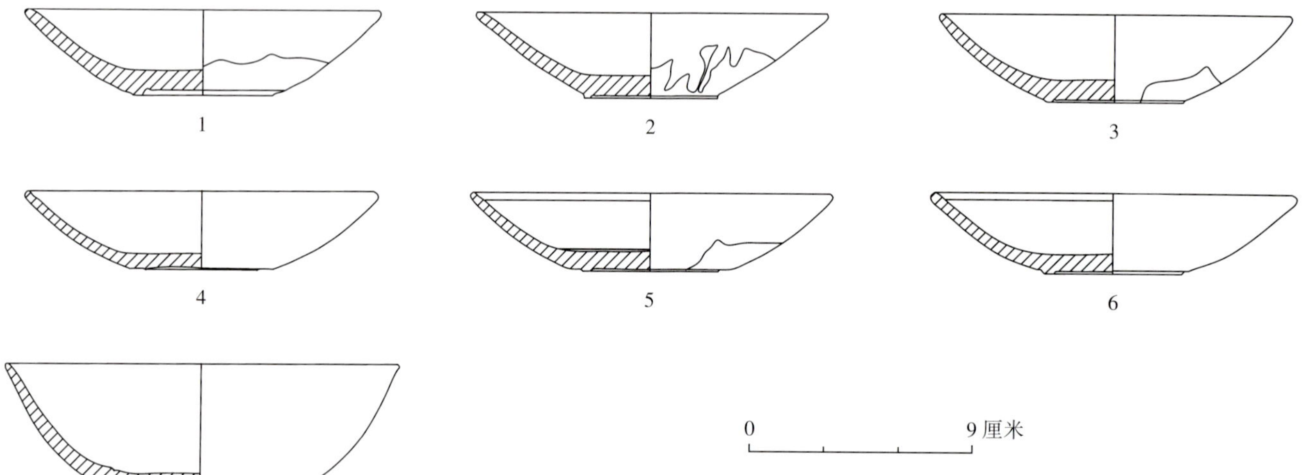

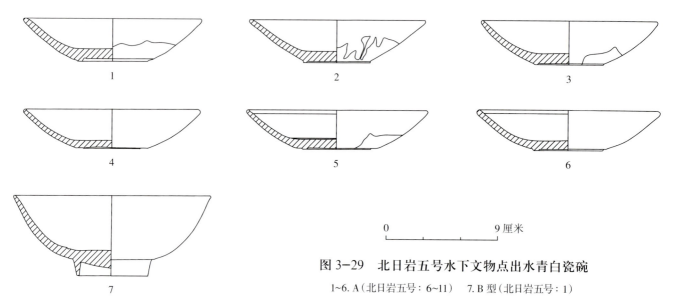

图 3–29　北日岩五号水下文物点出水青白瓷碗

1~6. A（北日岩五号：6~11）　7. B 型（北日岩五号：1）

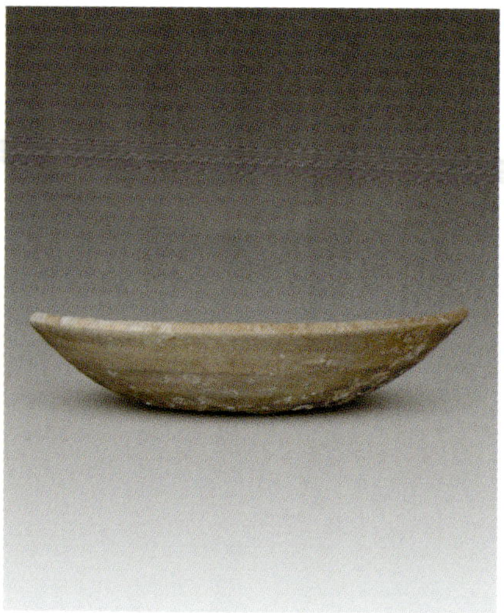

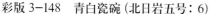

彩版 3–148　青白瓷碗（北日岩五号：6）

彩版 3–149　青白瓷碗（北日岩五号：7）

标本北日岩五号：8，外施釉至腹下部，部分流至外底。口径 14.0、足径 5.5、高 3.5 厘米（图 3–29，3；彩版 3–150）。

标本北日岩五号：9，内底模印双鱼纹。口径 14.0、足径 5.8、高 3.1 厘米（图 3–29，4；彩版 3–151）。

标本北日岩五号：10，外施釉至腹下部，部分流至足外壁。内底模印双鱼纹。口径 14.5、足径 5.5、高 3.1 厘米（图 3–29，5；彩版 3–152）。

标本北日岩五号：11，釉面通体冰裂纹。内底模印花纹。口径 14.3、足径 5.5、高 3.2 厘米（图 3–29，6；彩版 3–153）。

B 型　1 件。敞口，腹较深，圈足较高。

标本北日岩五号：1，圆唇，斜弧腹，内底中心微上凸。灰胎，内满釉，外施至腹底部，部分流至足外壁。口径 16.0、足径 6.0、高 6.3 厘米（图 3–29，7；彩版 3–154）。

彩版 3–150　青白瓷碗（北日岩五号：8）

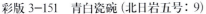

彩版 3–151　青白瓷碗（北日岩五号：9）

彩版 3–152　青白瓷碗（北日岩五号：10）

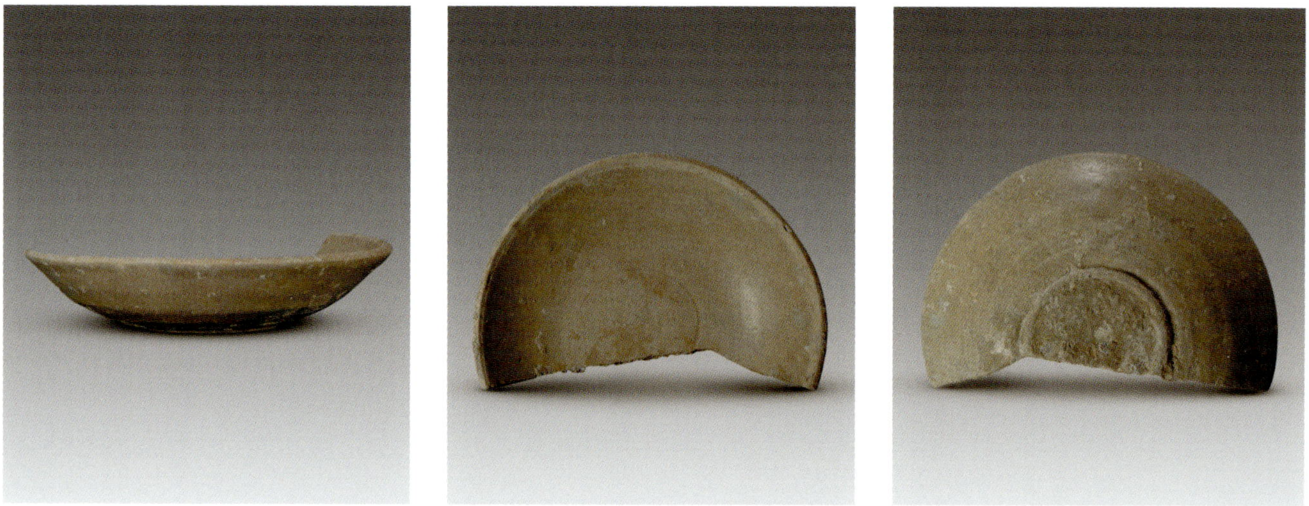

彩版 3-153　青白瓷碗（北日岩五号：11）

彩版 3-154　青白瓷碗（北日岩五号：1）

### 3．黑釉瓷

3 件。均为碗。

#### 碗

3 件。敛口，圆唇，斜弧腹，小圈足，挖足浅。灰胎，黑釉，釉薄处呈赭色，内满釉，外施至腹中部。

标本北日岩五号：3，口径 10.5、足径 2.8、高 4.0 厘米（图 3-30，1；彩版 3-155）。

标本北日岩五号：4，口径 10.3、足径 3.5、高 4.0 厘米（图 3-30，2；彩版 3-156）。

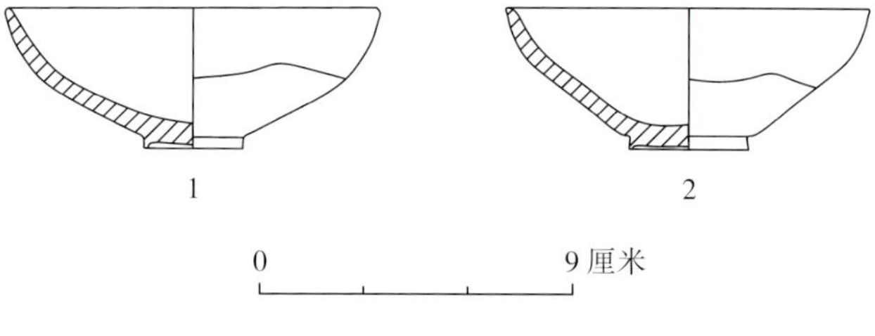


图 3-30　北日岩五号水下文物点出水黑釉碗

1、2. 北日岩五号：3、4

彩版 3–155　黑釉碗（北日岩五号：3）

彩版 3–156　黑釉碗（北日岩五号：4）

**4. 青花瓷**

6 件。均为杯、碗残片，未见完整器形。青花有的呈色鲜艳，有的呈色较为灰暗（彩版 3–157）。

**5. 陶器**

5 件。陶器有器盖、陶罐等。

（1）罐

4 件。均为残片，未见完整器形。

标本北日岩五号：13，罐底残片。底内凹。灰胎。底径 15.2、残高 13.2 厘米（图 3–31，1；彩版 3–158）。

标本北日岩五号：14，口沿、肩部残片。口沿微外撇，圆唇，短颈，圆肩，肩部附四拱形系，

部绘青花单圈弦纹，中间绘花鸟图案；口沿内侧绘菱形图案，内底绘青花双圈弦纹，中间绘青花花卉。口径 11.4、足径 4.8、高 4.6 厘米（图 3–32，1；彩版 3–161）。

彩版 3–161　青花碗（北土龟礁三号：1）

（2）小杯

2 件。仅存腹部、圈足残片。弧腹，圈足。白胎，内外均施釉，足端刮釉。

标本北土龟礁三号：2，深弧腹。外壁绘青花花卉，近底饰青花色带。残高 4.7 厘米（图 3–32，2；彩版 3–162）。

标本北土龟礁三号：3，斜弧腹。外壁绘青花花纹，纹样不详，近底饰青花色带。残高 2.8 厘米（图 3–32，3；彩版 3–163）。

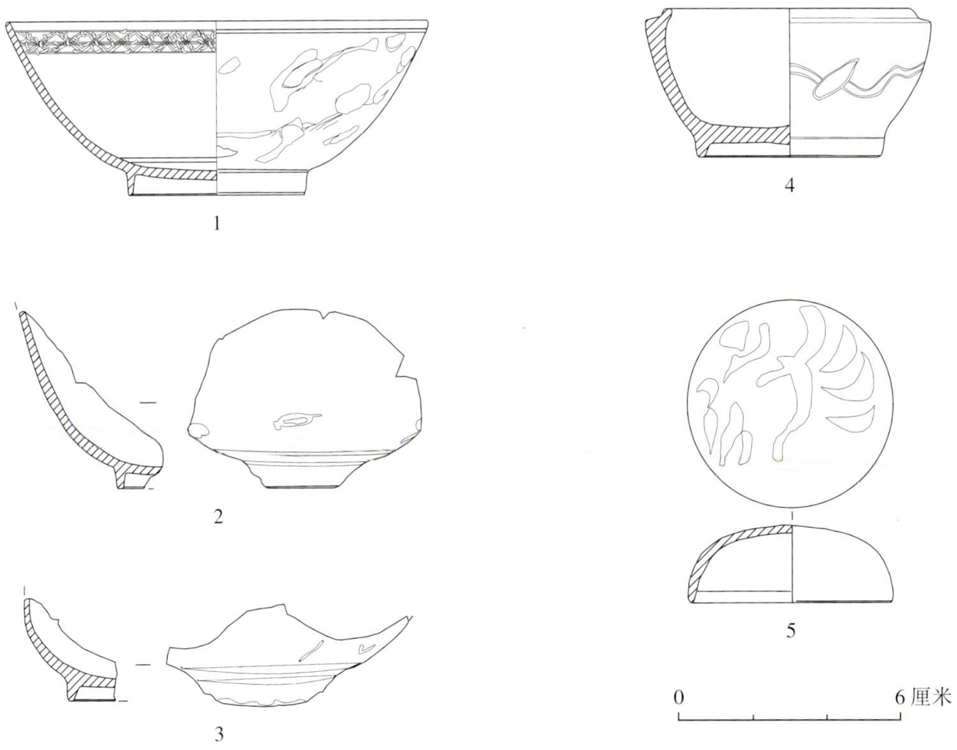


图 3–32　北土龟礁三号水下文物点出水青花瓷

1. 碗（北土龟礁三号：1）　2、3. 小杯（北土龟礁三号：2、3）　4. 盒（北土龟礁三号：4）　5. 盒盖（北土龟礁三号：5）

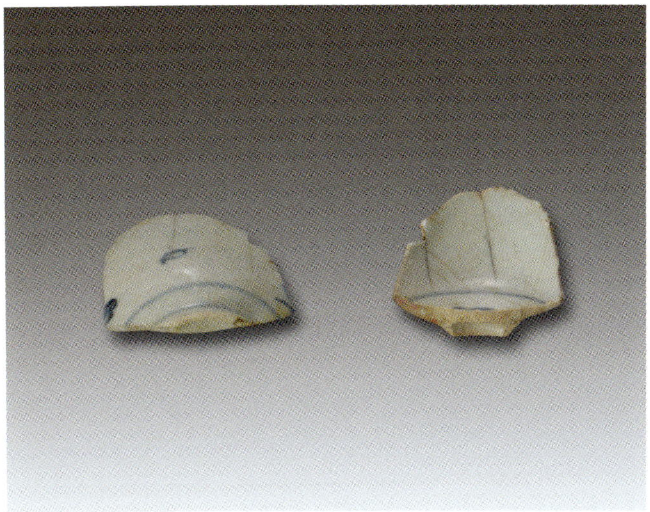

彩版 3-162　青花小杯（北土龟礁三号：2）

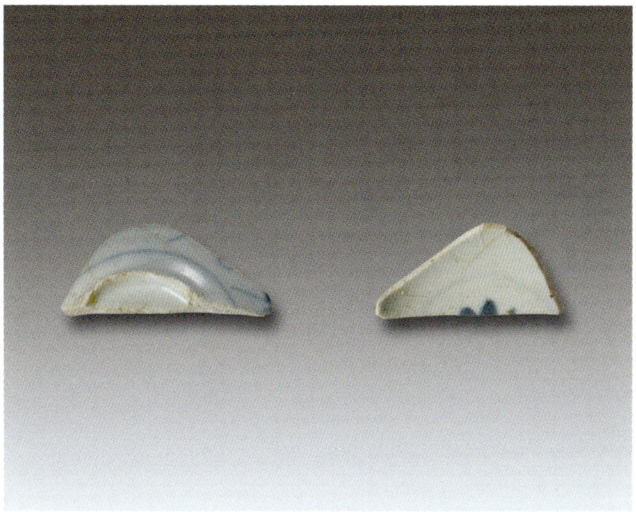

彩版 3-163　青花小杯（北土龟礁三号：3）

彩版 3-164　青花盒（北土龟礁三号：4）

（3）盒

1 件。

标本北土龟礁三号：4，子口内敛，圆唇，弧腹，圈足，足端削圆，足心微突，内底较平。白胎，青白釉，口沿及足端刮釉。外壁饰两组青花绶带纹，腹底部绘青花单圈弦纹，青花呈色灰暗。口径 6.6、足径 4.9、高 4.0 厘米（图 3-32，4；彩版 3-164）。

（4）盒盖

1 件。

标本北土龟礁三号：5，母口，尖唇，弧面，弧顶。盖面绘青花花卉纹，呈色灰。灰白胎，釉面多被磨蚀。口径 5.5、高 2.1 厘米（图 3-32，5；彩版 3-165）。

彩版 3-165　青花盒盖（北土龟礁三号：5）

### 三　小结

北土龟礁三号水下文物点，地处水下文化遗存丰富的南日岛海域，因调查时间有限，此次调查范围较小。从海底埋藏环境来看，该文物点西边为礁石区，在礁石缝隙里除零星瓷片外，也未发现遗物堆积；而东边的泥底海床，则对沉船保存较为有利，可进一步开展工作。

此次调查采集的标本，从其胎质和器物风格判断，应该为景德镇民窑产品，年代大致为明代晚期。同类器物在西沙群岛、东南亚遗址中均有发现，该文物点采集瓷器可能是当时的海外贸易商品。

## 第一〇节　南日岛北日岩二号水下文物点

### 一　遗址概况

北日岩二号水下文物点位于福建莆田南日镇小日岛西北面的北日岩附近海域，东北距北日岩约 200 米。该地点高平潮时水深约 21 米，潮差约 4 米。海床为斜坡状，表面分布有较多的大小石块。遗物则散落在岩石缝中，调查范围约有 500 平方米，出水一些陶瓷器。

### 二　出水遗物

此次调查采集出水遗物 7 件，有青花碗、陶罐等。

**1. 青花瓷**

6 件。均为碗。

**碗**

6 件。敞口，圆唇，斜弧腹，内外底较平，圈足，足端外侧斜削。灰白胎，灰白釉泛青，内外均施釉，内底有涩圈，足端刮釉。

标本北日岩二号：2，内底黏有少量砂粒。外壁绘三组青花折枝花卉，内底心绘青花花叶纹，青花呈色较为灰暗。口径 13.7、足径 6.3、高 5.6 厘米（图 3–33，1；彩版 3–166）。

标本北日岩二号：3，圈足制作规整，足端圆，黏有砂粒。外腹绘三组青花折枝花卉，碗心点绘青花草叶纹，青花呈浅灰色。口径 14.0、足径 6.5、高 5.1 厘米（图 3–33，2；彩版 3–167）。

标本北日岩二号：4，足端黏有砂粒。外腹绘四组青花折枝花卉，碗心点绘青花草叶纹，青花呈色灰暗，较浓处发黑。口径 15.2、足径 7.3、高 5.4 厘米（图 3–33，3；彩版 3–168）。

标本北日岩二号：5，口沿微外撇，足端黏有砂粒。外腹绘四组青花折枝花卉纹，呈色灰暗，较浓处发黑。口径 14.6、足径 6.9、高 5.4 厘米（图 3–33，4；彩版 3–169）。

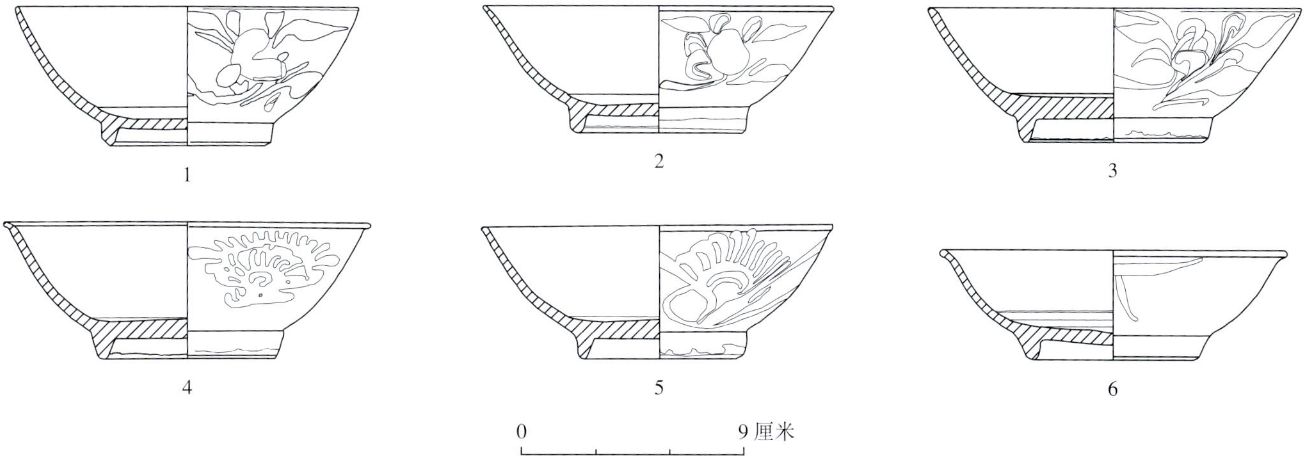


图 3-33　北日岩二号水下文物点出水青花碗

1~6. 北日岩二号：2~7

彩版 3-166　青花碗（北日岩二号：2）

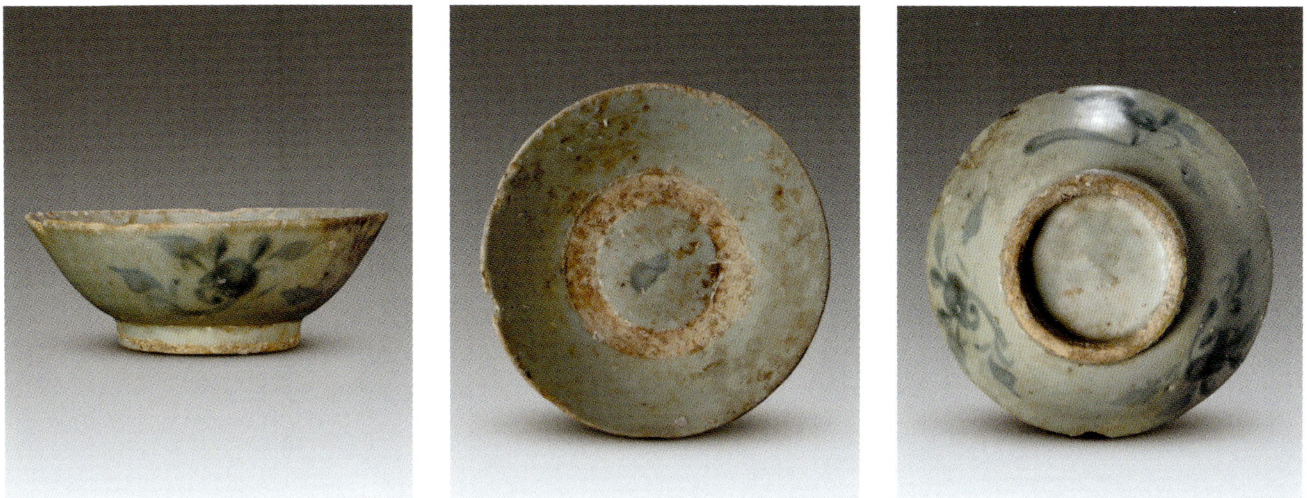

彩版 3-167　青花碗（北日岩二号：3）

彩版 3–168　青花碗（北日岩二号：4）

彩版 3–169　青花碗（北日岩二号：5）

彩版 3–170　青花碗（北日岩二号：6）

彩版 3-171　青花碗（北日岩二号：7）

标本北日岩二号：6，外壁绘四组青花团花纹，碗心饰青花花草，青花呈色浅灰。口径 14.2、足径 6.3、高 5.1 厘米（图 3-33，5；彩版 3-170）。

标本北日岩二号：7，口沿微外撇。外腹绘青花花卉，碗心点绘青花花叶纹，呈色浅蓝。口径 14.0、足径 6.8、高 4.4 厘米（图 3-33，6；彩版 3-171）。

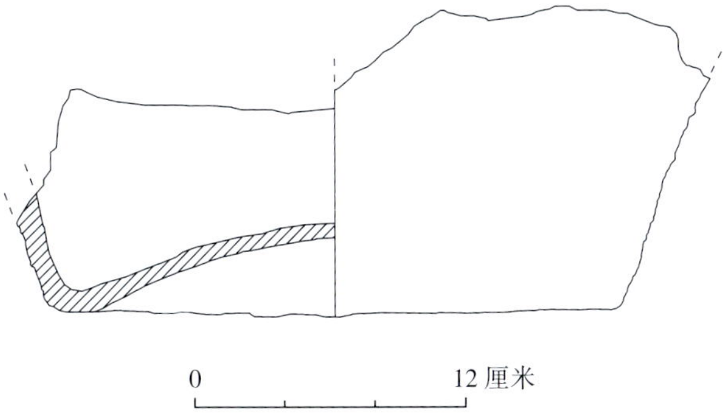


图 3-34　北日岩二号水下文物点出水陶罐（北日岩二号：1）

2. 陶器

罐

1 件。

标本北日岩二号：1，底部残片。底内凹较甚。灰黄胎，夹细砂，器表附满海洋生物。底径 25.5、残高 13.2 厘米（图 3-34）。

## 三　小结

北日岩二号水下文物点由于调查面积不大，发现遗物数量有限，但这批遗物基本相同，属船货的可能性较大。

这次调查采集的青花碗，胎体较厚，胎质较粗；釉呈灰白泛青，碗内底有涩圈，圈足足端刮釉，并黏有砂粒；青花呈色较为灰暗，较浓处为灰黑色，其应为漳州、德化一带窑址产品，年代为清代晚期。

# 第一一节 南日岛北日岩三号水下文物点

## 一 遗址概况

根据渔民提供线索，福建沿海水下考古队于 2008 年 4 月 27 日在南日岛北日岩海域发现一处铜钱遗址点（彩版 3–172），采集出水部分铜钱标本（彩版 3–173），并于 6 月 15 日再次调查该遗址点，除铜钱外，在 50 米范围内未发现其他遗迹遗物。

遗址所在位置，低平潮时水深 24 米，潮差 3~5 米。海床为岩石底，散布大小不一的众多石块，高低起伏。铜钱集中于一处相对较平的狭小地方，面积约 4 平方米，也有零星铜钱夹于周边岩石缝中，整体分布面积很小，约 10 平方米。

水下铜钱杂乱堆积于海底，夹杂少量砂粒、石块，有零星散钱，也有数枚乃至数十枚不同钱文的铜钱黏连成串的情况。铜钱保存情况一般，部分锈蚀，表面分布有绿色锈点，个别铜质差的呈黑色、褐色，边廓因氧化有龟裂现象，钱文经除锈后绝大多数能够辨识。

彩版 3–172 北日岩三号遗存水下堆积

彩版 3–173 北日岩三号遗存出水铜钱

## 二 出水遗物

出水遗物均为铜钱，共采集 505 枚。铜钱圆形方孔，带内、外边廓。其中有 19 枚字迹模糊，不能辨识，其余 486 枚按钱文可分为北宋铜钱、清代铜钱、日本铜钱、越南铜钱。

### 1. 北宋铜钱

9 枚。多为红铜质地，表面多带有绿色铜锈，均为小平钱，光背。

（1）皇宋通宝

1 枚。篆书，钱文顺读。钱径 2.4、穿径 0.8、缘宽 0.2 厘米（彩版 3–174）。

（2）熙宁元宝

1 枚。篆书，钱文旋读。钱径 2.4、穿径 0.8、缘宽 0.2 厘米（彩版 3–175）。

（3）元丰通宝

4 枚。真书、行书两种，钱文旋读。钱径 2.3、穿径 0.7、缘宽 0.2 厘米（彩版 3–176~179）。

（4）元祐通宝

1 枚。篆书，钱文旋读。钱径 2.3、穿径 0.8、缘宽 0.2 厘米（彩版 3–180）。

（5）圣宋元宝

2 枚。篆书、真书两种，钱文旋读。钱径 2.4、穿径 0.8、缘宽 0.2 厘米（彩版 3–181、182）。

### 2. 清代铜钱

459 枚。质地分红铜、黄铜两种，二者数量相当，黄铜质地稍好。面文用宋体，背满文。康雍乾三朝的钱铸造较规范，质地稍好，晚期的较差，钱变小变薄，发黑。

彩版 3–174　皇宋通宝

彩版 3–175　熙宁元宝

彩版 3–176　元丰通宝

彩版 3–177　元丰通宝

彩版 3–178　元丰通宝

彩版 3–179　元丰通宝

彩版 3–180　元祐通宝

彩版 3–181　圣宋元宝

（1）康熙通宝

14 枚。钱径一般 2.4、宽缘者达 2.7 厘米，穿径 0.7、缘宽 0.3 厘米（彩版 3–183、184）。

（2）雍正通宝

2 枚。钱径一般 2.5、宽缘者达 2.8 厘米，穿径 0.7、缘宽 0.3 厘米（彩版 3–185、186）。

（3）乾隆通宝

213 枚。钱径 2.3~2.5、穿径 0.7、缘宽 0.3 厘米，也有少量小钱钱径 1.9 厘米（彩版 3–187~189）。

彩版 3–182　圣宋元宝

彩版 3–183　康熙通宝

彩版 3–184　康熙通宝

彩版 3–185　雍正通宝

彩版 3–186　雍正通宝

彩版 3–187　乾隆通宝

彩版 3–188　乾隆通宝

彩版 3–189　乾隆通宝

彩版 3–190　嘉庆通宝

彩版 3–191　嘉庆通宝

彩版 3–192　嘉庆通宝

彩版 3–193　道光通宝

（4）嘉庆通宝

101 枚。钱径 2.3~2.5、穿径 0.7、缘宽 0.3 厘米（彩版 3-190~192）。

（5）道光通宝

117 枚。钱径 2.3、小者 1.6~1.9、穿径 0.7、缘宽 0.3 厘米（彩版 3-193、194）。

（6）咸丰通宝

8 枚。钱径 1.9~2.3、穿径 0.7、缘宽 0.2 厘米（彩版 3-195、196）。

（7）同治通宝

1 枚。钱径 2.3、穿径 0.7、缘宽 0.3 厘米（彩版 3-197）。

（8）洪化通宝

3 枚。钱径 2.4、穿径 0.6、缘宽 0.3 厘米（彩版 3-198~200）。清初吴世潘洪化时（公元 1679~1681 年）所铸。

3．日本铜钱

13 枚。红铜质地，制作精良。

彩版 3-194　道光通宝

彩版 3-195　咸丰通宝

彩版 3-196　咸丰通宝

彩版 3-197　同治通宝

彩版 3-198　洪化通宝

彩版 3-199　洪化通宝

彩版 3-200　洪化通宝

彩版 3-201　宽永通宝

**宽永通宝**

13 枚。宋体，钱文顺读。钱径 2.3、穿径 0.8、缘宽 0.2 厘米（彩版 3–201~204 ）。

**4. 越南铜钱**

5 枚。红铜质地，质地稍差。

**（1）景兴通宝**

4 枚。真书、篆书两种，钱文顺读。钱径 2.4、穿径 0.7、缘宽 0.3 厘米。其中 1 枚背书“西山”（彩版 3–205~208 ）。

**（2）景盛通宝**

1 枚。宋体，钱文顺读。钱径 2.3、穿径 0.7、缘宽 0.3 厘米（彩版 3–209 ）。

彩版 3–202　宽永通宝

彩版 3–203　宽永通宝

彩版 3–204　宽永通宝

彩版 3–205　景兴通宝

彩版 3–206　景兴通宝

彩版 3–207　景兴通宝

彩版 3–208　景兴通宝

彩版 3–209　景盛通宝

## 三　小结

北日岩三号水下文物点发现的铜钱除少量宋钱、国外钱外，绝大多数为清代铜钱，从康熙通宝直至同治通宝，年代特征明确，最晚为同治通宝。宽永通宝为日本历史上铸量最大、铸期最长的铜钱，17 世纪开始铸造，流通长达 240 余年。越南后黎年间的景兴通宝、西山政权的景盛通宝，所铸年代相当于清代乾隆年间。据此推断，北日岩三号水下文物点年代应不早于清同治年间。

北日岩三号水下文物点位于航道线边上，水下铜钱分布集中，范围很小，且多有成叠黏连情况，推测铜钱可能用绳子穿孔并盛装，铜钱应为船载物品。此处临近暗礁，水道狭窄，转流急，水下岩石底，不利于沉船船体保存。该地点仅发现了铜钱，可能是船只沉没时，铜钱质重集中下沉，其他物品随船体漂移；也有可能是船只遇难后，船员抛弃铜钱以减轻载重所致。

北日岩三号水下文物点位于莆田兴化水道上，地处于东南沿海繁忙海外贸易航线上，铜钱也是重要船货，用于交易，在多处沉船遗址中均有或多或少的发现。而外国铸币在贸易中相互流通，为研究海外贸易增添了重要资料。

# 第四章　泉州海域

## 第一节　概述

### 一　历史沿革与地理环境

泉州府，禹贡扬州之域，在周为七闽地。春秋战国时为越地。秦并天下，泉为闽中郡地。汉高帝五年（公元前202年），立闽越王，泉为闽越国地。晋太康三年（公元282年），泉为晋安县地。梁天监中（公元502~519年），析晋安郡置南安郡，泉为南安郡地。隋开皇九年（公元589年），改南安郡为南安县，属泉州（即今福州），泉为泉州南安县地。唐久视元年（公元700年）置武荣州，州治设今市区。唐景云二年（公元711年）武荣州改名泉州。此后，唐天宝元年（公元742年）至宋、元、明，泉州先后设有郡、州、路、府[1]。清承明制。中华人民共和国成立后曾设晋江专区、晋江地区，1985年5月撤晋江地区设泉州地级市。

泉州位于北纬24° 30′ ~25° 56′、东经117° 25′ ~119° 05′，地处福建东南沿海，与台湾隔海相望。泉州海域辽阔，面积达18872平方千米。大陆海岸线总体呈北东—南西向，迂回曲折，直线距离约90千米，实际总长度为421千米，占全省海岸线总长的12.7%，曲折率为1 :5.03。泉州沿海港湾众多，大小港湾约有49个，其中较大的港湾自北而南有湄洲湾、大港、泉州湾、深沪湾、围头湾和安海湾等。这些港湾大致呈西北—东南向内陆深入21~35千米，深度一般较大，掩护条件好，水域广阔，湾内包含若干支港、支湾。此外湾内有282.65平方千米的海滩，沿海0~20米等深线的浅海面积达739.77平方千米。岛屿星罗棋布，共有51个岛礁，面积105.46平方千米的金门岛为最大。

泉州地处低纬度，东临海洋，属于亚热带海洋性季风气候，光热丰富，温暖湿润，雨量充沛，四季常青。泉州是东南沿海最容易受台风影响和袭击的地区之一，平均每年有4.3个台风影响，最多的年份有11个（1961年），最少为2个（1983年）。台风影响集中在7、8、9三个月，最早5月19日（1961年），最迟是11月15日（1967年）。泉州沿海地区多大风天气。冬半年主要受蒙古冷高压控制，盛行偏北风，气温低，干燥少雨；夏半年主要受副热带高压影响，盛行偏南风，气温高，湿润多雨。泉州降水量受季风活动影响很大，月降水量年际间变化明显，沿海地区比山区大。

泉州沿海海岸线蜿蜒曲折，河口段和港口呈漏斗状，潮差较大。泉州湾崇武最大潮差6.88、最小潮差1.85、平均潮差4.38米（据崇武潮水站28年实测潮位资料统计）；北部湄洲湾最大潮差7.59、

---

[1] 庄炳章、郑焕章：《泉州历代名人传》（上），晋江地区文化局、文管会出版，1982年，第3~5页。

最小潮差 2.22、平均潮差 5.12 米（据秀屿 3 年实测潮位资料统计）；潮差由南往北递增[1]。

泉州东南部属闽粤沿海花岗岩丘陵亚区的一部分。东部海岸线曲折，发育有半岛、岛屿和港湾。海岸地貌则分为海岸侵蚀地貌和海岸堆积地貌。前者主要分布于泉州市半岛、岛屿的岬角，以及海岸线转折地段；后者主要分布于大小海湾的内域，常见海积形态有海滩、沙堤、沙嘴和沙坝等，其中以海滩为主。滨海平原地区港湾土壤多呈马蹄形带状分布，从海边至内陆土壤组合依次为海泥沙土—海泥土—咸土—盐斑田—埭田。平直海岸土壤组合，自海边至内陆依次为海沙土—潮风沙土—润沙土—沙盖土。

## 二　调查概况

由于海岸环境变迁及调查工作的局限，泉州海域水下文化遗存并不多，仅在晋江深沪湾和惠安大竹岛海域发现 2 处水下遗存（图 4–1）。

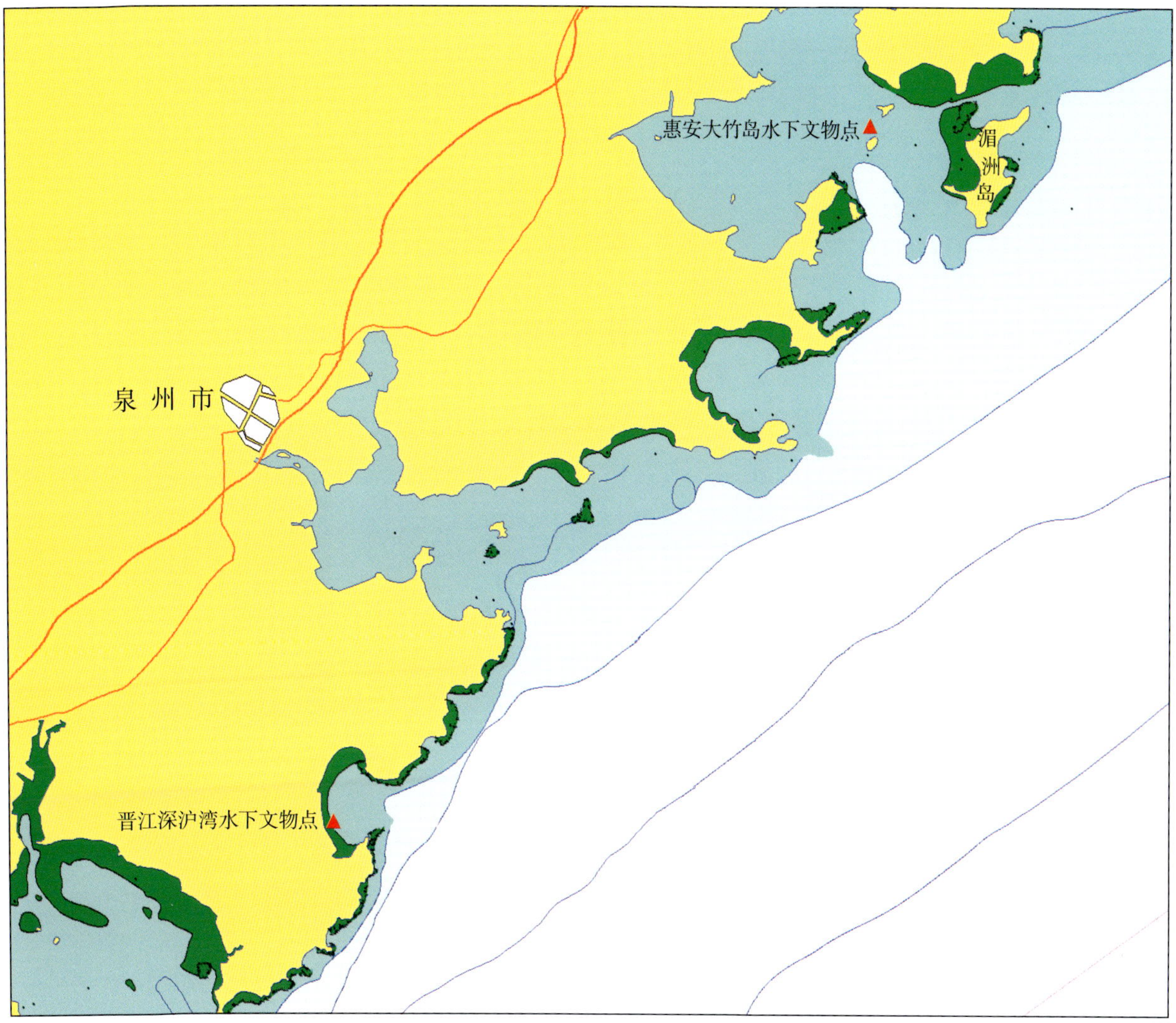


图 4–1　泉州海域水下文化遗存分布图

[1] 泉州市地方志编纂委员会编：《泉州市志》第一册，中国社会科学出版社，2000 年。

## （二）铜器

铜器共有 6 件。

### （1）铜碗

1 件。

标本深沪湾：2，铜质，灰褐色。敞口，尖唇，口沿外饰一周凸棱，斜弧腹，平底微外凸。口沿一侧有残缺，旁有一小孔，原来可能铸有把手或柄。外壁以阳文凸棱出筋，外底装饰一道凸棱，似植物叶脉纹。内底阴刻三周圆环纹。口径 12.8~13.7、底径 5.8、高 4.5 厘米（图 4–3，1；彩版 4–2）。

### （2）铜圆形器

1 件。

标本深沪湾：3，铜质，圆形，双面素面无纹，外表呈灰褐色。表面凹凸不平，上有海蛎等凝结物。面径 32.0、厚 0.9~1.7 厘米（图 4–3，2；彩版 4–3）。

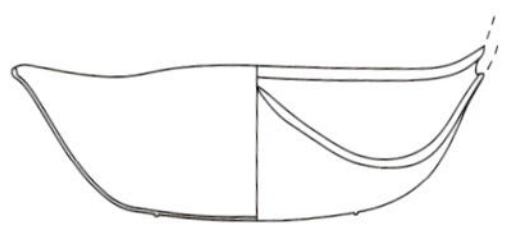


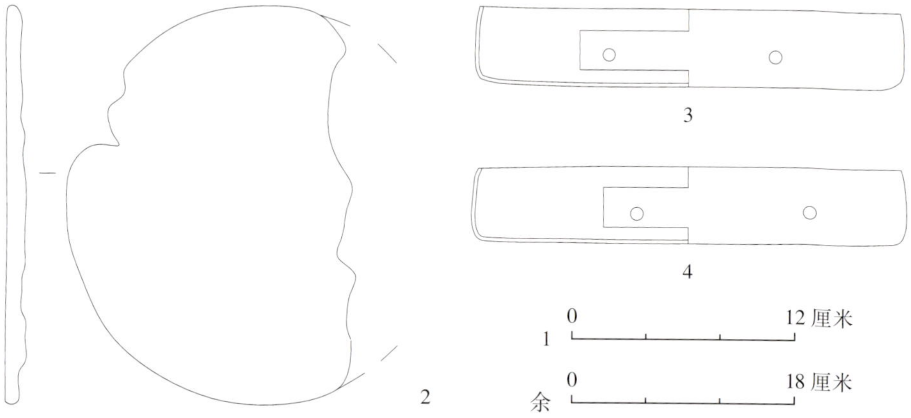


**图 4–3 深沪湾水下文物点出水铜器**

1. 碗（深沪湾：2） 2. 圆形器（深沪湾：3） 3、4. 锣（深沪湾：4、5）

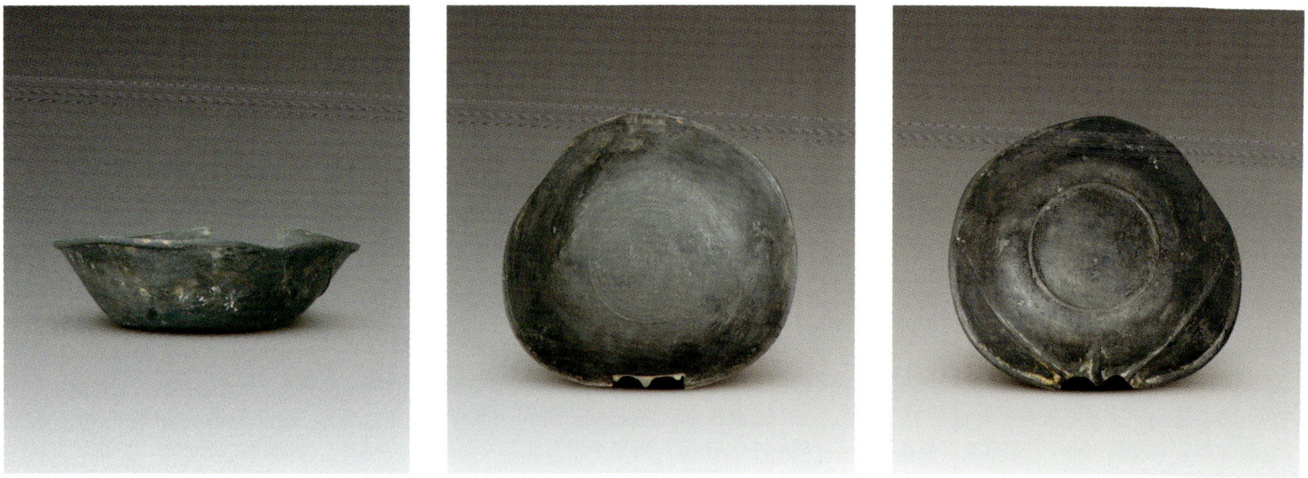

彩版 4–2 铜碗（深沪湾：2）

（3）铜锣

2 件。形制相同。圆形，面平微外凸，局部有残缺；锣边与面垂直，直口，一侧钻有两个圆形小孔，以穿系锣绳，便于提携或悬挂。锣面及锣边均有敲打凹痕。

标本深沪湾：4，口径 34.3、底面径 34.3、高 6.1、壁厚 0.2~0.3 厘米（图 4–3，3；彩版 4–4）。

标本深沪湾：5，口径 34.1、底面径 34.1、高 6.1、壁厚 0.2~0.3 厘米（图 4–3，4；彩版 4–5）。

彩版 4–3　铜圆形器（深沪湾：3）

彩版 4–4　铜锣（深沪湾：4）

彩版 4–5　铜锣（深沪湾：5）

（4）铜铳

1件。

标本深沪湾：6，黄铜质地，由前膛、药室和尾銎三部分构成，嘉靖三十二年铸造（公元1553年）。前膛呈筒形，圆唇，宽沿、口微侈，口沿铸环形固箍，膛内壁尚残留一铁弹；双兽首耳；药室外凸呈椭圆形，上有小圆孔状药门；尾銎中空呈筒状，外沿亦铸固箍。铳身外壁有六道环小箍。前膛下部阴刻竖向楷书“温字八号”；铳身上部镌刻三排竖向铭文；右侧刻铭“嘉靖三十二年孟春吉日”，中间为“温州府铸造”，左侧刻“耆民张元钲铜匠池魁”；铳身背面刻有“铳重二百七十斤”的铭文。所刻铭文分别记载了铜铳的编号、铸造时间、机构、铸造人员、重量等。口内径16.3、外径22.4、腹围86.3厘米，尾銎内径16.3、外径24.5、通长81.8厘米（图4–4，1；彩版4–6）。

彩版4–6　铜铳（深沪湾：6）

**（5）铜构件**

1件。

标本深沪湾：7，黄铜质。器呈不规则形，一侧铸为兽形，兽首尖嘴，椭圆形眼以双线刻出；兽耳外突，长1.4、高0.6、厚0.5厘米；腹部较长，腹背有两方形孔，孔长1.2~1.8、宽0.6厘米；腹下也有一长方形孔，长2.0、宽0.9厘米，兽尾有三小突起；器另一侧亦有一个长方形孔，孔长2.9、宽1.3厘米，器孔相互贯通。通长12.2、通宽9.1厘米（图4–4，2；彩版4–7）。

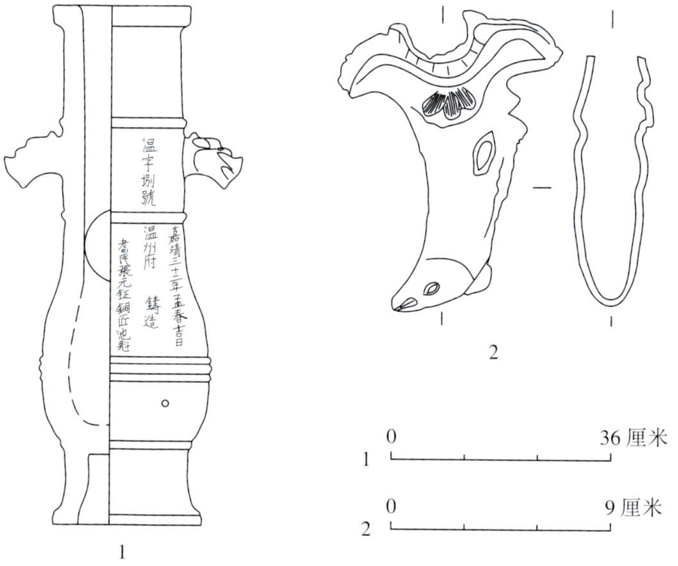


**图4–4　深沪湾水下文物点出水铜器**

1. 铳（深沪湾：6）　2. 构件（深沪湾：7）

**彩版4–7　铜构件（深沪湾：7）**

## （三）铁器

仅有铁炮1门。

**铁炮**

1门。

标本深沪湾：8，铁质，通体锈蚀严重，南明弘光元年（公元1645年）铸造。炮体前细后粗，呈长圆筒状。口微敞，壁较厚；炮尾端部如覆笠，附小尾珠，有火门。中腹偏后横出双耳，宽37.5厘米。炮身铸有数道突棱形固箍，以及五排阳文，因锈蚀严重，不少铭文模糊不清，铭文为有“福建军门部准/兵部咨奉/督造□□/□□□□曾钦/弘光元年吉旦/”（无法辨识者以“□”示出，“/”

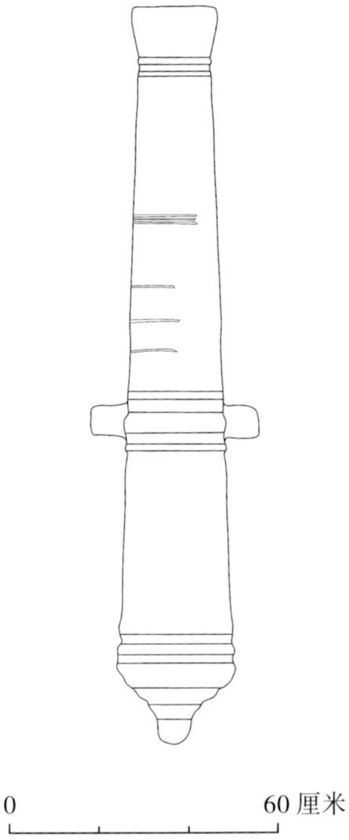


图 4–5　深沪湾水下文物点出水铁炮（深沪湾：8）

彩版 4–8　铁炮（深沪湾：8）

代表铭文间间隔）。此外，炮身残存数道橙黄色彩绘弦纹。口径 18.2、尾径 27.0、长 161.0 厘米（图 4–5；彩版 4–8）。

### （四）锡器

锡器 2 件。

#### （1）锡壶

1 件。

标本深沪湾：9，上部有残缺。圆直腹，腹下渐收，胫下外撇，底部内凹，圈足，直管形流。上腹径 21、底径 17.4、高 14.2、壁厚 0.1~0.5、流长 5.6~6.7、流口内径 4.0、外径 5.0 厘米（图 4–6，1；彩版 4–9）。

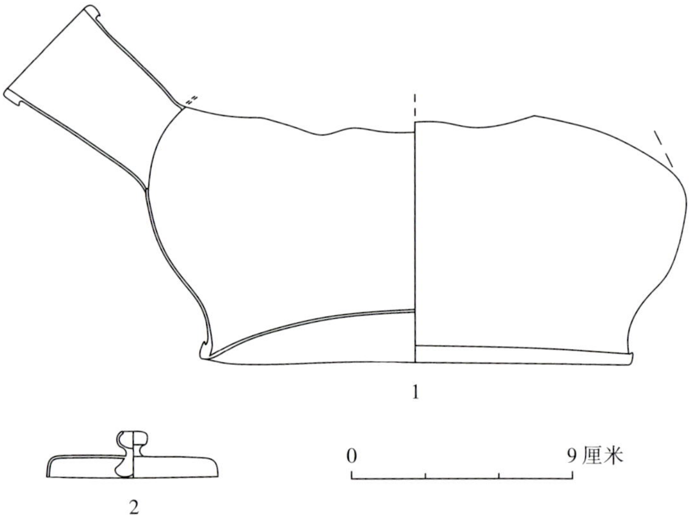


图 4–6　深沪湾水下文物点出水锡器

1. 壶（深沪湾：9）　2. 器盖（深沪湾：10）

#### （2）锡器盖

1 件。

标本深沪湾：10，盖呈覆盘形，盖面较平，上有扁圆形钮，钮内中空，钮外浅刻一周连续圆珠纹。口径 6.9、高 1.9 厘米（图 4–6，2；彩版 4–10）。

彩版 4–9　锡壶（深沪湾：9）

彩版 4–10　锡器盖（深沪湾：10）

## （五）石器

仅有石砚 1 件。

**石砚**

1 件。

标本深沪湾：11，残。砚为长方形，通体光素无纹，椭圆形砚堂，微内凹，砚面开长方形墨池，一角有缺。砚背四周平整无起边框，砚石呈灰黑色。长 13.1、宽 8.0、高 1.5 厘米（图 4–7；彩版 4–11）。

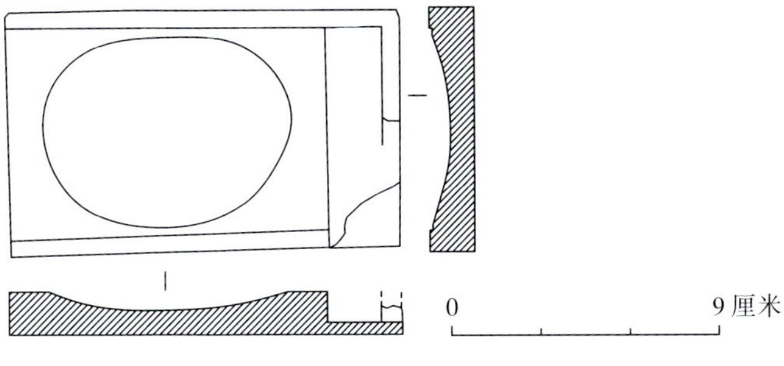


图 4–7　深沪湾水下文物点出水石砚（深沪湾：11）

彩版 4–11 石砚（深沪湾：11）

## 三 小结

晋江深沪湾水下文物点出水文物数量不多，但有明嘉靖三十二年（公元1553年）铜铳、南明弘光元年（公元1645年）铁炮等纪年器物，以及“大明成化年制”款白瓷盘，为我们断定遗址年代、性质等问题提供了重要依据。

白瓷盘具有明末清初景德镇窑釉、胎特征，“大明成化年制”款则为民窑寄托款，其年代应为明末清初。铜铳的铭文记载了铜铳的编号、铸造时间、机构、铸造人员、重量等，“嘉靖三十二年孟春”为铜铳的铸造年代，即公元1553年。铁炮上铸有督造机构、督造人、铸造时间等铭文，“弘光元年吉旦”亦为铸造时间，即公元1645年，弘光为南明年号，元年相当于清顺治二年（公元1645年），说明该遗址年代应不会早于其铸造时间。综合上述分析，初步断定沉船年代为清初（南明）。

晋江深沪湾明末清初水下文物点的性质，根据文物特征，推测其可能为明郑时期的战船遗物。出水文物分军事、生活两方面的用具。军事用具包括铜铳、铁炮两件火器，其中铁炮上还有铭文“福建军门”、“弘光元年”，铜锣等应为战争辅助器具。出水的不规则形铜构件，一侧铸为尖嘴兽形，据明代兵书《武备志》、《筹海图编》中“鸟嘴铳”火门分图有鸟嘴形火门盖，与该器相似[1]，因此该构件可能是鸟嘴铳类火器的附属构件。同时，其他出水文物中的生活器皿，如锡壶、铜碗、瓷盘等，其制作粗糙，多有使用痕迹，应为当时船上日常生活用器，而非贸易商品。综合而言，明末清初，该海域仍属南明势力范围，该遗存应为一处南明时期的战船遗物点。

# 第三节 惠安大竹岛水下文物点

## 一 遗址概况

大竹岛位于湄州湾口中间，西南有小竹岛，西边为大生岛，北边有盘屿，是进出莆田秀屿港和泉州泉港区肖厝码头的必经之地。此处暗礁较多，周围有林齿礁、马鞍礁、鸡竹礁等礁石，其中大部分为暗礁或干出礁。大竹岛水下文物点位于大竹岛北面约200米（彩版4–12），遗存所处

[1]（明）茅元仪：《武备志》卷一百二十四，“火器图说·鸟嘴铳”，台北华世出版社，1984年，第5090页；（明）郑若曾撰：《筹海图编》卷十三，“经略·兵器·鸟嘴铳”，中国兵书集成编委会：《中国兵书集成》（第15–16册），解放军出版社、辽沈书社，1990年，第1269页。

彩版 4–12　大竹岛水下遗存位置

彩版 4–14　大竹岛水下遗存出水标本

海床西、北部为泥沙底，偶有礁石露出海床，南部靠近大竹岛为礁石底。高平潮时水深约 24~26 米，潮差约 3 米。

2005 年 10 月下旬 ~11 月中旬，湄洲边防派出所和福建省公安边防总队海警第二支队曾在湄洲海域截获 5 艘盗捞船只，收缴瓷器等文物共 1000 多件。2008 年 5~7 月，福建沿海水下文物普查队调查并确认了大竹岛水下文物点（彩版 4–13），水下遗物分布零散，未发现遗物集中分布区和船体遗迹，采集近百件瓷器标本（标本编为“大竹岛”）（彩版 4–14）。

彩版 4–13　大竹岛水下考古调查

此外，2008年6月，龙海市公安边防大队在龙海市隆教乡镇海码头破获一起特大倒卖文物案件，现藏龙海市博物馆。经对比研究，这批文物中有部分应为大竹岛水下文物点出水（标本编为“龙海博”），现将其一并介绍。

## 二　出水遗物

该遗存发现遗物均为瓷器，有白瓷、蓝釉瓷、青花瓷、五彩瓷四类，器形有碗、盘、碟、勺、杯等。

### 1. 白瓷

仅见杯和汤匙。

#### （1）杯

2件。

标本大竹岛：27，口微撇，圆唇，斜弧腹，矮圈足，碗内心微突。内外均施釉。口径7.8、足径4.5、高3.7厘米（图4-8，1；彩版4-15）。

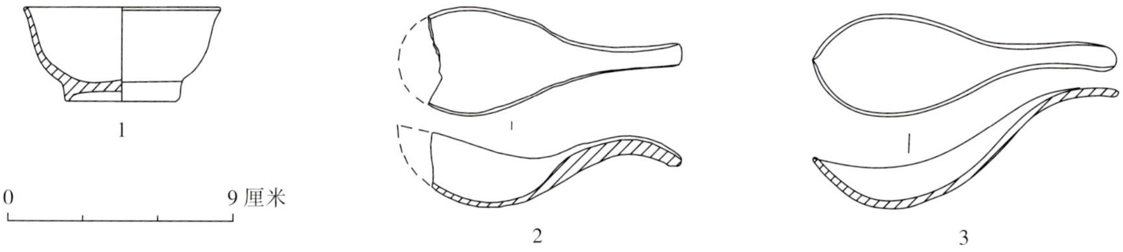


图4-8　大竹岛水下文物点出水青白瓷

1. 杯（大竹岛：27）　2、3. 汤匙（大竹岛：29、龙海博：1272）

彩版4-15　白瓷杯（大竹岛：27）

（2）**汤匙**

6 件。椭圆形匙斗，前部稍尖，圜底，底部黏少量细砂，弧柄。

标本大竹岛：29，斗残，残长 10.0、宽 4.2 厘米（图 4–8，2；彩版 4–16）。

标本龙海博：1270，长 11.3、宽 4.1、高 3.5 厘米（彩版 4–17）。

标本龙海博：1271，长 11.3、宽 4.0、高 3.6 厘米（彩版 4–18）。

标本龙海博：1272，长 12.0、宽 4.2、高 3.9 厘米（图 4–8，3；彩版 4–19）。

**2. 蓝釉瓷**

仅见浅腹小杯。

**小杯**

9 件。敞口，圆唇，斜弧腹，饼足内凹。外壁施蓝釉，釉色深浅不一，内壁施青白釉。

彩版 4–16　白瓷汤匙（大竹岛：29）

彩版 4–17　白瓷汤匙（龙海博：1270）

彩版 4–18　白瓷汤匙（龙海博：1271）

彩版 4–19 白瓷汤匙（龙海博：1272）

彩版 4–20 蓝釉小杯（大竹岛：23~26）

标本大竹岛：23，蓝釉颜色较深。口径 4.4、足径 2.2、高 2.0 厘米（图 4–9，1；彩版 4–20 左 1）。

标本大竹岛：24，圈足底黏附砂粒，蓝釉色偏灰黑。口径 4.5、足径 2.2、高 2.0 厘米（图 4–9，2；彩版 4–20 左 2）。

标本大竹岛：25，釉色呈淡蓝色。口径 4.4、足径 2.2、高 1.7 厘米（图 4–9，3；彩版 4–20 左 3）。

标本大竹岛：26，釉色呈蓝灰色。口径 4.4、足径 2.1、高 1.8 厘米（图 4–9，4；彩版 4–20 左 4）。

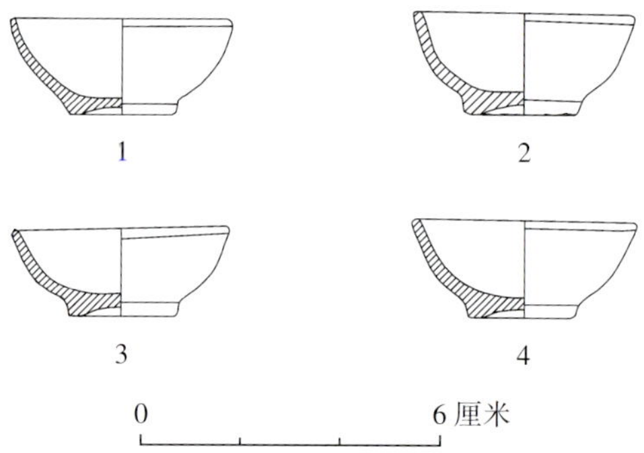


图 4–9 大竹岛水下文物点出水蓝釉小杯

1~4. 大竹岛：23~26

### 3. 青花瓷

器形有碗、盘、碟。大多器形较规整，胎色较白，质细腻。白釉略泛青。青花呈色不一，大部分呈浅蓝、蓝灰、浅灰、灰黑等，少数色调较为浓艳。

#### （1）碗

30件。分三型。

A型　3件。敞口。

标本大竹岛：2，圆唇，斜弧腹，内外底平，圈足，内足墙微外撇。白胎，釉微泛青，内外均施釉，足端刮釉，碗心有涩圈。外壁绘五组“五蝠拜寿”图案，青花呈色灰暗。口径14.5、足径7.4、高6.2厘米（图4-10，1；彩版4-21）。

B型　12件。撇口，圆唇，斜弧腹，圈足。分两式。

B型Ⅰ式　7件。口微撇，圈足内墙微向内斜。内外均施釉，足端刮釉。

标本大竹岛：3，碗心微突，口沿外施一圈酱釉。外壁绘四朵青花花卉，间以缠枝纹；腹下部

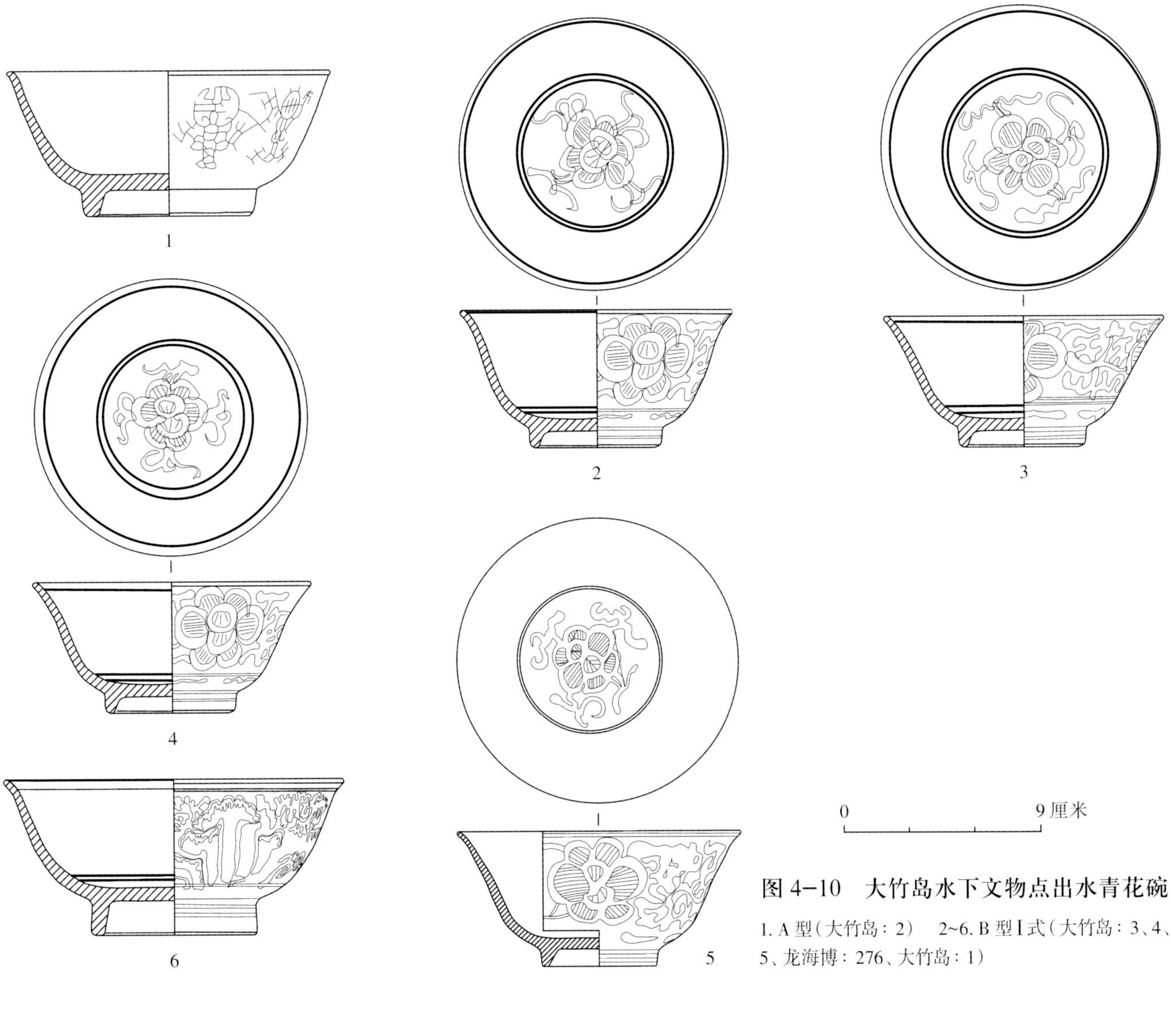


图4-10　大竹岛水下文物点出水青花碗

1. A型（大竹岛：2）　2~6. B型Ⅰ式（大竹岛：3、4、5、龙海博：276、大竹岛：1）

彩版 4–21　青花碗（大竹岛：2）

彩版 4–22　青花碗（大竹岛：3）

分饰两组青花双圈弦纹，中间绘水波纹。碗内底四周绘青花双圈弦纹，中间绘花卉纹。外底青花双圈弦纹内书“吉”字款。青花呈色鲜蓝，色调浓艳。口径 12.2、足径 6.0、高 6.1 厘米（图 4–10，2；彩版 4–22）。

标本大竹岛：4，碗心微突，口沿外施一圈酱釉。外壁绘四朵青花花卉，间以缠枝纹；腹下部分饰两组青花双圈弦纹，中间绘水波纹。碗内底四周绘青花双圈弦纹，中间绘花卉纹。外底青花双圈弦纹内书“吉”字款。口径 12.7、足径 5.8、高 5.8 厘米（图 4–10，3；彩版 4–23）。

标本大竹岛：5，碗心微突。口沿外施一圈酱釉。外壁绘四朵青花花卉，间以缠枝纹；腹下部分饰两组青花双圈弦纹，中间绘水波纹。碗内底四周绘青花双圈弦纹，中间绘花卉纹。青花呈色较淡。口径 12.5、足径 6.0、高 5.8 厘米（图 4–10，4；彩版 4–24）。

标本龙海博：276，碗心微突，口沿外施一圈酱釉。外壁绘四朵青花花卉，间以缠枝纹；腹下部分饰两组青花双圈弦纹，中间绘水波纹。碗内底四周绘青花双圈弦纹，中间绘花卉纹。外底青花双圈弦纹内书“吉”字款。口径 12.6、足径 5.0、高 6.0 厘米（图 4–10，5；彩版 4–25）。

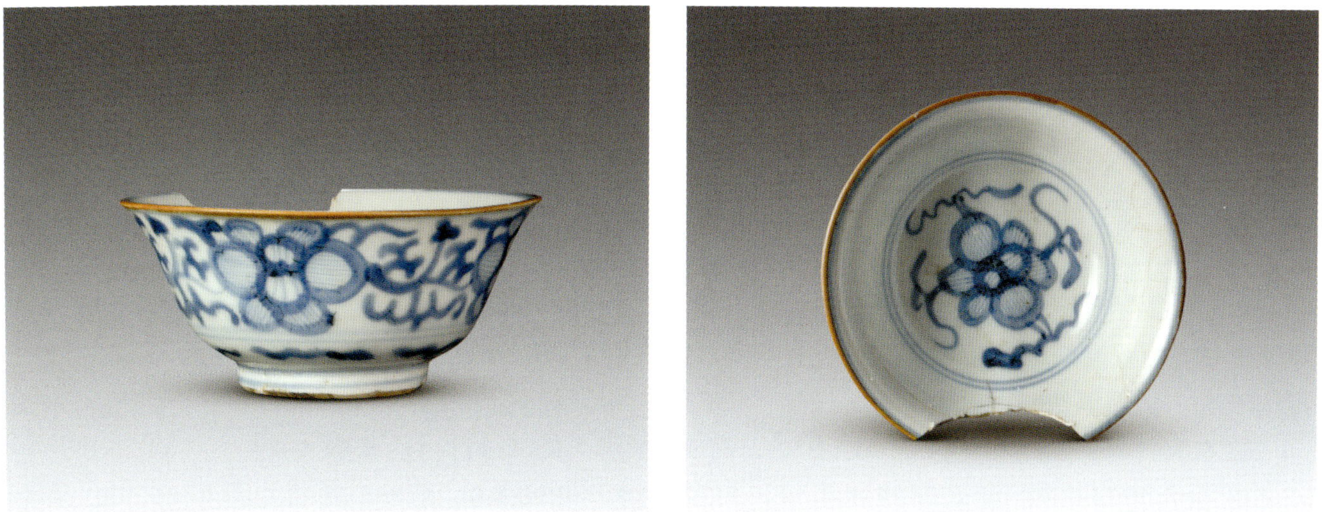

彩版 4-23　青花碗（大竹岛：4）

彩版 4-24　青花碗（大竹岛：5）

彩版 4-25　青花碗（龙海博：276）

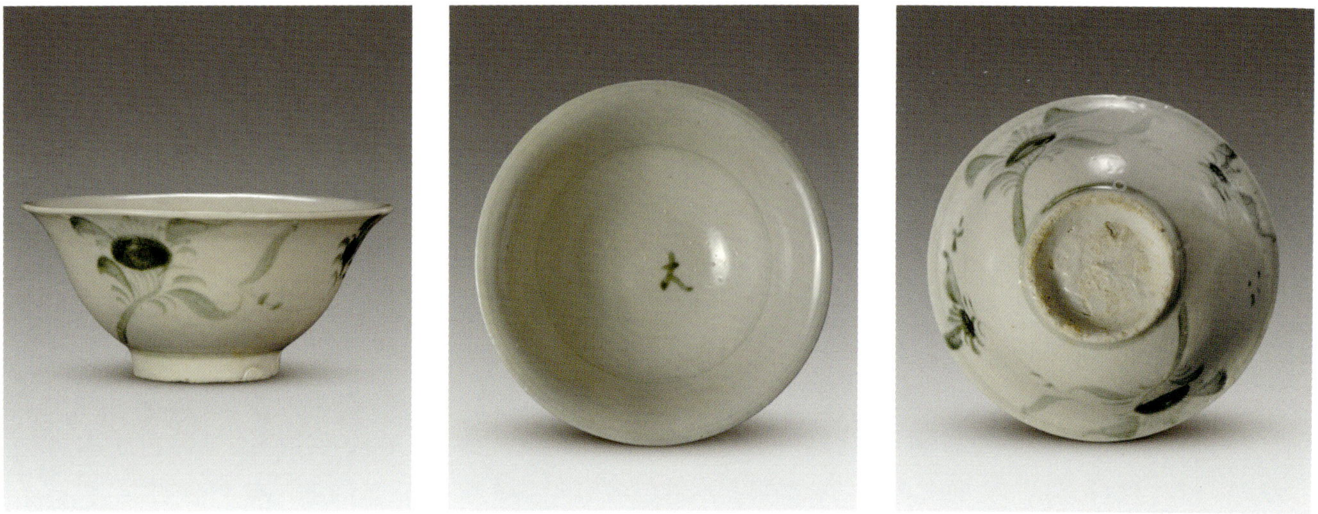


彩版 4－29　青花碗（大竹岛：6）

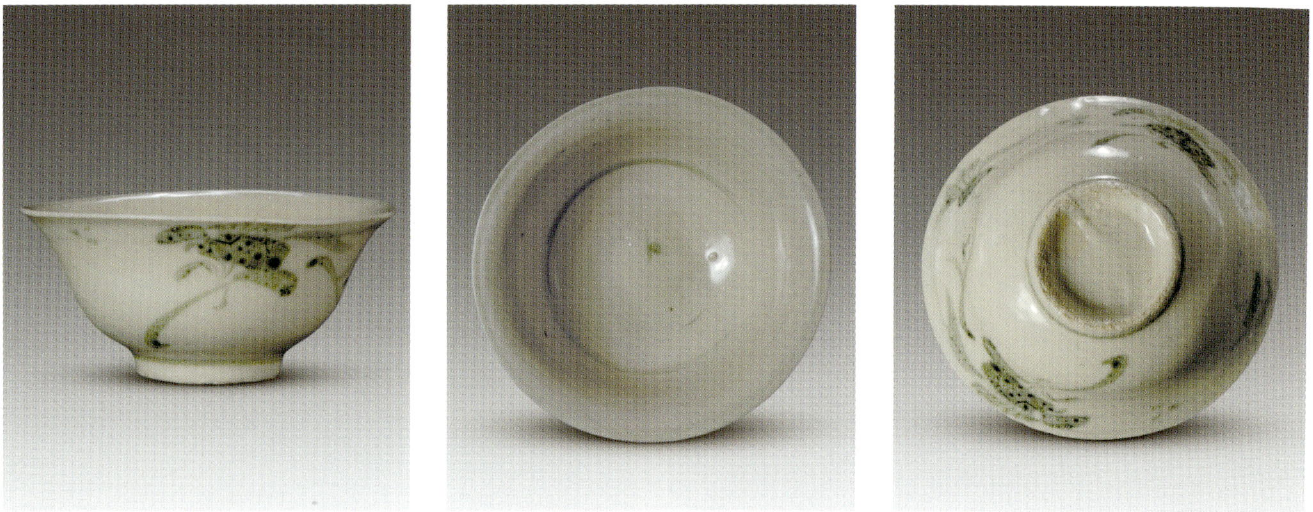

彩版 4－30　青花碗（大竹岛：8）

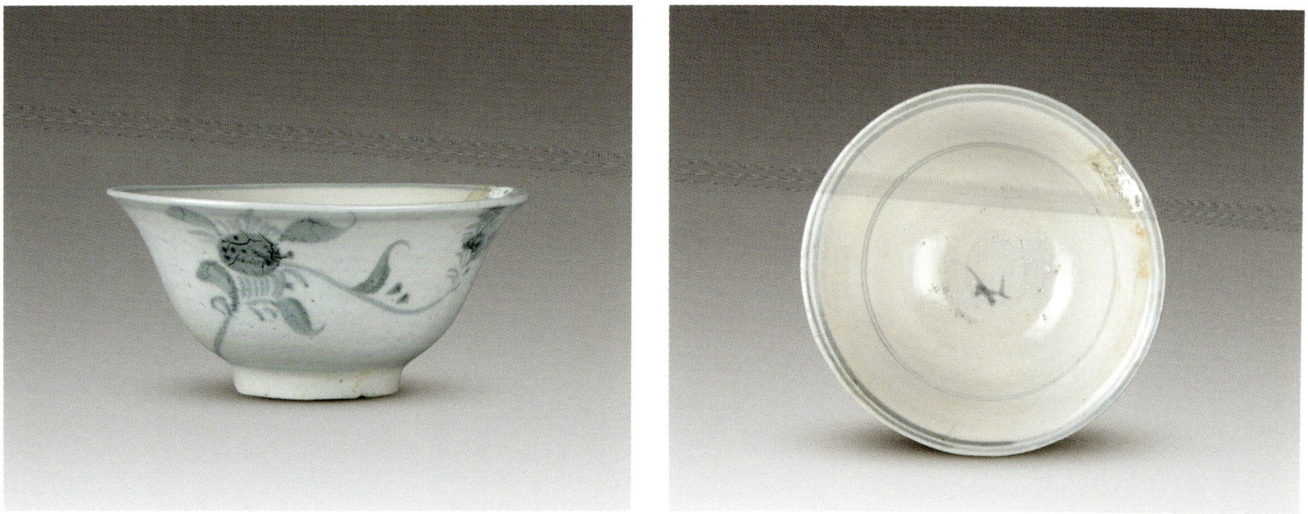

彩版 4－31　青花碗（龙海博：268）

标本龙海博：269，口径13.4、足径5.1、高6.0厘米（图4-11，4；彩版4-32）。

C型　15件。折沿。敞口，圆唇，折沿，斜弧腹，圈足。内外均施釉，足端刮釉，黏附有砂粒，外底局部露胎。外口沿下绘两组青花花卉纹，间以花草纹，下腹部绘四组花草纹；内口沿绘青花花草纹，间以三重水波纹；碗内底四周绘青花双圈弦纹，中间绘写意花草纹。

标本大竹岛：9，青花呈色较淡。口径14.8、足径5.8、高6.0厘米（图4-11，5；彩版4-33）。

标本大竹岛：10，青花呈色灰暗。口径14.2、足径5.2、高5.9厘米（图4-11，6；彩版4-34）。

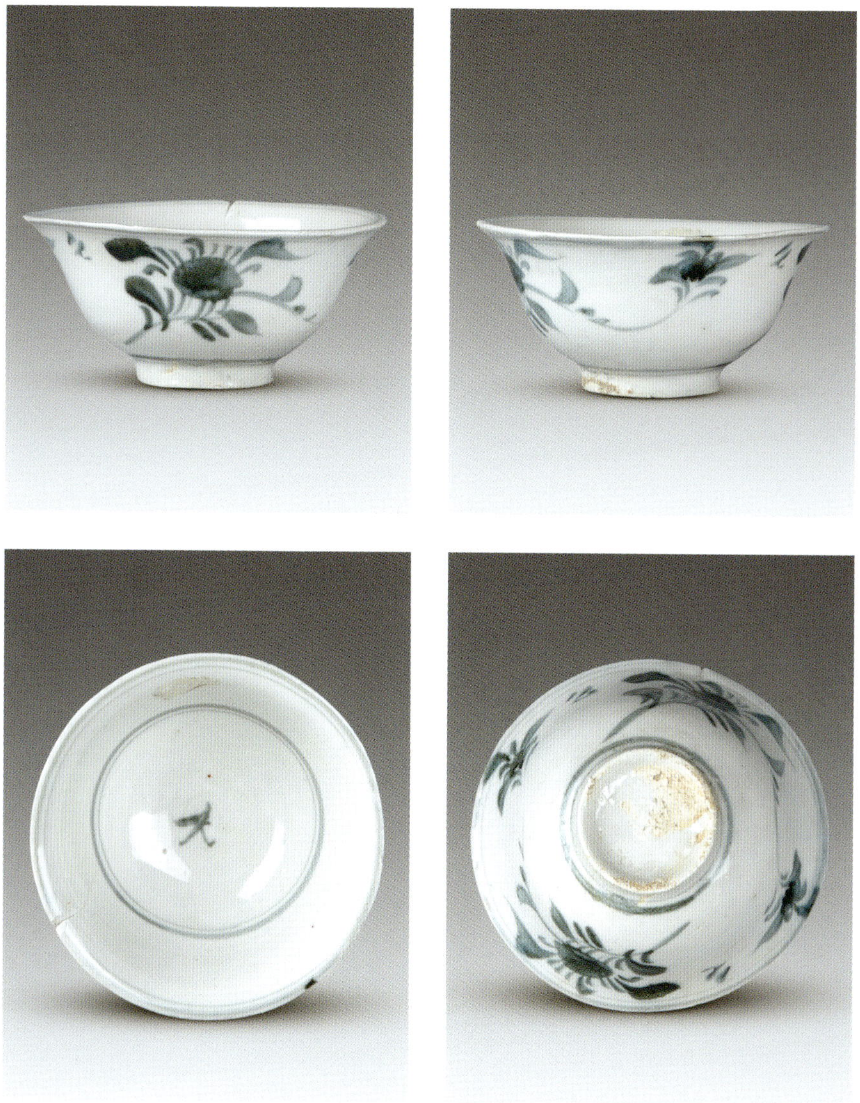

彩版4-32　青花碗（龙海博：269）

彩版4-33　青花碗（大竹岛：9）

彩版 4–34　青花碗（大竹岛：10）

（2）**盘**

21 件。分三型。

A 型　14 件。敞口，圆唇，斜弧腹，圈足。口沿及外底局部无釉。分两式。

A 型Ⅰ式　10 件。器形较小。内口沿下绘三组青花花卉纹，盘心绘青花花叶纹。

标本大竹岛：15，青花呈色灰黑。口径 14.0、足径 8.1、高 2.4 厘米（图 4–12，1；彩版 4–35）。

标本大竹岛：16，青花呈色蓝灰。口径 14.0、足径 8.1、高 2.4 厘米（图 4–12，2；彩版 4–36）。

标本大竹岛：17，青花呈色淡蓝色，图案较模糊。口径 14.0、足径 8.1、高 2.4 厘米（图 4–12，3）。

标本龙海博：62，青花呈色浅灰黑色。口径 13.9、足径 8.0、高 2.5 厘米（彩版 4–37）。

标本龙海博：63，青花呈色蓝灰色。口径 13.6、足径 8.1、高 2.4 厘米（彩版 4–38）。

标本龙海博：64，青花呈色蓝灰色。口径 13.8、足径 8.4、高 2.4 厘米（图 4–12，4；彩版 4–39）。

标本龙海博：65，青花呈色蓝灰色。口径 13.8、足径 7.8、高 2.6 厘米（彩版 4–40）。

标本龙海博：68，青花呈色灰黑色。口径 14.0、足径 8.1、高 2.5 厘米（彩版 4–41）。

标本龙海博：69，青花呈色蓝灰色。口径 13.9、足径 8.2、高 2.6 厘米（图 4–12，5；彩版 4–42）。

A 型Ⅱ式　4 件。器形较大。内壁上下部各绘一圈弦纹，中间绘三组花卉；内底绘云龙纹。

标本龙海博：66，青花呈色较灰暗。口径 18.2、足径 11.2、高 3.5 厘米（图 4–13，1；彩版 4–43）。

标本大竹岛：12，青花呈色灰暗，胎质白。口径 18.2、足径 11.0、高 3.0 厘米（图 4–13，2；彩版 4–44）。

标本大竹岛：13，青花呈色灰蓝色。口径 18.2、足径 11.0、高 3.0 厘米（图 4–13，3；彩版 4–45）。

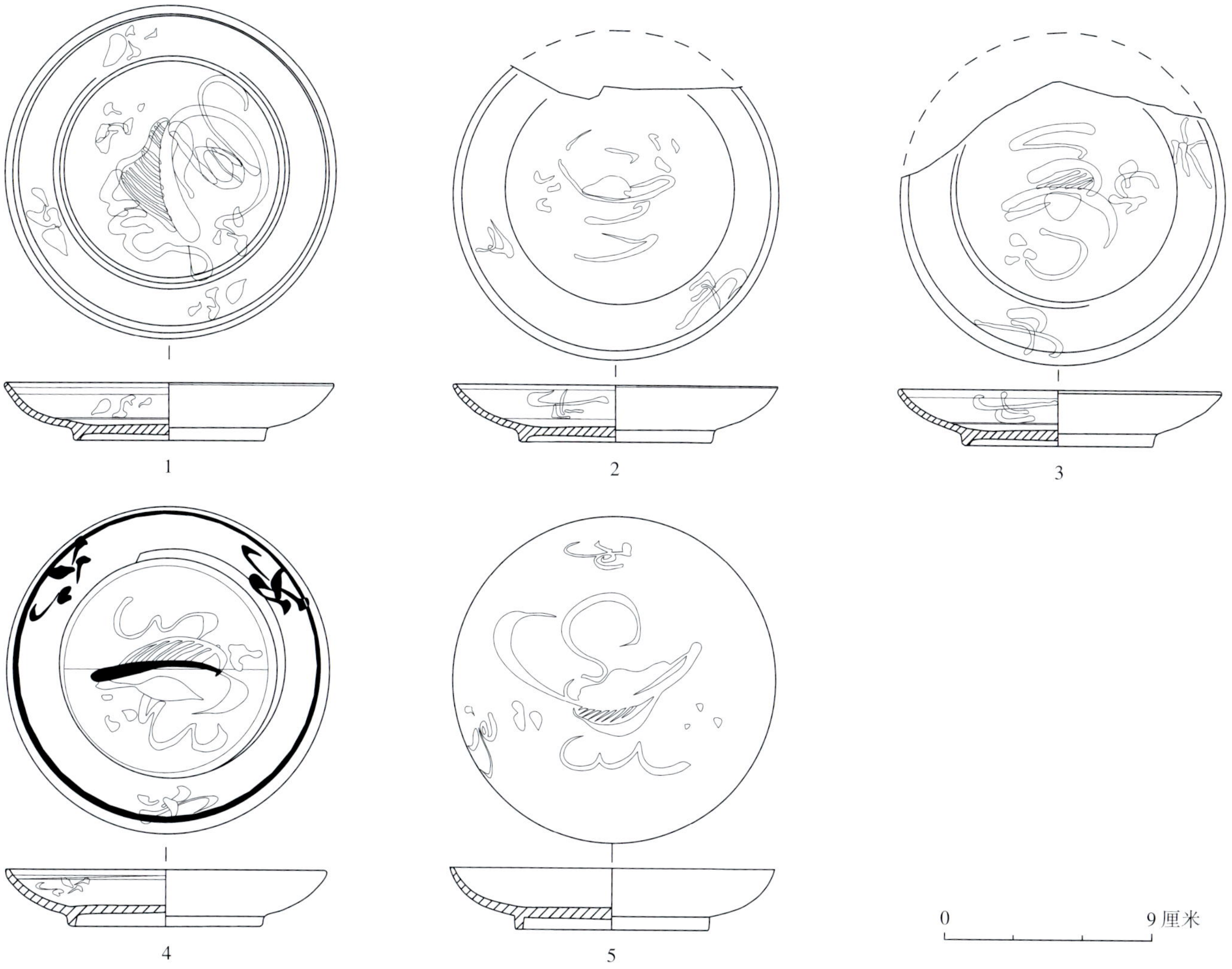


**图 4-12　大竹岛水下文物点出水青花盘**

1~5. A 型Ⅰ式（大竹岛：15、16、17、龙海博：64、69）

彩版 4-35　青花盘（大竹岛：15）

彩版 4-36　青花盘（大竹岛：16）

彩版 4-37　青花盘（龙海博：62）

彩版 4–38　青花盘（龙海博：63）

彩版 4–39　青花盘（龙海博：64）

彩版 4–40　青花盘（龙海博：65）

彩版 4–41　青花盘（龙海博：68）

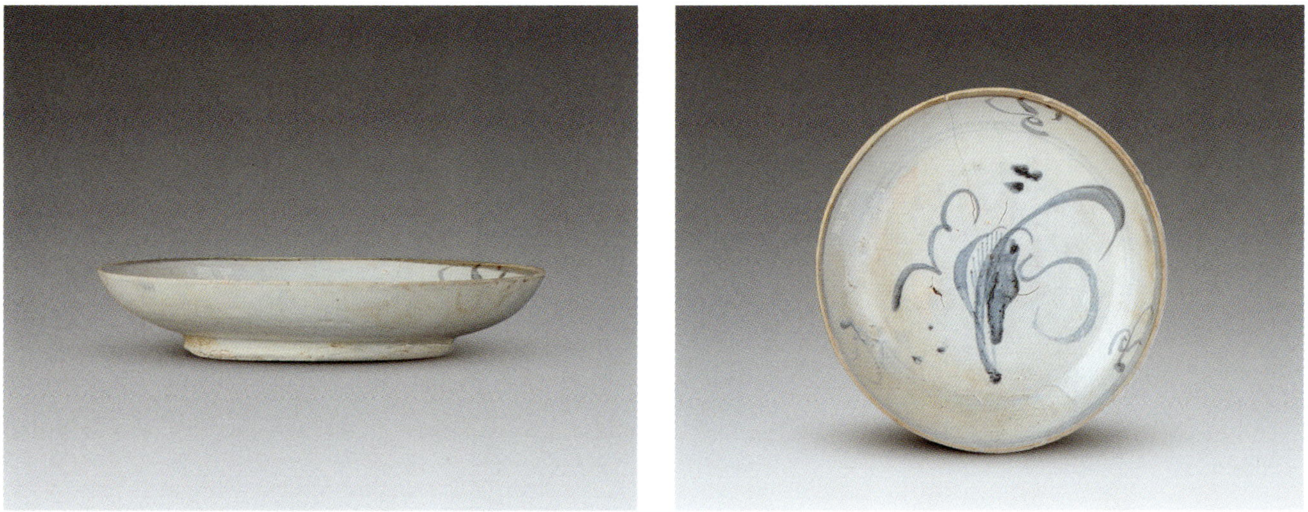

彩版 4–42　青花盘（龙海博：69）

彩版 4–43　青花盘（龙海博：66）

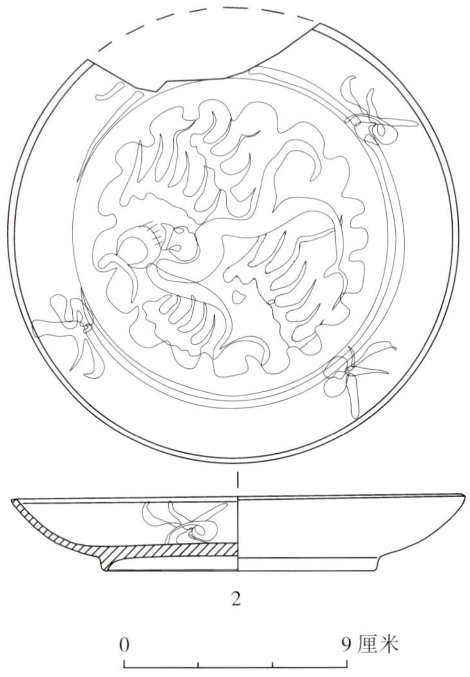


**图 4-13　大竹岛水下文物点出水青花盘**

1~3. A 型Ⅱ式（龙海博：66、大竹岛：12、13）

**彩版 4-44　青花盘（大竹岛：12）**

**彩版 4-45　青花盘（大竹岛：13）**

B 型　4 件。敞口，折沿，斜弧腹，圈足较矮，内、外底较平。

标本龙海博：70，内满釉，外施至足内，外底无釉。青花呈色淡蓝。口沿内侧为青花地草叶纹，内底绘花叶纹。口径 18.4、足径 11.0、高 3.5 厘米（图 4-14，1；彩版 4-46）。

标本大竹岛：14，青花色淡。口径 18.2、足径 10.7、高 3.1 厘米（图 4-14，2；彩版 4-47）。

标本大竹岛：18，口沿残片。外壁上部用青花线条书“寿”字；内口沿处绘水波纹；内壁用

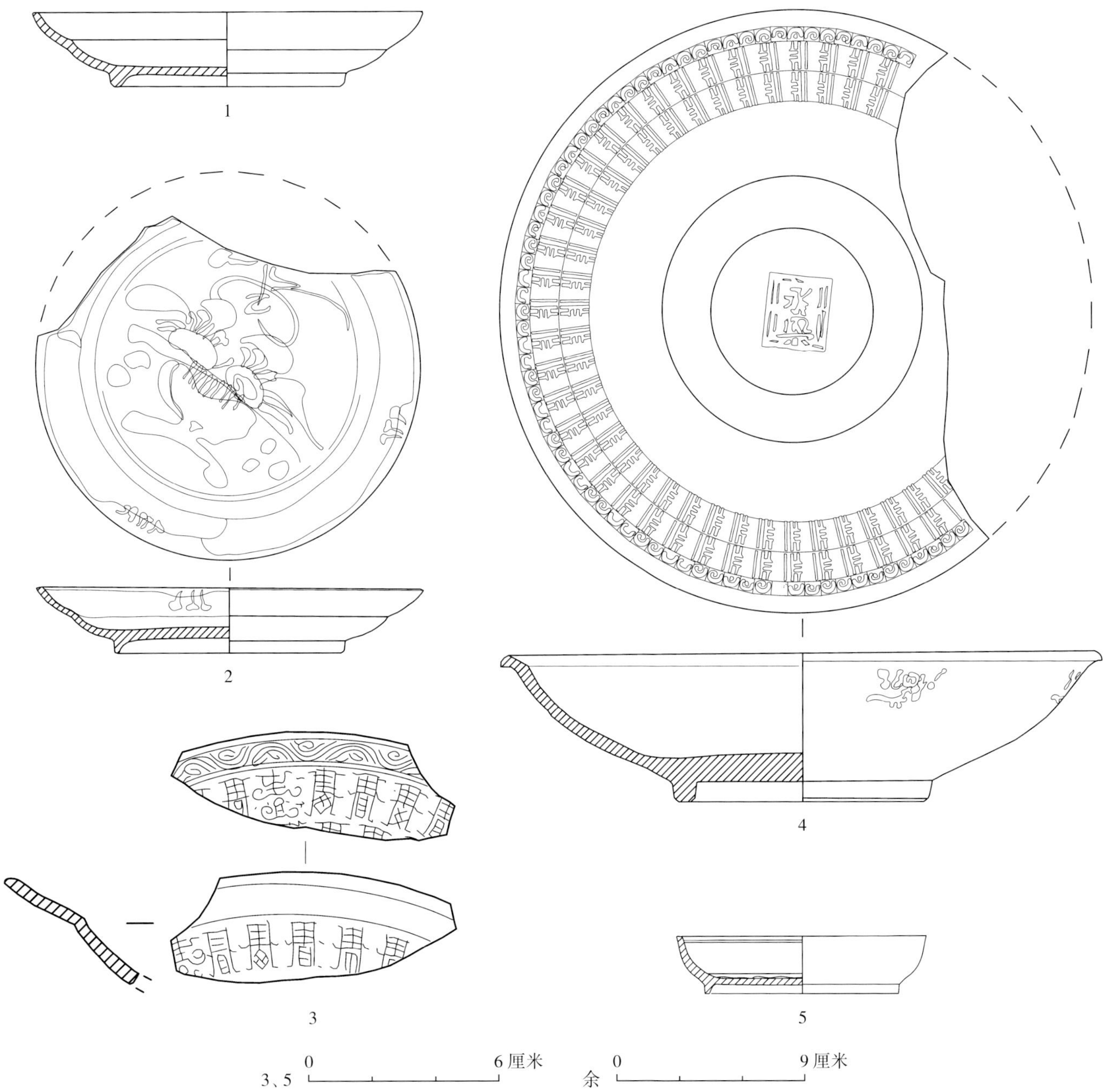

图 4-14　大竹岛水下文物点出水青花瓷

1~3. B 型盘（龙海博：70、大竹岛：14、18）　4. C 型盘（大竹岛：11）　5. 碟（龙海博：4016）

青花书“寿”字。残高 3.3 厘米（图 4-14，3；彩版 4-48）。

C 型　3 件。口微撇，折沿。

标本大竹岛：11，圈足，足墙较矮，外底较平，外壁旋坯痕明显。足端无釉，内底有涩圈。外口沿下绘六组青花折枝花；内壁上部一周青花地卷云纹，下接两重青花“寿”字纹；盘心一方形青花地“永兴”款。口径 28.8、足径 12.3、高 6.8 厘米（图 4-14，4；彩版 4-49）。

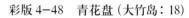

彩版 4－46　青花盘（龙海博：70）

彩版 4－48　青花盘（大竹岛：18）

彩版 4－47　青花盘（大竹岛：14）

彩版 4－49　青花盘（大竹岛：11）

（3）碟

2件。

标本龙海博：4016，敞口，圆唇，弧腹，圈足，足墙外直内斜，内外底较平。白胎，釉微泛青。内外均施釉，足端和口沿刮釉。口沿内侧绘青花单圈弦纹；内底四周绘一周云幔纹，中间绘一草叶纹。口径8.0、足径6.2、高1.8厘米（图4–14，5；彩版4–50）。

彩版4–50　青花碟（龙海博：4016）

4.五彩瓷

器形有碗、小碟，以碗为多。由于五彩为釉上彩，长期受海水浸泡，大部分彩脱落比较严重，个别仅留下五彩痕迹。

（1）碗

12件。口微撇，圆唇，斜弧腹，圈足较高，内、外底较平。内外均施釉，足端无釉。五彩多为凤鸟以及花卉图案，彩多剥落。

标本大竹岛：19，口径15.0、足径7.9、高6.9厘米（图4–15，1；彩版4–51）。

标本大竹岛：20，口径14.5、足径7.7、高6.4厘米（图4–15，2；彩版4–52）。

标本大竹岛：21，口径14.9、足径7.6、高6.9厘米（图4–15，3；彩版4–53）。

标本大竹岛：22，口径16.0、足径8.1、高7.5厘米（图4–15，4；彩版4–54）。

标本龙海博：279，口径16.4、足径7.9、高7.3厘米（图4–15，5；彩版4–55）。

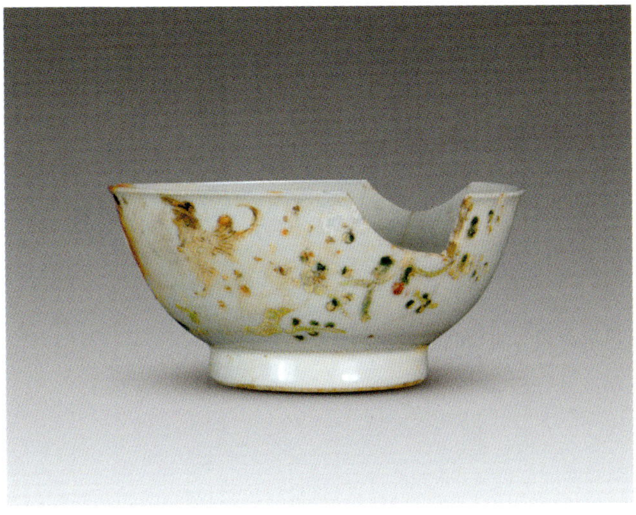

彩版4–51　五彩碗（大竹岛：19）

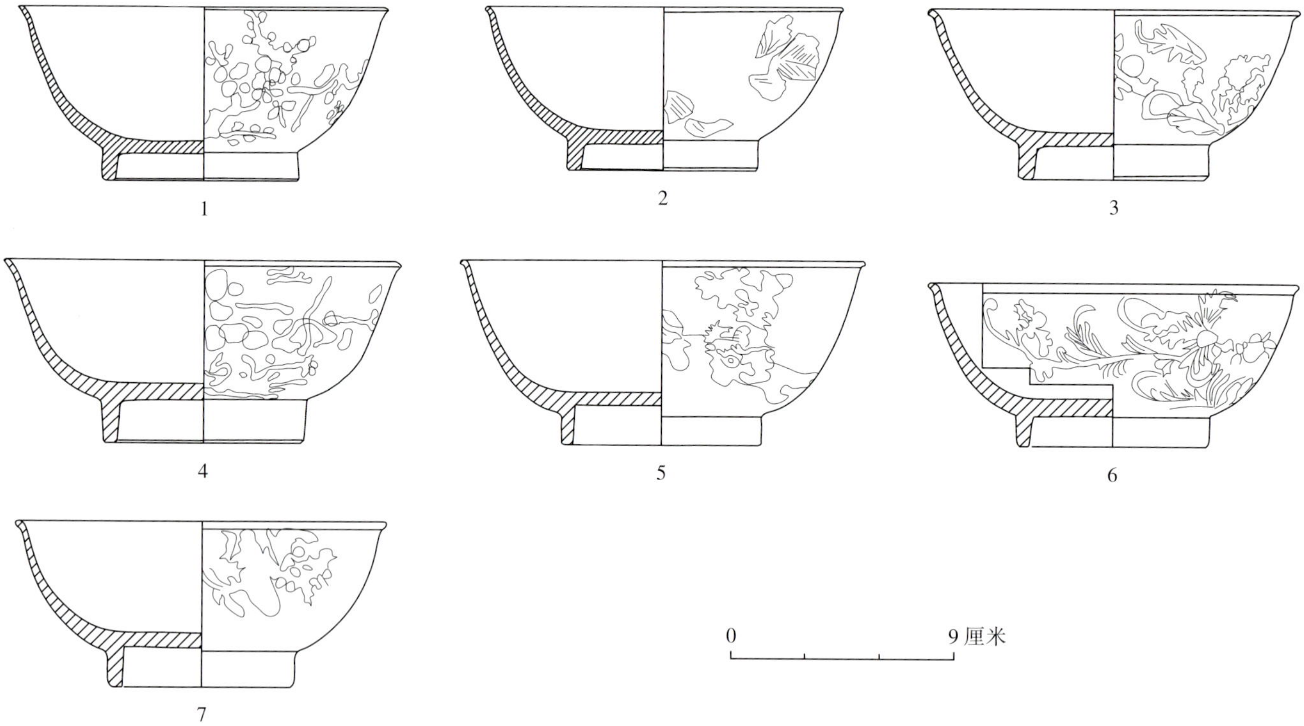


**图 4-15　大竹岛水下文物点出水五彩碗**

1~7. 大竹岛：19、20、21、22、龙海博：279、281、285

彩版 4-52　五彩碗（大竹岛：20）

彩版 4-53　五彩碗（大竹岛：21）

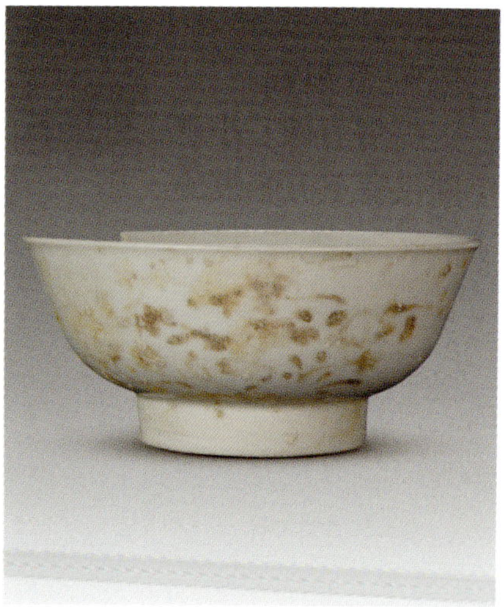

彩版 4-54　五彩碗（大竹岛：22）

标本龙海博：281，口径 14.5、足径 7.7、高 6.6 厘米（图 4-15，6；彩版 4-56）。

标本龙海博：282，口径 15.1、足径 7.4、高 6.6 厘米（彩版 4-58）。

标本龙海博：283，口径 16.0、足径 7.7、高 7.5 厘米（彩版 4-57）。

标本龙海博：285，口径 14.7、足径 7.4、高 6.6 厘米（图 4-15，7；彩版 4-59）。

彩版 4–55　五彩碗（龙海博：279）

彩版 4–56　五彩碗（龙海博：281）

彩版 4–57　五彩碗（龙海博：283）

彩版 4–58　五彩碗（龙海博：282）

彩版 4–59　五彩碗（龙海博：285）

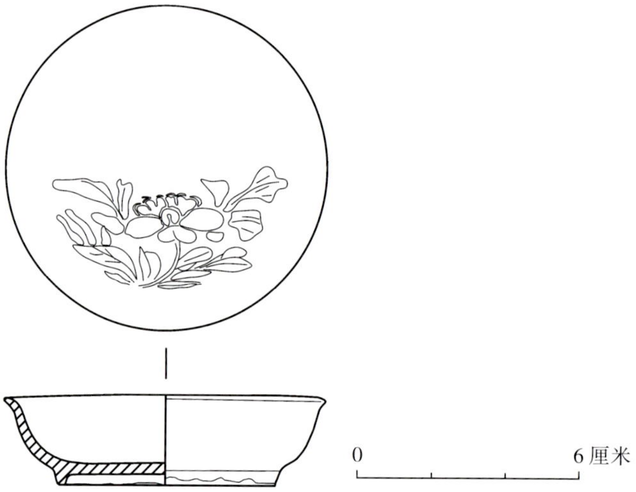


图 4–16　大竹岛水下文物点出水五彩碟（大竹岛：28）

彩版 4–60　五彩碟（大竹岛：28）

（2）碟

1 件。

标本大竹岛：28，口微撇，圆唇，浅斜弧腹，圈足较大。内外均施釉，外底局部露胎，足端黏有砂粒。碟心有绘五彩折枝牡丹花，彩脱落殆尽，仅留痕迹。口径 8.5、足径 5.9、高 2.4 厘米（图 4–16；彩版 4–60）。

## 三　小结

大竹岛附近水域在以往的水下考古调查中还未发现过水下文化遗存，此次调查，虽然未发现沉船遗迹，但采集到一批遗物，而且大部分为同类器物，结合历次边防和海警部门收缴的出水文物来看，此处应为一处水下文化遗存。此处海床地质条件有利于沉船埋藏，船体有可能被深埋入海床下，因此暂时未能发现船体遗迹。根据渔民提供情况以及现场采集遗物，结合此处地理环境、海底状况等判断，此处很可能为一处沉船遗址。

该遗址出水标本中，青花瓷、青白瓷、蓝釉瓷应该为德化、华安东溪窑一带窑址产品，五彩瓷应该是德化窑产品，其年代大致为清代中晚期。

这些瓷器均未见使用痕迹，应是贸易商品。从位置来看，此处水下文物点位于泉州港东北边约 40 千米处，德化窑产品顺晋江至泉州出海后由此向北运销，可能是销往国内沿海其他地区或台湾地区，也可能外销至日本、朝鲜半岛等地。

4 月在东山、漳浦古雷半岛等海域工作，发现并确认了漳州漳浦沙洲岛元代沉船[1]、龙海深垵湾近现代沉船遗址[2]。

2009 年 7~9 月，水下考古队再次对平潭、龙海海域进行水下考古调查。其中，9 月在龙海浯屿附近海域工作，发现并确认了龙海白屿、龙海九节礁 2 处清代水下文物点，采集了一批水下遗物。

2010 年 5、9~11 月，对龙海半洋礁海域开展水下考古重点调查，发现并确认半洋礁一号宋代沉船遗址[3]。

通过上述调查，漳州海域发现不同时期水下文化遗存 9 处（图 5-1）。

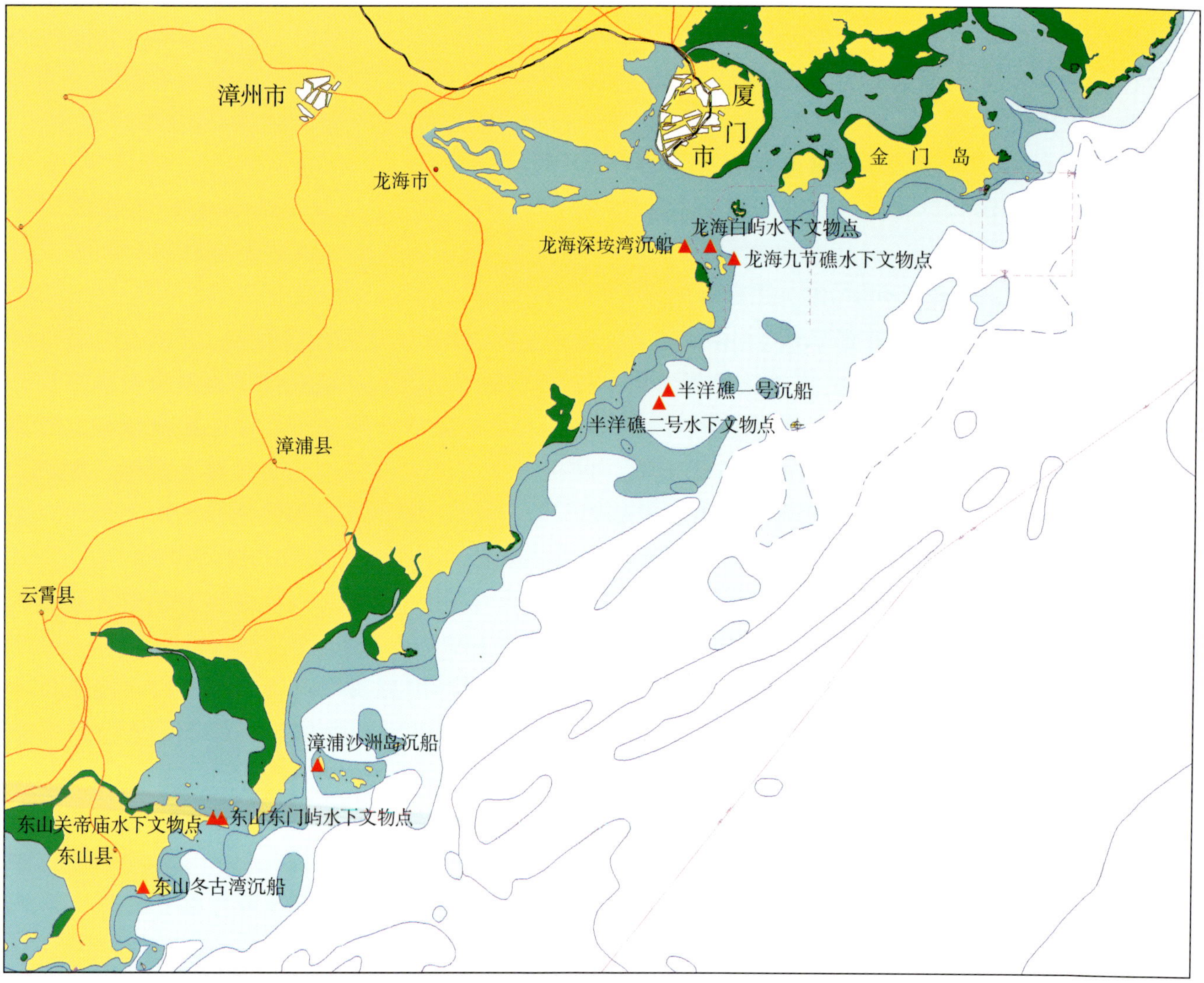


图 5-1 漳州海域水下文化遗存分布图

[1] 福建沿海水下考古调查队：《漳浦县沙洲岛沉船遗址水下考古调查》，《福建文博》2008 年第 2 期，第 5~8 页；福建沿海水下考古调查队：《福建沿海水下考古调查》，《文物》2014 年第 2 期，第 29~40 页。

[2] 福建沿海水下考古调查队：《2008 年莆田沿海水下考古调查简报》，《福建文博》2009 年第 2 期，第 1~7 页。

[3] 福建沿海水下考古调查队：《福建沿海水下考古调查》，《文物》2014 年第 2 期，第 29~40 页。

# 第二节　龙海半洋礁一号沉船遗址

## 一　遗址概况

2008年6月，龙海市公安边防大队在龙海市隆教乡镇海码头破获一起特大盗捞文物走私案件，共缴获文物4009件，并将其移交给龙海市博物馆。其中大部分为黑釉碗，从其特征看应是同一艘沉船遗物。2008、2009年，福建沿海水下考古调查队曾先后到龙海海域进行水下调查，但均未找到沉船遗址地点。2010年5月，福建沿海水下考古调查队经调查，确认了这一沉船遗址，因其位于半洋礁海域，而命名为半洋礁一号沉船遗址。9月下旬，又对该沉船遗址进行了重点调查（彩版5–1、2），基本了解了该沉船遗址的性质、保存状况等。

半洋暗礁位于福建省龙海市隆教畲族乡东南海域，介于陆地与东碇岛、南碇岛、林进屿之间。半洋暗礁分布面积约30平方千米，部分暗礁在低平潮时才浅露海面。半洋礁一号沉船遗址位于半洋礁北面，遗址水深19~23米，为泥沙底，表面较平坦。水下能见度受季节影响，上半年最好时可达2米，下半年受东北季风以及台风影响，能见度较差，一般0.40~0.50米，最差时仅0.10米。潮汐为正规半日潮，潮差4米左右。

经过水下调查与清理，基本弄清了船体保存状况。船体残长9.20、残宽2.50米左右，仅存部分龙骨以及北侧部分船体（彩版5–3、4）。船体方向330°，西北至东南走向，西北埋藏较浅，距海床表面约0.05~0.10米，东南部埋藏较深，约0.30~0.70米。目前清理出西北部的船底板7~8块，宽约2.5米。桅座一个，长约1.00、高0.40、厚0.30米左右，上面有两个长方形桅夹板孔，长约0.12、宽约0.08米，从其位置来看，应为主桅座。龙骨露出西北端和东南端，长约9.00、直径0.25米左右（彩版5–5）。采集出水标本以黑釉碗为主（彩版5–6）。

1. 准备工作

2. 物探调查

3. 潜水调查

彩版5–1　半洋礁一号水下考古调查

1. 水下测绘

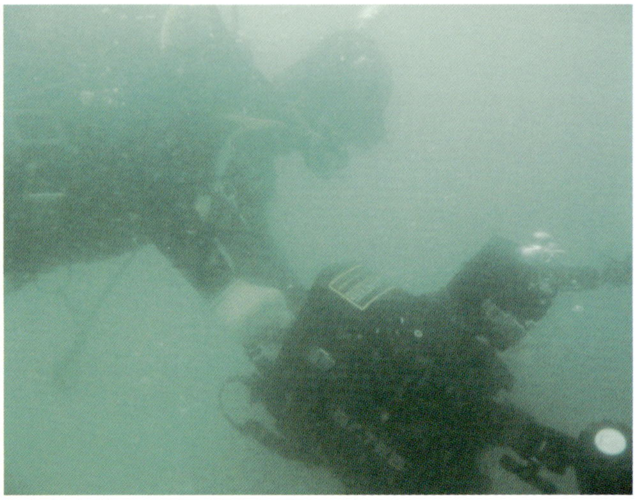

2. 水下摄像

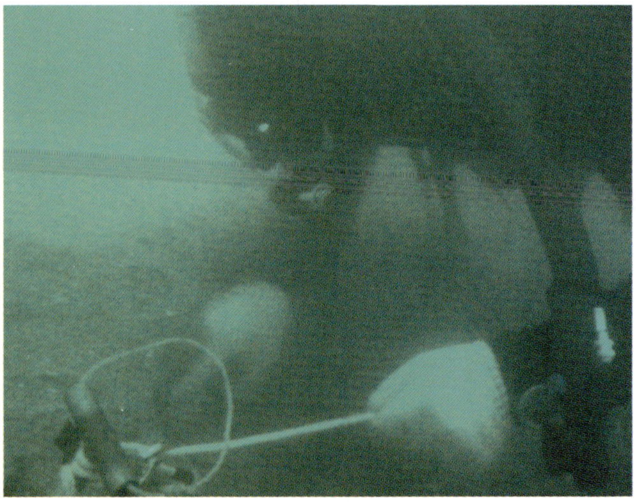

3. 布设基线

彩版 5−2　半洋礁一号水下考古调查记录

彩版 5−3　半洋礁一号船体遗存

彩版 5-4　半洋礁一号船体遗存

彩版 5-5　半洋礁一号沉船龙骨

彩版 5-6　半洋礁一号沉船遗址出水瓷器

## 二 出水遗物

出水遗物以瓷器为主，还有陶器、漆木器以及铜钱等。瓷器以黑釉碗为主，还有青白瓷盘、碗等。该遗址水下考古调查采集标本（标本编为“半洋礁一号”）和边防缴获而移交至龙海市博物馆的此沉船文物标本（标本编为“龙海博”）一并介绍。

### （一）陶瓷器

有青白瓷、黑釉瓷和陶器3类。

#### 1．青白瓷

37件。器类有碗、盘两种。

**（1）碗**

30件。分三型。

A型 14件。器形较大，斜弧腹，腹较浅。敞口，方唇，斜弧腹，内底弧，外底较平或微下凹，圈足较小，制作规整。白胎。青白釉，釉色莹润，通体冰裂纹，内满釉，口沿内侧刮釉，外施至足外墙。

标本半洋礁一号：17，内壁中部模印一圈圆珠纹，下部模印婴戏莲花，内底模印莲花。口径16.0、足径4.4、高4.2厘米（图5–2，1；彩版5–7）。

标本半洋礁一号：18，内壁中部模印一圈圆珠纹，下部模印婴戏莲花，内底模印莲花。口径16.6、足径4.2、高4.1厘米（图5–2，2；彩版5–8）。

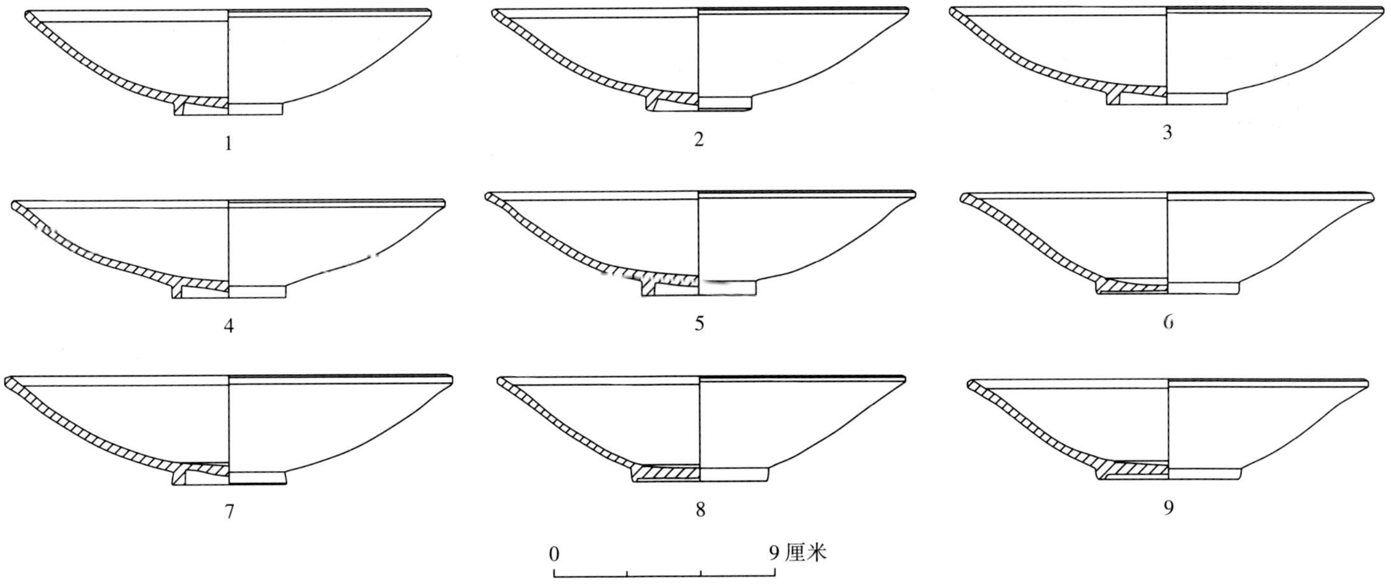


图5–2 半洋礁一号沉船遗址出水青白瓷碗

1~9. A型（半洋礁一号：17~21、23、25、27、28）

彩版 5-7　青白瓷碗（半洋礁一号：17）

彩版 5-8　青白瓷碗（半洋礁一号：18）

彩版 5-9　青白瓷碗（半洋礁一号：19）

标本半洋礁一号：19，内壁中部模印一圈圆珠纹，下部模印婴戏莲花，内底模印莲花。口径 17.2、足径 4.8、高 3.9 厘米（图 5-2，3；彩版 5-9）。

标本半洋礁一号：20，内壁中部模印一圈圆珠纹，下部模印婴戏莲花，内底模印莲花。口径 17.4、足径 4.6、高 3.9 厘米（图 5-2，4；彩版 5-10）。

标本半洋礁一号：21，内壁中部模印一圈圆珠纹，下部模印婴戏莲花，内底模印花卉，较模糊。口径 17.1、足径 4.6、高 4.2 厘米（图 5-2，5；彩版 5-11）。

标本半洋礁一号：23，口径 16.2、足径 5.6、高 4.0 厘米（图 5-2，6；彩版 5-12）。

标本半洋礁一号：25，内壁中部模印一圈圆珠纹，下部模印婴戏莲花，内底模印莲花。口径 18.0、足径 4.6、高 4.3 厘米（图 5-2，7；彩版 5-13）。

标本半洋礁一号：27，口径 16.2、足径 5.4、高 4.2 厘米（图 5-2，8；彩版 5-14）。

标本半洋礁一号：28，口径 15.8、足径 5.6、高 4.0 厘米（图 5-2，9；彩版 5-15）。

B 型　12 件。腹较深，斜弧腹。敞口，方唇，圈足较小，制作规整。白胎。青白釉，釉色莹润。

彩版 5-10　青白瓷碗（半洋礁一号：20）

彩版 5-11　青白瓷碗（半洋礁一号：21）

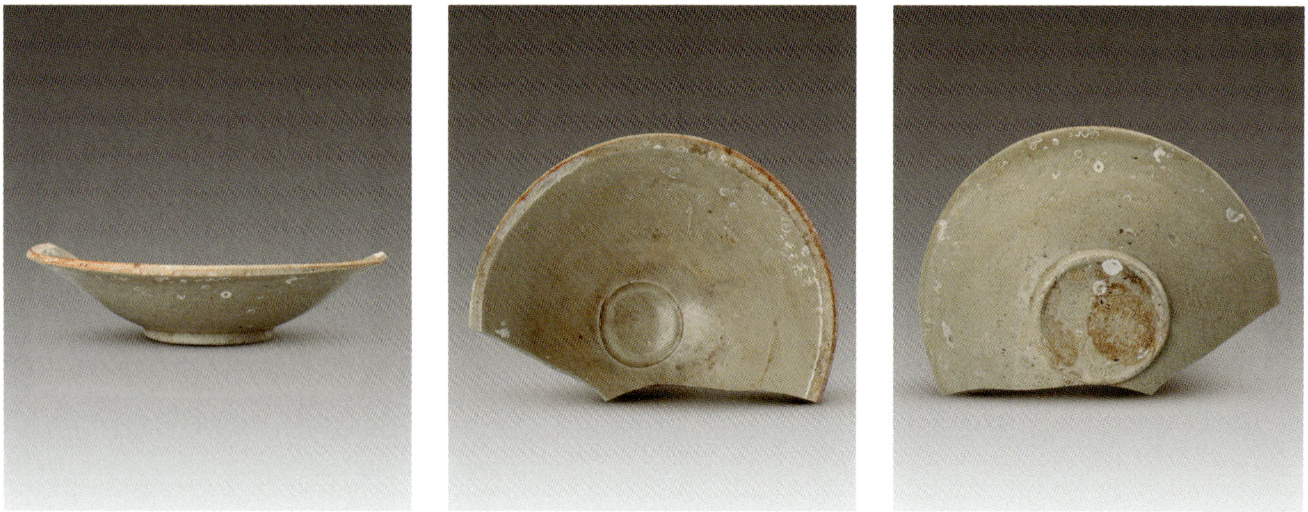

彩版 5-12　青白瓷碗（半洋礁一号：23）

彩版 5-13　青白瓷碗（半洋礁一号：25）

标本半洋礁一号：22，内底平，外底微下凹。通体冰裂纹，内满釉，口沿内侧刮釉，外施至足外墙，局部流至外底。内壁中部模印一圈回纹，下部8开光内均模印莲花，内底亦模印两枝莲花。口径15.2、足径4.2、高5.7厘米（图5–3，1；彩版5–16）。

标本半洋礁一号：24，口微撇，内底下凹，外底微下凹。通体冰裂纹，内满釉，口沿内侧刮釉，外施至足外墙。内壁中部模印一圈圆珠纹，下部模印婴戏莲花纹。口径17.6、足径4.4、高6.1厘米（图5–3，2；彩版5–17）。

标本半洋礁一号：26，内外底微下凹。灰白胎。釉泛青灰，内底有一涩圈，外施至腹下部。腹外壁底部可见跳刀痕。口径17.6、足径6.6、高6.8厘米（图5–3，3；彩版5–18）。

标本龙海博：1278，口微

彩版5–14　青白瓷碗（半洋礁一号：27）

彩版5–15　青白瓷碗（半洋礁一号：28）

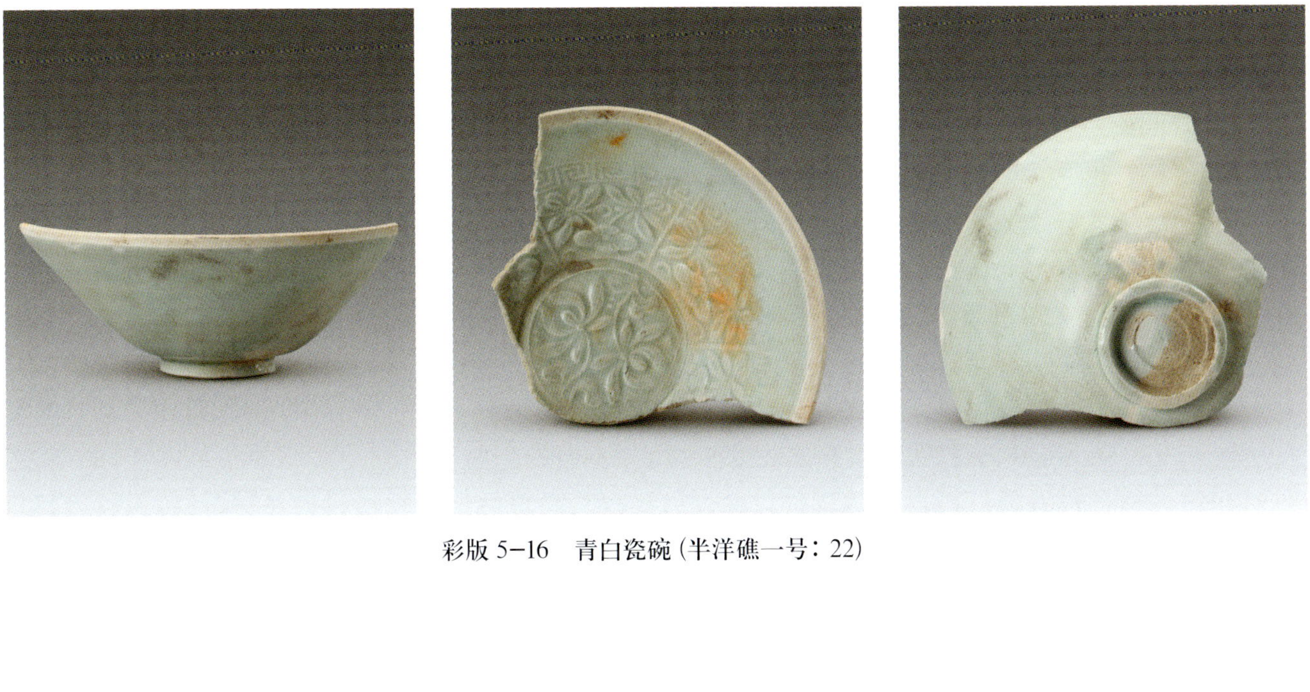

彩版5–16　青白瓷碗（半洋礁一号：22）

彩版 5-17 青白瓷碗（半洋礁一号：24）

彩版 5-18 青白瓷碗（半洋礁一号：26）

撇，内底中心下凹，圈足较矮。影青釉，局部开片，内满釉，外施至足外墙下部，口沿刮釉。内壁模印婴戏图案。口径 17.2、足径 4.4、高 6.0 厘米（图 5-4，1；彩版 5-19）。

标本龙海博：1282，内底中心下凹。影青釉，局部开片，内满釉，外施至足外墙下部，口沿刮釉。内壁模印婴戏图案。口径 16.9、足径 4.2、高 6.0 厘米（彩版 5-20）。

标本龙海博：1287，内底较平，外底微下凸。足墙内外壁直，足端平。通体冰裂纹，内满釉，外施至腹底部，口沿附近刮釉。内壁中部模印一周回纹，下部分六格，每格内模印花叶，内底印两枝荷花。口径 15.2、足径 4.3、高 5.8 厘米（图 5-4，2；彩版 5-21）。

标本龙海博：1288，内底较平，外底微下凸。足墙内斜外直，足端平。釉面开片，有较多黑点，内外均施釉，口沿附近刮釉。内壁中部模印一周回纹，下部分六格，每格内模印花叶，内底模印双鱼纹。口径 15.3、足径 4.9、高 6.7 厘米（图 5-3，4；彩版 5-22）。

C 型 4 件。斜直腹，小圈足。斗笠碗。敞口，方唇，内底较尖，外底较平，圈足较小，制作规整。白胎。青白釉，釉色莹润，通体冰裂纹，内满釉，口沿内侧刮釉，外施至足外墙，局部流至足内。

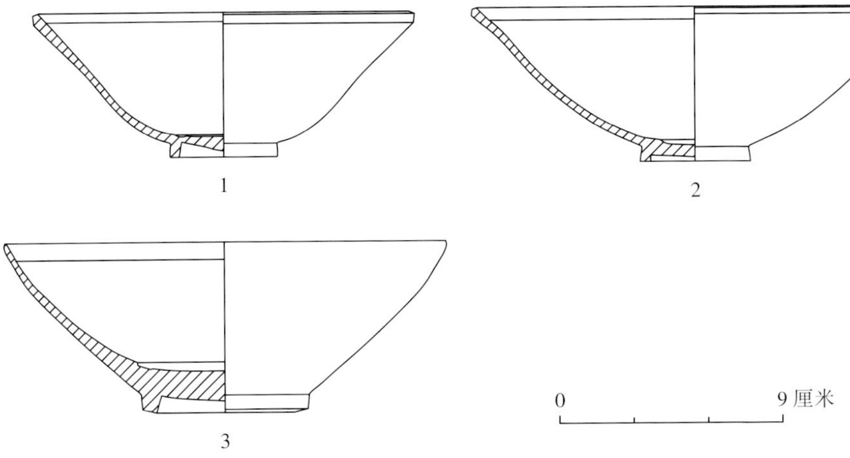

图 5-3　半洋礁一号沉船遗址出水青白瓷碗

1~4. B 型（半洋礁一号：22、24、26、龙海博：1288）

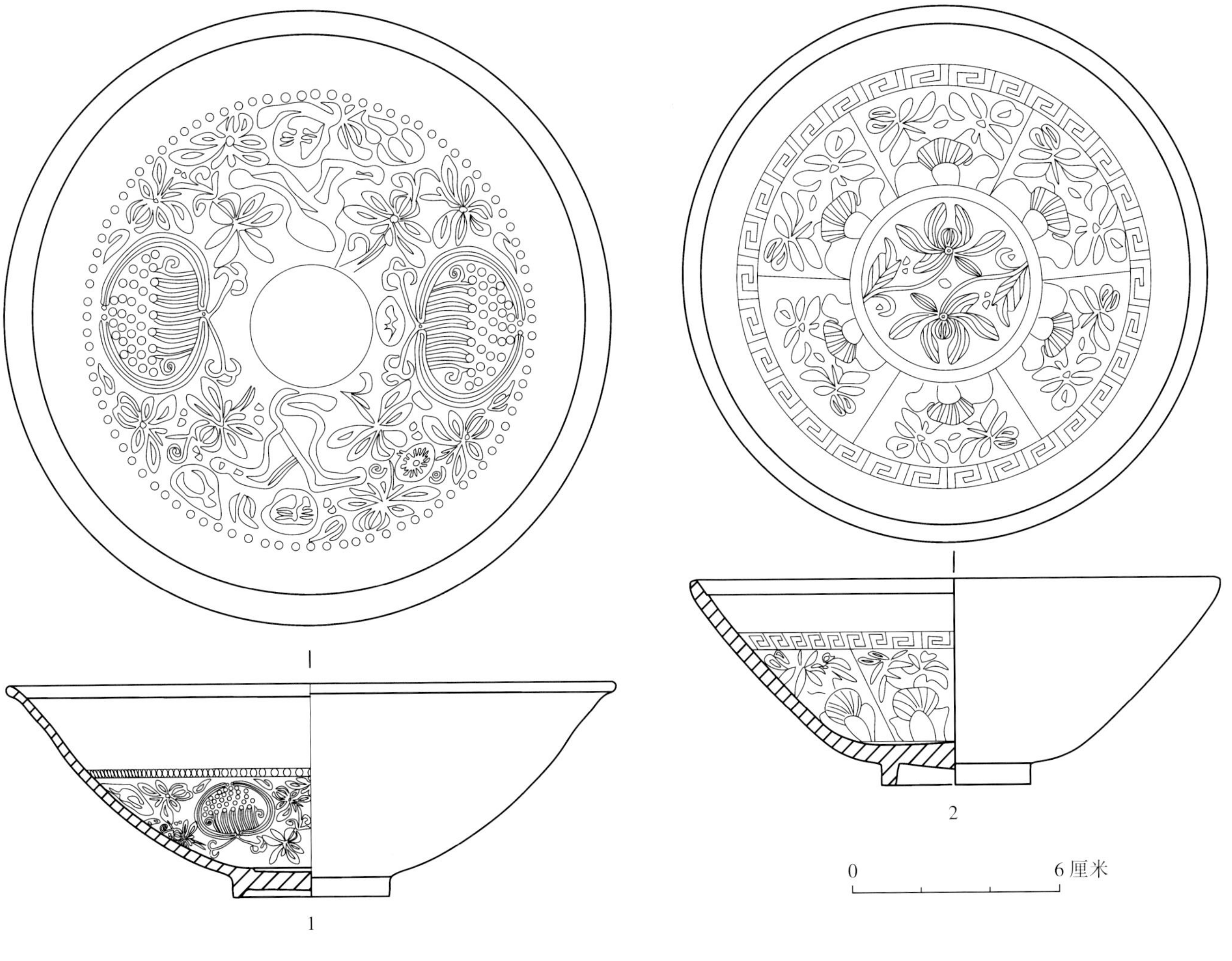

图 5-4　半洋礁一号沉船遗址出水青白瓷碗

1、2. B 型（龙海博：1278、1287）

彩版 5-19　青白瓷碗（龙海博：1278）

彩版 5-20　青白瓷碗（龙海博：1282）

彩版 5-21　青白瓷碗（龙海博：1287）

标本半洋礁一号：16，内壁中部模印一圈回纹，下部模印缠枝花卉。口径 15.1、足径 3.8、高 4.8 厘米（图 5-5，1；彩版 5-23）。

标本龙海博：1010，内壁中部模印一周弦纹，下印鹤鸟花卉纹。口径 15.4、足径 3.5、高 5.0 厘米（图 5-5，2；彩版 5-24）。

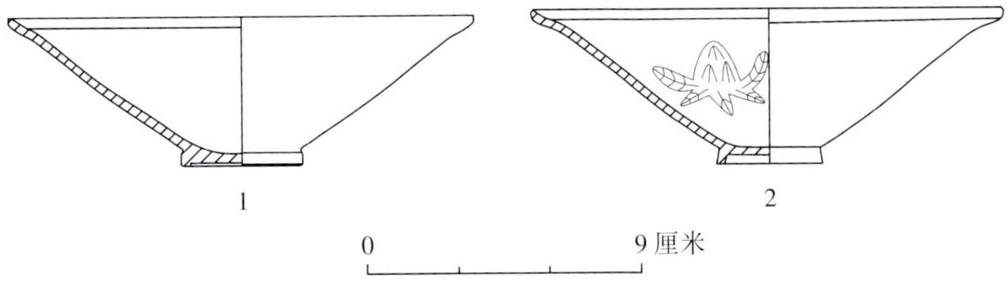


图 5-5　半洋礁一号沉船遗址出水青白瓷碗

1、2. C 型（半洋礁一号：16、龙海博：1010）

彩版 5-22　青白瓷碗（龙海博：1288）

彩版 5-23　青白瓷碗（半洋礁一号：16）

彩版 5-24 青白瓷碗（龙海博：1010）

（2）盘

7件。敞口，方唇，斜直腹，内外底上凸。灰白胎，灰白釉略泛青。

标本半洋礁一号：29，内满釉，口沿内侧刮釉，外施至底部，中间局部无釉。口径14.3、底径9.7、高2.9厘米（图5-6，1；彩版5-25）。

标本半洋礁一号：30，通体冰裂纹，内满釉，口沿内侧刮釉，外施至底部，中间无釉。口径13.5、底径9.0、高2.3厘米（图5-6，2；彩版5-26）。

标本龙海博：1290，口径13.6、底径9.1、高2.2厘米（彩版5-27）。

标本龙海博：1291，通体冰裂纹，内满釉，外底无釉，口沿刮釉。口径13.9、底径8.6、高2.1厘米（图5-6，3；彩版5-28）。

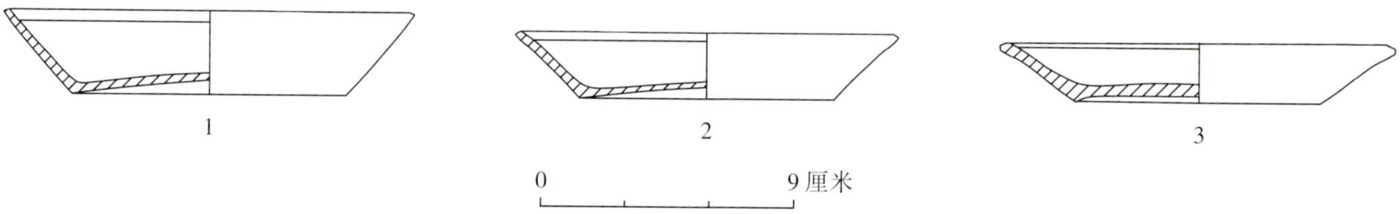


图5-6 半洋礁一号沉船遗址出水青白瓷盘

1~3. 半洋礁一号：29、30、龙海博：1291

彩版 5-25 青白瓷盘（半洋礁一号：29）

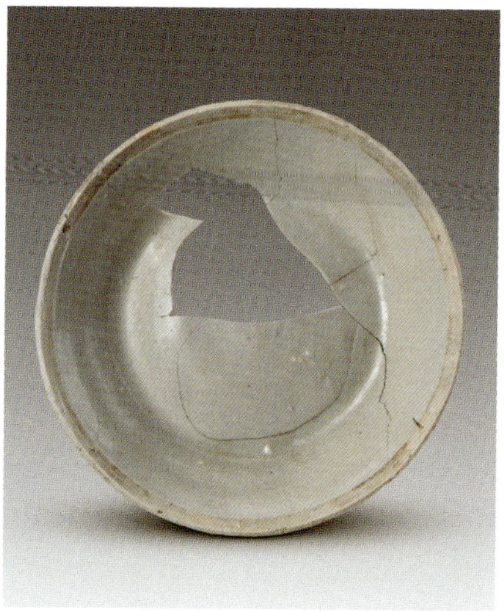

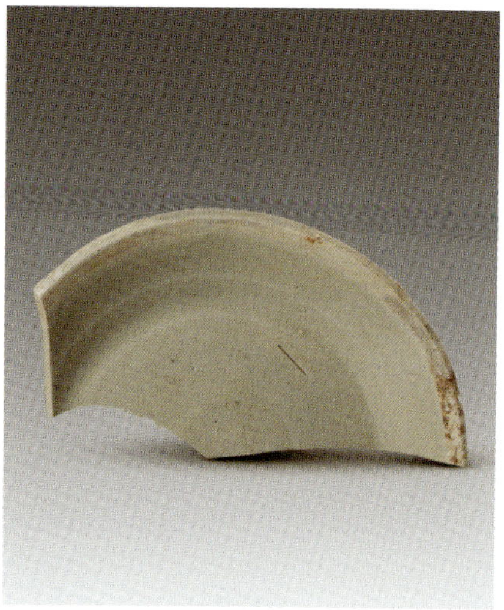

彩版 5-26 青白瓷盘（半洋礁一号：30）

彩版 5–27　青白瓷盘（龙海博：1290）

彩版 5–28　青白瓷盘（龙海博：1291）

**2．黑釉瓷**

135 件。均为碗。

**碗**

135 件。微束口，圆唇，斜弧腹，下腹内收，矮圈足，挖足浅。胎质多呈深灰、灰褐、灰黄等颜色。黑釉，釉面较光亮，内满釉，外施至腹下部，口沿及腹外壁釉薄处呈赭色。腹外壁底部可见斜修坯痕。

标本半洋礁一号：1，深灰胎，釉面兔毫不甚明显，口径 11.4、足径 4.0、高 6.0 厘米（图 5–7，1；彩版 5–29）。

标本半洋礁一号：2，灰黄胎，釉面有密布褐色斑点。口径 10.6、足径 3.6、高 5.7 厘米（图 5–7，2；彩版 5–30）。

标本半洋礁一号：3，灰胎，釉面密布灰白色小点。口径 11.3、足径 3.7、高 5.8 厘米（图 5–7，3；彩版 5–31）。

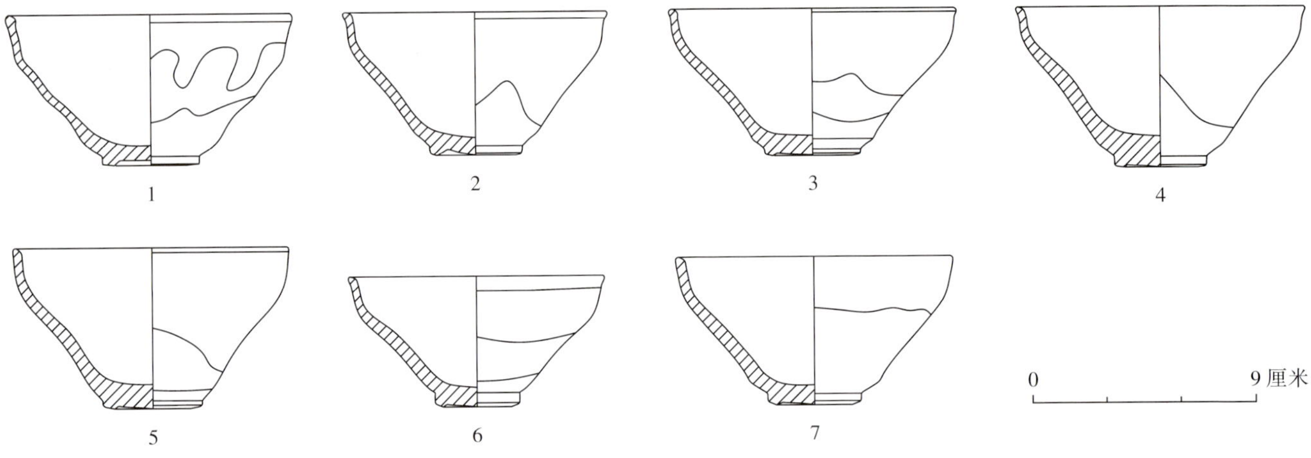


图 5–7　半洋礁一号沉船遗址出水黑釉碗

1~7. 半洋礁一号：1~3、5~8

彩版 5–29　黑釉碗（半洋礁一号：1）

彩版 5–30　黑釉碗（半洋礁一号：2）

标本半洋礁一号：4，灰黄胎，外壁中部黏少量窑渣。口径 10.8、足径 3.7、高 5.8 厘米（彩版 5–32）。

标本半洋礁一号：5，黄褐胎，内底釉面黏有少量窑砂。口径 11.5、足径 3.6、高 6.4 厘米（图 5–7，4；彩版 5–33）。

标本半洋礁一号：6，深灰胎，釉面密布小气孔。口径 11.0、足径 3.8、高 6.4 厘米（图 5–7，5；彩版 5–34）。

标本半洋礁一号：7，灰黄胎，釉面密布小气孔。口径 10.3、足径 3.3、高 5.2 厘米（图 5–7，6；彩版 5–35）。

标本半洋礁一号：8，深灰胎，釉面密布小气孔，外壁黏较多贝壳。口径 10.9、足径 3.6、高 5.9 厘米（图 5–7，7；彩版 5–36）。

标本半洋礁一号：9，黄褐胎。口径 10.9、足径 4.0、高 3.8 厘米（彩版 5–37）。

标本半洋礁一号：10，灰黄胎，釉面密布小气孔。口径 10.5、足径 3.6、高 5.4 厘米（图 5–8，1；

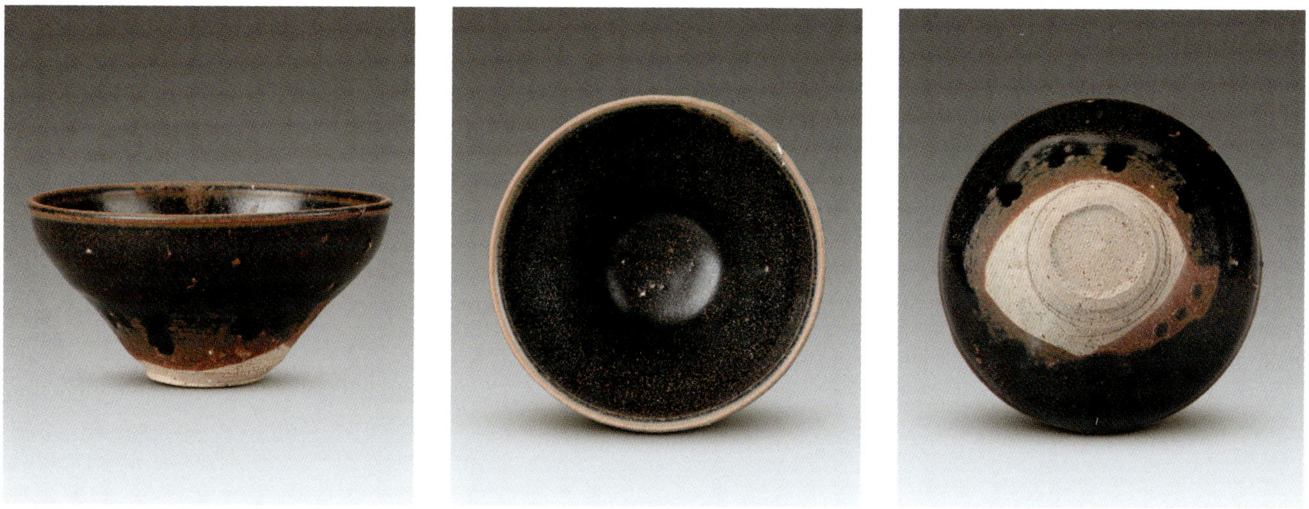

彩版 5–31　黑釉碗（半洋礁一号：3）

彩版 5–32　黑釉碗（半洋礁一号：4）

彩版 5–33　黑釉碗（半洋礁一号：5）

彩版 5–34　黑釉碗（半洋礁一号：6）

彩版 5–35　黑釉碗（半洋礁一号：7）

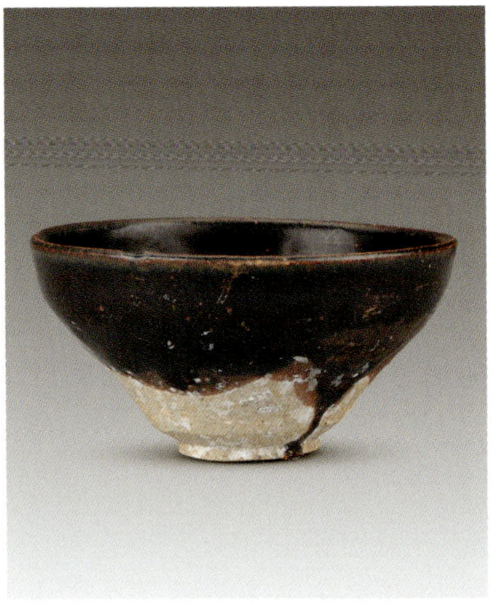

彩版 5–36　黑釉碗（半洋礁一号：8）

彩版 5–38）。

标本半洋礁一号：11，黄褐胎。口径 11.4、足径 3.9、高 6.5 厘米（图 5–8，2；彩版 5–39）。

标本半洋礁一号：12，灰黄胎，釉面密布小气孔，并有大量的灰白色小点。口径 11.4、足径 3.8、高 5.8 厘米（图 5–8，3；彩版 5–40）。

标本半洋礁一号：13，灰胎，釉面密布小气孔，外壁黏有较多贝壳。口径 10.9、足径 3.9、高 5.9 厘米（图 5–8，4；彩版 5–41）。

标本半洋礁一号：14，灰褐胎，釉面密布小气孔。口径 10.3、足径 3.6、高 4.8 厘米（图 5–8，5；彩版 5–42）。

标本龙海博：1299，灰白胎。口径 11.3、足径 3.8、高 5.6 厘米（彩版 5–43）。

标本龙海博：1303，灰黄胎，釉面有兔毫纹。口径 10.8、足径 3.6、高 5.7 厘米（图 5–8，6）。

标本龙海博：1311，灰白胎，釉面有兔毫纹。口径 11.0、足径 3.5、高 5.8 厘米（彩版 5–44）。

标本龙海博：1317，灰黄胎，釉面有兔毫纹。口径 11.2、足径 3.8、高 5.7 厘米（彩版 5–45）。

标本龙海博：1321，灰白胎。口径 10.1、足径 3.5、高 5.1 厘米（彩版 5–46）。

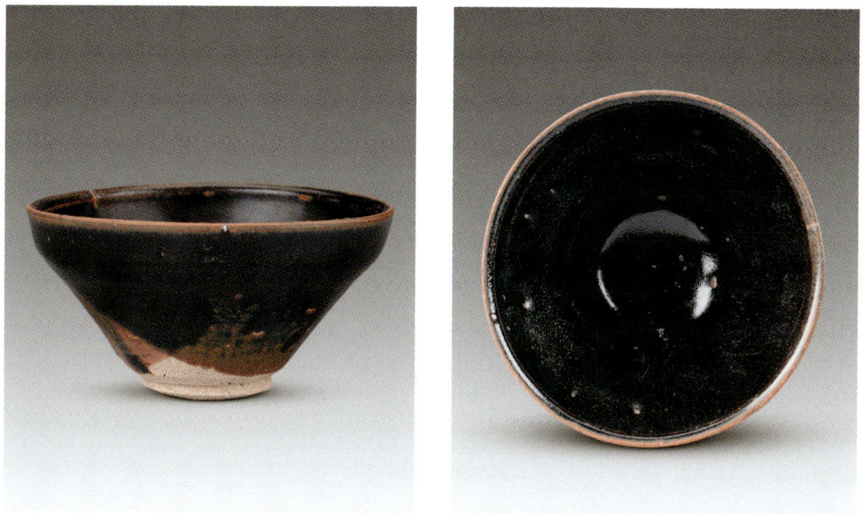

彩版 5–37　黑釉碗（半洋礁一号：9）

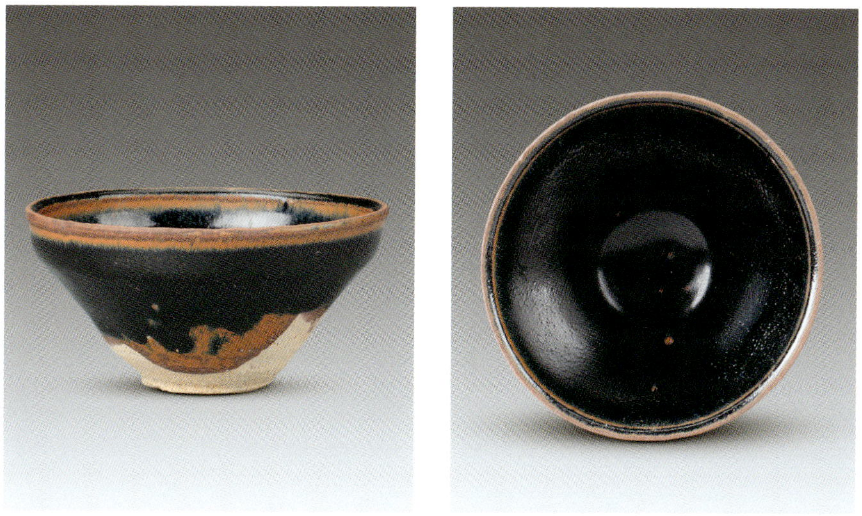

彩版 5–38　黑釉碗（半洋礁一号：10）

彩版 5–39　黑釉碗（半洋礁一号：11）

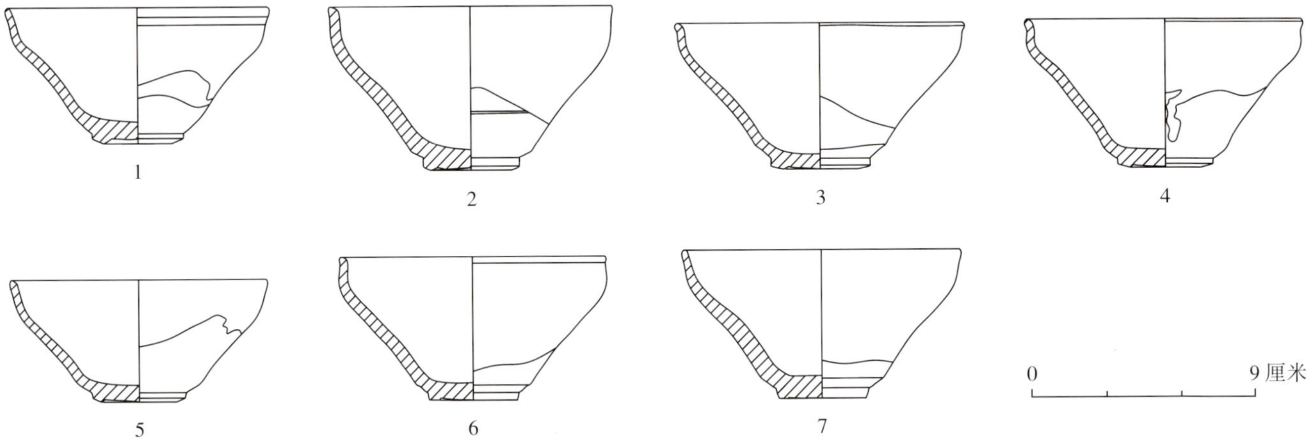


图 5-8 半洋礁一号沉船遗址出水黑釉碗

1~7. 半洋礁一号：10~14、龙海博：1303、1352

彩版 5-40 黑釉碗（半洋礁一号：12）

彩版 5-41 黑釉碗（半洋礁一号：13）

彩版 5-42 黑釉碗（半洋礁一号：14）

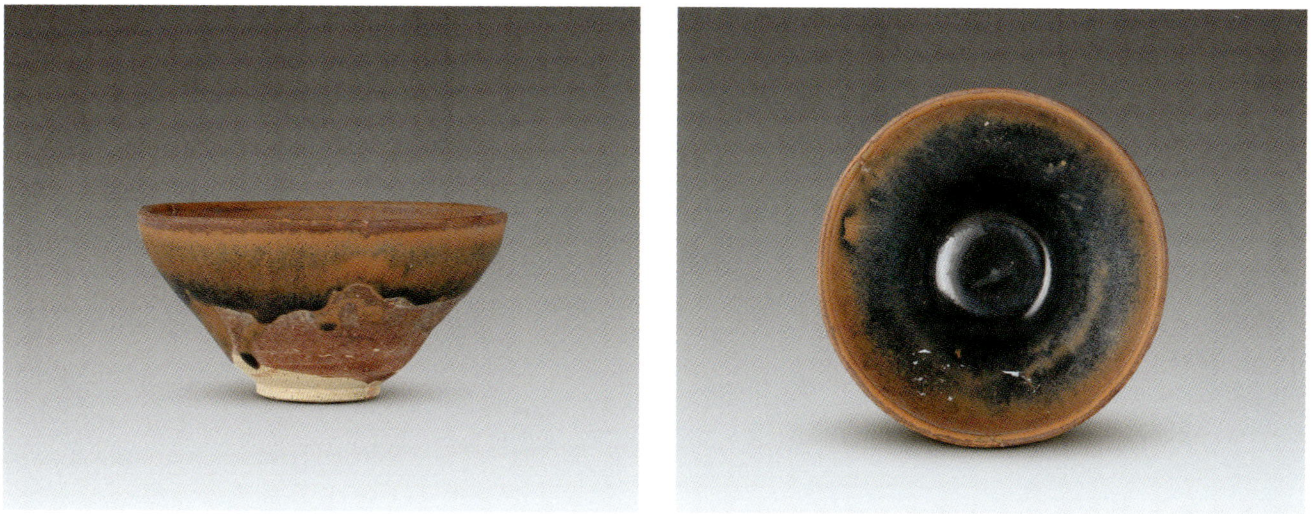

彩版 5-43　黑釉碗（龙海博：1299）

彩版 5-44　黑釉碗（龙海博：1311）

彩版 5-45　黑釉碗（龙海博：1317）

彩版 5-46　黑釉碗（龙海博：1321）

彩版 5-47　黑釉碗（龙海博：1339）

彩版 5-48　黑釉碗（龙海博：1342）

标本龙海博：1339，灰白胎。口径 11.2、足径 3.7、高 6.5 厘米（彩版 5–47）。

标本龙海博：1342，灰白胎。口径 11.3、足径 4.0、高 5.5 厘米（彩版 5–48）。

标本龙海博：1350，灰黄胎。口径 11.3、足径 4.0、高 6.5 厘米（彩版 5–49）。

标本龙海博：1352，口径 11.2、足径 3.5、高 5.9 厘米（图 5–8，7；彩版 5–50）。

标本龙海博：1358，灰黄胎，釉面开片。口径 11.3、足径 3.7、高 5.9 厘米（彩版 5–51）。

标本龙海博：1364，灰黄胎，釉面开片。口径 11.4、足径 3.7、高 6.4 厘米（彩版 5–52）。

标本龙海博：1365，灰黄胎，釉面开冰裂纹。口径 11.4、足径 3.8、高 6.6 厘米（彩版 5–53）。

彩版 5–49　黑釉碗（龙海博：1350）

彩版 5–50　黑釉碗（龙海博：1352）

彩版 5–51　黑釉碗（龙海博：1358）

彩版 5–52　黑釉碗（龙海博：1364）

彩版 5−53　黑釉碗（龙海博：1365）

3．陶器

8 件。器形有盆、壶、罐、灶。

（1）盆

4 件。敛口，圆唇，沿微外卷，浅弧腹，内、外底微上凸。灰胎，青灰釉，内满釉，口沿及外壁无釉。口沿可见八枚支钉痕迹。内壁绘釉下褐彩草叶纹。

标本半洋礁一号：34，口径 21.6、底径 16.2、高 6.9 厘米（图 5−9，1；彩版 5−54）。

标本龙海博：1015，口径 20.6、底径 15.2、高 6.2 厘米（图 5−9，2；彩版 5−55）。

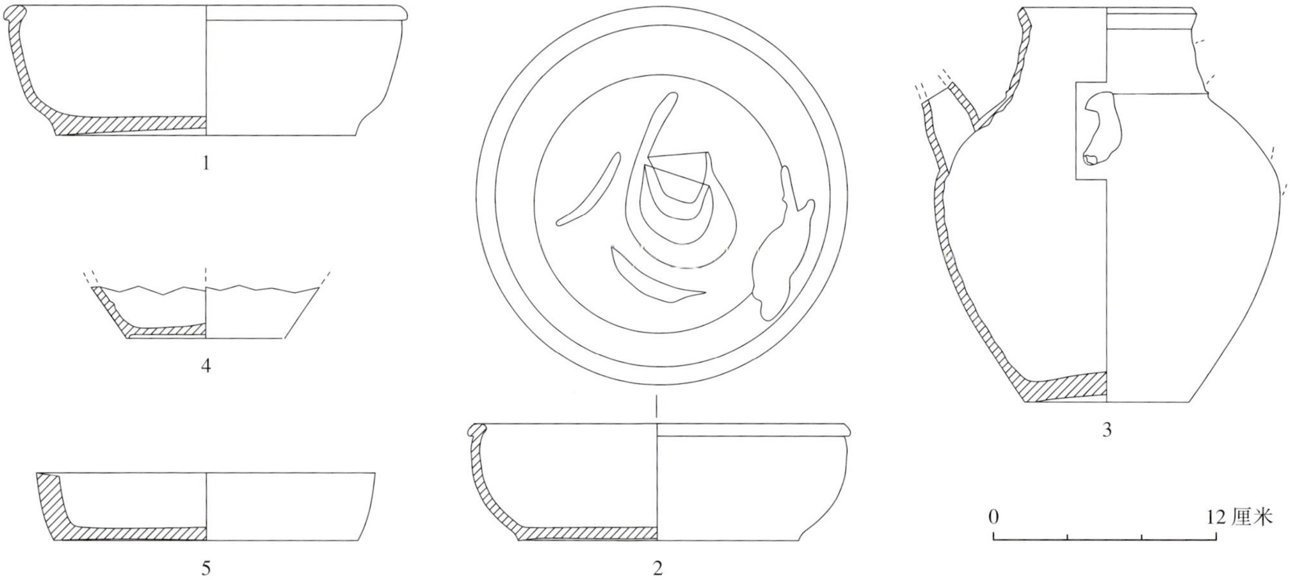


图 5−9　半洋礁一号沉船遗址出水陶器

1、2. 盆（半洋礁一号：34、龙海博：1015）　3. 壶（半洋礁一号：35）　4. 罐（半洋礁一号：31）　5. 灶（半洋礁一号：32）

彩版 5-54　陶盆（半洋礁一号：34）

彩版 5-55　陶盆（龙海博：1015）

（2）壶

1 件。

标本半洋礁一号：35，口微撇，尖唇，长颈，圆肩，弧腹，底微内凹。肩部附双竖桥形系，流与柄残。灰褐胎，夹较多细砂。酱褐釉，内满釉，外施至腹下部。口径 9.1、底径 8.8、高 20.9 厘米（图 5-9，3；彩版 5-56）。

彩版 5-56　陶壶（半洋礁一号：35）

（3）罐

2 件。

标本半洋礁一号：31，仅存底部残片。底微内凹。灰褐胎，夹细砂。足径 8.6、残高 2.7 厘米（图 5-9，4；彩版 5-57）。

（4）灶

1件。

标本半洋礁一号：32，残。圆形，平底，直壁。灰胎，胎质较厚。口径18.3、底径16.5、高3.5厘米（图5–9，5；彩版5–58）。

彩版5–57 陶罐（半洋礁一号：31）

## （二）铜器

铜器仅有铜钱一种。铜钱共8枚。

彩版5–58 陶灶（半洋礁一号：32）

（1）皇宋通宝

1枚。钱文楷书，顺读。钱径2.3、穿径0.6、缘宽0.2厘米（彩版5–59）。

（2）熙宁重宝

1枚。钱文隶书，旋读。钱径3.0、穿径0.8、缘宽0.3厘米（彩版5–60）。

（3）元丰通宝

3枚。钱文有篆书、行书两种，旋读。大者钱径2.9、穿径0.7、缘宽0.4厘米；小者钱径2.3~2.5、穿径0.6、缘宽0.2~0.3厘米（彩版5–61~63）。

（4）宣和通宝

1枚。钱文篆书，顺读。钱径3.0、穿径0.7、缘宽0.2厘米（彩版5–64）。

（5）淳熙元宝

1枚。钱文楷书，旋读。钱径2.9、穿径0.8、缘宽0.2厘米（彩版5–65）。

（6）庆元通宝

1枚。钱文楷书，旋读。钱径2.9、穿径0.8、缘宽0.3厘米（彩版5–66）。

彩版 5-59　皇宋通宝

彩版 5-60　熙宁重宝

彩版 5-61　元丰通宝

彩版 5-62　元丰通宝

彩版 5-63　元丰通宝

彩版 5-64　宣和通宝

彩版 5-65　淳熙元宝

彩版 5-66　庆元通宝

## （三）漆木器

共 4 件。

**（1）漆盒**

3 件。

标本龙海博：1273，木胎，一套 3 件。盒身子口，腹上部直，下腹斜收，平底，圈足；盒盖母口，下部竖直，上部斜弧，平顶；盒内夹层直壁，平底。通体上漆，漆面光亮。盖口径 15.1、顶径 11.2、高 4.5 厘米，身口径 14.0、足径 10.8、高 6.4 厘米（图 5-10；彩版 5-67）。

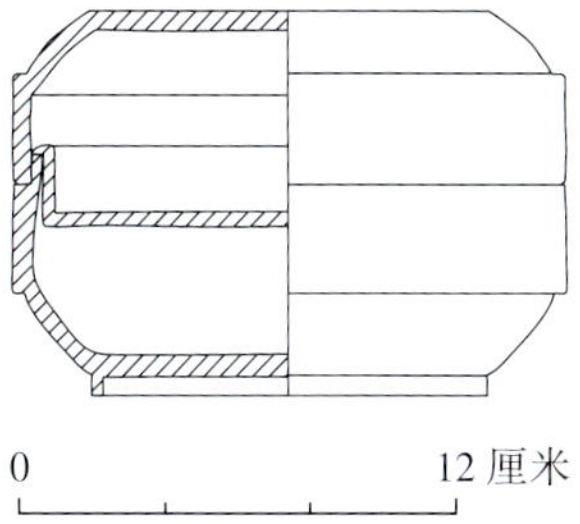

图 5-10　半洋礁一号沉船遗址出水漆盒（龙海博：1273）

标本半洋礁一号：38，漆器残片。长条形，扁平，一面有漆，另一面残存有竹编痕。长 8.2、宽 2.4 厘米（彩版 5-68）。

**（2）剑鞘**

1 件。

标本龙海博：3866，鞘身木质，呈扁平状，中空，末端呈圆形，鞘身两侧及前端包覆铜皮，

彩版 5−67　漆盒（龙海博：1273）

彩版 5−68　漆盒（半洋礁一号：38）

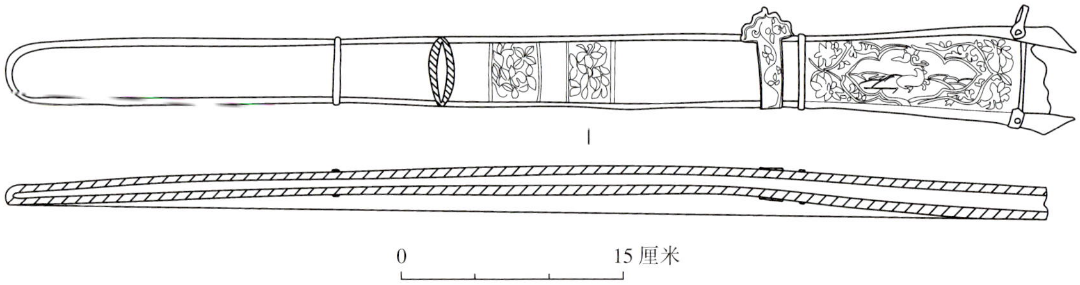


图 5−11　半洋礁一号沉船遗址出水剑鞘（龙海博：3866）

中部有两带状环箍，箍上模印花卉。两端还各有一窄环箍。鞘前端两侧雕刻缠枝花卉，此外鞘身还保存一襻。长 72.0、宽 4.3~7.2、厚 1.7 厘米（图 5−11；彩版 5−69）。

彩版 5−69　剑鞘（龙海博：3866）

## 三 小结

半洋礁一号沉船遗址出水有少量铜钱，从铜钱年号来看，最晚为庆元通宝，南宋宁宗庆元元年（公元1195年）始铸。据此，该沉船年代应不早于此年。

从出水陶瓷器来看，黑釉瓷的时代特征不明显；但是，青白瓷在器型、装烧工艺等方面均具南宋中晚期风格，如碗盘类均为芒口，口沿较厚，碗壁较薄，器物内壁多采用模印花卉、婴戏等图案；装烧方法则采用覆烧工艺等。此外，C型青白瓷碗，即“斗笠碗”，与江西婺源南宋庆元六年（公元1200年）墓出土的青白釉斗笠碗造型基本相同[1]；青白釉盘则与江西樟树宝庆三年（公元1227年）青白釉盘相似[2]。另外，出水的漆盒单色素面，胎体以薄木板制成，造型端庄大方，质朴无华，没有任何装饰与花纹，也是南宋时期流行风格。综合前述，我们初步推断半洋礁一号沉船遗址年代应为南宋中晚期。

根据半洋礁一号沉船遗址出水遗物，黑釉瓷、青白瓷、陶盆、漆盒等数量较多，且未见使用痕迹，应是贸易用商品。通过前文分析，沉船遗址出水的黑釉瓷很可能产于福清东张窑，青白瓷产于闽江上游南平、三明地区的窑址，而漆器产于福州，该船应是从福州港载货始发的。宋元时期，泉州港虽然迅速崛起，但福州港仍是当时重要的通商港口，而闽江则是当时瓷器等商品贸易运输的重要线路。从沉船位置及海外发现情况来看，这些船货很可能是销往东南亚地区的。

# 第三节 漳浦沙洲岛沉船遗址

## 一 遗址概况

沙洲岛位于漳浦县古雷半岛的东面，西距古雷半岛约5海里，岛呈南北走向，地势两端高，中间低。在岛的四周分布较多礁石，部分为暗礁。沙洲岛沉船遗址位于沙洲岛西侧中部，距海岸约200米，有部分渔民在此进行渔排养殖，西面约2000米为深水航道。遗址所在海床表面为沙质，夹少量泥，高平潮时水深约13米，潮差约3米，为半日潮；遗址临近岸边小湾，风浪影响不大。

2008年4月17日，福建沿海水下考古调查队对该遗址进行了调查，在海床表面发现一些凝结物残块，凝结物周围遗物分布相对密集，范围约有20平方米；其外面有少量遗物分布，南北宽约16、东西长约19米，散落面积约304平方米。由于调查时间有限，未能发现船体遗迹。

此外，2008年6月，龙海市公安边防大队在龙海市隆教乡镇海码头破获一起特大倒卖文物案件，所缴获文物现藏于龙海市博物馆。通过与水下调查资料（标本编为“沙洲岛”）比较，发现其中有些为沙洲岛沉船遗址出水文物（标本编为“龙海博”），在此一并整理介绍。

---

[1] 彭适凡主编：《宋元纪年青白瓷》，1998年，第68页。

[2] 漳州市地方志编纂委员会编：《漳州市志》第一册，中国社会科学出版社，1999年，第75页。

## 二　出水遗物

出水遗物有陶瓷器和少量凝结物。陶瓷器有青瓷、青白瓷、酱釉瓷和素胎器，器形有碗、执壶、水注、炉、盅、杯、盘、罐、器盖等。其中，青白瓷数量最多，可分两类：第一类，釉色呈灰白泛青灰色，胎呈浅灰色，略粗；第二类，釉色呈青白色，胎较白，质细。凝结物主要为铁器，由于锈蚀黏连严重，无法辨明器形。

### （一）陶瓷器

有青瓷、青白瓷、酱釉瓷、素胎器。

**1. 青瓷**

8 件。数量不多，器形有四系罐、器盖等。

**（1）四系罐**

6 件。器形较大，口沿微外撇，圆唇，束颈，溜肩，深弧腹，底内凹，肩部附四个桥形横系。

标本沙洲岛：5，灰胎，青褐釉，内施釉至肩部，外施釉至腹下部，已脱落殆尽。口径 11.2、底径 12.0、高 31.2 厘米（图 5–12，1；彩版 5–70）。

彩版 5–70　青瓷四系罐（沙洲岛：5）

标本沙洲岛：11，仅存腹部残片，灰胎，青褐釉，外壁刻划草叶纹。残片长 22.3、残高 16.2 厘米（图 5–12，2；彩版 5–71）。

标本沙洲岛：14，仅存肩、腹部残片，肩部残存两系。灰胎，青褐釉，布满冰裂纹，部分釉层脱落。肩部残片上压印楷体“巽宝”两字。残高 23.5 厘米（彩版 5–72）。

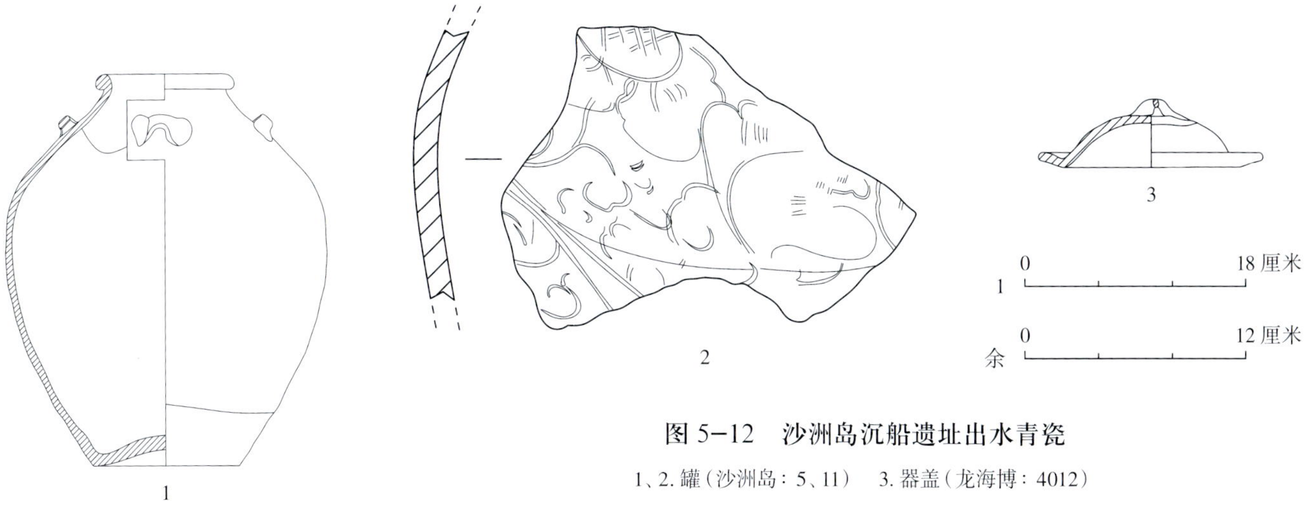


**图 5–12　沙洲岛沉船遗址出水青瓷**

1、2. 罐（沙洲岛：5、11）　3. 器盖（龙海博：4012）

彩版 5−71　青瓷四系罐（沙洲岛：11）

彩版 5−72　青瓷四系罐（沙洲岛：14）

彩版 5−73　青瓷器盖（龙海博：4012）

（2）器盖

2 件。

标本龙海博：4012，圆唇，盖沿上卷，斜弧盖面，弧顶，桥形纽。灰胎，青褐釉，仅施至盖顶。口径 12.1、高 3.6 厘米（图 5−12，3；彩版 5−73）。

**2. 第一类青白瓷**

11 件。器形有碗、盘、炉等。

（1）碗

6 件。分两型。

A 型　2 件。器形较小。

标本沙洲岛：8，口微敛，圆唇，深弧腹，圈足浅，制作规整，足端外缘斜削。内底有一涩圈，外施釉至足外壁底部。口沿外侧刻划四道细弦纹和数组斜线纹，外壁下部刻划莲瓣纹。口径 14.0、足径 5.8、高 8.7 厘米（图 5−13，1；彩版 5−74）。

B 型　4 件。器形较大。敞口，圆唇，斜直腹微弧，内外底平，圈足。胎质较粗，修坯不甚精细，腹壁可见旋坯痕。内底无釉。

标本沙洲岛：9，口微撇，足端斜。釉面有较多黑点，外釉施至腹下部。口径 17.1、足径 7.2、高 5.1 厘米（图 5−13，2；彩版 5−75）。

标本沙洲岛：15，口微撇，足端斜。釉面开冰裂纹，外釉施至腹底部。口径 17.6、足径

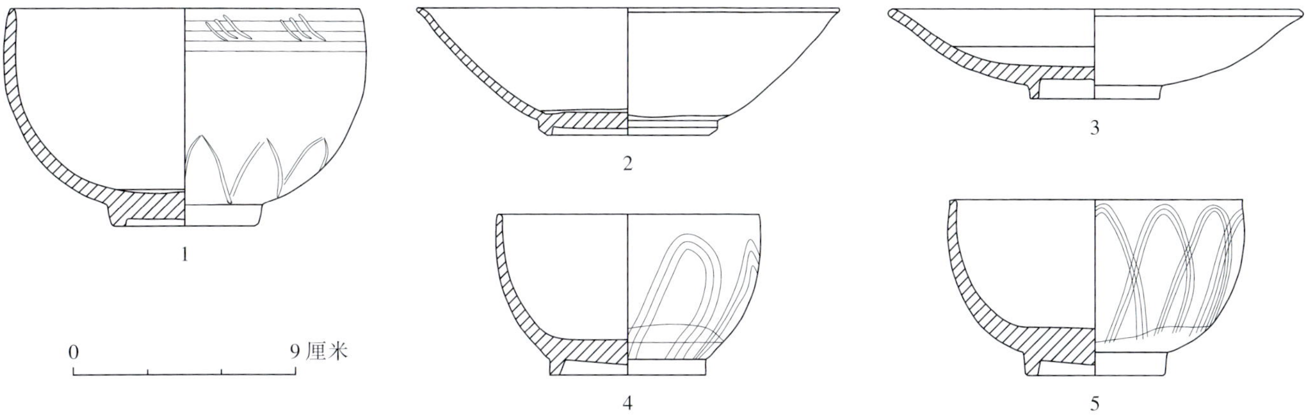


**图 5-13　沙洲岛沉船遗址出水青白瓷**

1. A 型碗（沙洲岛：8）　2. B 型碗（沙洲岛：9）　3. 盘（沙洲岛：2）　4、5. 炉（龙海博：1005、1006）

彩版 5-74　青白瓷碗（沙洲岛：8）

彩版 5-75　青白瓷碗（沙洲岛：9）

彩版 5–76　青白瓷碗（沙洲岛：15）

彩版 5–77　青白瓷碗（沙洲岛：16）

7.5、高 5.3 厘米（彩版 5–76）。

标本沙洲岛：16，足端较平。釉面部分有冰裂纹，外釉施至腹下部。口径 17.4、足径 7.3、高 5.3 厘米（彩版 5–77）。

（2）**盘**

2 件。

标本沙洲岛：2，口微撇，圆唇，浅斜弧腹，圈足制作规整。青灰釉，开冰裂纹，内外均施釉，足端无釉。内壁中部刻划一道细弦纹，内底刻划花卉纹。口径 16.9、足径 5.2、高 3.6 厘米（图 5–13，3；彩版 5–78）。

（3）**炉**

3 件。口微敛，圆唇，弧腹，内底较平，外底微下凸，圈足足墙内斜外直，足端平。釉面莹润，

彩版 5-78　青白瓷盘（沙洲岛：2）

彩版 5-79　青白瓷炉（龙海博：1006）

内外均施釉至腹下部，外壁刻划三线莲瓣纹。

标本龙海博：1006，口径 11.9、足径 5.5、高 7.1 厘米（图 5-13，5；彩版 5-79）。

标本龙海博：1005，口径 10.5、足径 6.2、高 6.4 厘米（图 5-13，4；彩版 5-80）。

**3．第二类青白瓷**

17 件。器形有执壶、水注、盅、杯、小罐、炉等。

彩版 5-80　青白瓷炉（龙海博：1005）

（1）**杯**

1 件。

标本龙海博：1298，直口，方唇，弧腹，圈足较高、外撇，足内底黏粗砂。内壁釉面有冰裂纹。口径 8.3、足径 4.3、高 5.7 厘米（图 5–14，1；彩版 5–81）。

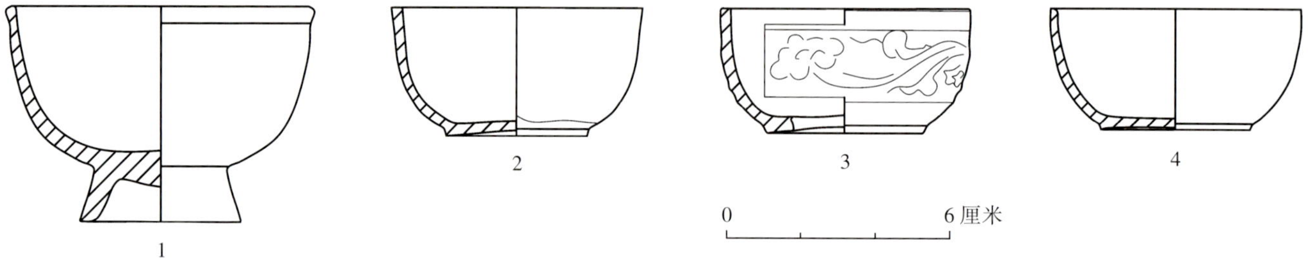


**图 5–14　沙洲岛沉船遗址出水青白瓷**

1. 杯（龙海博：1298）　2~4. 盅（沙洲岛：6、12、龙海博：993）

彩版 5–81　青白瓷杯（龙海博：1298）

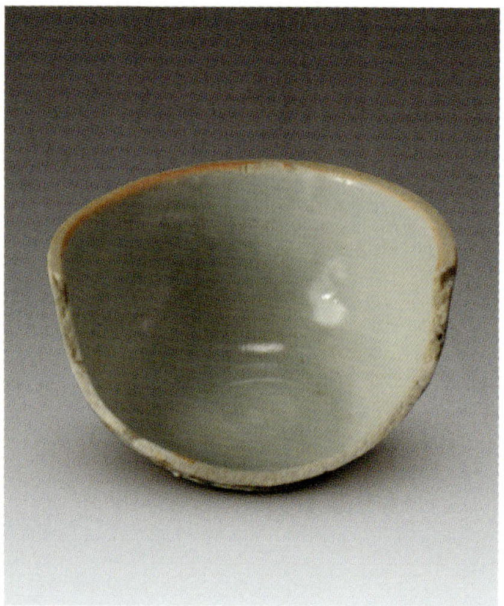

彩版 5–82　青白瓷盅（沙洲岛：6）

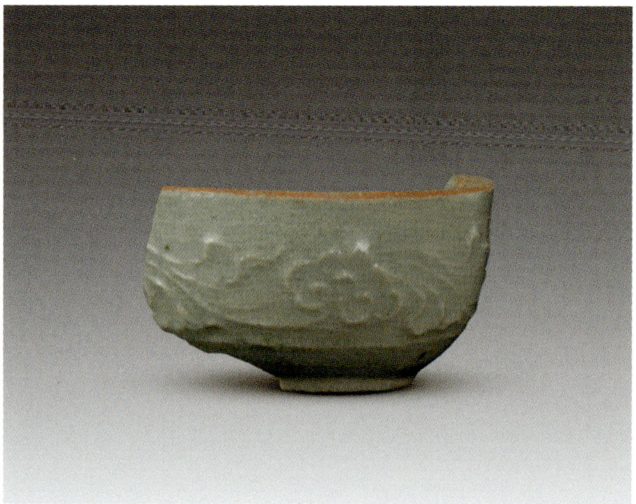

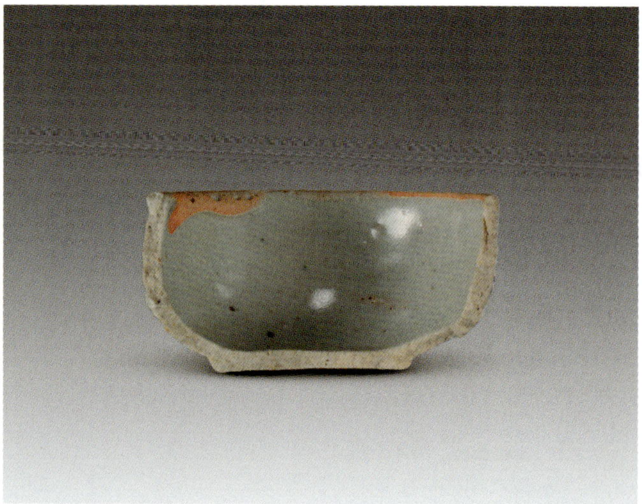

彩版 5–83　青白瓷盅（沙洲岛：12）

（2）盅

4 件。直口，方唇，弧腹，饼足，足面微内凹。内满釉，口沿无釉露胎。

标本沙洲岛：6，外釉至腹下部。口径 6.8、足径 3.8、高 3.4 厘米（图 5–14，2；彩版 5–82）。

标本沙洲岛：12，外施釉至足外壁。外壁印缠枝菊花纹。口径 6.6、足径 4.0、高 3.3 厘米（图 5–14，3；彩版 5–83）。

标本龙海博：993，口径 6.7、足径 4.0、高 3.2 厘米（图 5–14，4；彩版 5–84）。

彩版 5–84　青白瓷盅（龙海博：993）

（3）执壶

1 件。

标本龙海博：969，撇口，尖唇，束颈，圆肩，弧腹，矮圈足，弯管流，扁条形柄，柄面有两道凹槽。白胎，影青釉，内施至颈上部，外施至圈足上部。白胎，腹部刻划两枝对称荷花，流、柄下面亦分别刻划两片树叶。口径 7.6、足径 6.9、高 14.2 厘米（图 5–15，1；彩版 5–85）。

（4）水注

8 件。分两型。

A 型　敛口，棱形腹。分两式。

A 型 Ⅰ 式　1 件。瓜棱形腹。

标本龙海博：970，圆唇，矮圈足，弯管流，扁条形柄。青白釉，内施至腹上部，外施至腹底部。口径 3.4、足径 4.8、高 8.9 厘米（图 5–15，2；彩版 5–86）。

A 型 Ⅱ 式　5 件。八棱形腹。方唇，饼足，弯管流，扁条形柄，柄与口沿外侧之间有一短管形环。中部有胎接痕。

标本龙海博：971，口沿外侧三道弦纹，腹上部模印如意卷云纹，中间顺时针方向印“福如东海，寿比南山”，下部模印宽莲瓣纹。中部有胎接痕。口径 3.5、足径 4.9、高 8.7 厘米（图 5–15，3；彩版 5–87）。

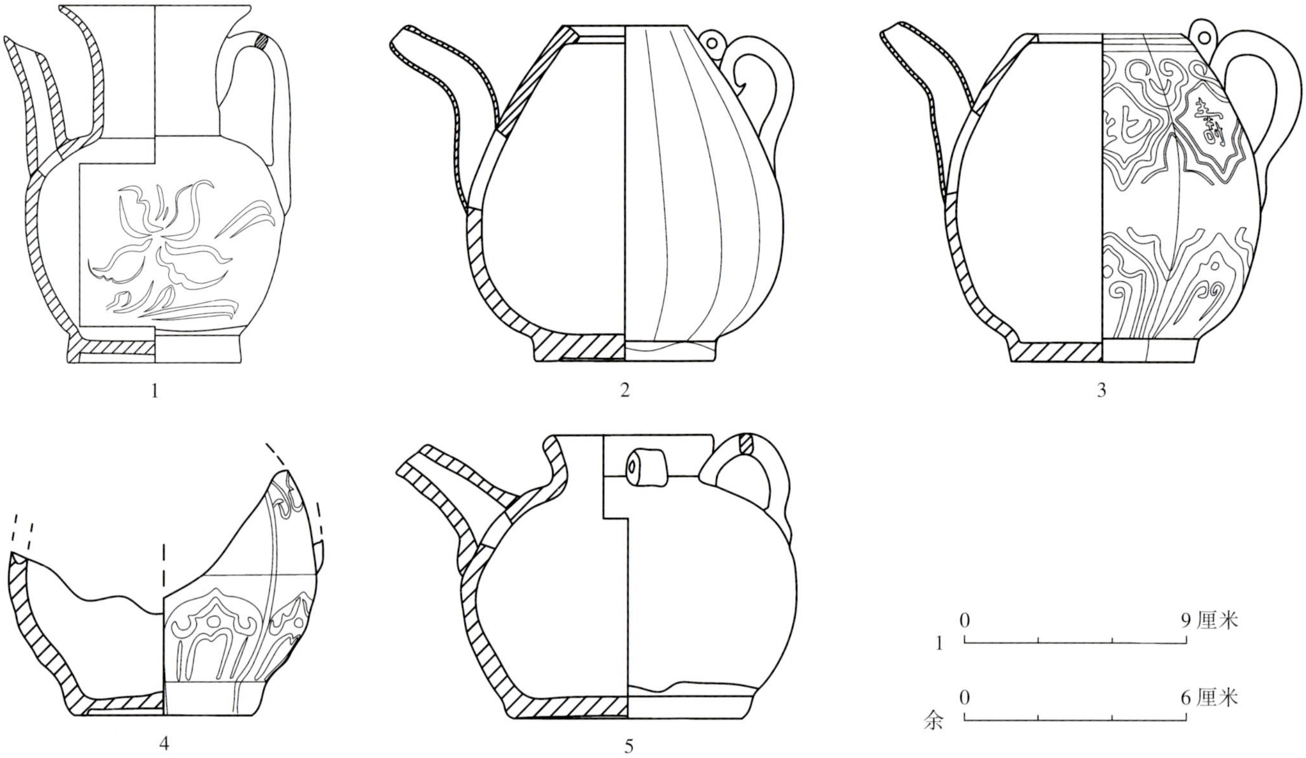


**图 5-15　沙洲岛沉船遗址出水青白瓷**

1. 执壶（龙海博：969）　2. A 型Ⅰ式水注（龙海博：970）　3、4. A 型Ⅱ式水注（龙海博：971、沙洲岛：7）　5. B 型水注（龙海博：989）

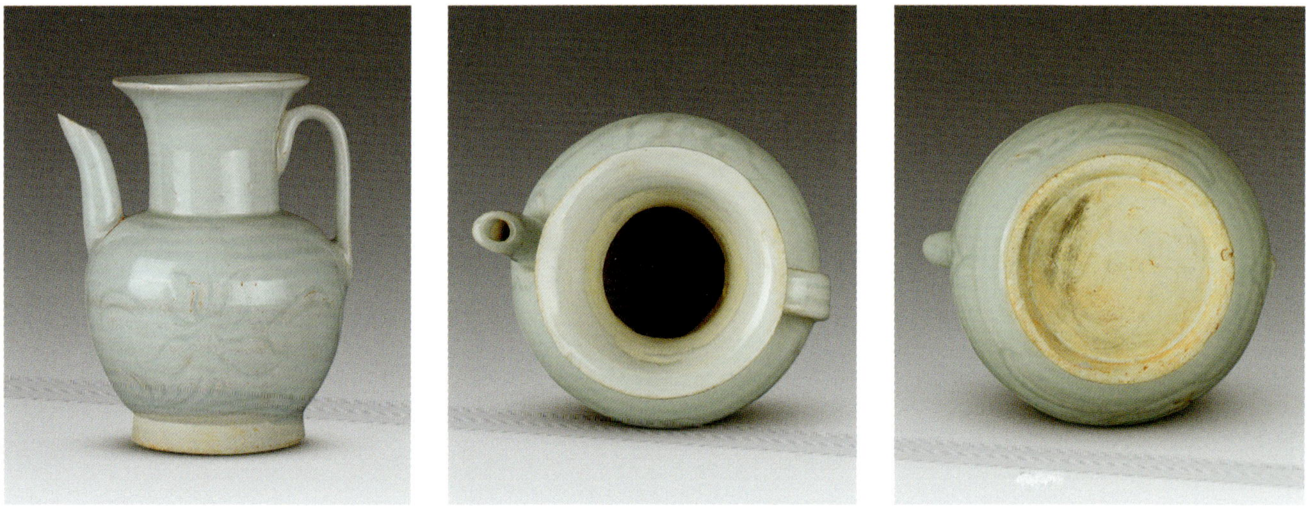

**彩版 5-85　青白瓷执壶（龙海博：969）**

标本龙海博：974，口沿外侧三道弦纹，腹上部模印如意卷云纹，中间印花卉，下部模印宽莲瓣纹。口径 3.5、足径 4.5、高 9.0 厘米（彩版 5-88）。

标本龙海博：976，口沿外侧三道弦纹，腹上部模印如意卷云纹，中间印花卉，下部模印窄体莲瓣纹。口径 3.6、足径 4.5、高 9.1 厘米（彩版 5-89）。

标本沙洲岛：7，残，仅存腹部以下部分。浅圈足。外壁下部印宽莲瓣纹。残高 6.5、足径

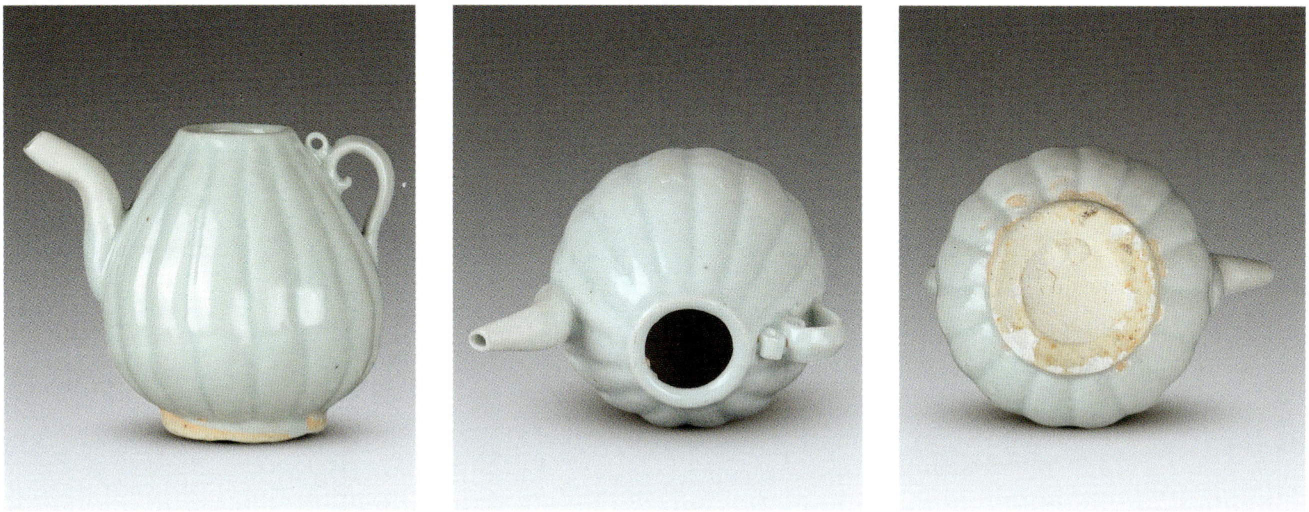

彩版 5-86　青白瓷水注（龙海博：970）

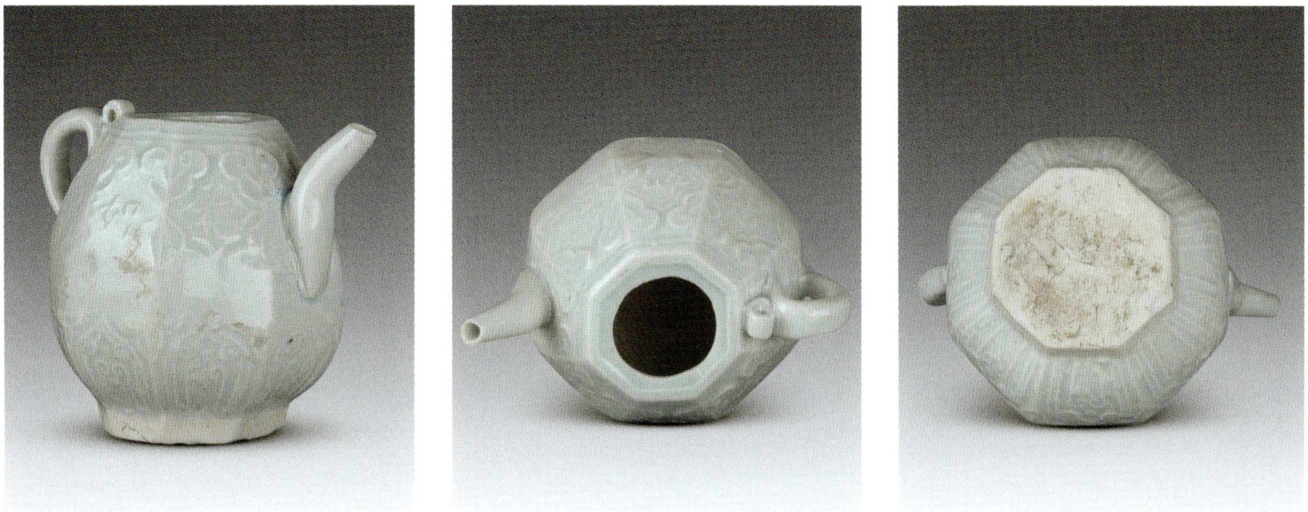

彩版 5-87　青白瓷水注（龙海博：971）

彩版 5-88　青白瓷水注（龙海博：974）

彩版 5-89　青白瓷水注（龙海博：976）

彩版 5-90　青白瓷水注（沙洲岛：7）

彩版 5-91　青白瓷水注（龙海博：989）

5 厘米（图 5–15，4；彩版 5–90）。

B 型　2 件。撇口，短束颈，圆鼓腹，平底微内凹。

标本龙海博：989，直流微弯，扁条形柄，颈肩交接处有两个对称的短圆管形系。内施釉至腹上部，外施釉至腹下部。口径 4.6、足径 6.4、高 7.5 厘米（图 5–15，5；彩版 5–91）。

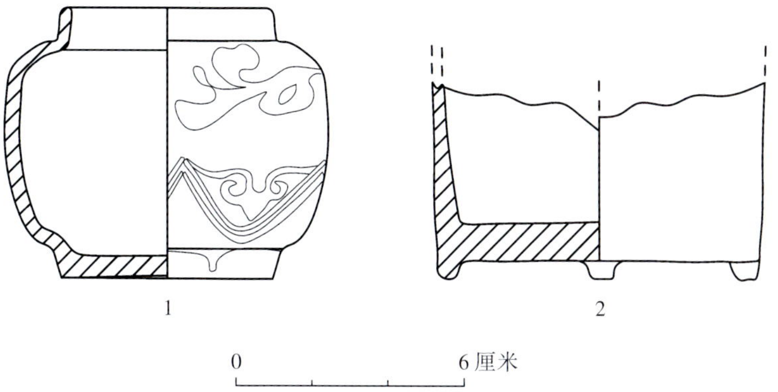


图 5–16　沙洲岛沉船遗址出水青白瓷

1. 小罐（龙海博：981）　2. 炉（沙洲岛：13）

（5）小罐

2 件。直口微敛，圆唇，鼓肩，弧腹，饼足。内底局部流釉，外施至腹底部，口沿内侧刮釉。腹上部模印缠枝花叶，下部模印三角形如意云头纹。

标本龙海博：981，口径 5.4、足径 5.5、高 6.9 厘米（图 5–16，1；彩版 5–92）。

标本龙海博：979，口径 5.2、足径 5.3、高 7.7 厘米（彩版 5–93）。

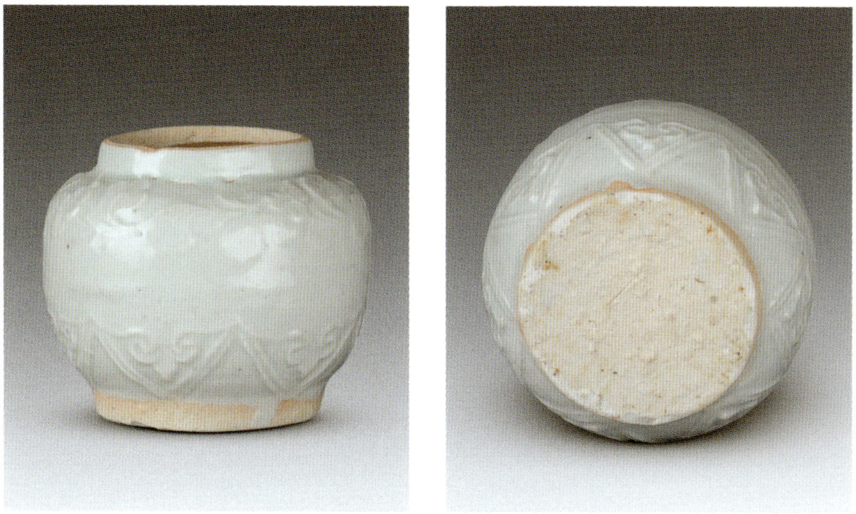

彩版 5–92　青白瓷小罐（龙海博：981）

（6）炉

1 件。

标本沙洲岛：13，残，仅存腹部以下部分。直腹，三长方形扁足。青白釉泛灰，冰裂纹，内外均施釉，外底有一圈无釉。底径 8.4、残高 5.0 厘米（图 5–16，2；彩版 5–94）。

彩版 5–93　青白瓷小罐（龙海博：979）

4. 酱釉瓷

5 件。器形有四系罐、盆、器盖等。

（1）盆

2件。

标本沙洲岛：10，花边口，方唇，沿外折，斜弧腹，底内凹。酱釉，内满釉，外施釉至口沿外侧，沿面有刮釉痕迹。口径27.8、底径14.7、高7.6厘米（图5-17，1；彩版5-95）。

（2）四系罐

1件。分两型。

A型　小口，深弧腹。

标本沙洲岛：1，口沿微外撇，圆唇，矮束颈，圆肩，深斜腹，底心内凹，肩部附四个桥形横系。

彩版5-94　青白瓷炉（沙洲岛：13）

彩版5-95　酱釉盆（沙洲岛：10）

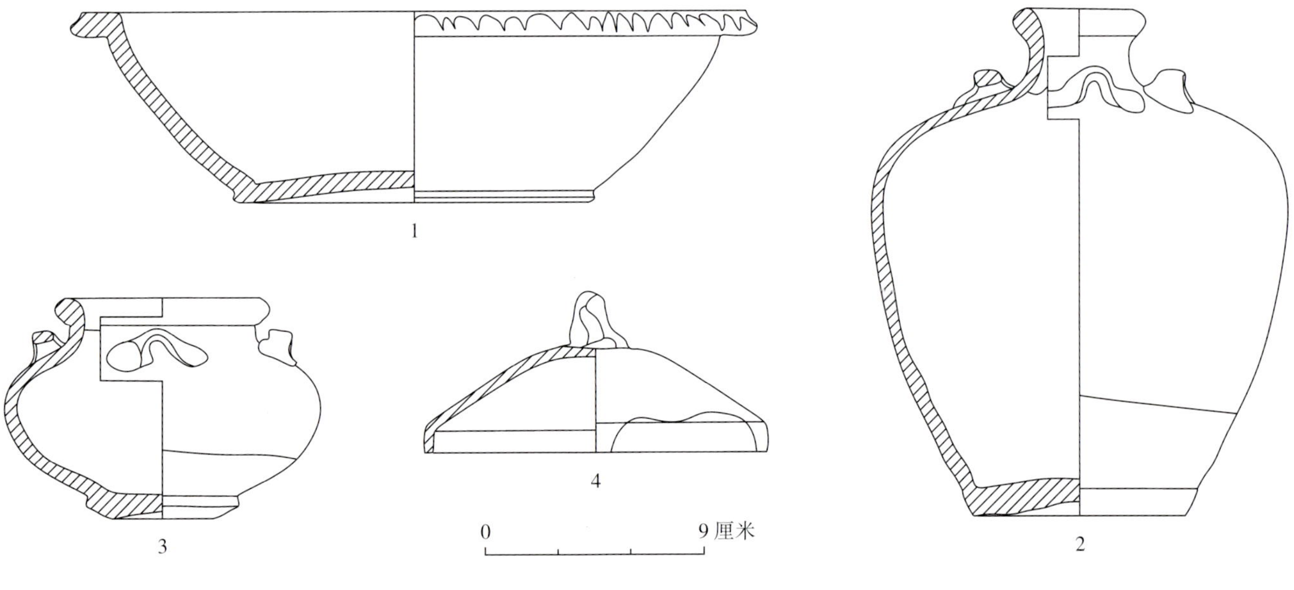


图5-17　沙洲岛沉船遗址出水酱釉瓷

1. 盆（沙洲岛：10）　2. A型四系罐（沙洲岛：1）　3. B型四系罐（沙洲岛：4）　4. 器盖（龙海博：4010）

酱釉，内施釉至颈下部，外釉施至腹下部。口径 5.4、底径 8.6、高 20.2 厘米（图 5–17，2；彩版 5–96）。

B 型　扁鼓腹。

标本沙洲岛：4，口沿外撇，圆唇，矮束颈，斜溜肩，饼足内凹，肩部附四个桥形横系。酱褐釉，内施釉至颈部，外施釉至腹下部，釉层局部脱落。口径 8.8、足径 6.3、高 8.8 厘米（图 5–17，3；彩版 5–97）。

（3）**器盖**

2 件。

标本龙海博：4010，母口，方唇，斜弧盖面，顶微内凹，不规则柱形纽。

灰胎，酱釉。口径 14.0、高 6.4 厘米（图 5–17，4）。

彩版 5–96　酱釉四系罐（沙洲岛：1）

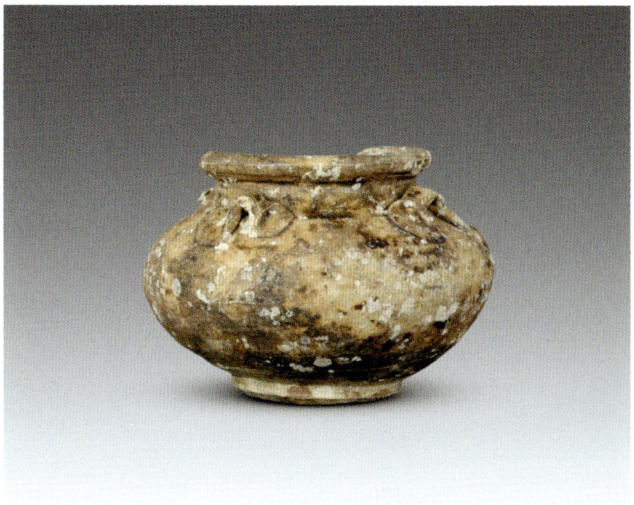

彩版 5–97　酱釉四系罐（沙洲岛：4）

**5. 素胎器**

素胎器主要为器盖。

**器盖**

5 件。均为灰胎。分两型。

A 型　4 件。沿外折，盖面弧。分两式。

A 型 Ⅰ 式　3 件。桥形纽。

标本沙洲岛：3，沿径 20.1、通高 5.5 厘米（图 5–18，1；彩版 5–98）。

标本龙海博：4017，沿径 19.6、高 5.35 厘米（图 5–18，2；彩版 5–99）。

A 型 Ⅱ 式　1 件。饼形纽。

标本龙海博：4021，口径 19.5、顶径 5.0、高 4.8 厘米（图 5–18，3；彩版 5–100）。

B 型　1 件。沿外折，盖面下凹。

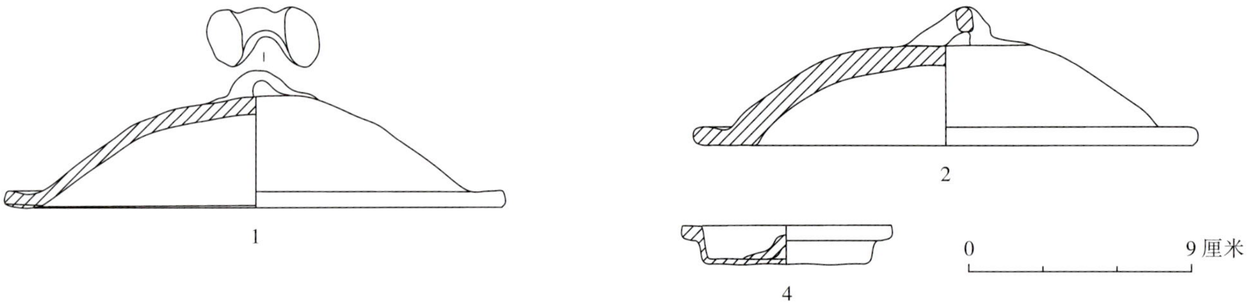


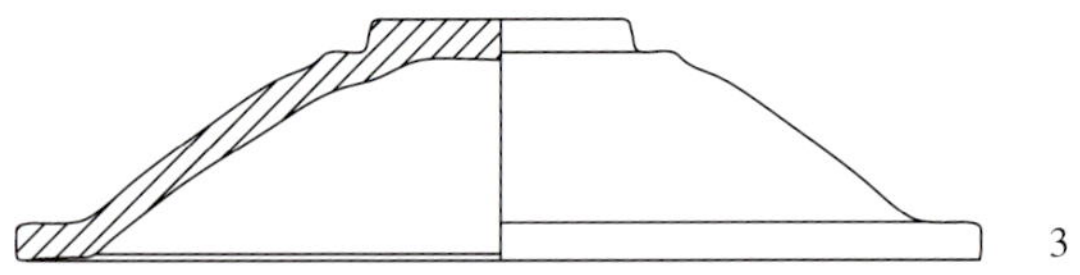

图 5-18　沙洲岛沉船遗址出水素胎器盖

1、2. A 型Ⅰ式（沙洲岛：3、龙海博：4017）　3. A 型Ⅱ式（龙海博：4021）
4. B 型（龙海博：4011）

彩版 5-98　素胎器盖（沙洲岛：3）

彩版 5-99　素胎器盖（龙海博：4017）

彩版 5-100　素胎器盖（龙海博：4021）

彩版 5-101　素胎器盖（龙海博：4011）

标本龙海博：4011，方唇，盖面下凹，底平，桥形纽。沿径 8.4、底径 6.6、高 1.5 厘米（图 5-18，4；彩版 5-101）。

### （二）凝结物

该遗址调查采集了少量凝结物残块，上面黏连船板、瓷器等。

标本沙洲岛：17，金属凝结物与酱釉罐、船板等黏在一起。长 35.2、宽 17.2、高 16.3 厘米（彩版 5-102）。

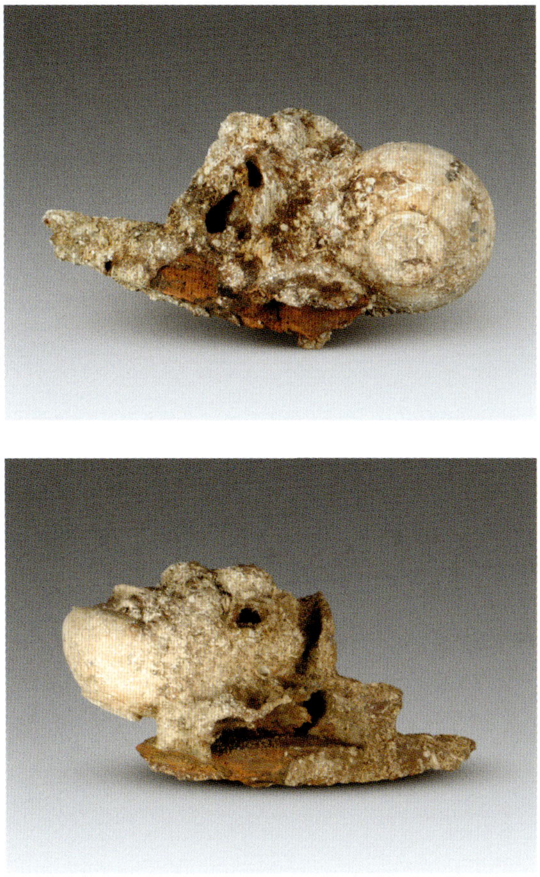

彩版 5-102　凝结物（沙洲岛：17）

## 三　小结

漳浦县沙洲岛附近海域曾经陆续发现水下遗物，此次水下考古调查采集到一批水下遗物标本，发现水下遗物有一定分布范围，因此可以确认为一处古代水下文化遗存。虽暂未发现船体遗迹，但根据渔民提供情况以及现场采集遗物，结合地理环境、海底状况等判断，此处应为一处沉船遗址。

该遗址采集标本中，第一类青白瓷，应为福建窑址产品；第二类青白瓷，应为江西景德镇窑烧造；青瓷、酱釉四系罐和素胎器盖可能为福建晋江磁灶窑产品，其年代大致为元末明初或明代早期。

上述出水瓷器，在西沙群岛、东南亚地区均有发现[1]。由此推测，沙洲岛沉船遗物可能是海外贸易商品，表明漳浦海域也是古代海上丝绸之路航段。

# 第四节　东山冬古湾沉船遗址

## 一　遗址概况

东山县位于福建省东南端，东海与南海的交汇处，东临台湾海峡与台湾岛相望，南濒临南海接近广东潮汕，西隔诏安湾与诏安县对峙，东北隔东山湾与漳浦县古雷半岛为邻，西北跨过八尺门海峡即是云霄县境。东山历来是水上交通和战略地位重要的地带，明代设置的铜山水寨为闽南五个水寨之一，明末又是戚家军抗倭御荷的据点；明末清初，东山又成为郑成功抗清与驱荷复台据点，

[1] 中国国家博物馆水下考古研究中心、海南省文物保护管理办公室编著：《西沙水下考古 1998~1999》，科学出版社，2006 年；Frank Goddio, Weisses Gold, P48, 50, 51, 54–56, 64, 67, 75, Steidl, 1997.

清代在东山设有铜山水师。郑成功和郑经曾两度占有东山。同时，东山又是一个海流复杂和气候多变的区域，因此也就成为了由古至今海难多发地带。

2000 年 1 月 24 日，东山县博物馆在东山岛东南部冬古村浅海发现一处两堆古沉船遗址。该遗址均位于冬古村前新建避风港西海堤内侧，大潮退潮时遗址的部分堆积会露出。两堆表面分布大小不匀的石头，一号堆石头中发现 4 门古铁炮，二号堆离一号堆的距离约 54 米，主要为一片滩涂，海泥中散落掩埋着铁炮、铜铳、弹珠、瓷器、铜钱、船板残片等。东山县博物馆对遗迹情况、散落文物、该区域的历史、地理等方面做深入细致的调查，并从当地居民手中征集到大部分出自于遗址中的文物[1]。

2001 年 3~4 月，中国历史博物馆水下考古研究中心组织考古队，对冬古沉船遗址进行了调查。这次调查主要完成了对两堆遗迹的水下探方设置、平面图和等高线图绘制、遗址钻探以及局部遗址点的试掘等工作，了解并确定了沉船遗址的范围、规模、埋藏情况、堆积情况、地层关系、保存状况等[2]。通过此次调查，基本确定一号、二号堆遗迹是明末战船遗址，但无法确定是否为同一艘战船。同年 11 月，再次到东山岛勘察冬古湾沉船遗址，并采用声呐探测设备对沉船进行了物探扫描。

2004 年夏、秋，为了进一步了解沉船遗址的文化内涵和性质，并配合第三期全国水下考古专业人员培训班水下考古实习工作，中国国家博物馆组织对该遗址进行了一次大规模水下考古发掘。根据遗物分布情况，分 A、B 两区进行发掘。A 区主要出水铳炮及铁件的凝结物，此外还有弹丸、火药、印泥、砚台、陶瓷片等船上物品，未发现船体的木构件。B 区应为沉船遗址的主体部分，发现了部分船体，以及种类丰富、品种齐全的船上文物[3]。因该遗址拟出版考古报告专书，本文仅对冬古湾沉船遗址考古工作进行简报。

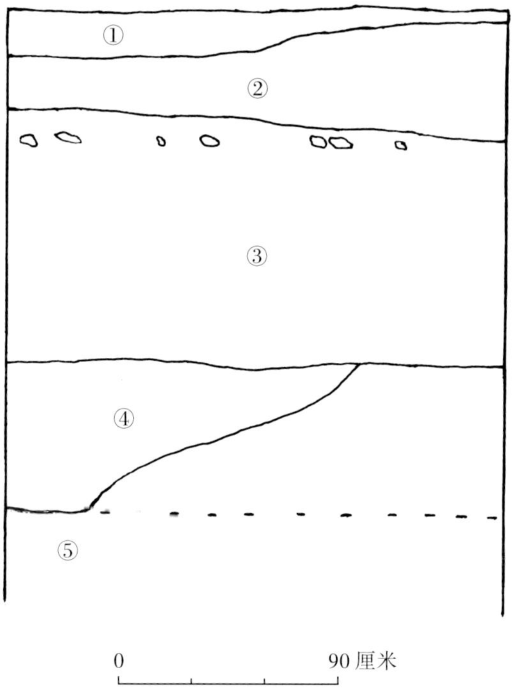

图 5–19　冬古湾沉船遗址海底地层堆积剖面图

## 二　地层堆积

2001 年对冬古湾遗址的调查中，曾在 A 区与 B 区之间进行过一次试掘，目的是了解遗址两个区之间的关系以及这一海区海床的地层分布情况。由海床平面到试掘区的底部生土，海底堆积可分五层（图 5–19）。

第①层：含腐殖质的黑灰沙，厚 50~20 厘米。

第②层：粗黄沙含鹅卵石，厚 20~50 厘米。

[1] 陈立群：《东山岛冬古沉船遗址初探》，《福建文博》2001 年第 1 期，第 33~39 页。

[2] 中国水下考古中心福建东山冬古湾水下考古队：《2001 年度东山冬古湾水下考古调查报告》，《福建文博》2003 年第 3 期，第 88~97 页。

[3] 鄂杰、赵嘉斌：《2004 年东山冬古湾沉船遗址 A 区发掘简报》，《福建文博》2005 年增刊，第 118~123、77 页；李滨、孙键：《2004 年东山冬古湾沉船遗址 B 区发掘简报》，《福建文博》2005 年增刊，第 124~131 页。

第③层：细灰黄沙，在距离海床表面大约50厘米的深度有一层大小不一的鹅卵石，间有出土一些南宋时期的瓷器片，厚约100厘米。

第④层：细黄沙，发红，质细密，厚约50~60厘米，层上部质地较粗，下部较细。

第⑤层：灰色的陆相沉积的黏土，质黏、细密，表面平滑。

彩版 5-103　冬古湾沉船遗址水下堆积情况

2004年A区、B区的发掘情况表明，其地层状况与2001年中部的试掘地层基本接近，仅是厚度略有变化。A区共计布方78个，B区主要发掘了46个方，发掘面积184平方米，深度30~120厘米。B区情况比A区复杂，海床下可能不止一条沉船，B区边上建有西堤，建堤时对地层曾有干扰与破坏，也混入其他时期遗物。B区表面覆盖的石块数量约是A区的两倍；同时B区表面不易见到A区所见的沉船遗物碎片和凝结物等，沉船中的各种遗物主要出水于第②层，在第②层下与第③层之间发现有较多船板构件，目前可以初步断定有龙骨、船壳板、部分甲板和部分分隔舱板等。B区出水遗物主要是船上生活用品、沉船船体部分和武器弹药。值得注意的是，在B区发现一批铜铠甲片（彩版5-103），有600多片，排列整齐，可能为原始埋藏状态。铠甲周边散落着砚台、铜烟斗、锡盒、紫砂壶和木质剑柄等，一定程度上反映了船上的生活情况。

冬古湾沉船遗址出水的遗物数量较多，种类多样，品种齐全，与以往所发掘的外销沉船遗物数量众多、种类单一的情况有所区别。丰富的出土文物为沉船的性质和年代的判断以及沉船的其他文化内涵分析提供了重要的依据。

## 三　船体遗迹

水下考古发掘时，船体已基本散架，船底及大部分构件尚在，主要分布于遗址B区海床的第①层黑沙层下。由于水下环境和遗址所处潮间带的位置所限，只有部分船板、船构件和一截尾龙骨被打捞上来，船体及其构件的分布情况不甚清楚。

### 1. 尾龙骨

松木制作，质地坚韧，长326、宽20~24、厚27~30厘米（图5-20）。龙骨断面呈“凸”字形，凸出部分高4.0、宽11.0厘米，两侧向下向内倾斜，均嵌有木板，底部呈弧形。龙骨一端略向上翘，另一端为搭接口，接口开于龙骨下方，呈锐角形，长74厘米，搭接处面上有方槽与方孔。龙骨上附有一些凝结物。

### 2. 带缆桩

发掘出水2件，铁质，均为实心圆柱形。

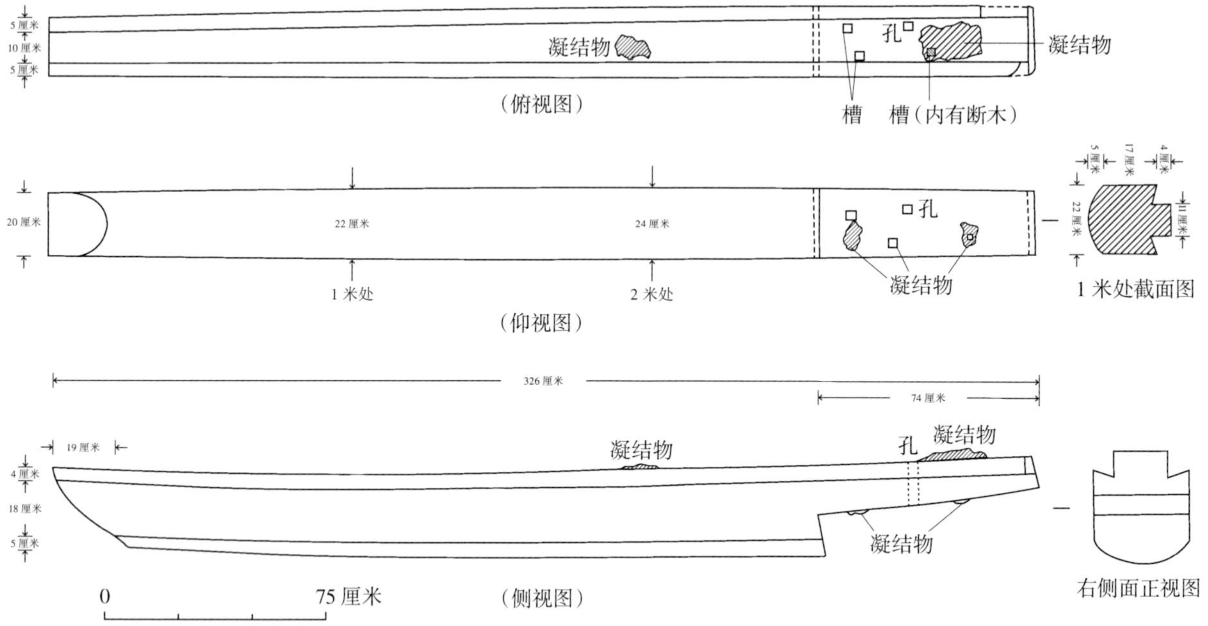


**图 5–20　冬古湾沉船龙骨平、剖面图**

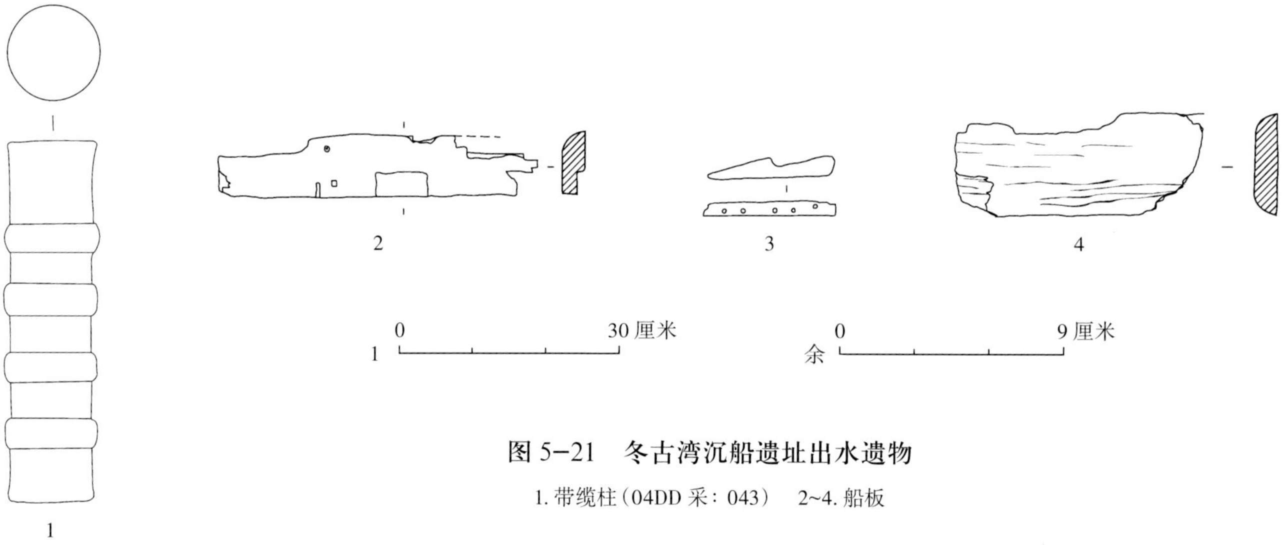


**图 5–21　冬古湾沉船遗址出水遗物**

1. 带缆柱（04DD 采：043）　2~4. 船板

标本 04DD 采：043，上下端呈喇叭状，长 48.0、端径 13.0、腰径 10.0 厘米。桩身铸四道箍，每间隔 9.0 厘米铸一道，箍宽 4.0 厘米，截面呈弧形，最厚 1.5 厘米。桩中部残存三圈棕绳，棕绳直径 2.0 厘米（图 5–21，1）。根据所缠棕绳的粗细分析，估计应是船侧带缆桩。

**3．船板及船构件**

发掘时一些船板上浮，大部分可能是甲板，长 100~200、宽 20~25、厚 3~4 厘米；少数长度不等、宽 25~30、厚 5~6 厘米，估计为船壳板；另有一些无明显特征，无法辨认。在水下清理时，发现纵贯南北向的船板表面上每隔约 90 厘米的地方有一道宽约 10 厘米的凝结物，可能是木板的搭接处。一些船板上有大小、数量不等的孔，凝结物和铁器中有一些铁钉出水，推测孔为铁钉孔。此外，还发现了 1 件舵杆套（图 5-21，2~4；彩版 5-104）。

根据出水带缆桩及龙骨尺寸推测该沉船宽约 5 米，长度超过 20 米[1]。

彩版 5-104　船板

## 四　出水遗物

冬古湾沉船遗址出水遗物数量较多，类别丰富，与以往水下考古发掘的沉船遗物情况有所区别。主要有陶瓷器、铜器、铁器、锡器、木构件、石器等。

### （一）陶瓷器

陶瓷器分为瓷器、紫砂器、陶器。瓷器有青瓷、白瓷、青白瓷、酱釉瓷、青花瓷等。酱釉瓷、青瓷数量少，可能为闽南地区漳浦窑、东山窑产品。紫砂器为宜兴紫砂壶。陶器数量不多。

#### 1. 青瓷

3 件。器形有罐、壶、盘。

##### （1）罐

1 件。

标本 04DDBT0811 ② a：2，双唇，束颈，弧腹。口径 11.2、腹径 20.4、残高 9.1 厘米（图 5-22，1）。

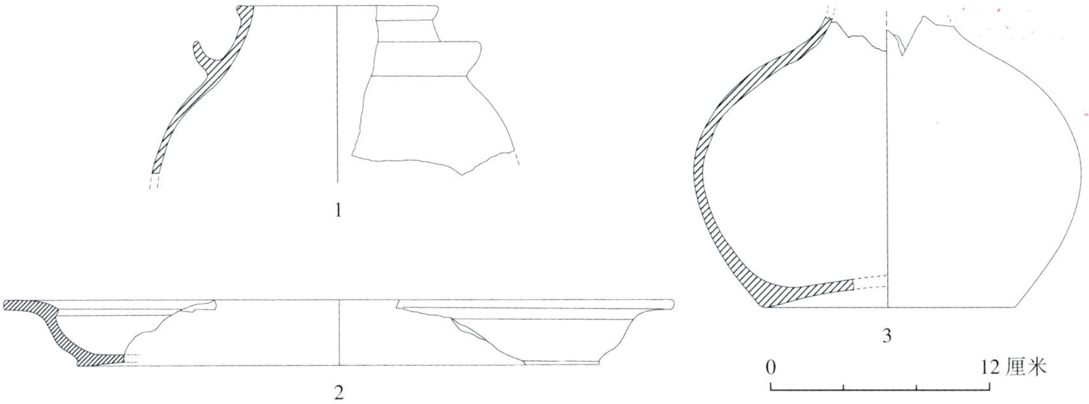


图 5-22　冬古湾沉船遗址出水青瓷

1. 罐（04DDBT0811 ② a：2）　2. 盘（04DDBT1511 ② a：2）　3. 壶（04DDBT1110 ② a：17）

[1] 陈立群：《福建东山岛冬古沉船遗物研究》，《蓬莱古船国际学术研讨会文集》，长江出版社，2009 年。

（2）盘

1件。

标本04DDBT1511②a：2，宽折沿，浅弧腹，平底内凹。胎色灰色，胎质较疏松。釉色青色，脱釉严重。内底施釉，口沿及外壁不施釉。口径36.0、底径28.0、高3.5厘米（图5-22，2）。

（3）壶

1件。

标本04DDBT1110②a：17，口残，鼓腹微扁，平底内凹。胎色灰褐色，胎质较紧密。釉色青色，内壁施满釉，外壁施半釉。腹径21.4、底径14.0、残高15.6厘米（图5-22，3）。

2. 白瓷

14件。器形有杯、碗、碟、水注等，器型、纹饰、制作工艺等均与德化窑白瓷接近。

（1）碗

4件。制作较为精细，胎色白。釉色白，较莹润。按器型不同可两型。

A型　1件。斗笠碗。敞口，浅弧腹，圈足。胎色白色，质地紧密。釉色白色。内外均施满釉。

标本04DD采：025，内底似戳有一个小印，印文不清。口径14.9、足径5.1、高4.4厘米（图5-23，1）。

B型　3件。撇口，深弧腹。胎体质地紧密细腻，釉面光洁莹润。内外均施满釉，内底有支钉痕。

Ba型　2件。口沿微撇，圈足平削。

标本04DDBT1011②a：5，口径11.8、足径4.0、高5.1厘米（图5-23，2）。

标本04DDBT1110②a：7，口径11.6、足径4.4、高5.3厘米（图5-23，3）。

Bb型　1件。

标本04DDBT1011②a：8，坦口。口径11.2、足径4.6、高5.7厘米（图5-23，4）。

（2）杯

6件。制作精细，造型优美，胎色洁白或呈象牙白，白釉莹润。根据杯形制不同分三型。

A型　1件。八角杯。

标本04DD采：005，把残。内外均施满釉，杯壁上刻有文字“三杯通大道”，字上残留有淡

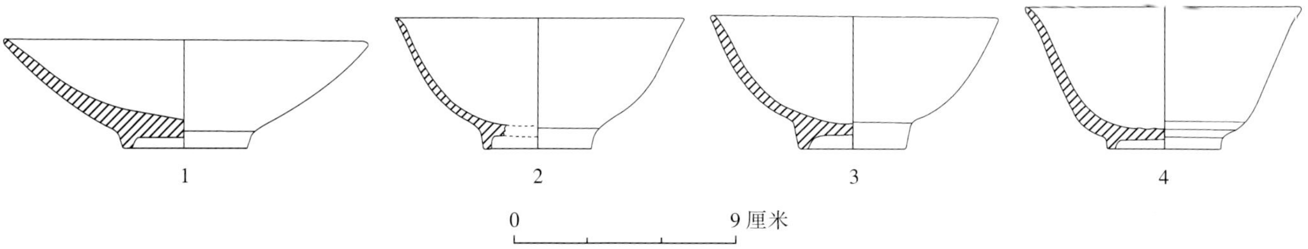


图5-23　冬古湾沉船遗址出水白瓷碗

1. A型（04DD采：025）　2~4. Ba型（04DDBT1011②a：005、007、008）

红色痕迹。口径 6.1、足径 3.2、高 3.2 厘米（图 5–24，1；彩版 5–105）。

B 型　1 件。梅花杯。

标本 04DDBT1511 ② a：1，圆唇，撇口，深弧腹，枝形底座。胎色白色，质地紧密。釉色白，釉面有冰裂纹，内外底均施满釉。外壁饰贴塑梅花。口径 7.2、底径 2.7~3.0、高 4.5 厘米（图 5–24，2；彩版 5–106）。

C 型　4 件。撇口，深弧腹，圈足。

标本 04DDBT1011 ② a：7，内外均施满釉。内底有支钉痕。口径 8.6、足径 3.3、高 4.5 厘米（图 5–24，3）。

标本 04DD 采：006，腹部刻有两竖行文字“味□山　入口”。口径 7.8、足径 3.2、高 4.4 厘米（图 5–24，4）。

标本 04DDAT2521 ①：1，腹部刻有文字“香清人□”。口径 7.7、足径 3.0、高 4.2 厘米（图

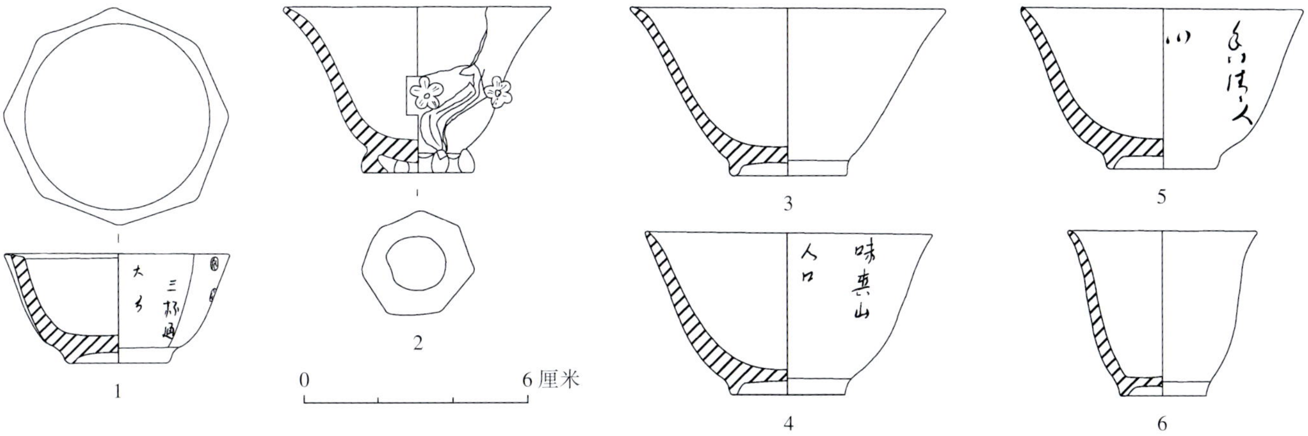


图 5–24　冬古湾沉船遗址出水白瓷杯

1. A 型（04DD 采：005）　2. B 型（04DDBT1511 ② a：1）　3~6. C 型（04DDBT1011 ② a：7、04DD 采：006、04DDAT2521 ①：1、04DD 采：004）

彩版 5–105　白瓷杯
（04DD 采：005）

彩版 5–106　白瓷杯
（04DDBT1511 ② a：1）

彩版 5–107　白瓷杯
（04DDAT2521 ①：1）

5–24，5；彩版 5–107）。

标本 04DD 采：004，口小，腹深。口径 5.2、足径 2.4、高 4.4 厘米（图 5–24，6）。

（3）**碟**

2 件。直口，浅腹，圈足。

标本 04DDBT0912 ② a：3，胎色白，质地细密。釉色白，内外均施满釉。内底心压印秋叶纹饰。口径 9.2、足径 3.6、高 2.8 厘米（图 5–25，1；彩版 5–108）。

（4）**水注**

1 件。

标本 04DD 采：013，平口，缺盖，椭圆形把，直流，橄榄形壶身，假圈足。胎色白，质地紧密。

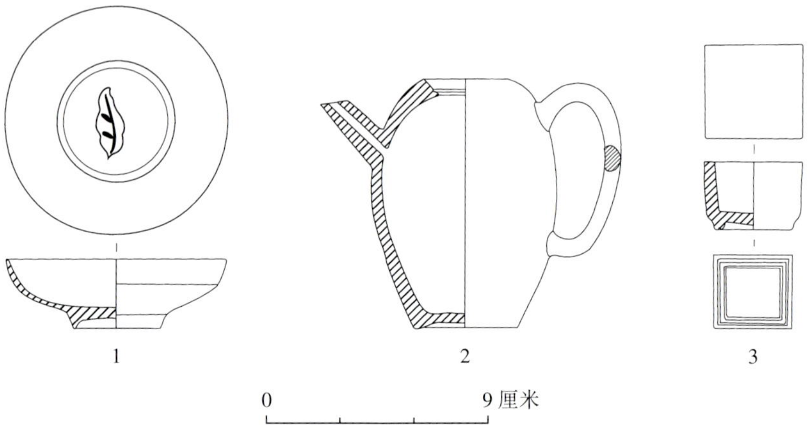


图 5–25　冬古湾沉船遗址出水白瓷

1. 碟（04DDBT0912 ② a：3）　2. 水注（04DD 采：013）　3. 印泥盒（04DDAT2421 ② a：1）

彩版 5–108　白瓷碟
（04DDBT0912 ② a：3）

彩版 5–109　白瓷水注
（04DD 采：013）

彩版 5–110　白瓷印泥盒
（04DDAT2421 ② a：1）

釉色洁白，釉面光亮，有冰裂纹。内未施釉，外部施满釉，外底不施釉。口径 3.3、腹径 7.4、足径 4.2、高 10.0 厘米（图 5–25，2；彩版 5–109）。

（5）印泥盒

1 件。

标本 04DDAT2421 ② a：1，盖缺。方形，平口，口有小磕口。口径 4.0、底径 3.0~3.2、高 2.3 厘米。盒内所盛鲜红印泥，鲜亮如初，仍可使用（图 5–25，3；彩版 5–110）。

### 3. 青白瓷

10 件。器形有碗、水注、杯、炉等。

（1）碗

6 件。分两型。

A 型　5 件。敞口，深弧腹，圈足。口沿一周酱釉，圈足制作较规整。

标本 04DDBT1311 ② a：2，胎色白，质密。釉色青白，内外满釉。圈足上黏有泥沙，底心微凸。口径 12.4、足径 5.1、高 5.8 厘米（图 5–26，1）。

标本 04DD 采：034，器型较大，底心外凸。胎较厚，胎色灰白。釉色青白暗淡。圈足上黏有细沙。口径 16.2、足径 5.8、高 7.3 厘米（图 5–26，2）。

B 型　1 件。高圈足，小折沿，深弧腹。

标本 04DDAT2310 ② a：1，胎体白，较轻薄，质地细密。釉色青白，内外满釉，外底无釉。外壁有轮旋纹。口径 11.6、足径 5.9、高 6.5 厘米（图 5–26，3）。

（2）杯

1 件。

标本 04DDBT1110 ② a：1，口沿微敛，弧腹，平底，圈足。胎色白，质紧密。釉色青白，釉面莹润。内外满釉，足墙有釉。口径 6.4、足径 2.8、高 3.0 厘米（图 5–26，4）。

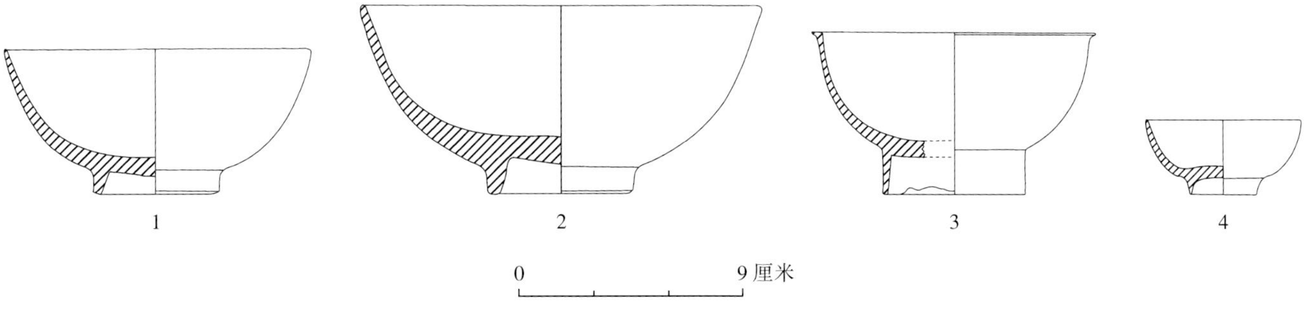


图 5–26　冬古湾沉船遗址出水青白瓷

1、2. A 型碗（04DDBT1311 ② a：2、04DD 采：034）　3. B 型碗（04DDAT2310 ② a：1）　4. 杯（04DDBT1110 ② a：1）

（3）水注

2 件。短颈，鼓腹。

标本 04DDBT1011 ② a：2，圆唇，短直颈，圈足。把残，流微残。胎色灰白，质较紧密。釉色略显米黄，内外满釉，布满冰裂纹。圈足底心微凸。内壁腹中部有一道凸棱。口径 6.6、腹径 11.8、足径 6.6、高 11.9 厘米（图 5–27，1）。

标本 04DDBT1011 ② a：4，直口，假圈足。四系，有流，流有小磕。胎体白，质细密。釉色呈浅青灰，内外满釉。圈足上黏有细小沙粒。口径 5.6、足径 8.6、高 11.6 厘米（图 5–27，2）。

（4）炉

1 件。

标本 04DDBT0810 ② a：1，平口内折收，深直腹，下承三足。外壁呈竹节状。胎色灰，质较紧密。青白釉略显米黄，布满细碎开片。内壁仅口沿施釉，外壁满釉。外器底心微凸，底黏有砂粒。口径 7.9、足径 5.9、高 5.2 厘米（图 5–27，3）。

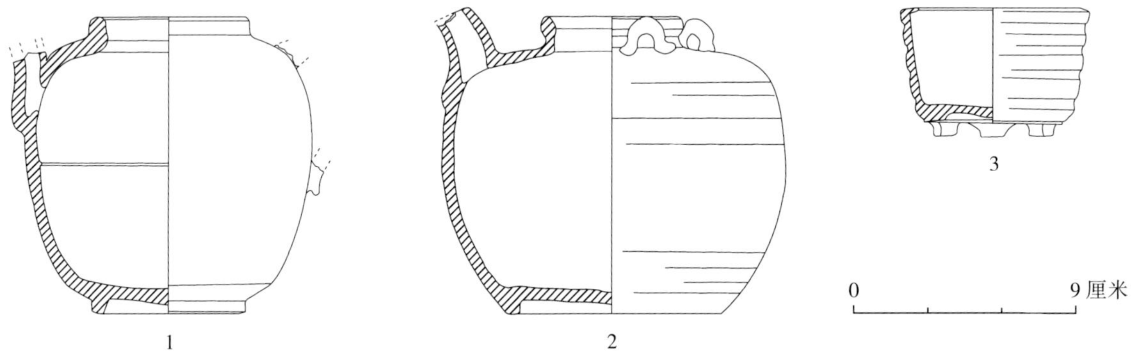


图 5–27 冬古湾沉船遗址出水青白瓷

1、2. 水注（04DDBT1011 ② a：2、4） 3. 炉（04DDBT0810 ② a：1）

**4. 酱釉瓷**

14 件。器形有钵、水注、罐、瓶、碟等。

（1）钵

4 件。

A 型 3 件。深弧腹。

标本 04DDBT0912 ② a：11，侈口，口沿下内收，深弧腹，平底。胎色灰褐，胎质较紧密。内外壁施半釉，有流釉现象，内底心微凸。外壁有轮旋痕迹。口径 14.2、底径 5.4、高 7.9 厘米（图 5–28，1）。

B 型 1 件。深直腹。

标本 04DDAT2421 ② a：2，口微敛，深腹，腹较直，六瓣矮圈足。胎色淡黄，质地紧密。内壁半釉，外壁施釉近圈足。内壁露胎处有轮旋痕迹，外底心微凸。口径 12.1、底径 9.7、高 6.2 厘米（图 5–28，2）。

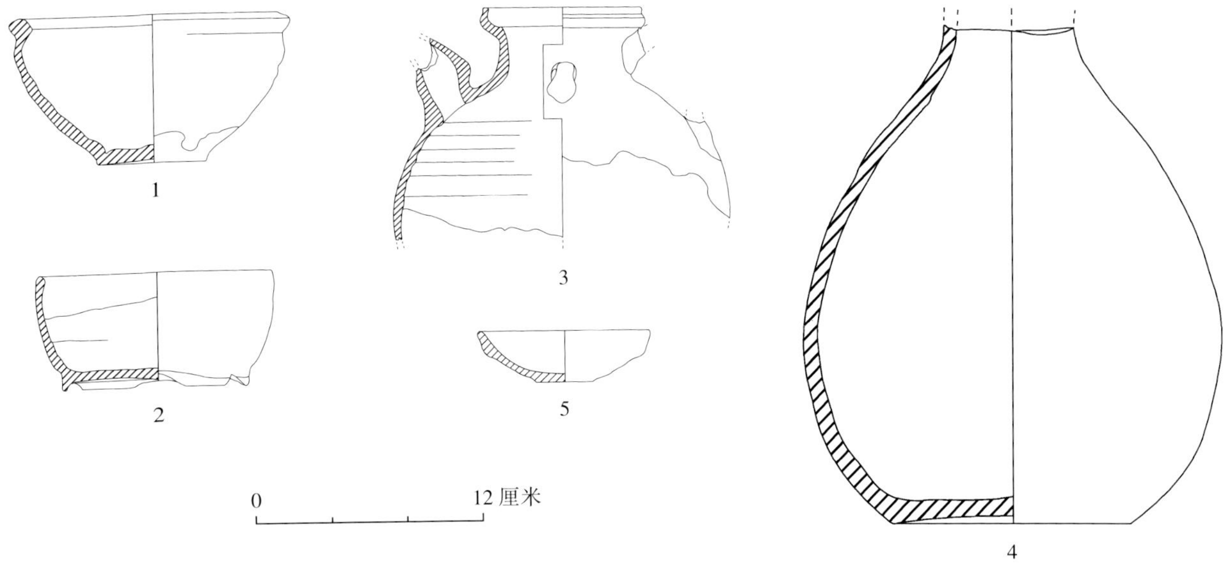


**图 5–28　冬古湾沉船遗址出水酱釉瓷**

1. A 型钵（04DDBT0912 ② a：11）　2. B 型钵（04DDAT2421 ② a：2）　3. 水注（4DDAT2519 ② a：2）　4. 瓶（04DD 采：019）　5. 碟（04DD 采：051）

### （2）水注

1 件。

标本 4DDAT2519 ② a：2，盘口，鼓腹，双系，有流、把。胎色灰白，胎体较致密。外壁施酱釉，剥釉严重。口径 8.4、腹径 17.8、残高 12.3 厘米（图 5–28，3）。

### （3）罐

7 件。罐的残片数量较多，分三型。

A 型　3 件。矮鼓腹。直口较大，直颈，鼓腹，平底。

标本 04DDBT1011 ② a：3，胎色红褐，质较紧密。酱釉，内壁满釉，外壁半釉。内外均有轮旋痕迹。口径 8.5、腹径 13.2、足径 8.8、高 11.6 厘米（图 5–29，1）。

标本 04DDBT1311 ①：3，胎色灰褐。酱釉，内壁不施釉，外壁满釉。内外有轮旋痕迹。口径 8.6、腹径 13.6、足径 9.0、高 13.1 厘米（图 5–29，2）。

B 型　3 件。长鼓腹。残片较多，数量未计，口沿、腹部略有差异。

标本 04DDBT0912 ② a：6，平沿微卷，短颈，溜肩，深鼓腹，平底内凹。胎色灰，胎质较紧密。内外壁施半釉。口径 10.2、腹径 23.8、底径 10.8、高 25.3 厘米（图 5–29，3）。

标本 04DDBT1012 ② a：7，圆唇，直颈略高，溜肩，肩以下渐内收，平底内凹。胎色红褐，胎质较紧密。内外施釉至上腹部。口径 14.8、腹径 29.6、底径 18.0、高 35.7 厘米（图 5–29，4）。

标本 04DDBT1313 ①：2，圆唇，短颈略向外撇，宽弧肩，深直腹。口径 14.2、腹径 35.2、残高 16.1 厘米（图 5–29，5）。

C 型　1 件。带系罐。

标本 04DDAT2319 ①：1，下腹部残。圆唇，短颈，鼓腹，颈下附四横系。外壁施釉，脱釉严重，

B 型　3 件。敞口，弧腹，圈足。胎、釉略有差异。

标本 04DD 采：036，胎色白，釉色青白，内外满釉。外部绘蟠龙纹，青花呈色略显灰暗。口径 6.8、足径 3.0、高 3.4 厘米（图 5-33，5）。

标本 04DDBT0912 ② a：8，圆唇，口沿施一周酱釉。圆弧腹，圈足制作规整。胎色白，质致密。白釉闪青，釉面莹润。外壁绘池塘荷叶纹，内底双弦纹内绘荷叶纹，青花呈色艳丽。外底心青花单圈内书双行“大清康熙年制”款。口径 7.1、足径 3.2、高 3.4 厘米（图 5-33，6；彩版 5-112）。

彩版 5-111　青花杯
(04DDBT1110 ② a：5)

彩版 5-112　青花杯 (04DDBT0912 ② a：8)

（3）**盘**

14 件。器型单一。敞口，圆唇，浅弧腹，圈足。胎色灰白，内外均施釉，釉色呈青白色。盘内绘秋叶题诗纹，青花大多呈色灰暗。

标本 04DD 采：17，口微敛，酱口。胎色白，较致密，制作较精细。釉面莹润光亮。内底绘秋叶纹，题诗“一叶知秋意，新春再芳菲”。青花色泽鲜艳。口径 20.8、足径 8.2、高 5.1 厘米（图 5-34，1；彩版 5-113）。

标本 04DDBT1011 ② a：1，口沿外撇。釉色灰白，圈足施釉，足底黏有砂粒。内壁绘秋叶纹，旁有四字“大□年兴”，下绘双线方格纹，内书一“秋”字。青花颜色较淡。口径 17.8、足径 6.8、高 4.5 厘米（图 5-34，2）。

标本 04DD 采：022，酱口，斜弧腹，底心微凸。胎较致密。足底黏有细砂。釉面莹润光滑。口沿及圈足处饰弦纹。内底绘青花秋叶纹，两旁题诗“玉堂佳器，一叶清风”。口径 17.0、足径 6.9、高 5.2 厘米（图 5-34，3）。

标本 04DDBT1311 ② a：1，斜弧腹。制作较粗糙，足底黏有细砂。内底绘秋叶纹，旁题“一叶清风”。口径 14.4、足径 6.0、高 4.1 厘米（图 5-34，4；彩版 5-114）。

标本 04DDBT0911 ② a：1，斜弧腹。制作较粗糙，足底黏有细砂。内底绘秋叶纹，旁题“一叶清风”。口径 14.3、足径 5.3、高 4.5 厘米（图 5-34，5）。

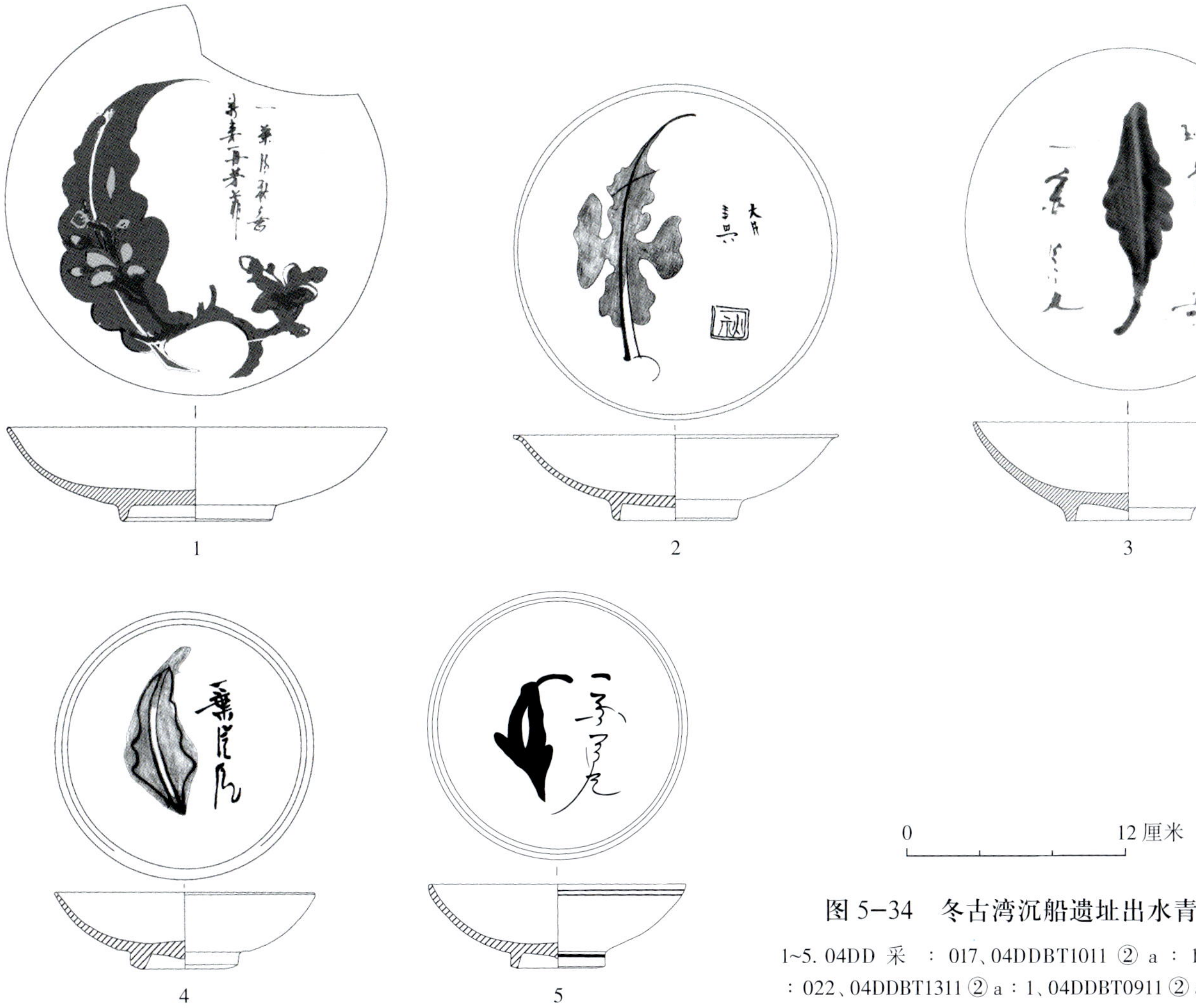


图 5-34　冬古湾沉船遗址出水青花盘

1~5. 04DD 采 ：017、04DDBT1011 ② a ：1、04DD 采 ：022、04DDBT1311 ② a ：1、04DDBT0911 ② a ：1

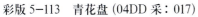

彩版 5-113　青花盘（04DD 采：017）

彩版 5-114　青花盘（04DDBT1311 ② a ：1）

（4）碟

4件。根据足部形制，分为两型。

A型　3件。圈足。酱口，口沿微敛，弧腹。胎色白，胎较致密。内外均施白釉。足底黏有细砂。

标本04DDBT0912②a：1，内外底心微凸。白釉泛青。内底绘双线方格，内书青花“秋”字纹。口径10.2、足径3.9、高3.0厘米（图5-35，1；彩版5-115）。

标本04DDAT2320②a：2，浅弧腹。釉色灰白。内壁及底绘青花秋叶题诗纹，青花呈色浅淡。口径11.0、足径5.1、高2.6厘米（图5-35，2）。

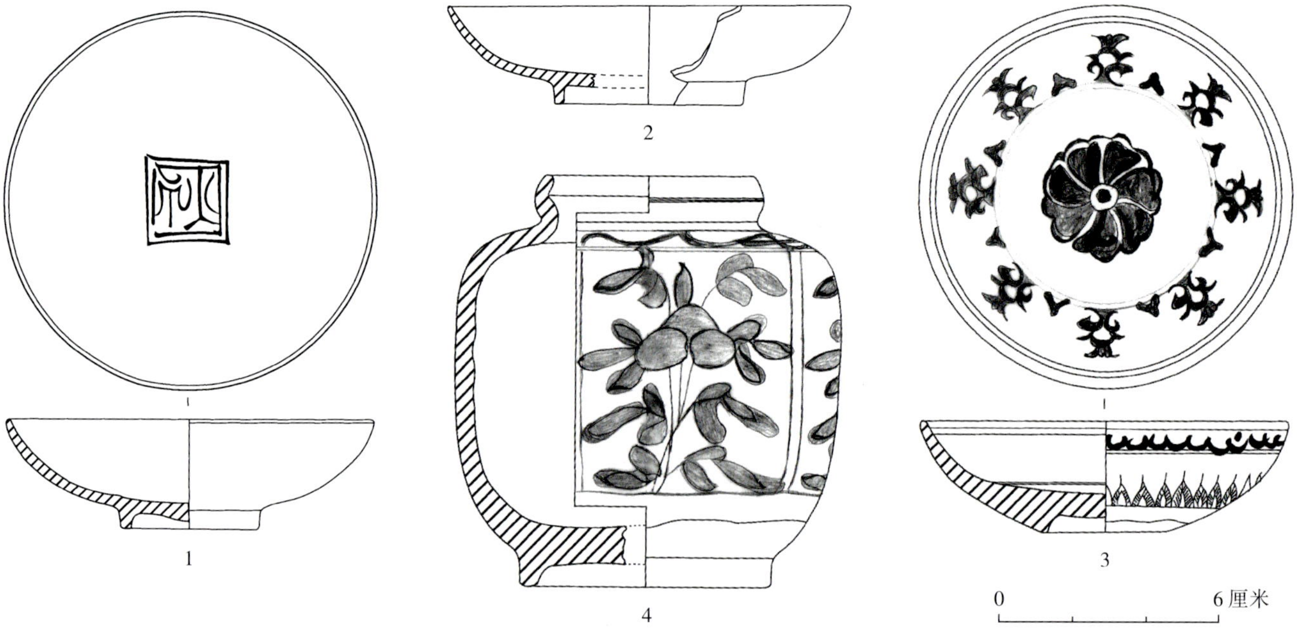


图5-35　冬古湾沉船遗址出水青花瓷

1、2. A型碟（04DDBT0912②a：1、04DDAT2320②a：2）　3. B型碟（04DDBT1611②a：1）　4. 罐（04DDBT1310①：2）

彩版5-115　青花碟（04DDBT0912②a：1）

彩版5-116　青花碟（04DDBT1611②a：1）

B 型　1 件。卧足。

标本 04DDBT1611 ② a：1，口微敛，弧腹。胎色灰白，质较致密。釉色青白，内外满釉，圈足无釉。内外饰青花花卉纹，色泽略鲜艳。口径 10.2、足径 3.2、高 3.0 厘米（图 5–35，3；彩版 5–116）。

彩版 5–117　青花罐（04DDBT1310 ①：2）

（5）罐

1 件。

标本 04DDBT1310 ①：2，口微敛，口沿内侧有一圈凹槽，短颈，深直腹，圈足。胎质较疏松。釉色灰白，内、外及外底均施釉，开细碎纹片。圈足露胎处呈红褐色。外壁绘开光青花花卉纹，色泽较鲜艳。口径 5.7、腹径 10.08、足径 7.0、高 11.0 厘米（图 5–35，4；彩版 5–117）。

此外，还有一些碗、盘、碟碎片，胎多白色，较质密；釉呈白色或青白色，釉面泛涩。青花纹多样，有的在外壁上书写诗词，有的绘缠枝“喜”字纹、漩涡纹、菊花纹，还有的器底心书“品”字及“大明成化”、“太平年兴”、“梧桐□”等字，青花呈色蓝黑、淡蓝或深蓝。

**6. 紫砂器**

仅紫砂壶 1 件，宜兴窑产品。

**紫砂壶**

1 件。

标本 04DDBT1110 ② a：3，盖微残，子口，顶较平，珠形盖钮，上有一小孔，通到盖底。壶身直口，短颈，深直腹，平底内凹。曲把，近椭圆形，实心；曲流。流、把采用暗接法，与壶身浑然一体。壶胎体稍显厚重，胎色栗红，胎质细腻，小巧精美。外底心戳印篆体“状元及第”阴文圆款。盖口径 4.5、高 2.2 厘米，壶口径 5.5、底径 6.9、高 5.1 厘米，通高 6.6 厘米（图 5–36；彩版 5–118）。

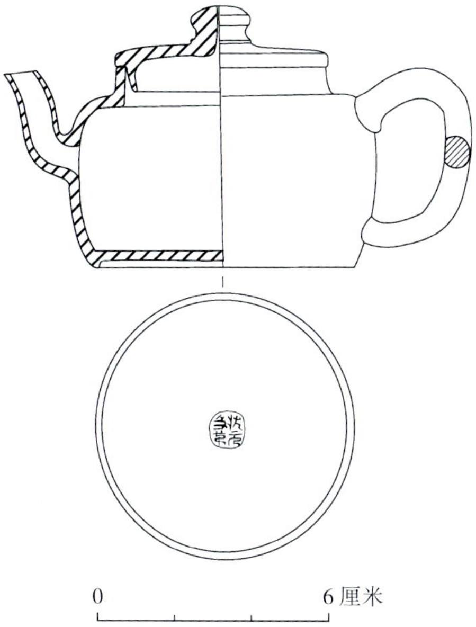


图 5–36　冬古湾沉船遗址出水紫砂壶（04DDBT1110 ② a：3）

**7. 陶器**

21 件。器形有盆、瓶、罐、盖、网坠等。数量不多，制作粗糙，有的器表施釉，但釉层已剥落。从器型、制作工艺等推测，这些陶器主要用于盛装淡水、酒甚至火药，可能为东山本地窑场或附近漳浦窑所产。

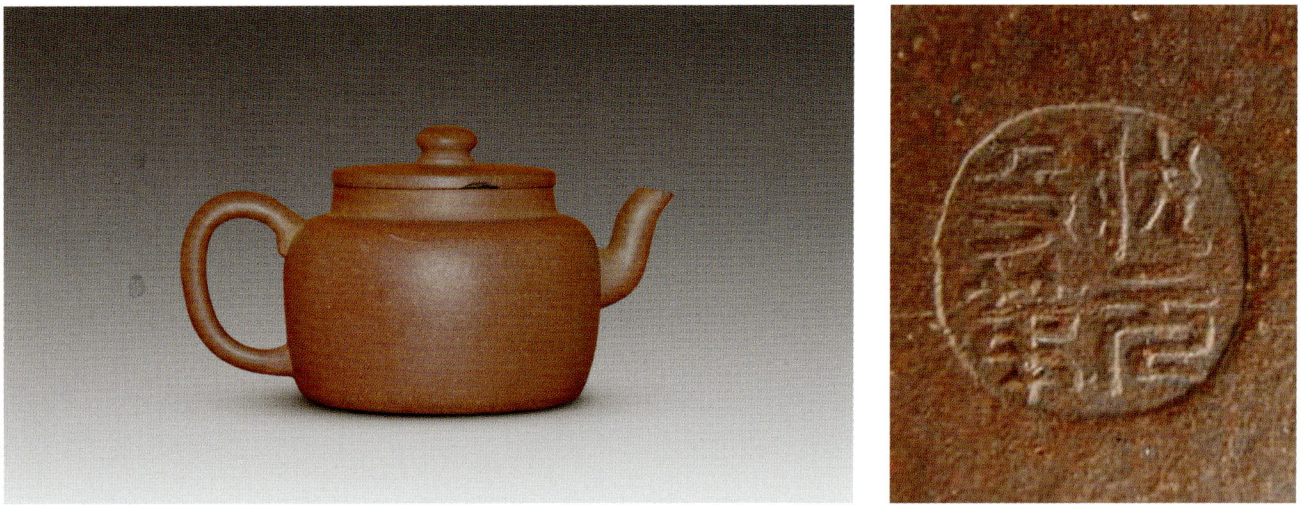

彩版 5-118　紫砂壶（04DDBT1110 ② a：3）

（1）盆

1 件。

标本 04DDBT0911 ② a：3，敛口，深弧腹，平底微凹。夹砂红褐陶，胎体较厚重。口径 28.4、底径 14.0、高 15.1 厘米（图 5-37，1）。

（2）瓶

3 件。

标本 04DD 采：014，盘口，短颈，鼓腹，凹底。胎灰褐色，较致密。口沿及外颈处施绿釉。外壁上有轮旋痕迹。口径 5.2、腹径 14.6、足径 6.8、高 19.2 厘米（图 5-37，2；彩版 5-119）。

标本 04DD 采：018，器型较小，鼓腹，平底微凹。胎灰褐色，略轻薄。内外均有轮旋痕迹。腹径 10.6、足径 5.8、残高 12.4 厘米（图 5-37，3）。

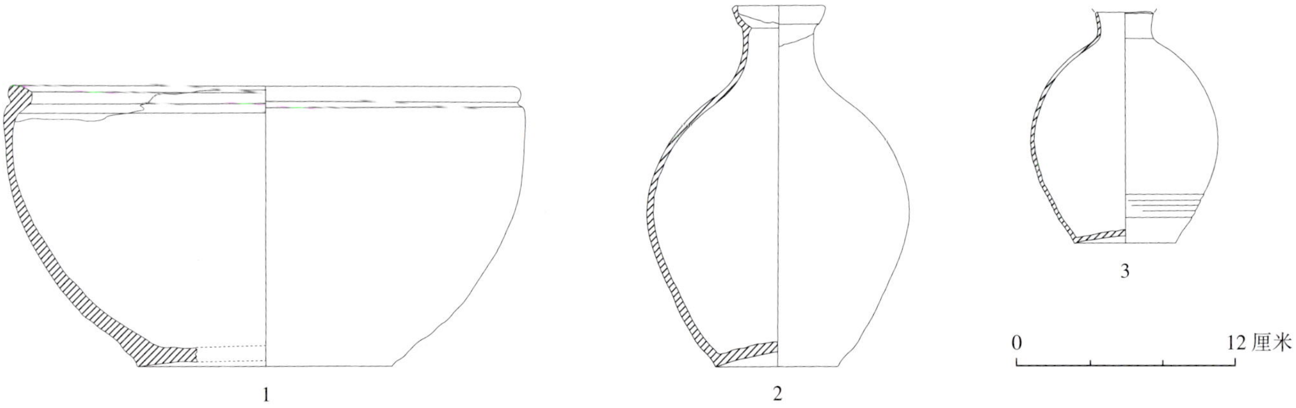


图 5-37　冬古湾沉船遗址出水陶器

1. 盆（04DDBT0911 ② a：3）　2、3. 瓶（04DD 采：014、018）

（3）罐

3件。器物残损严重，完整及可修复者2件，多为口沿、腹部、底部残片。胎体较厚重粗糙，有的器表施釉，类别有四系鼓腹罐、带把罐（急须）等。兹举如下标本3件。

标本04DD采：016，四系罐。敞口，斜弧沿，四系，鼓腹，平底。胎色灰褐，质较粗糙。外壁有轮旋痕迹。口径11.2、腹径17.8、足径11.2、高15.3厘米（图5-38，1）。

标本04DD采：052，平沿内凹，圆鼓腹，平底内凹。仅口沿处内外施釉。内壁有轮旋痕迹。口径8.4、底径7.2、高8.4厘米（图5-38，2）。

标本04DDBT0912②a：7，带把罐（急须），口沿及上腹部残。弧腹，凹底。把中空。红陶，胎体轻薄。内外有轮旋痕迹。此应为药罐。底径12.0、残高9.9厘米（图5-38，3）。

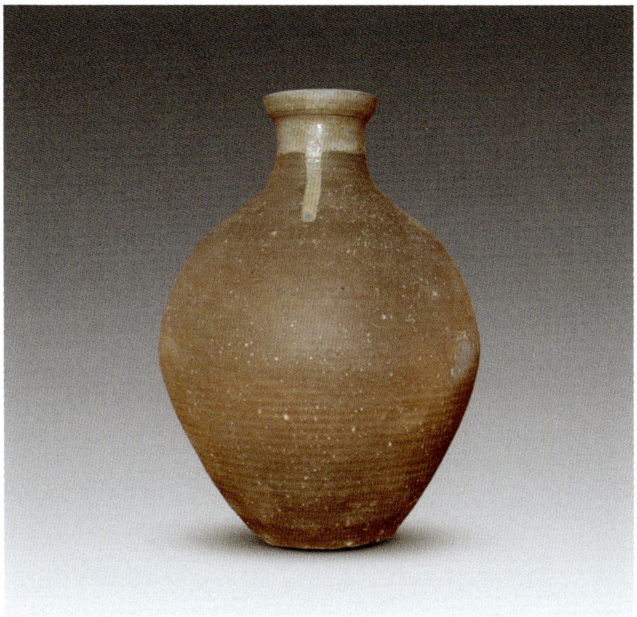

彩版5-119　陶瓶（04DD采：014）

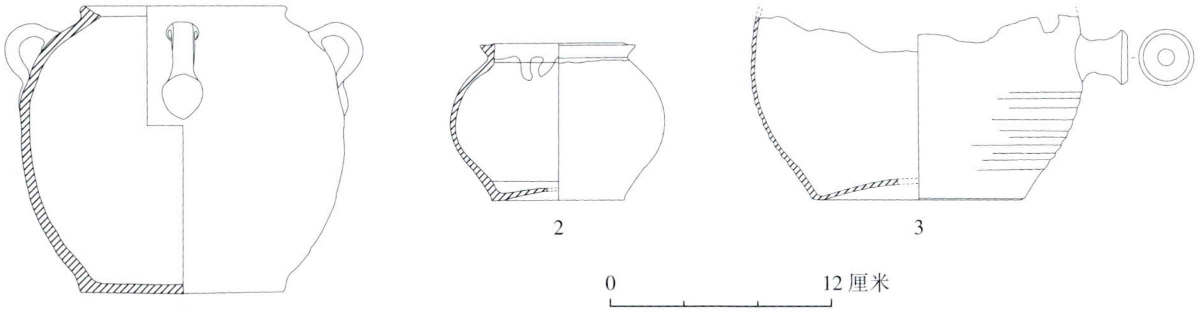


图5-38　冬古湾沉船遗址出水陶罐

1~3. 04DD采：016、052、04DDBT0912②a：7

（4）器盖

9件。器型似碟或盆，有的因用途不明，统归于器盖类。

A型　2件。折沿，平顶。尺寸较大，盖顶平或微下凹，折沿。

标本04DDBT0912②a：10，深弧腹。泥质红陶胎，内外均有轮旋痕迹。口径18.2、顶径8.5、高3.6厘米（图5-39，1）。

标本04DDBT1012②a：3，内沿一周凸棱，斜直腹。胎呈黄褐色，器壁有轮旋纹。口径16.2、顶径7.2、高3.2厘米（图5-39，2）。

B型　2件。覆碟形，器型似一倒扣的碟。

标本04DD采：012，直口，浅腹，小平底。泥质红陶胎。口径10.0、顶径3.8、高2.0厘米（图5-39，3）。

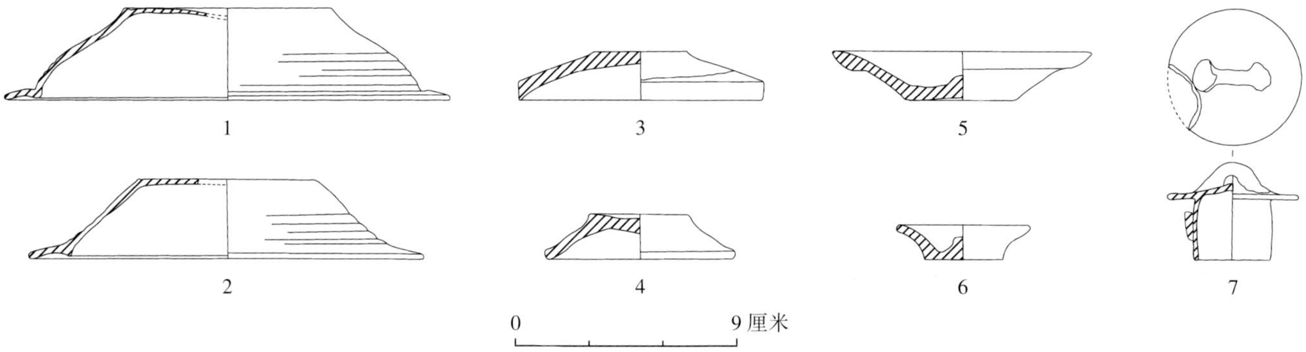


图 5-39　冬古湾沉船遗址出水陶器盖

1、2. A型（04DDBT0912②a：10、04DDBT1012②a：3）　3、4. B型（04DD采：012、04DDAT2519②a：1）　5、6. C型（04DDBT1311②a：3、04DD采：009）　7. D型（04DDBT0912②a：9）

标本04DDAT2519②a：1，口沿微敛，圆唇，盖顶平，无钮。红陶胎。口径7.8、顶径4.2、高1.8厘米（图5-39，4）。

C型　4件。浅盘形，小平底，中部底心有一小凸钮。

标本04DDBT1311②a：3，腹斜弧，折沿。平底上有一短凸钮。红陶胎。口径10.6、底径4.0、高2.0厘米（图5-39，5）。

标本04DD采：009，作僧帽状，平底，上端有一钮。红陶胎。口径5.4、底径3.2、高1.4厘米（图5-39，6）。

D型　1件。直筒状。

标本04DDBT0912②a：9，平沿，平顶，子口，直筒形，顶心有一个条形钮，筒形颈旁一小钮，应为嵌入器物口防止盖脱落之用，与罐或壶等器配套使用。盖口径3.2、顶沿径5.5、直口高2.5厘米，通高4.0厘米（图5-39，7）。

**（5）网坠**

5件。分两型。

A型　1件。扁椭圆形，有两穿孔。

标本04DDAT2323②a：1，一面中间有凹槽。长8.2、宽4.0厘米（图5-40，1；彩版5-120）。

B型　4件。圆柱形，中空。

标本04DDBT0913②a：1，壁厚薄不一。长5.1、直径4.3、孔径2.1厘米（图5-40，2）。

标本04DDAT2420②a：3，器壁上刻有一“七”字。长4.5、直径3.5、孔径1.5厘米（图5-40，3）。

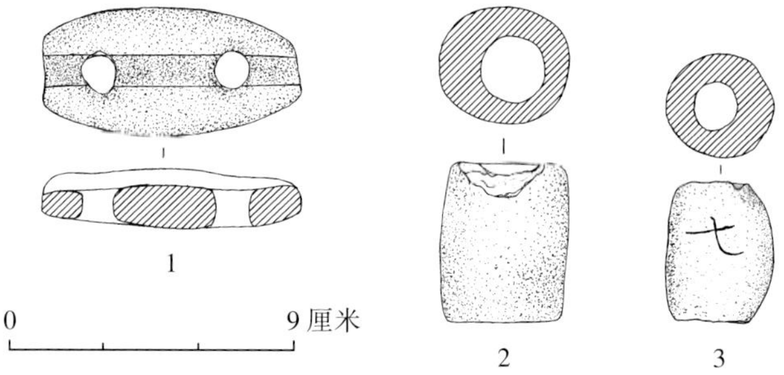


图 5-40　冬古湾沉船遗址出水陶网坠

1. A型（04DDAT2323②a：1）　2、3. B型（04DDBT 0913②a：1、04DDAT2420②a：3）

## （二）铜器

23件。类别包括铜锣、铜铳、刀鞘、剑柄铜口、铜铠甲片等兵器或构件，铜锁及钥匙、铜簪、铜烟嘴、铜环等生活用器或构件，以及铜钱。

彩版 5–120　陶网坠（04DDAT2323 ② a：1）

### （1）铜锣

1件。

标本 04DDBT0811 ② a：4，直口，腹微弧，大平底。器物表面一层铜锈。口径 36.0、底径 35.0、高 6.0 厘米（彩版 5–121）。

彩版 5–121　铜锣（04DDBT0811 ② a：4）

### （2）铜铳

7件。造型简约，两边中部各有一条凸起的铸痕，应为一对半模合铸而成。铜铳呈筒状，分为前膛、药室、尾銎三部分，根据需要可装木柄。铳口沿加厚，铳身中部铸一对圆柱形耳，鼓状药室前后加箍，尾銎筒状。出水时有的銎内还残留有断木柄。铳上未见铭文。器型变化不大，尺寸略有差异，全长 74.6~77.3 厘米。分两型。

A型　口沿与药室直径均较大，距口部 3.9~4.8 厘米处铸两条箍。

标本 04DDAT2320 ①：2，距口部 4.8 厘米处加两道箍，距尾銎 16.5 厘米处铸成鼓状药室。长 76.7 厘米（图 5–41，1；彩版 5–122 中）。

标本 04DD 采：041，距口部 4.2 厘米处加两道箍，距尾銎 15.6 厘米处铸成鼓状药室。长 75.5 厘米（图 5–41，2；彩版 5–122 上）。

标本 04DD 采：042，距口部 3.9 厘米处加两道箍，距尾銎 18.0 厘米处铸成鼓状药室。长 77.3 厘米（图 5–41，3）。

B型　口沿与药室直径较小，距口部 3.3~3.6 厘米处铸一道箍。

标本 04DD 采：039，距口部 3.6 厘米处加一道箍，距尾銎 15 厘米处铸成鼓状药室。长 76 厘米（图 5–41，4；彩版 5–122 下）。

彩版 5–122　铜铳

（7）铜钥匙

1 件。

标本 04DDBT1111 ①：4，长条状，厚薄不一，一端弯曲约成直角，上镂空似花朵状。另一端有一孔，可能为穿绳用。长 14.0、宽 0.8~1.2、厚 0.2~0.7 厘米（图 5–43，2）。

（8）铜簪

1 件。

标本 04DDBT1012 ② a：2，六棱长条形，近中部微弯曲。簪首呈六角形，内空，旁有一小孔，可能为镶嵌宝石之类所用。簪首部两面分饰梅花纹、睫毛纹、短线纹。造型别致，纹饰精美。残长 13.5、首部直径 0.9、孔径 0.5、尾部直径 0.3 厘米（图 5–43，3）。

（9）铜筷

1 双。

标本 04DDBT1111 ①：8，头部为棱形，外包有一层似铜质物，长约 5 厘米，顶端有一疙瘩，已生锈，不可辨识。尾端为圆柱形。长 21.2、尾端直径 0.3、头部直径 0.4 厘米（图 5–43，4）。

（10）铜烟嘴

1 件。

标本 04DDBT1111 ② a：1，烟嘴为圆形，烟管由烟嘴至尾端渐细。烟管中空。长 20.1、烟嘴直径 1.4、烟管直径 0.4 厘米（图 5–43，5；彩版 5–126）。

（11）铜环

2 件。

标本 04DDBT1012 ② a：6，实心，圆形。用途不明。直径 3.0、厚 0.3 厘米（图 5–43，6）。

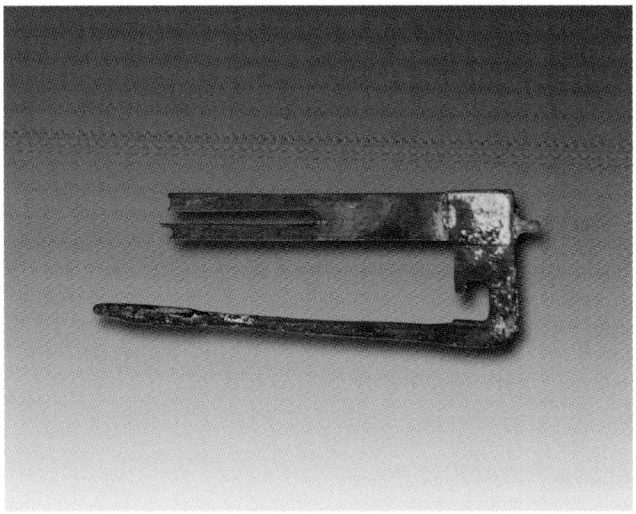

彩版 5–125　铜锁匙（04DDBT1012 ①：1）

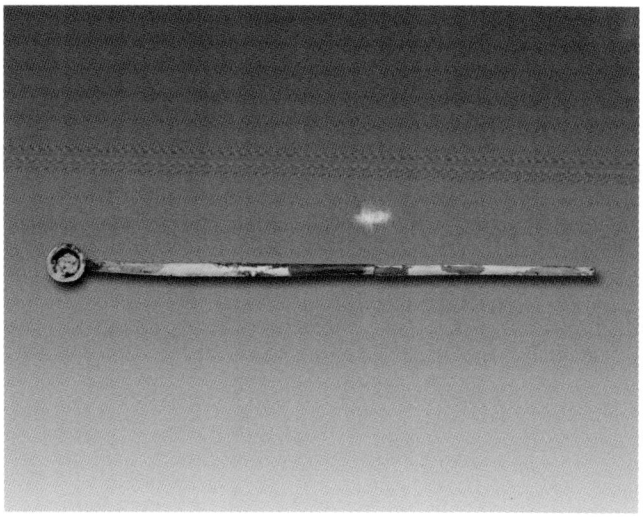

彩版 5–126　铜烟嘴（04DDBT1111 ② a：1）

（12）**铜钱**

5 枚，有万历通宝、永历通宝、裕民通宝三种。

万历通宝　1 枚。

标本 04DDBT1111 ①：2，钱文楷书，对读。钱径 2.8、孔径 0.8 厘米（彩版 5–127）。

永历通宝　3 枚。

钱文篆书，对读。钱径 2.8、孔径 0.7 厘米（彩版 5–128~130）。

裕民通宝　1 枚。

钱文隶书，对读；背有“壹錢”二字，对读，“钱”字不甚清楚。钱径 3.7、孔径 0.75 厘米（彩版 5–131）。

彩版 5–127　万历通宝

彩版 5–128　永历通宝

彩版 5–129　永历通宝

彩版 5–130　永历通宝

彩版 5–131　裕民通宝

## （三）铁器

数量较多，均为火器类物品。

（1）**铁炮**

6 门。器型厚重，前细后粗，铁炮均不见铭文，形制、尺寸略有差异。口沿加厚。

标本 04DD 采：057，炮身较短小。耳为方形柱体，双耳间铸一道线。炮身铸三组箍，每组由 2~3 道箍组成。尾部与耳部之间铸有五道细箍线。全长 126.0、炮口内径 4.5、外径 13.5 厘米（图 5–44，1）。

标本 04DD 采：058，炮身较长。口部塞有一圆柱形铁器，伸出口外约 8 厘米。炮身共铸有五组箍，每组由 2~3 道箍组成。耳为圆柱形，双耳间铸两道细箍线。炮身前部和后部中间各铸有一道细箍线。全长 142.0、炮口内径 8.0、外径 15.0 厘米（图 5–44，2）。

标本 04DD 采：059，炮身较长。耳为圆柱形，双耳间铸有一道线。炮身共铸五组箍，每组由一粗二细三道箍线组成。全长 150.0、炮口内径 7.0、外径 15.0 厘米（图 5–44，3）。

标本 04DD 采：060，炮身较长。耳为圆柱形，双耳间铸有一道线。炮身共铸五组箍，每组由一粗二细三道箍线组成。全长 143.5、炮口内径 6.0、外径 15.0 厘米（图 5–44，4；彩版 5–132）。

标本 04DD 采：061，炮身较长。耳为圆柱形，双耳间铸有一道线。炮身共铸五组箍，每组由一粗二细三道箍线组成。全长 143.5、炮口内径 6.0~7.0、外径 15.0 厘米（图 5–44，5）。

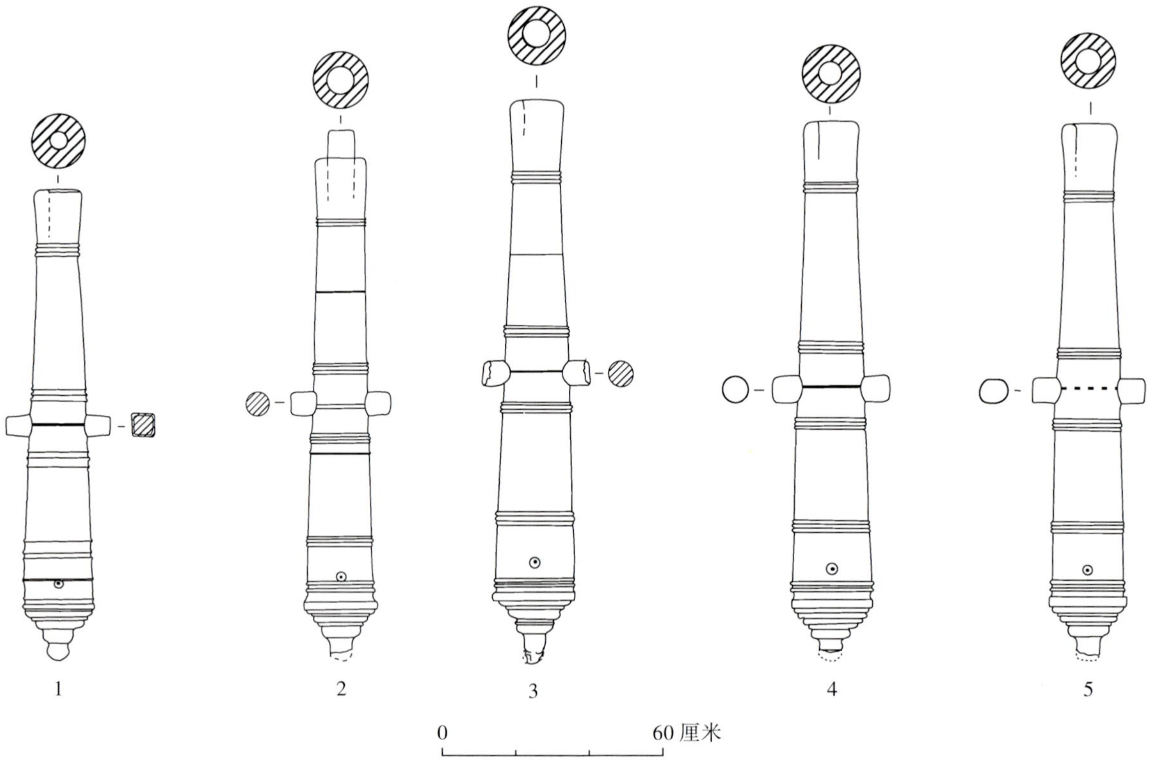


图 5-44　冬古湾沉船遗址出水铁炮

1~5. 04DD 采：057、058、059、060、061

彩版 5-132　铁炮（04DD 采：060）

（2）地雷与手雷

铁质，雷壳为翻砂铸造而成。

地雷　状如密柚，圆腹带颈。腹径 16 厘米，颈长 5 厘米以上，一孔通内，孔径 0.8 厘米，填药作为导火管，雷体高 20.0 厘米，重 8 斤左右。雷内除装黑色火药外，还埋有三颗直径 8.0 厘米，重 1 斤的铁弹丸。

手雷　90 余件（片）。呈滴水状，形似鸭梨，椭圆腹，长颈，大小不一。

标本 04DDBT1412 ② a：3，一组 5 件。生铁铸成，似葫芦形，内有铁芯，之间填充火药，外壁布满红褐色铁锈，黏有砂粒。最大者长约 2.0、最大径约 9.5 厘米，最小者长约 6.5、最大径约 3.5 厘米（图 5-45，1、2；彩版 5-133）。

（3）弹丸

64 枚。弹丸分布在铁炮和铜铳周围，附近同出火药和较大的罐片，推测弹丸和火药装在陶罐里。弹丸分铁、铅两种，均为实心圆形（彩版 5-134）。

标本 04DDBT1011 ② a：9，一组 10 枚。球体，实心，铁质。直径 1.0~1.5 厘米。

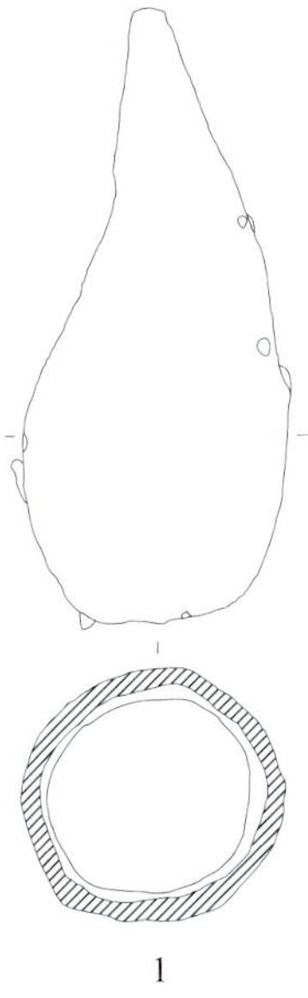


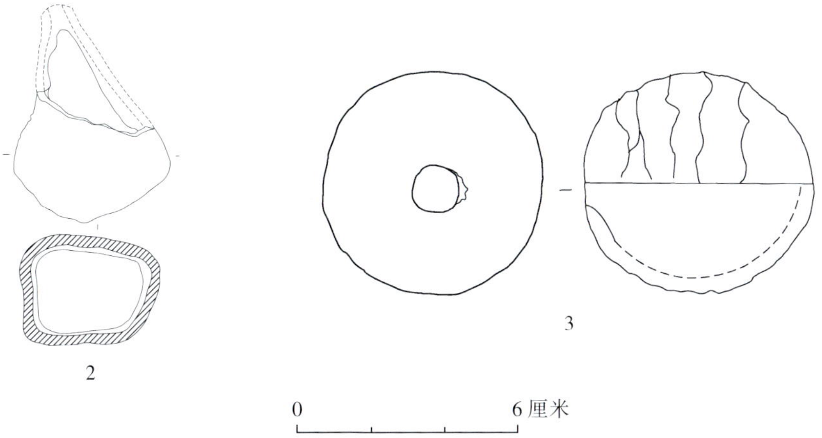


图 5-45　冬古湾沉船遗址出水遗物

1、2. 手雷（04DDBT1412 ② a：3）　3. 炸弹（04DDBT1311 ①：1）

彩版 5-133　手雷（04DDBT1412 ② a：3）

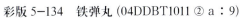

彩版 5-134　铁弹丸（04DDBT1011 ② a：9）

彩版 5-135　炸弹(04DDBT1311 ①：1)

（4）炸弹

1 枚。

标本 04DDBT1311 ①：1，圆形，空心，内装火药，上有一孔。直径 6.0、孔径 1.2 厘米（图 5–45，3；彩版 5–135）。

## （四）锡器

3 件。器类有灯、盒。

（1）灯

2 盏。

标本 04DD 采：008，整体似倒置的塔座，稍微变形。上底平微凹，中腹空。器身有一管状流，流上有一小孔，流嘴处可安灯芯。体侧有三个条状小耳。流长 2.8、高 2.2、壁厚 0.2 厘米（图 5–46，1；彩版 5–136）。

（2）盒

1 件。

标本 04DDBT1111 ①：6，方形，变形。直腹，平底。盒盖与身同，残。长 13.0、宽 8.0、高 4.5 厘米（图 5–46，2；彩版 5–137）。

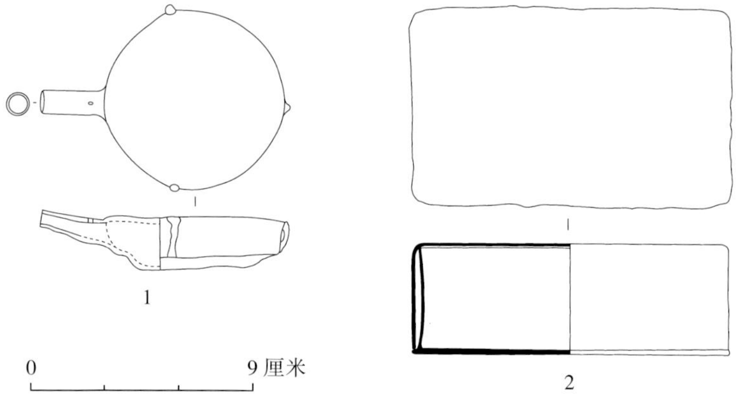


图 5–46　冬古湾沉船遗址出水锡器

1. 灯（04DD 采：008）　2. 盒（04DDBT1111 ①：6）

彩版 5–136　锡灯 (04DD 采：008)

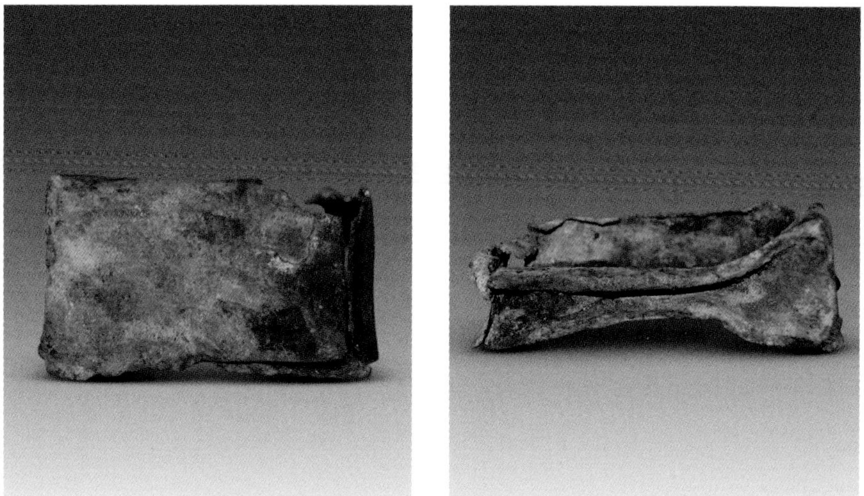

彩版 5–137　锡盒 (04DDBT1111 ①：6)

## （五）木构件

有剑柄和枪托 2 件。

### （1）剑柄

1 件。

标本 04DDBT0912 ② a：5，剑柄，由两片扁弧形木片组成。剑柄一端较尖，另一端平直。上穿有两孔，孔径 0.8~1.0 厘米。孔内插有小木棒，应为固定两片木片所用。长 16.3、宽 4.2、厚 2.0 厘米（图 5–47，1）。

### （2）枪托

1 件。

标本 04DD 采：044，条状，中间较窄，两头较宽，尾部比头部扁。首、尾部各有一穿孔，孔径分别约为 1.0、0.5 厘米。尾部孔上插有一小木塞，应是与另一半嵌合固定所用。残长约 36.0、宽 4.5~7.0、厚 1.5~4.0 厘米（图 5–47，2）。

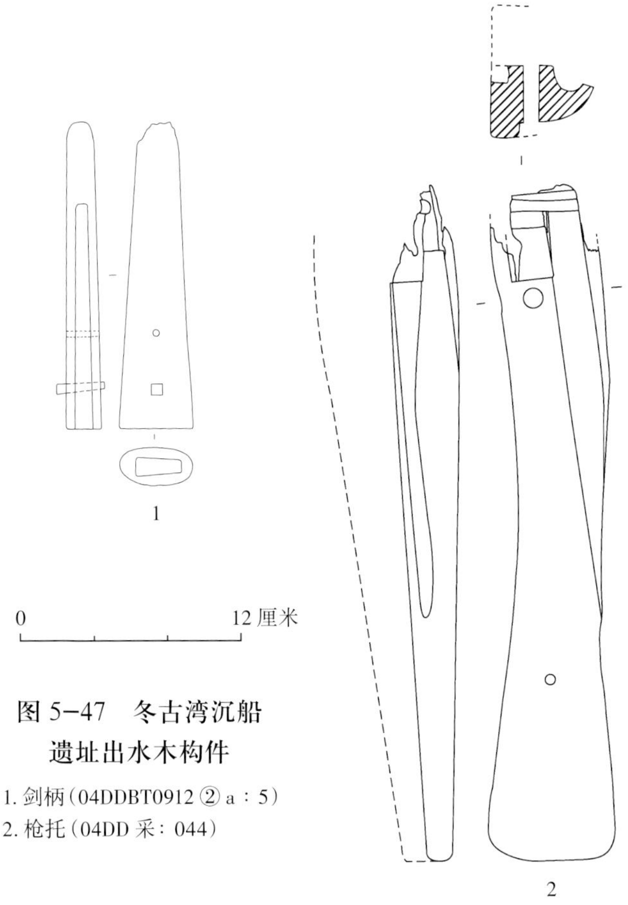


图 5–47　冬古湾沉船遗址出水木构件

1. 剑柄（04DDBT0912 ② a：5）
2. 枪托（04DD 采：044）

## （六）石器

有砚和磨刀石。

### （1）砚

3 方。形制不一，有方形和近椭圆形，蜡石质，有堂有池，截面呈方形。

标本 04DDBT1111 ①：9，近椭圆形。上边缘微残。砚堂下凹，最深约 0.6 厘米。砚池近半月形，池深约 0.8 厘米。底有“世元”二字。长 10.3、宽 6.1、厚 1.2 厘米（图 5–48，1；彩版 5–138）。

标本 04DDBT1110 ② a：14，方形。砚台边缘有两道平行弦纹。砚堂下凹，最深约 0.4 厘米。砚池深约 1.2 厘米。平底微凹，上草率刻划有“鄭文□”字样，右下角似还有刻字，但无法辨识。长 10.5、宽 6.1、厚 1.9 厘米（图 5–48，2；彩版 5–139）。

标本 04DDAT2220 ② a：1，手抄砚。长方形，底部挖空，头部落地，两边有墙足，墙足残。砚堂微凹，深约 0.4 厘米，上有划痕。砚池长 5.9、宽 1.6~2.2、深约 1.0 厘米，通长 10.9、通宽 5.9、厚 2.3 厘米（图 5–48，3）。

### （2）磨刀石

4 块。大小不一，截面为方形、梯形或三角形。有的有多个使用面。

标本 04DDAT2220 ①：1，长条形。一头较宽，两侧面下凹，较光滑，应为磨刀所用。石上附

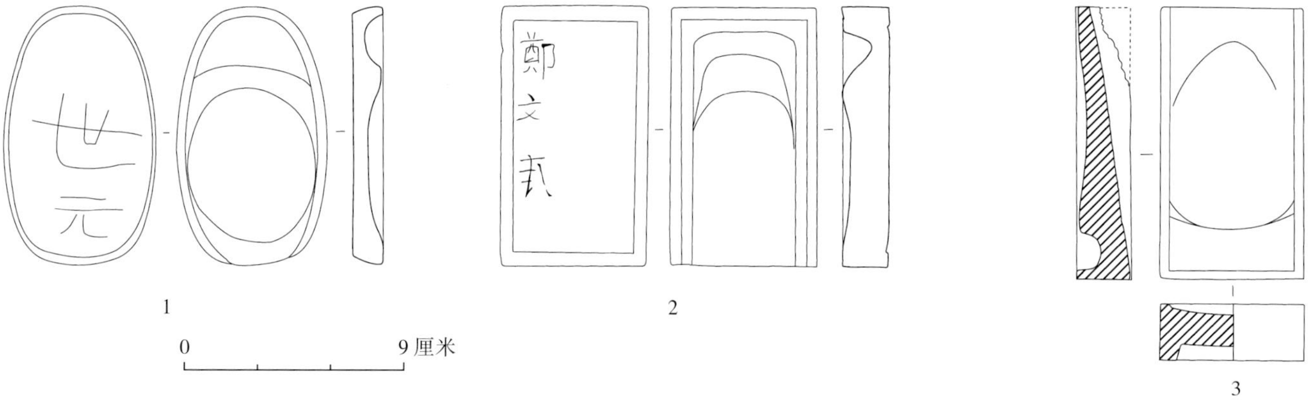


**图 5-48　冬古湾沉船遗址出水石砚**

1~3. 04DDBT1111 ①：9、04DDBT1110 ② a：14、04DDAT2220 ② a：1

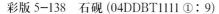

彩版 5-138　石砚（04DDBT1111 ①：9）

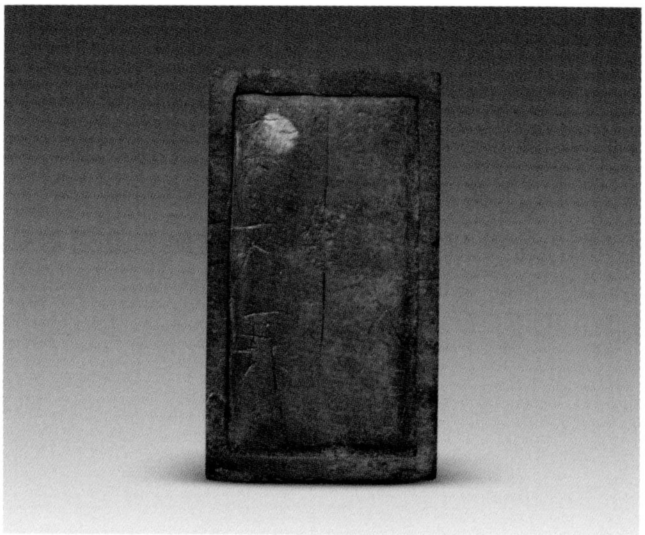

彩版 5-139　石砚（04DDBT1110 ② a：14）

有海底生物痕迹。长 46.0、宽 17.5~29.0、厚 11.0~15.5 厘米（图 5-49，1）。

标本 04DBT0712 ② a：1，断面近长方形。一面较光滑，上有一道凹槽，似刀或类似尖锐器切割成，此面应为磨面。背面及侧面较粗糙，未加工。残长 6.3、宽 5.0、厚 2.4 厘米（图 5-49，2）。

标本 04DDBT1511 ② a：3，断面为三角形。一面较大，中间微凹，其他两面光滑。可能为手握式磨刀石。长 8.6、宽 7.7、厚 4.1 厘米（图 5-49，3）。

## （七）其他

仅火药 1 类。

**火药**

黑色，周围散布较多的罐片，应是装火药的罐子。火药出水时呈泥状，气味仍然非常浓烈，颜色纯黑发亮，晒干后仍可燃烧。

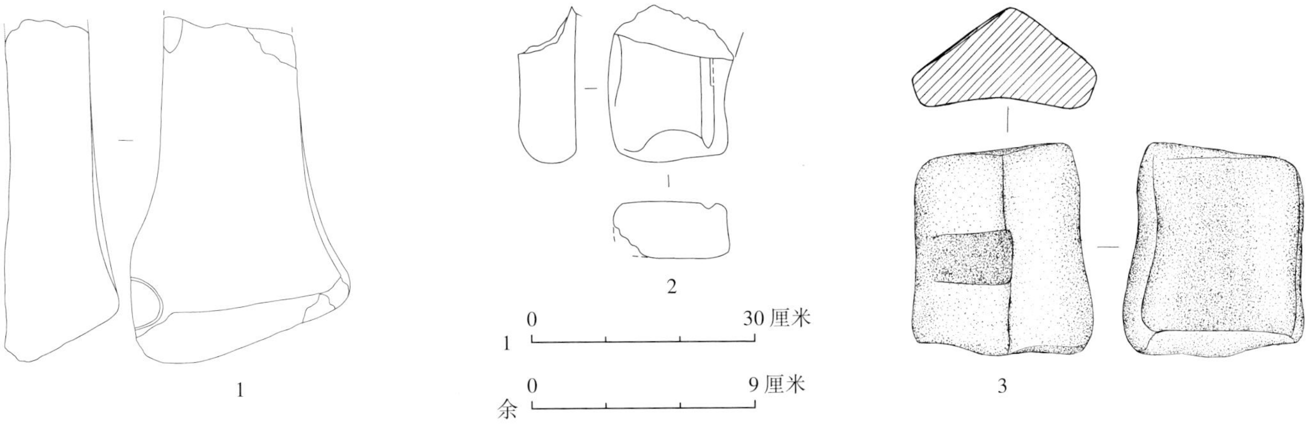


**图 5-49 冬古湾沉船遗址出水磨刀石**

1~3. 04DDAT2220 ①：1、04DBT0712 ② a：1、04DDBT1511 ② a：3

# 五 小结

东山冬古湾沉船遗址出水有3枚“永历通宝”和1枚“裕民通宝”铜钱，为判断沉船年代提供了重要参考。其中，所出“永历通宝”为折二型，钱文、形制等应为台湾郑氏集团尊奉南明永历政权后所铸[1]，此钱始铸于永历五年十二月（公元1652年1月），时委托日本“铸铜熕、永历钱、盔甲、器械等物”[2]。出水的“裕民通宝”为折十型[3]，背有“壹钱”二字，属耿精忠叛据闽中时所铸，康熙十四年乙卯（公元1675年）“铸‘裕民钱’，有一文一分者、一文一钱者、一文一两者、数两者，且有十两者，以充兵用”[4]。由此推断，冬古湾沉船年代应在康熙十四年（公元1675年）之后，但应不晚于康熙十八年（公元1680年）郑经退守台湾之时。

冬古湾沉船出水遗物以瓷器和武器装备数量最多。瓷器数量近百件，品类、器形多样，且有使用痕迹，与品种单一、数量巨大的贸易瓷不同，应为船上日常用品，多为明末清初闽南地区窑场所产。武器装备品种丰富，数量众多。地雷、手雷为首次发现，尤其是手雷，数量大，里面皆装有弹丸和火药。出土铜铳虽无铭文，但从形状、尺寸、重量看，与连江定海龙瓮屿二号[5]、汕头广澳港沉船[6]所出“国姓府”铭铜铳极其相似，推测沉船属于明末郑氏集团所有。沉船还出水600多片铜铠甲片，排列整齐，应为当时船上人员的铠甲衣。此外，沉船上仅发现4枚铜钱。据此推断，此船不大可能为海上贸易商船，而应是明末清初郑氏时期的战船。

[1] 丁福保：《历代古钱图说》，齐鲁书社，2006年，第337页；唐石父主编：《中国古钱币》，上海古籍出版社，2001年，第346~350页；高英民：《中国古代钱币》，学苑出版社，2007年，第282~283页。

[2]（清）江日昇：《台湾外记》卷三，台湾省文献委员会印行，1995年，第123页。

[3] 丁福保：《历代古钱图说》，齐鲁书社，2006年，第343页。

[4]（清）江日昇：《台湾外记》卷七，台湾省文献委员会印行，1995年，第289页。

[5] 中国国家博物馆水下考古研究中心等编著：《福建连江定海湾沉船考古》，科学出版社，2011年。

[6] 广东省文物考古研究所、汕头市文化局：《汕头市广澳港南明沉船调查》，《文物》2000年第6期，第44~48页。

# 第五节　龙海九节礁水下文物点

## 一　遗址概况

九节礁位于龙海浯屿岛的东面，西距浯屿岛约1000米，其东侧为深水航道。礁上有一灯塔，北边还有一暗礁，名重礁。2009年9月，根据渔民提供线索，福建沿海水下考古调查队对九节礁西南面约30米处采用定向搜索和圆周搜索法，进行了调查，采集了部分文物标本，未发现船体遗迹。该处海床为礁石底，一些礁石突出海床表面有2米多高。该文物点低平潮时水深约5~6米，中间淤积一些泥沙，遗物则散落于礁石之间的低凹处。

## 二　出水遗物

采集标本均为瓷器，瓷器大部分为青花大盘，还有白瓷勺。

**1. 白瓷**

3件。仅勺一种。

**勺**

3件。

标本九节礁：1，斗平面略呈椭圆形，底微内凹，内印“合”字；柄末端微弧。斗内壁可见支钉痕，白胎，白釉略泛青。内外均施釉，斗底一圈无釉。长9.8、斗宽4.4、高4.7厘米（图5-50，1；彩版5-140）。

**2. 青花瓷**

8件。器形均为大盘。

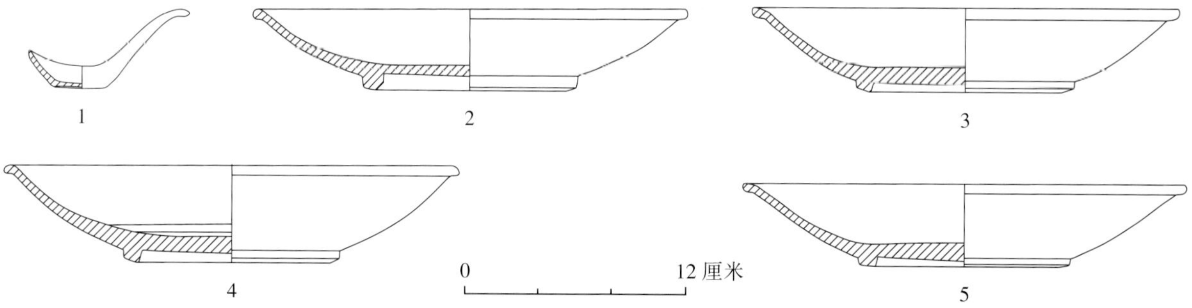


**图5-50　九节礁水下文物点出水瓷器**

1. 白瓷勺（九节礁：1）　2~5. 青花大盘（九节礁：2~5）

**大盘**

8件。敞口，尖唇，沿微外卷，斜弧腹，内、外底较平，大圈足较矮，足墙较厚。灰白胎，大部分略生烧，釉呈浅灰色或灰白色。内底有涩圈，外施至腹下部。纹饰有变体寿字纹、花卉等，部分器物在内底有方押款。青花呈色灰黑。

标本九节礁：2，青白釉泛灰，开冰裂纹。内壁上部印一周青花变体“寿”字纹，内底有一方押图案，外壁上部绘五朵花卉。口径23.4、足径11.6、高4.5厘米（图5–50，2；彩版5–141）。

标本九节礁：3，内壁上部印一周青花变体“寿”字纹，外壁上部绘一个青花花押图案。口径22.8、足径11.2、高4.5厘米（图5–50，3；彩版5–142）。

标本九节礁：4，内壁上部印一周青花变体“寿”字纹，内底有一方押图案，外壁上部绘五条鱼纹。口径24.6、足径11.6、高5.4厘米（图5–50，4；彩版5–143）。

标本九节礁：5，内壁上部印一周青花变体“寿”字纹，内底有一青花方押，外壁上部绘一个青花花押图案。口径23.8、足径11.2、高4.4厘米（图5–50，5；彩版5–144）。

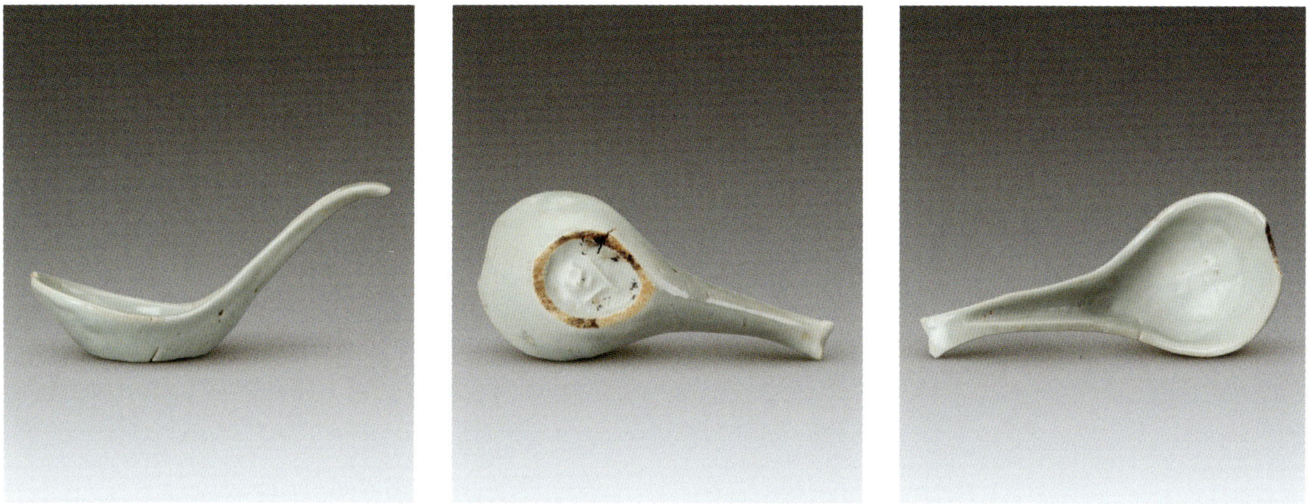

彩版5–140　白瓷勺（九节礁：1）

彩版5–141　青花大盘（九节礁：2）

彩版 5−142　青花大盘（九节礁：3）

彩版 5−143　青花大盘（九节礁：4）

彩版 5-144　青花大盘（九节礁：5）

## 三　小结

龙海九节礁水下文化遗存处于古代海上丝绸之路航线上，通过这次调查，发现遗物分布有一定范围，并采集一些瓷器标本，可将其作为一处水下文物点。

从此次调查采集标本特征来看，应为闽南地区德化、安溪或漳州一带窑址产品，年代为清代中晚期。同类遗物在平潭碗礁二号水下文物点相似，在西沙群岛及海外地区也常有发现，因此其应是当时的外销商品之一。

# 第六节　龙海白屿水下文物点

## 一　遗址概况

白屿位于龙海浯屿岛西北面，东南距浯屿岛约 1000 米，其东侧为航道。2009 年 9 月，根据渔民提供线索，福建沿海水下考古调查队在对漳州海域进行水下文物普查时，在龙海白屿的西北面进行了调查，调查面积约 1500 平方米，未发现船体遗迹，采集部分标本。调查范围内海床为礁石，低平潮时水深约 4~5 米。一些礁石突出海床表面约 2 米，中间淤积少量泥沙，遗物散落于礁石之间的泥沙之中。

## 二　出水遗物

采集标本均为陶瓷器，瓷器为青花瓷，陶器为罐。

### 1. 青花瓷

14 件。器形有碗、大盘。

#### （1）碗

1 件。

标本白屿：6，口微撇，圆唇，弧腹，圈足较高，足墙较薄，内外底较平。灰白胎，青白釉，内壁、底局部开冰裂纹，内底有一涩圈，外施釉至足外墙下部。内壁下、下部各绘青花单圈弦纹，内底绘一写意青花花草纹，外壁绘青花洞石山水图案。口径 11.9、足径 6.2、高 6.2 厘米（图 5–51，1）。

#### （2）大盘

13 件。敞口，圆唇，斜弧腹，内底微上凸，外底较平，大圈足，足墙较厚。灰白胎，青白釉。内底有涩圈，外壁一般施釉至腹下部。青花呈色较为灰暗。

标本白屿：1，内壁上、下部各绘单、双圈青花弦纹，中间绘两周变体“寿”字纹，内底有一青花方押图案，外壁上部绘青花单圈弦纹和四组绶带纹，青花呈色蓝灰。口径 26.1、足径 12.4、高 5.7 厘米（图 5–51，2；彩版 5–145）。

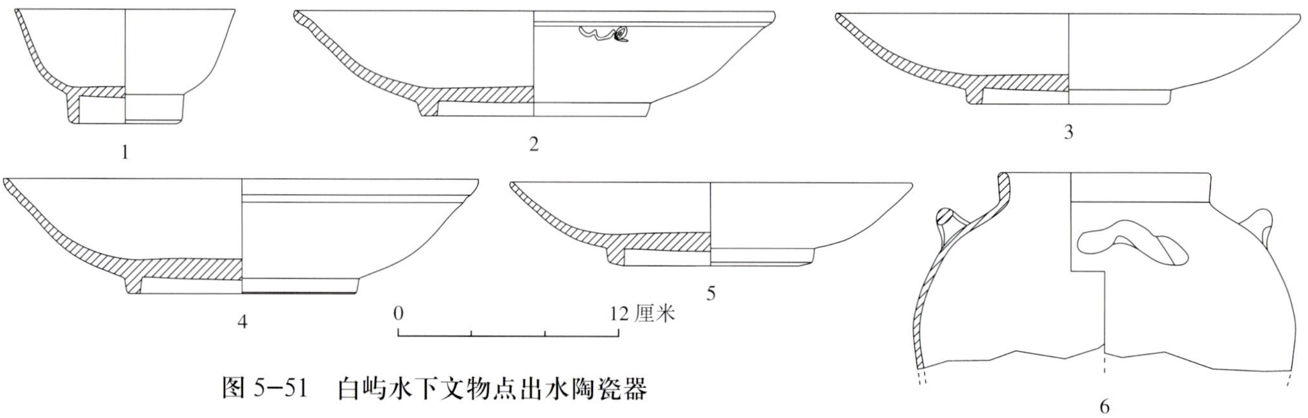


图 5–51 白屿水下文物点出水陶瓷器

1. 青花碗（白屿：6） 2~5. 青花大盘（白屿：1、3、4、5） 6. 陶罐（白屿：12）

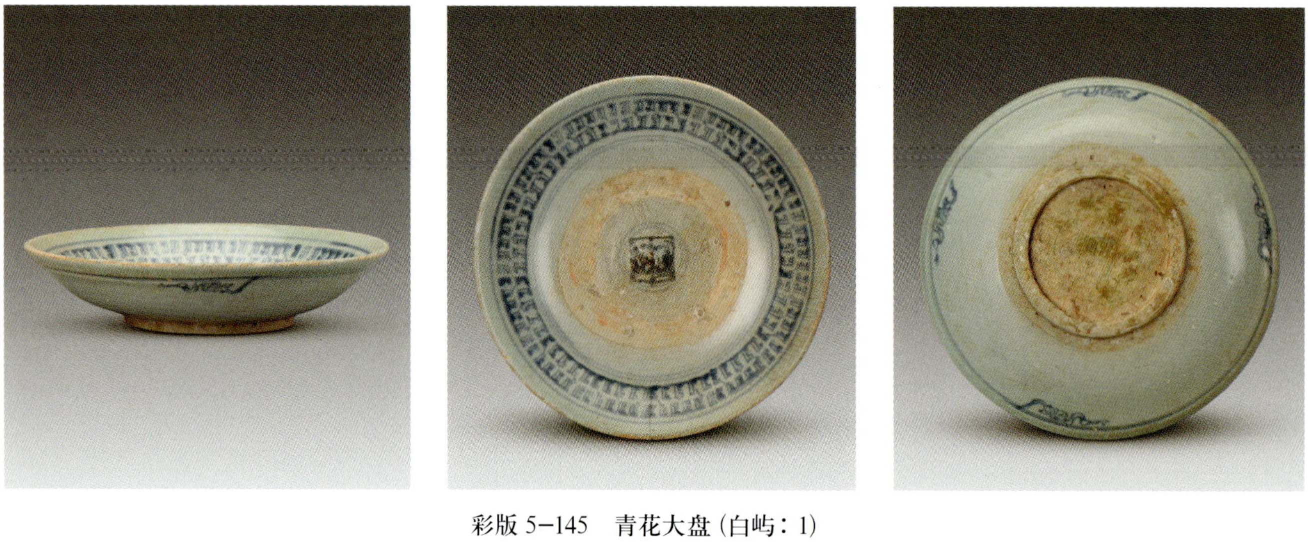

彩版 5–145 青花大盘（白屿：1）

标本白屿：2，仅存腹部以下部分。内底绘青花双圈弦纹，中间绘一青花方押图案（彩版 5-146）。

标本白屿：3，内壁上部绘两周青花变体“寿”字纹，内底绘青花双圈弦纹，中间绘团莲，外壁上部残存部分青花图案，青花呈色灰黑，略泛绿。口径 24.7、足径 11.0、高 4.9 厘米（图 5-51，3；彩版 5-147）。

标本白屿：4，内壁上、下部各绘单、双圈青花弦纹，中间绘两周变体“寿”字纹，内底有一青花方押图案，外壁上部绘青花单圈弦纹，下残存一折枝花卉，青花呈色蓝灰。口径 25.6、足径 12.4、高 6.2 厘米（图 5-51，4；彩版 5-149）。

标本白屿：5，内壁上、下部各绘单、双圈青花弦纹，中间绘两周变体“寿”字纹，内底有一青花方押图案，外壁上部绘青花双圈弦纹和三组折枝花卉，青花呈色蓝灰。口径 21.6、足径 11.0、高 4.4 厘米（图 5-51，5；彩版 5-148）。

标本白屿：8，仅存圈足。内底绘一青花圆形图案（彩版 5-150）。

标本白屿：9，内壁残存部分青花变体寿字纹，内底有一青花方押图案（彩版 5-151）。

标本白屿：7，内壁残存

彩版 5-146　青花大盘（白屿：2）

彩版 5-147　青花大盘（白屿：3）

彩版 5-148　青花大盘（白屿：5）

彩版 5-149　青花大盘（白屿：4）

彩版 5-150　青花大盘（白屿：8）

彩版 5-151　青花大盘（白屿：9）

彩版 5-152　青花大盘（白屿：7）

彩版 5-153　青花大盘（白屿：10）

部分青花花卉，内底绘一青花圆形图案（彩版 5-152）。

标本白屿：10，内壁下部残存部分青花双圈弦纹，内底有一青花圆形图案（彩版 5-153）。

**2. 陶器**

2 件。均为罐。

**罐**

2 件。

标本白屿：12，四系陶罐，腹部以下残。直口，圆唇，圆肩，四桥形横系。灰褐胎。口径 11.4、残高 10.1 厘米（图 5-51，6；彩版 5-154）。

标本白屿：11，罐残片。直口，方唇，折肩，肩部残存一竖桥形系，已变形，紧贴器身。灰褐胎。内外施青釉，开满冰裂纹，脱落严重。残高 18.0 厘米（彩版 5-155）。

彩版 5-154　陶罐（白屿：12）

彩版 5-155　陶罐（白屿：11）

## 三　小结

龙海白屿水下文化遗存位于古代海上丝绸之路航线上，通过这次调查，发现遗物分布有一定范围，采集一些陶瓷器标本，将其确定为一处水下文物点。

从此次调查采集标本特征看，其青花瓷盘与龙海九节礁水下文物点标本相似，应为闽南地区德化、安溪或漳州一带窑址产品，年代为清代中晚期。

# 第六章 结 语

## 一 前言

1973 年，福建省泉州市文物部门在泉州后渚港的海滩发现一艘古代木质沉船。翌年，由福建省与泉州市的文物考古工作者组成的“泉州湾古船发掘领导小组”对这艘沉船进行了抢救性考古发掘（图 6–1）。泉州湾古船的出土遗物有一批船货（香料）和船上用品（陶瓷器、木牌签、铜钱与铜器、玻璃器、印刷品、编织物及象棋等等）以及甲板以下保存基本完整的木质古船船体，该沉船的考古发掘报告认定这艘海船的年代为南宋时期。[1] 虽然这艘古船是埋藏在海滩上、发掘所使用的还是陆地田野考古的方法，但由于它是一艘古代海船，证明福建海域确实保存有古代沉船，反映的是水下文化遗产的重要信息。因此可以说，泉州湾宋代海船的考古发掘，是福建地区水下考古及水下文化遗产保护工作开展的先声。

图 6–1 泉州湾宋代海船发掘现场

（引自泉州海外交通史博物馆编：《重返光明之城》，1974 年）

20 世纪 70 年代，大约与泉州湾宋代海船考古发掘同一时期，福建连江县筱埕镇定海村的渔民们在定海湾打捞海底沉积的贝壳以运到外地烧制建筑用的石灰。他们在使用改装的船用抓斗作业时，捞起了一些木质船体构件以及一批晚唐至清代各个时期的陶瓷器（有青瓷、白瓷、青白瓷、

[1] 福建省泉州海外交通史博物馆编：《泉州湾宋代海船发掘与研究》，海洋出版社，1987 年。

酱黑釉瓷、青花瓷等）、金属器（铜铳、铁炮、锡器）等。这一情况很快引起福建各级文物管理部门的关注，随即在当地展开调查，并限制该海域的贝壳捞掘活动，加强了对当地水下文物的保护[1]。由于采取了这些水下文物保护工作和措施，为此后在福建海域开展水下考古以及水下文化遗产保护工作奠定了坚实的物质基础。

1987年，中国开始建立水下考古学科，在当时的中国历史博物馆（现为中国国家博物馆，下同）考古部（现为综合考古部，下同）内设立了水下考古学研究室（后改为水下考古研究中心，2015年因机构调整并入国家文物局水下文化遗产保护中心），在国家文物局领导下，协调、组织全国的水下考古工作[2]。

1989年9~12月，国家文物局在山东省青岛市举办了"中澳合作首届全国水下考古专业人员培训班"，来自北京（中国历史博物馆）以及山东（青岛市文物局）、福建（福建省博物馆、福州市文物考古工作队、厦门大学人类学系）、广东（广东省文物考古研究所、深圳市文物管理办公室）、广西（广西壮族自治区文物考古研究所）等沿海地区文博单位的共计11名文物考古专业人员（文物考古9、文物保护1、水下摄影1），接受了澳大利亚水下考古学家和潜水教练们3个多月的辛勤授课与严格训练。在此期培训班的后期阶段，为了寻找和确定学员们进行水下考古实习的地点，来自澳大利亚阿德莱德大学东南亚陶瓷研究中心的授课老师保罗·克拉克（Paul Clark）在福建省、福州市文物部门的陪同、协助下，于1989年11月前往福建省连江县筱埕乡定海村海域进行水下考古调查，最终选定在该海域白礁附近发现的南宋沉船遗址(后来定名为"白礁一号"沉船遗址)为本届培训班学员的水下考古实习点[3]。由此正式揭开了福建海域水下考古及水下文化遗产保护工作的序幕。

自1989年始对连江定海白礁一号沉船遗址进行水下考古调查以来至今的20余年间，水下考古工作者在福建海域开展了一系列的水下文物普查、水下考古调查与发掘等工作，并取得了许多重要的水下考古发现及研究成果，大大推进了福建省水下文化遗产保护事业的发展，在中国水下考古学科的建立与水下文化遗产保护事业的开创中发挥了重要作用。

## 二　福建海域的水下考古调查、发掘与发现

作为中国水下考古学科建立及水下文化遗产保护事业开展与可持续发展基础的，正是现存于中国广大水域的水下文化遗存。因此，摸清水下文物的家底，了解和掌握目前中国水下文化遗产的分布地点、内涵及其保存状况，是中国水下考古和水下文化遗产保护事业当前和今后长期的工作中心与重点。因此，开展水下文化遗产的调查，是中国水下考古学研究及水下文化遗产保护事业开展的主要工作任务。为此，国家文物局于2009年2月在浙江省宁波市召开的"全国水下考古工作会"正式提出，将我国大陆沿海的水下考古调查纳入第三次全国文物普查，进一步加强对全

[1] 曾意丹：《定海海底奥秘——水下考古探索》，《文物天地》1987年第4期，第16、17页；陈恩：《马祖澳海底大量文物重见天日》，《中国文物报》1988年8月5日第2版；中国国家博物馆水下考古学研究中心、厦门大学海洋考古学研究中心、福建博物院文物考古研究所、福州市文物考古工作队、连江县博物馆编著：《福建连江定海湾沉船考古》，科学出版社，2011年，第15页。

[2] 俞伟超：《十年来中国水下考古学的主要成果》，《福建文博》1997年第2期，第6~11页。

[3]（澳大利亚）保罗·克拉克：《中国福建省定海地区沉船遗址的初步调查》，《福建文博》1990年第1期，第18、19页。

国水下考古调查工作的协调和领导，推进第三次全国文物普查工作的全面、顺利开展。

福建省地处中国大陆东南沿海、台湾海峡西岸（图 6–2）。福建海域海岸曲折漫长，岛礁、浅滩星罗棋布，水路航道蜿蜒、明潮暗流涌动，加之东北、西南季风变幻，夏、秋海上台风多发，使这一海域有多处航段十分艰险难行。福建沿海又是历史上东西方经济贸易、文化交流主要通道“海上丝绸之路”的必经之路、重要区段。因此，在这一海域留下了数量众多的古代沉船和其他历史遗存，积淀了极其丰厚的水下文化遗产。20 余年来，在福建海域开展的水下考古及水下文化遗产保护工作，突出了水下考古调查这一重点，扎扎实实、细致认真地在福建沿海持续进行水下文物普查，陆续发现了一批重要水下文化遗存，取得了丰硕成果。

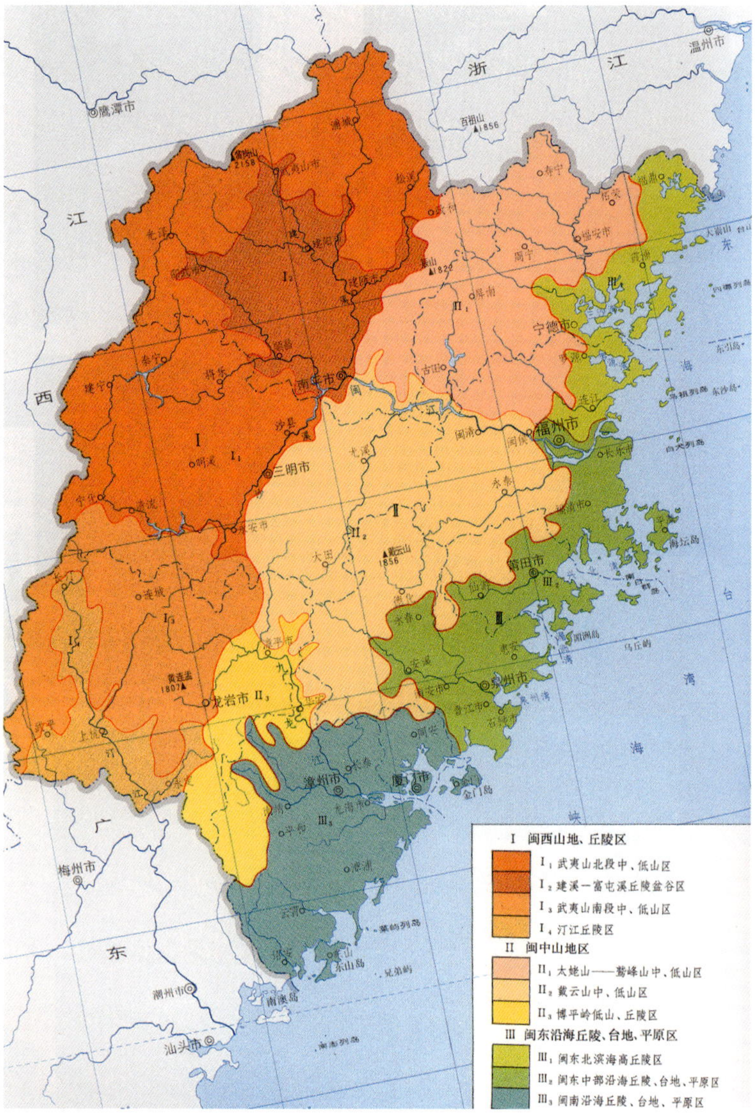


**图 6–2　福建沿海地貌**

（引自《福建省自然地图集》，福建科学技术出版社，1998 年）

20 余年来，在福建海域进行的水下文物普查以及抢救性水下考古发掘，发现了一批自五代以来直至清代各历史时期的水下文化遗存，其丰富的水下考古文物与古代文化内涵，是研究、复原海上丝绸之路历史面貌的十分珍贵、重要的资料。本报告书的第二至第五章（以下简称“前文”）已经对这些水下文化遗存做了较为全面的介绍，还对其中的一部分水下文化遗存进行了初步的分析、研究。以下将在此基础上就上述福建沿海水下考古调查的发现试做进一步分析和探讨。

## 三　埋藏状况分析

水下考古调查的对象是沉没在水中或掩埋在水底的水下文化遗存。因此，在水下考古调查时，必须准确、详细地记录该水下文化遗存的水域环境及保存状况，如果是进行水下考古发掘，还要记录下发掘过程中水域环境及遗存周边沉积、堆积等的状态、变化。这些信息、数据都是该水下文化遗存重要的考古埋藏学资料，是我们分析、研究水下文化遗存的形成原因、保存状况以及进行科学保护的重要依据，也是为中国水下考古与水下文化遗产保护中的水下埋藏学研究积累科学资料和工作经验。而目前为止的福建沿海水下考古调查与发掘所发现的一批沉船遗址（水下文物点），已经为水下埋藏学的分析与研究，提供了一份弥足珍贵的、重要的实物资料，也对今后继续开展水下考古调查有着重要的借鉴和指导作用。

在福建沿海进行的水下考古调查与发掘工作中，大部分都对其所发现的沉船遗址（水下文物点）的水下埋藏环境、状态等有所记录、描述（见前文）。综括这些资料分析，其水下埋藏的海洋环境与遗存基本状况大致如下：

第一，福建沿海大多数的沉船遗址（水下文物点）的命名中都带有"礁"、"屿"、"岩"等字样，说明在其附近是有小岛或礁石（明礁、暗礁、干出礁等，另如莆田小日岛海域的北日岩，当地亦称"北叉礁"）。因此，判断该处水下遗存可能为当时的航船在水面航行途经当地时，基于某种自然或人为原因而触礁、沉没的（如平潭碗礁一号沉船）[1]。同时，由于大多数遗存又不是直接在这些"礁"、"屿"、"岩"下，而是保持或远或近的一段距离（仅有连江定海白礁一号沉船遗址则是直接沉没在暗礁下的）[2]，因此可能是在触礁后，在外力（自然力、人力）作用下继续移动了一定的距离后沉没的。

第二，福建沿海发现的遗存有船体残骸的沉船遗址，其船身大多为正沉或稍有倾斜，尚无记录船身为倾覆状态的。此种情况似可理解为该船体在事故发生后仍然是保持平衡、逐渐下沉，由于海床或海底面的状况而形成或平正或歪斜的状态。

第三，由于海床介质和结构的不同，大致有硬底、浅软底、深软底三种情况。

（1）载重的船身下沉至海床后，如果是搁置在岩基的或表面很少泥沙的板结状硬底的海床上，未能在较短时间内进一步下沉或被泥沙掩埋，船体暴露在水中，则很容易因海洋动力（海流、潮水）的冲击以及海洋生物侵蚀的交互作用，不长的时间内就会逐步解体[3]。失去船体保护的船货与其他物品，重者（或被重物叠压者）或就近沉淀堆积（如陶瓷器、金属器等），轻者（如丝绸、茶叶等）只能随波逐浪、散落漂移；遇到礁石缝隙则停留其中，若在较平坦处翻滚数次后呈口朝下单个扣置、稳定在海床表面。可能属于这类的如莆田海域的北日岩一号（所处海床为岩石底，遗物均散布在岩石缝中）、门峡屿、文甲大屿等水下文物点，漳州海域的漳浦沙洲岛沉船遗址以及龙海九节礁、白屿水下文物点等。

（2）若沉船搁置在虽是硬底但表层有一定厚度泥沙的浅软底海床上，船体的底部将较快沉入浅泥沙层，而露出在海床表面的船体仍将因海洋动力（海流、潮水）的冲击以及海洋生物侵蚀的交互作用逐步解体，船体底部未出露的部分得到保存，其上部保留面多与海床表面一致，部分船底的船货等物品被泥沙层掩埋，其他物品或在其周边沉积或散落漂移。福建沿海发现的大部分水下遗存多属此类，如福州海域的老牛礁、九梁礁及碗礁一号等沉船遗址，莆田海域的北土龟礁一号沉船遗址，漳州海域的半洋礁一号沉船遗址等。

[1] 见本书第二章第七节，"小结"。

[2] 中国国家博物馆水下考古研究中心、厦门大学海洋考古学研究中心、福建博物院文物考古研究所、福州市文物考古工作队、连江县博物馆编著：《福建连江定海湾沉船考古》，科学出版社，2011年。

[3] 关于海洋生物侵蚀，笔者有过亲身体验。1991年连江定海"白礁一号"沉船遗址水下考古发掘曾经揭露一小段船体的龙骨，发掘结束时未将其回填掩埋。数年后再去调查，发现原本坚固的龙骨上已满是蛀孔、似蜂窝状，松软、糟朽。因此，水中暴露的木质构件会很快被一些海洋生物侵蚀的。

（3）船体在因重力逐渐下沉后，遇到泥沙层较厚的深软底海床并最终沉入泥沙层被全部覆盖、掩埋。其上部仍可能在下沉期间遭到海洋动力冲击与海洋生物侵蚀而局部损毁。若沉降速度较快，则船体上部的保存部分就可能多些，反之则保存的部分就少了。沉没于广东台山海域的南海一号沉船遗址当属此类，泉州后渚港南宋沉船或许与此相似，但福建沿海水下考古调查尚未发现此种类型的水下遗存。

## 四　水下遗存内涵再分析

前文对福建沿海水下考古发现的沉船遗址（水下文物点）的遗物（船体、船上物品等）及其文化内涵已经做了初步分析，以下将就较重要的水下遗存试做进一步探讨。

### （一）福州海域

**1．平潭分流尾屿沉船遗址**

初步分析水下考古调查采集的该沉船遗物应是浙江越窑五代时期的产品，推断沉船遗址的年代为五代时期，而且经过与海外沉船发现的同类器物比较，认为分流尾屿沉船的货物应是外销瓷。

此外，还应该看到，当时的陶瓷产品同时也是国内贸易的重要物资，其运输和贸易方式，也往往是通过海路进行的。因此，与分流尾屿沉船遗址同时期的福建地区考古发现中，常见浙江越窑五代时期的产品。相关考古资料有：

福州城市遗址：福州五代夹道遗址[1]、冶山路省二建工地、鼓角楼遗址、湖东路省社院工地等，考古发掘的大多数城市遗址的晚唐、五代地层或遗迹中，都出土有少量的越窑青瓷[2]。

连江马祖东莒岛蔡园里遗址[3]：2007年台湾“中央”研究院历史语言研究所的研究人员在马祖东莒岛蔡园里遗址发掘了3个探方（11平方米），出土一批晚唐五代至元代的陶瓷器（皆为残片），其中有少量越窑制品。

金门地区：与福建晋江、厦门仅一水之隔的金门，也发现、采集有晚唐、五代时期的越窑器[4]。

漳州城市遗址[5]：1999年底在漳州市区中心地带的银都大厦工地进行的考古发掘，证实是一处居住遗址，出土一批中唐至宋代的陶瓷器和其他遗物，其中发现有少量应为浙江越窑的瓷器残片。

以上从福建沿海中部到南部的古代陆地居住遗存中，都发现有晚唐五代越窑青瓷。此外，如同前文所提到的[6]，从福建南部到广东、海南，沿着中国大陆海岸，都有少量五代越窑瓷器的发现。

同样的情形也见于台湾海峡对岸的澎湖与台湾。

---

[1] 福建省博物馆考古部、福州市文物考古队：《福州五代夹道遗址发掘简报》，《福建文博》1994年第2期，第34~55页。

[2] 福建博物院、福州市文物考古工作队：《福州冶山路省二建工地发掘简报》，《福州鼓角楼遗址发掘简报》、《福州湖东路省社院工地发掘简报》，《福建文博》2005年增刊，第13~25、63页、第26~43页、第44~56页。

[3] 陈仲玉、游桂香：《马祖东莒岛蔡园里遗址的陶瓷器》，《福建文博》2010年第2期，第1~5、91页。

[4] 林金荣：《金门地区使用的陶瓷器文化探源》，台湾“内政部”管理署金门国家公园管理处，2006年；台湾“国立”历史博物馆历史考古小组：《金门水头、官澳、琼林历史考古试掘报告》，《金门地区历史考古研究成果报告》，“国立”历史博物馆，2002年。

[5] 福建省博物馆、漳州市文管办、漳州市博物馆：《漳州银都大厦工地考古发掘简报》，《福建文博》2001年第1期，第23~32页。

[6] 本书第二章第二节，“小结”。

澎湖列岛的海滩采集到数量不少的五代越窑器。有学者认为其性质为“贸易陶瓷转运站”[1]。台湾考古学者亦在澎湖列岛进行过考古调查与发掘，在推测是居住遗址的考古地层中曾出土了晚唐、五代的越窑器；其性质当为居住者使用的遗留[2]。最近有台湾学者梳理了台湾考古遗址出土的陶瓷器，在属于9世纪后半~10世纪前半的资料中，亦发现有少量越窑瓷器[3]。

在了解台湾海峡地区考古发现的晚唐、五代越窑瓷器的基本状况后，平潭分流尾屿沉船遗址的五代越窑瓷器船货可能的去向应该还包括：福建南部、澎湖列岛（不论是“转运站”还是“居住地”）、台湾本土、广东地区等。尽管这些考古发现由于受到各种因素的限制、影响（如仅地表调查、发掘面积小、考古地点少等等）而有很大的局限性，并不能反映历史的实际全貌，但可以证实五代越窑瓷器曾经与这些地点进行过海上贸易和在此使用、消费。因此，是可以作为分流尾屿沉船的陶瓷船货也有可能是内销或国内贸易的历史依据的。

**2．平潭大练岛西南屿水下文物点**

水下考古调查所采集的该遗址遗物皆为青瓷。其胎质、釉色以及制作、装烧工艺的特征一致，应是同一窑口的产品。其中的双面刻划花深腹碗（外宽篦纹，内荷花、水波纹）与《龙泉东区窑址发掘报告》中的一型Ⅲ式、Ⅴ式碗相同或相似；盘（内刻荷花、水波纹，平底、圈足）与龙泉东区窑址的一型Ⅱ式盘相同[4]。后者为龙泉东区窑址第一期的产品，其年代为北宋晚期至南宋早期。

与西南屿水下文物点采集的龙泉青瓷类似的器物也见于龙泉西区的窑址。一般认为龙泉西区是龙泉窑的核心区（有金村、大窑等窑场），其窑业的整体工艺水平和产品质量较高。因此，西南屿水下文物点的龙泉青瓷也有可能是龙泉西区北宋晚期至南宋早期的产品[5]。

关于早期龙泉窑产品的贸易，还是可以分为国内市场和海外市场两部分。

从平潭大练岛西南屿水下文物点出发，其出水龙泉青瓷可能的目的地包括自福建南部以南的各个港口城市（如泉州、漳州、广州等）以及澎湖列岛、台湾等，在这些地方的考古遗址都有出土少量早期龙泉窑产品，可以管见这一时期龙泉青瓷的国内贸易及市场对其需求的状况。

同时，从西南屿水下文物点出发的龙泉窑产品，一方面可能经过澎湖列岛前往东南亚地区[6]（图6-3）；另一方面或者经过台湾北部、再沿琉球群岛北上到达日本九州的博多[7]（图6-4）。

**3．平潭小练岛东礁村水下文物点**

东礁村水下文物点两次水下考古调查采集出水的沉船遗物主要是陶瓷器。瓷器有青瓷、白瓷（青

[1] 陈信雄著：《越窑在澎湖——五代十国时期大量越窑精品的发现》，文山书局，1995年，第157页。

[2] 臧振华：《澎湖群岛考古调查初步报告》，《“行政院”国家科学委员会1985年度研究奖助费论文摘要》，“行政院”国家科学委员会，1987年。

[3] 刘益昌、王淑津：《变局之前的对外接触——台湾出土10~16世纪中国陶瓷及其意义》，台湾“中央”研究院历史语言研究所2015年度第十四次学术讨论会，2015年9月21日。

[4] 浙江省文物考古研究所编：《龙泉东区窑址发掘报告》，文物出版社，2005年，彩版六、七、二九、三〇。

[5] 浙江省文物考古研究所编：《龙泉金村古瓷窑址调查发掘报告》、《龙泉大窑》，《龙泉青瓷研究》，文物出版社，1998年。浙江省文物考古研究所学者认为此类青绿釉产品在龙泉东区不多，但在龙泉西区的金村较普遍。

[6] 陈信雄：《澎湖宋元陶瓷》，澎湖县立文化中心，1985年。

[7] 王淑津、刘益昌：《大坌坑遗址出土的十二至十四世纪中国陶瓷》，《福建文博》2010年第1期，第45~61页；（日）森达也：《由陶瓷来看宋元时期福建和日本的贸易路线》，（日）田中克子：《日本博多（Hakata）遗址群出土的贸易陶瓷器与其历史背景》，栗建安主编：《考古学视野中的闽商》，福建闽商文化研究院：《闽商文化研究文库》，2010年。

图 6-3 斯里兰卡发现的龙泉窑青瓷

（故宫博物院研究员王光尧提供）

图 6-4 日本鎌仓市米町遗址出土的龙泉窑青瓷

（引自日本根津美術馆:《甦る鎌仓——遺跡発掘の成果と伝世の名品》）

白瓷）、黑釉及青花瓷四类。[1]

（1）青瓷

可分为龙泉青瓷和其他青瓷。

龙泉青瓷：器形有碗、钵、洗等。根据前文中的描述，青瓷中 A 型Ⅰ、Ⅱ、Ⅲ式碗，以及钵、洗等，均应为龙泉窑产品。其中莲瓣纹碗（标本小练岛：59）、印花碗（标本小练岛：57）与东区窑址的三型碗，莲瓣纹钵与东区窑址的Ⅱ、Ⅲ式钵，双鱼洗与东区窑址Ⅰ、Ⅱ式的折沿洗等分别相同或相似。后者均为龙泉窑东区窑址的“三期六、七段”产品，其年代为元代中、晚期。[2]

其他青瓷：器形有碗、盆、瓶、罐等。

碗 前文中的 A 型Ⅳ式碗，从其描述和特征分析，可

[1] 本书第二章第四节。

[2] 浙江省文物考古研究所编：《龙泉东区窑址发掘报告》，文物出版社，2005 年，彩版四六，第 401、407 页。

能是福建连江浦口窑南宋时期的器物。B 型碗，与莆田庄边窑元代同类器物的特征相同，可能即该窑场的产品。

瓶 样式较多。大部分此类器物的胎质、工艺遗痕等与该文物点各式酱釉瓶的特征基本一致，因此可能与后者是同一窑场或产地的产品。其中的Ⅳ式瓶，与浙江宁波奉化市下宅弄窑址出土的Ⅱ式、Ⅲ式韩瓶相似（图 6–5），说明宁波地区的窑址有烧造此类陶瓷产品。

**图 6–5 宁波奉化市下宅弄窑址出土的Ⅱ式、Ⅲ式韩瓶**

（宁波市文物考古研究所提供）

**（2）白瓷（青白瓷）**

小练岛水下文物点采集白瓷标本的器形有碗、盘、执壶等。根据这些标本的胎质、釉色、制作工艺等特征，可将其分为以下四组。

一组：A 型Ⅰ式碗（标本小练岛：68）。

碗的胎色较白、胎质细腻，釉色白中泛灰，圈足较高。与福建北部窑址或闽清义窑的同类器物相似（图 2–10，1）；从器形看，则有北宋晚期或南宋早期的特征。

二组：B 型Ⅰ式碗（标本小练岛：20）。

以标本小练岛：20 的器形与纹样（篦划纹）特征看，还是南宋中期的制品；并与福建北部窑址或闽清义窑的同类器物相似。

三组：B 型Ⅲ式碗（标本小练岛：9）、A、C 型盘（标本小练岛：80、91）。

碗、盘均为芒口、底足满釉，应是使用组合支圈覆烧的器物（四组中碗的标本小练岛：56，其虽为芒口器，但足部无釉露胎、口沿处的釉水呈向下流淌，因此不会是覆烧的、可能是采用对口烧）。盘的内壁模印有纹样，标本小练岛：80（A 型盘）为生烧、纹样模糊不清；标本小练岛：91（C 型盘）的莲塘荷花纹与景德镇窑以及福建北部窑址（如建窑 Y6）[1] 同类器物的纹样相似；后者的年

[1] 中国社会科学院考古研究所、福建省博物馆建窑考古队：《福建建阳县水吉建窑遗址 1991~1992 年度发掘简报》，《考古》1995 年第 2 期，第 148~154、159 页。

代为南宋晚期。相比较则三组器物的年代应与其相当。而以胎、釉的特征看，可能还是福建北部窑址的产品。

四组：A 型Ⅱ式（标本小练岛：22）、B 型Ⅱ式（标本小练岛：56）、B 型Ⅳ式碗，B 型盘（标本小练岛：92、93、94）、C 型盘（标本小练岛：97）。

本组器物的胎质、釉色、制作工艺等基本一致，应为同一窑口同一时期的产品；其中标本小练岛：59、63、98 等的外腹刻单层宽莲瓣纹，风格随意、草率，与福建连江浦口窑的元代器物相同，因此它们应是元代浦口窑的产品[1]（图 6-6）。

图 6-6 福建连江浦口窑采集的莲瓣纹碗

（3）青花瓷

器形皆为碗。根据前文的介绍，若做进一步分析，依据各自的特征，可以将其分为三组。

一组：A 型Ⅰ式的标本小练岛：18、67、101，白胎、釉色略泛青，青花色调呈浅蓝灰、纹样规整，应为明代中期景德镇民窑产品。

二组：A 型Ⅰ式的标本小练岛：70，胎、釉略同一组，青花纹样稍显粗放，应为明代晚期景德镇民窑器物（明末清初时期的漳州窑亦流行此类青花碗，纹样、器形皆相似。但此件标本还应是景德镇民窑所出）[2]。B 型Ⅰ式的标本小练岛：66，器形、纹样皆工整、精细，应为明代晚期的景德镇民窑制品。

三组：A 型Ⅱ式、B 型Ⅱ式，皆胎质较粗、釉色晦涩、青花色泽灰暗、纹样粗放草率、有的纹样为印制；其年代为清代中晚期。从工艺特点、装饰风格（如印青花等）来看，应为同一处地方民窑的产品；但目前尚未能确定其窑口或产地。

（4）黑釉瓷

器形为碗，但其中的Ⅱ式碗（前文，标本小练岛：96）即为通常所说的黑釉兔毫盏。3 件黑釉器的胎质和工艺特征基本一致，应为同一窑址的产品；根据初步比较，推测其为福建福清南宋东张窑的器物（图 6-7）。

[1] 曾凡：《福建陶瓷考古概论》，福建地图出版社，2001 年。
[2] 福建省博物馆：《漳州窑》，福建人民出版社，1997 年。

图 6-7　福建福清东张窑采集的黑釉盏

（5）**酱釉瓷与陶器**

前文所述酱釉瓷的器形有瓶、罐、瓮，其中瓶、罐与陶器的大部分器形相同。

瓶　胎质多为砂陶或细砂陶，有的施酱釉、有的素胎（或是釉层脱落）。主要有二型，一为口部外斜沿、有四系（也有无系的），器形有的高瘦、有的矮粗。另一为口部平沿，一般无系，器形变化不大。此二型瓶，即为通常所说的"韩瓶"。此类瓶器的流通范围较广，在海内外遗址、沉船常见（如福建龙海半洋礁一号沉船遗址、韩国新安沉船等）、时间较长（可从南宋晚期至元末明初）；其一型（斜沿、四系）的窑口与产地，目前已知的或见之于发表的考古资料有江苏宜兴西渚窑址（南宋至元末明初）[1] 和浙江德清县成年坞窑址（北宋晚期至南宋初期）[2]（图 6-8）。由此可知，烧造此类瓶的窑口是分布在太湖西岸的江苏西部和浙江北部这一区域，生产延续的时间较长。

罐　A 型罐，已归于上述的一型瓶（"韩瓶"）中说明。D 型罐中的一件（标本小练岛：46），肩部压印有银锭形边框，内中的文字可能是"真珠红"，应该是一种酒的名称，因此该罐应是酒坛；与其同样形制的罐，其功能大致相同。B、C、D 型罐，虽然在海内外遗址、沉船也常见，但大部分尚不知其窑口和产地。

根据以上对小练岛水下文物点采集标本的分析，有几点初步认识：

（1）出水陶瓷器的时代跨度大，包含年代有：北宋晚期，南宋中期、晚期，元代，明代中期、晚期，清代中晚期等多个朝代；陶瓷品种多，其中有青瓷、白瓷（青白瓷）、黑釉瓷、酱釉器、青花瓷等；窑口产地广，涉及浙江的龙泉窑、德清成年坞窑，江西景德镇民窑，江苏宜兴西渚窑，福建的诸多窑口（如北部地区、闽清义窑、连江浦口窑、福清东张窑）以及尚未明确的窑口等。

（2）根据对出水陶瓷器的数量、内涵、性质的分析，初步认为：

白瓷（青白瓷）一组（A 型Ⅰ式碗、标本小练岛：68，北宋晚期）、青瓷二组（B 型Ⅰ式碗、标本小练岛：20，南宋中期），黑釉器，青花瓷等的数量少，各自孤立，因此不具备作为沉船遗址船货的条件，即不能说明此处是或有这样的沉船遗址。它们可能是各年代在此经停船舶的遗弃物。

[1] 王异禀：《宜兴西渚出土宋元陶瓷与日本北九州大宰府出土陶瓷的比较研究——以釉陶为主》，南京大学研究生毕业论文，2007 年。
[2] 浙江省文物考古研究所、德清县博物馆：《德清县成年坞窑址发掘简报》，《福建文博》待刊。

**图 6-8　浙江德清县成年坞窑址出土的韩瓶**

（引自《德清县成年坞窑址发掘简报》）

青瓷中的龙泉青瓷、其他青瓷中的碗、瓶，白瓷（青白瓷）四组，酱釉瓷与陶器中的瓶等，这些器物的出水数量较多且其各品种各自的窑业特征、产品面貌及年代较一致，应是船货；由此可以认定其附近或周边可能有承载该货物的沉船遗址。由于这些器物的年代一致（都可至元代），因此可以推断在小练岛水下文物点一带应该有一处元代沉船遗址。

（3）小练岛水下文物点发现的 5 块碇石，显然不只是一艘沉船的。其中有的可能是伴随沉船沉没的，也有的可能是由于其他原因遗弃的（如紧急情况时砍断锚绳）；其年代的早晚也难以确定。但可以证明曾经有其他船只在此活动过。

（4）小练岛水下文物点的历史遗存如此丰富，不论是作为避风、补给、休息的停泊地或是可能有数次沉船的海难点，它都是这一航路的必经之地和重要地点。

**4．平潭老牛礁沉船遗址**

老牛礁沉船遗址水下考古调查采集的瓷器有青花、白瓷、五彩器、蓝釉器等，其整体面貌、风格与明代弘治、正德时期景德镇民窑器物一致，初步判断这些瓷器均为明代中期的产品。

明代开始，青花瓷逐渐成为瓷器消费的主流，但在明代中、晚期以前，各地的青花瓷生产尚未兴起（如福建、广东等地的青花瓷窑址皆在晚明之时方兴），景德镇民窑产品一直是瓷器市场的主导。以海上运输为主要方式的陶瓷贸易（如山东青岛胶南的鸭岛沉船遗址[1]，图 6-9），使得沿海的重要商业城镇、港市，都遗存有景德镇民窑的产品（如福州城市遗址中 1992 年发掘清理的“石圈”遗迹：“92FPT01 中的②层出土有宋、元、明代瓷片，最晚为明代中期青花瓷片，可知其形成于明代中期前后。”）[2]。

由于早在宋元时期就存在的经过台湾北部前往琉球群岛、日本的航路[3]，也是明中期景德镇

[1] 位于山东青岛胶南的鸭岛沉船遗址于 2002、2007 年两次水下考古调查，采集出水了一批明代中期景德镇民窑青花瓷。
[2] 福州市文物考古工作队：《福州屏山石圈遗址清理简报》，《福建文博》1994 年第 2 期，第 71~73 页。
[3] 王淑津、刘益昌：《大坌坑遗址出土的十二至十四世纪中国陶瓷》，《福建文博》2010 年第 1 期，第 45~61 页。

图 6-9　青岛胶南鸭岛沉船遗址出水的青花瓷

（青岛市文物局提供）

民窑瓷器的外销路线（“依据历史文献记录此时期的中国琉球航线会从台湾北海岸经过”）[1]，在冲绳的今归仁等地[2]、日本的考古遗址[3]等均有出土明中期景德镇民窑青花瓷。

此外，在澎湖列岛马公港的调查也打捞有明中期景德镇民窑青花瓷[4]。福建的金门岛，当地文史工作者的调查也曾采集到不少明中期景德镇民窑青花瓷[5]。再向南经过西沙群岛，在这里的水下考古调查也发现了装载明中期景德镇民窑青花瓷的沉船遗址[6]；进入南中国海则有菲律宾海域的 Lena 沉船（主要货物就有明中期景德镇民窑青花瓷）[7]。

图 6-10　福建邵武四都窑采集的白瓷小罐

### 5．平潭九梁礁沉船遗址

九梁礁沉船遗址水下调查采集出水的沉船遗物，多数为一类白瓷小罐（前文称为“青白瓷”，应为“白瓷”）[8]。其器形以及胎、釉、工艺遗痕等特征与发现于福建邵武四都窑[9]明代窑

[1] 刘益昌、王淑津：《变局之前的对外接触——台湾出土 10~16 世纪中国陶瓷及其意义》，台湾“中央”研究院历史语言研究所 2015 年度第十四次学术讨论会，2015 年 9 月 21 日。

[2]（日）那霸市立壶屋烧物博物馆：《陶磁器に见る大交易时代的冲绳とアジア》，仲本制本所，平成 10 年 2 月 1 日。

[3]（日）长谷部乐尔、今井敦：《日本出土の中国陶磁》，平凡社，1995 年，第 79~84 页。

[4] 陈信雄：《澎湖马公港水下考古与马公港历史探索》，中国国家博物馆水下考古学研究中心编：《水下考古学研究》第一卷，2012 年。

[5] 林金荣：《金门地区使用的陶瓷器文化探源》，台湾“内政部”管理署金门国家公园管理处，2006 年。

[6] 中国国家博物馆水下考古研究中心、海南省文物保护办公室：《西沙水下考古 1989~1990》，科学出版社，2006 年。

[7] Franck Goddio. *Sunken Treasures: 15th Century Chinese Ceramics from the Lena Cargo*, London: Periplus Publishing, 2000.

[8] 本书第二章第六节。

[9] 傅宋良、王上：《邵武四都青云窑调查报告》，《福建文博》1988 年第 1 期，第 19~22 页。

址的同类器物相同或相似，应为该窑的产品（图 6–10）。此类白瓷罐曾在台湾台南安平镇的安平古堡遗址大量出土，因此又被中国台湾以及日本学者称为“安平壶”[1]。

从考古资料和传世遗存来看，安平壶的器形大致可分为斜折肩、斜直腹（或斜弧腹）与平折肩、直筒腹的两类，也有薄胎和厚胎的不同。目前发现的斜折肩、薄胎的安平壶可能年代稍早，多为晚明至清初；而两类的厚胎器（斜折肩也有厚胎的，平折肩基本都是厚胎的）则年代较晚、皆为清代直至清代晚期。

安平壶的流通范围，目前已知在福建的福州、闽南（泉州、漳州、厦门）以及台湾等地区常见。在海外的传播，见于东亚的日本（如长崎、平户等地）[2]、东南亚（如越南的会安[3]、印度尼西亚的爪哇万丹[4]）及南中国海的沉船中（如 1600 年沉没于菲律宾的西班牙“圣迭戈”号沉船[5]，1613 年沉没于大西洋圣海伦娜岛的荷兰船“白狮”号[6]，以及约 1690 年前后沉没于越南的“头顿”号[7]贸易船等）（图 6–11）。

平潭九梁礁沉船中的安平壶是与景德镇民窑青花瓷一起装载，因此它们的前往港口或目的地可能相同。从台湾的考古发现（数量较多）来看，作为船货的安平壶也有可能是前往该地或经过该地再中转前往东南亚航路的。不同的是，此类白瓷小罐在九梁礁沉船上是成批的，应是作为船货，其目的地可能是台湾或东南亚（在东南亚有发现），由于在欧洲尚未见有关成批安平壶船货的记录，在“圣迭戈”号、“白狮”号、“头顿”号等沉船上也仅有少量发现，因此这类白瓷小罐有可能只是船上的生活用品。

九梁礁沉船遗址出水的其他遗物标本还有青花瓷以及青花釉里红器、蓝釉器等；一部分器物内底或外底还有青花书款如“永乐年制”、“大明成化年制”、“大明嘉靖年制”等；因此可以确定这批瓷器的年代不早于明万历年间。这些出水瓷器中，有一批绘开光纹样和图案的青花大碗、大盘以及

**图 6–11 菲律宾“圣迭戈”号沉船（左）、越南“头顿”号沉船（右）的“安平壶”**

（分别引自 Saga of the San Diego、Excavation of the Vung Tau Wreck）

[1] 陈信雄：《安平壶——汉族开台起始的标志》，《历史》2003 年 3 月刊，第 4~15 页；（日）坂井隆：《安平壶アジア群島の贸易——17 世纪东南贸易》，《东南アヅア考古学》第 15 期，1995 年。

[2] 谢明良：《安平壶刍议》，《贸易陶瓷与文化史》，允晨文化，2005 年。

[3]（日）昭和女子大学：《ベトナムの日本町——ホイアンの考古学调查》，《昭和女子大学国际文化研究所纪要》，Vol.4，1997。

[4] Sumarah Adhyatman, *Antique Ceramics found in Indonesia*, The Ceramics Society of Indonesia, First published, 1981; Second Edition, 1990.

[5] Concerned Citizens for the National Museum Inc, *Saga of the San Diego*, 1993.

[6] Christine L. van der Pijl-Ketel, *The Ceramic Load of the "Witte Leeuw"(1613)*, Netherlands: Rijksmuseum, 1982.

[7] Christiaan Jörg, Michael Flecker, *Porcelain from the Vung Tau Wreck: the Hallstrom Excavation*, Sun Tree Publishing Ltd., UK, 2001.

军持等，应为晚明时期景德镇民窑烧制的主要供于外销的所谓“克拉克瓷”（Kraak Porcelain）。海内外关于“克拉克瓷”的相关发现、研究的资料已很多，九梁礁沉船遗址出水的“克拉克瓷”则标示出其可能的最初出发港之一（福州）以及航路（存在经过台湾北部、琉球前往日本或经过澎湖、台南等前往东南亚的两个方向）。

图 6–12 荷兰代芬特尔市出土的素胎罗汉像

（Photograph Archaeological Dept. City of Deventer, Netherlands，荷兰代芬特尔市考古部门提供）

### 6．平潭碗礁一号沉船遗址

碗礁一号沉船遗址水下考古发掘出水的沉船遗物以瓷器为主，累计 17000 余件，皆为清代康熙中期景德镇民窑产品，大多数是青花瓷，其他还有青花釉里红器、五彩瓷、单色釉器（有外酱釉内青花的盏、腹酱釉或青釉的青花葫芦瓶、仿哥釉洗）及少量素胎器（本书第二章第七节定为“白釉”器，有一尊罗汉坐像以及狮形瓷砚滴、龙首瓷镇纸各一件）；此外还有铜钱一枚（“顺治通宝”）以及石砚、铜锁等[1]。

出水的罗汉坐像、狮形砚滴、龙首镇纸等，皆为白胎、胎质坚致细腻，器表大部分光素无釉，仅下半部分的局部表面稍润泽、似有薄釉（疑是高温析出的天然釉）。罗汉坐像、龙首镇纸的器表稍显粗糙，狮形砚滴则较光润。从胎质、制作工艺、器形的风格等方面分析，初步认为它们还是景德镇民窑的产品。传入欧洲的中国陶瓷器中，曾有少量类似的器物，如在荷兰东部的代芬特尔市（Deventer）出土有两尊中国的素胎罗汉像[2]（图 6–12）。因此，碗礁一号沉船的这几件素胎白瓷器有可能还是海外买主订购的少量物品，或可能是随船商人携带的货物。它们在碗礁一号沉船遗址的船货中发现，说明还是随着大宗的景德镇窑瓷器进入欧洲的。

### 7．平潭碗礁二号水下文物点

从碗礁二号水下文物点水下考古调查采集的瓷器标本有两类。

一类是与碗礁一号沉船遗址出水器物相同的青花瓷，应是清康熙时期景德镇民窑的产品。由于碗礁二号水下文物点距离碗礁一号沉船遗址较近，因此也不排除是后者的遗物漂移过来的可能。

另一类是清代中晚期的青花瓷（与清道光二年或稍后沉没的“泰兴号”沉船[3]上的青花瓷相似），推断其产地为福建的德化、华安等地（本书第二章第八节）。

如此，根据产地与沉船遗址的位置关系来看，碗礁二号水下文物点的一类青花瓷（景德镇民窑），可能是向南、经过东南亚前往欧洲或其他地区的。

另一类青花瓷，由于其产地在福建南部，而沉船或沉船遗物出现在其北面的航路。因此可做如下推测：此类青花瓷是从福建南部沿海的港口出发，经过平潭海坛海峡前往福州或其以北的港

[1] 碗礁一号水下考古队编著：《东海平潭碗礁一号出水瓷器》，科学出版社，2006 年。

[2] Emile Mittendorff & Annelies Berends, Effigies idolorum sinensium Bijzondere vondsten uit de beerput van Gisbert Cuper in Deventer, Vormen uit Vuur, vol. 230, 2016/1, p10-19.

[3] Nigel Pickford & Michael Hatcher, 的惺 *The Legacy of the Tek Sing China's Titanic-its Tragedy and its Treasure*, First published in 2000.

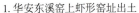

1. 华安东溪窑上虾形窑址出土

2. 南靖梅林窑址出土

图 6–15　福建平和漳州窑出土的青花碗

（引自《漳州窑》）

清初福建漳州窑[1]的产品（图 6–15）。

二组：仅有 1 件（标本文甲大屿：13），从其青花呈色与纹样判断，可能为清代中、晚期福建德化窑[2]的产品。

由于水下调查发现、采集的青花瓷数量很少，且分别为两个不同时期（明末清初与清代中、晚期），这些青花瓷器的性质因此不明；它们可能为其他历史时期的航船经过附近海域时的遗弃物品，也可能在文甲大屿的附近还有其他时代沉船的遗存。但是不论是何种可能，漳州窑青花瓷在文甲大屿海底的出现，提示了当时漳州窑产品外销东亚的航路或路线可能有两条：一是从漳州月港出发，经澎湖、台南，再沿着台湾西海岸北上往琉球、日本；另一条是一出漳州月港即折向东北、沿着福建海岸（可能途经文甲大屿海域）北上前往日本（或经琉球群岛）。

文甲大屿水下文物点出水遗物中还有一种较特殊的陶瓷器，即小型坩埚。此类坩埚应是熔融金属（铅、锡等）、贵金属（金、银等）的工具，为金属器工艺匠人所使用。此次水下考古调查采集到的标本数量虽然不多，但是其内均无使用痕迹，有的还是黏结的，应该也是船货。这些小型坩埚的发现，说明当时在文甲大屿水下文物点出水陶瓷器欲前往的地点（海内外的港口、城镇），存在金属器加工手工业、有金属器工艺匠人；间接反映了在陶瓷贸易的同时，存在其他手工业技术和工艺人员的交流、传播。

### 5．南日岛北土龟礁二号沉船遗址

水下调查采集的沉船遗物均为白瓷，灰白胎、胎质大多较致密；釉色灰白或略泛青，大部分器物的内底有涩圈或无釉露胎，外釉施至腹下部、足部露胎，多见有旋削痕、割坯痕等，制作工艺较粗糙。器形有碗、盘、碟等。这些器物的特征，与文甲大屿水下文物点出水的标本白瓷 A 型碗相同、相似，是连江浦口窑元代窑址的产品。因此推断北土龟礁二号沉船遗址的年代应为元代。

元代连江浦口窑产品的流通范围较广，就国内的发现来说，就近的就有福州城市遗址、马祖东莒岛莱园里遗址[3]、金门[4]、澎湖海滩[5]、台湾新北市淡水区埤岛桥遗址[6]等，说明其也有通过海路的内销。

元代连江浦口窑外销的产品则在日本[7]、韩国[8]、东南亚等地均有发现（图 6–16、17）。

[1] 福建省博物馆：《漳州窑》，福建人民出版社，1997 年。

[2] 陈建中：《德化民窑青花》，文物出版社，1999 年。

[3] 陈仲玉、游桂香：《马祖东莒岛蔡园里遗址的陶瓷器》，《福建文博》2010 年第 2 期，第 1~5、91 页。

[4] 林金荣：《金门地区使用的陶瓷器文化探源》，台湾“内政部”管理署金门国家公园管理处，2006 年。

[5] 陈信雄：《澎湖宋元陶瓷》，澎湖县立文化中心，1985 年。

[6] 刘益昌、王淑津：《变局之前的对外接触——台湾出土 10~16 世纪中国陶瓷及其意义》，台湾“中央”研究院历史语言研究所 2015 年度第十四次学术讨论会，2015 年 9 月 21 日。

[7]（日）森达也：《由陶瓷来看宋元时期福建和日本的贸易路线》，（日）田中克子：《日本博多 (Hakata) 遗址群出土的贸易陶瓷器与其历史背景》，栗建安主编：《考古学视野中的闽商》，福建闽商文化研究院：《闽商文化研究文库》，中华书局，2010 年。

[8]（韩）韩国国立海洋文化财研究所：《泰安马岛出水中国陶磁器》，2013 年。

1. 长崎县松浦市鹰岛埋藏文化财中心藏品

2. 福冈市埋藏文化财中心藏品

**图 6-16　日本鹰岛海底遗迹（上）、博多遗迹群（下）出土的福建浦口窑瓷器**

（引自《13~14 世纪的琉球与福建》）

图 6–17　韩国泰安马岛沉船（下）、菲律宾（上）发现的福建浦口窑瓷器

**6．南日岛北日岩四号水下文物点**

北日岩四号水下文物点水下考古调查采集的沉船遗物标本与南日岛北土龟礁二号沉船遗址采集标本的情况大致相同。因此，北日岩四号水下文物点的年代亦为元代。

**7．南日岛北日岩五号水下文物点**

北日岩五号水下文物点水下考古调查采集的沉船遗物标本中的白瓷可分为二组：

第一组：有 A 型碗（标本北日岩五号：2），从它的器形、工艺（模制）特征看，应是德化窑或莆田灵川窑的元代器物。

第二组：有本书第三章第八节列为“青白瓷”的 A 型碗（标本北日岩五号：6~11）、B 型（标本北日岩五号：1），以胎质、釉色、纹样（模印双鱼纹）、工艺等特征看，可能是莆田庄边窑的产品（图 6–18）。

黑釉碗的胎、釉、器形等，与福建晋江磁灶窑南宋晚期至元代的同类器物相似[1]，有可能为磁灶窑产品（图 6–19）。

[1] 福建博物院、晋江市博物馆：《磁灶窑址》，科学出版社，2011 年。

图 6-18　莆田庄边窑出土的瓷器

图 6-19　晋江磁灶窑址出土的黑釉瓷

青花瓷片的胎质、青花纹样等说明其大部分还是景德镇民窑的明末清初器物。

如此，北日岩五号水下文物点水下考古调查采集的瓷器标本可分为两个时期，白瓷碗和黑釉碗为元代，青花瓷片为明末清初。

如果以北日岩五号水下文物点的元代瓷器标本作为此遗存主体的话，从这些出水瓷器的窑口（德化窑或莆田灵川窑、庄边窑、磁灶窑等），到其沉没的北日岩海域，再看其延伸的方向，那么经过台湾北部、沿着琉球群岛前往日本的可能性似乎大些。

### 8．南日岛北土龟礁三号水下文物点

从北土龟礁三号水下文物点采集的瓷器标本均为晚明时期的景德镇民窑青花瓷。

景德镇瓷器的流通方向应自北土龟礁三号水下文物点的北面而来，若以此为原点，北土龟礁三号水下文物点水下遗物如果继续前行，它们的可能方向则呈扇形展开，自北向南依次为华南沿海（福建南部至广东东部）、金门、澎湖、台湾、琉球群岛等；华南沿海、金门、澎湖一线可延伸向东南亚，台湾、琉球群岛则可北上日本。这些地方和地区都曾经出土或出水有晚明景德镇民窑青花瓷，说明这些瓷器的贸易还是存在国内与海外两个市场。

### 9．南日岛北日岩二号水下文物点

北日岩二号水下文物点调查采集出水的青花瓷，与福建德化、安溪等地清代窑址所发现的同类器物相同或相似[1]；其中的印制青花图案，在福建的流行时间大约为清中、晚期。因此初步推断北日岩二号水下文物点的年代为清代晚期。

[1] 陈建中编著：《德化民窑青花》，文物出版社，1999 年，第 73、83 页。

图 6–20　西沙群岛北礁 6 号沉船遗址采集的青花瓷

目前已发现此类青花瓷器的水下文化遗存还有：福建连江定海白礁二号沉船遗址[1]、浙江宁波渔山小白礁一号沉船遗址（调查简报中的“C 型青花碗”）[2]，福州长乐东洛岛沉船遗址[3]、北礁 6 号沉船遗址（图 6–20）[4]等。由此可见其流布范围较广，有的还是销往海外的（如西沙群岛的发现）。

### 10．南日岛北日岩三号水下文物点

北日岩三号水下文物点此次水下考古调查采集出水的遗物都是钱币。在 505 枚钱币中，有宋代“元丰通宝”、“圣宋元宝”、“元祐通宝”、“皇宋通宝”等，数量很少；最多的是清代钱币，有“康熙通宝”、“雍正通宝”、“乾隆通宝”、“嘉庆通宝”、“道光通宝”、“咸丰通宝”、“同治通宝”等；还有“洪化通宝”（清初吴三桂孙吴世璠“洪化”年，公元 1679~1681 年）；其中以“乾隆通宝”、“嘉庆通宝”、“道光通宝”的数量为多。此外，另有数枚日本钱币“宽永通宝”（始铸于日本后水尾天皇宽永三年、即公元 1626 年，1636 年开始大量铸造，止于日本明治初年的 1869 年）以及越南钱币“景兴通宝”（越南后黎朝显宗黎禑“景兴”年间，公元 1740~1777 年）和“景盛通宝”（越南西山朝阮光瓒景盛年间，公元 1792~1802 年）等。根据年代最晚的“同治通宝”（公元 1862~1874 年）推断，这批钱币的沉没年代应在清代晚期，也即北日岩三号水下文物点形成的年代。

与北日岩三号水下文物点采集出水钱币组合相似的情形，也见于台湾省、日本、东南亚等地区或国家。如：

台湾省云林县北港镇古笨港遗址[5]、台南水交社前清墓葬群[6]、宜兰县淇武兰遗址[7]等均有出土。有台湾学者认为，台湾多古钱的原因是：（1）唐、宋时期中国商人与台湾原住民进行交易时使用中国铜钱的遗留；（2）在中国流通的铜钱中，一向包含相当数量的古钱，清代台湾民间与中国内地交易时，往往古钱掺杂在制钱中流入；（3）这些宋钱是由母港在广东、福建的商船，进行海外贸易带进来的[8]。

[1] 中国国家博物馆水下考古学研究中心、厦门大学海洋考古学研究中心、福建博物院文物考古研究所、福州市文物考古工作队、连江县博物馆编著：《福建连江定海湾沉船考古》，科学出版社，2011 年。

[2] 中国国家博物馆水下考古研究中心、宁波市文物考古研究所：《浙江宁波渔山小白礁一号沉船遗址调查与试掘》，《中国国家博物馆馆刊》2011 年第 11 期，第 54~68 页。

[3] 福建博物院文物考古研究所、中国国家博物馆水下考古研究中心、福州市文物考古工作队：《长乐市东洛岛沉船遗址水下考古调查报告》，《福建文博》2014 年第 4 期，第 14~23 页。

[4] 2011 年西沙群岛水下考古调查资料，待刊。

[5] 何传坤、刘克竑：《古笨港遗址出土铜钱之研究》，《海域物质文化交流：十六至十八世纪欧洲与东亚、东南亚的文化互动国际学术研讨会》论文集，“中央”研究院历史语言研究所、“中央”研究院人文社会科学研究中心考古学研究专题中心，2007 年。

[6] 卢泰康、李匡悌：《发现台南水交社前清墓葬群》，台南艺术大学文博学院艺术史学系，2009 年。

[7] 宜兰县立兰阳博物馆：《淇武兰遗址发掘报告 5》，2008 年。

[8] 福建博物院文物考古研究所、中国国家博物馆水下考古研究中心、福州市文物考古工作队：《长乐市东洛岛沉船遗址水下考古调查报告》，《福建文博》2014 年第 4 期，第 14~23 页。

这类中外皆有、年代早晚混杂的钱币，在日本长崎、平户等地考古遗址的发现被称为“一括出土钱”[1]。在东南亚，同样的情况以越南会安考古遗址的发现[2]为典型。此外，虽然福建、广东沿海地区目前尚未见到这类多种中外钱币汇集的遗址、墓葬或窖藏的考古资料发表，但依据台湾学者所引文献资料，19世纪的福建沿海地区是有越南钱币与中国钱币的古钱、制钱一起流通着的。而北日岩三号水下文物点的地理位置，正处于该地点采集出水的组合钱币（“一括出土钱”）流通方向的节点。由于水下考古调查尚未发现承载这批钱币的沉船船体和其他遗存，因此暂时无法对其可能的去向做出判断。

## （三）泉州海域

### 1．晋江深沪湾水下文物点

深沪湾水下文物点出水的铜铳上所刻铭文有：“温字八号”、“嘉靖三十二年孟春吉日”、“温州府铸造”、“耆民张元钲铜匠池魁”、“铳重二百七十斤”等，说明了这件器物的名称、重量、编号、铸造地点、时间以及工匠姓名等等。铁炮上铸的铭文有：“福建军门部准/兵部咨奉/督造□□/□□□□曾钦/弘光元年吉旦/”，也指明了铸造该铁炮的批准机构、铸造的时间等。另有与明代兵书《武备志》、《筹海图编》中“鸟嘴铳”相似的部件。这些都证明是明（或南明）军的武器，其他的遗物如铜锣也可能是与军事指挥活动有关的器用。因此该水下文物点水域可能有一艘明朝（或南明）军队的战船在此沉没[3]。

根据铁炮上的铭文，“弘光元年”（清顺治二年，公元1645年）应是深沪湾水下文物点的年代上限。南明弘光政权建立为公元1644年（清顺治元年），次年建元“弘光元年”，仅仅存在一年即被清兵所灭。同年，明隆武在福州即位，改元“隆武元年”。清顺治三年，清兵攻入福建，隆武政权也仅维持一年而亡。如果深沪湾水下文物点沉船遗物是南明战船的话，有可能是在这一历史事件、过程中沉没的。

隆武二年（公元1647年）郑成功起兵抗清直至永历十五年（公元1661年）率兵攻打台湾，郑成功军队一直在闽南、粤东沿海与清兵抗衡。作为南明政权的武装，郑成功战船仍然在使用明军的武器。因此，晋江地方文史工作者还推测这批出水文物可能与明末清初时期在这里发生的清廷与郑氏海上武装的某次海战有关[4]。

通过对深沪湾水下文物点出水的这些与军事有关遗物的分析，也可间接了解当时明（或南明）军战船的火力配备和海上的作战能力，是研究明代军事史的珍贵实物资料。

### 2．惠安大竹岛水下文物点

大竹岛水下文物点水下考古调查采集的各类瓷器，皆与福建清代中晚期德化窑的产品相

[1]（日）《ベトナム北部の一括出土钱の调查研究2》，《昭和女子大学国际文化所纪要》，Vol.16，2012.

[2]（日）《ベトナム北部の一括出土钱の调查研究2》，《昭和女子大学国际文化所纪要》，Vol.16，2012.

[3] 林清哲：《福建晋江深沪湾明末清初古沉船遗址》，《东南文化》2013年第3期，第55~59页。

[4] 施良衍：《晋江深沪湾发现水下文物》，《中国文物报》2000年6月25日第1版；晋江市地方志编纂委员会编：《晋江年鉴（2001）》，“文物工作·文物征集与维修”，方志出版社，2002年。

同[1]；其中的青花敞口折腹碗、撇口碗（印青花）、敞口盘、撇口盘（印青花）以及蓝釉盏等，还见于南中国海的“泰兴”号沉船（沉没于清道光二年或稍后，公元 1822 年）[2]。因此推断大竹岛水下文物点遗物的年代为清代中晚期。

清代中晚期是德化窑瓷器生产的鼎盛时期，窑址数量众多、窑炉技术先进（普遍使用横室阶级窑）、制作工艺快捷（大量模制）、品种产量提高。从台湾地区遗址的考古发现（如台南安海路、云林北港朝天宫等）（图 6–21）[3]、“泰兴”号沉船的打捞，足见其海内外市场的流通数量与内、外销的规模。从大竹岛水下文物点所在的地理位置推断，这批德化窑产品可能还是前往台湾或经过台湾前往日本的海运船货。

**图 6–21 台南安海路出土的德化窑青花瓷**

（引自卢泰康：《闽商与台湾发现的闽南贸易陶瓷》）

## （四）漳州海域

### 1．龙海半洋礁一号沉船遗址

半洋礁一号沉船遗址出水的陶瓷器以黑釉盏为最多。这些黑釉盏皆束口、斜弧腹、小平底或浅弧、矮圈足。胎色呈深灰、灰褐、灰黄等；釉色有黑、酱黑、酱褐；盏内满釉、外釉施至腹下部，下腹及足部露胎；其口径均在 11 厘米左右。这批黑釉盏的胎、釉、器形及工艺特征基本一致，

[1] 陈建中：《德化民窑青花》，文物出版社，1999 年；曾凡：《福建陶瓷考古概论》，福建地图出版社，2001 年。

[2] Nigel Pickford & Michael Hatcher, 的惺 *The Legacy of the Tek Sing China's Titanic-its Tragedy and its Treasure*, First published in 2000.

[3] 卢泰康：《闽商与台湾发现的闽南贸易陶瓷》，栗建安主编：《考古学视野中的闽商》，福建闽商文化研究院：《闽商文化研究文库》，中华书局，2010 年。

应为同一窑口的同期产品。经过与福建省古窑址的黑釉盏资料相比较，它们与福清东张窑[1]的黑釉盏最为相同或相似，因此可能是东张窑的产品（图 6–22）。类似的黑釉盏也见于福建连江定海白礁一号沉船遗址[2]，因此二者的年代大致相当，皆为南宋时期。如此大量的黑釉盏出现在半洋礁一号沉船中，从其产地（福清东张窑）到沉没地点（龙海半洋礁），是在向西南的航路前行的。目前已经在广东上下川岛海域、海南西沙群岛海域[3]以及东南亚的收藏中都发现有福清东张窑的黑釉盏（图 6–23），因此不论这些黑釉盏的船货是否可能在其前行的途中再次中转、集散，其原定去向还可能是东南亚某地。

出水的青白瓷器和白瓷器（本书第五章第二节统归于“青白瓷”）可分为三组。

一组：“A 型碗”中的标本半洋礁一号：17~21、25；“B 型碗”的标本半洋礁一号：22、24 和标本龙海博：1278、1282、1287、1288 等，“C 型碗”的标本半洋礁一号：16、标本龙海博：1010 等。

一组的青白瓷标本，从其白胎、胎体稍厚、青白釉、圈足施釉不匀等的特征及其制作、烧造的工艺遗痕（印花纹样、芒口、组合支圈覆烧）来看，与将乐县南口窑址芒口印花碗的特征最为

图 6–22　福清东张窑采集的黑釉盏

[1] 曾凡：《福建陶瓷考古概论》，福建地图出版社，2001 年，图版四二、第 116、170 页。

[2] 中国国家博物馆水下考古学研究中心、厦门大学海洋考古学研究中心、福建博物院考古研究所、福州市文物考古工作队、连江县博物馆编著：《福建连江定海湾沉船考古》，科学出版社，2011 年。

[3] 如广东南海一号沉船遗址、西沙群岛华光礁一号沉船遗址都出水有少量东张窑的黑釉盏。

图 6-23 菲律宾发现的福清东张窑黑釉盏

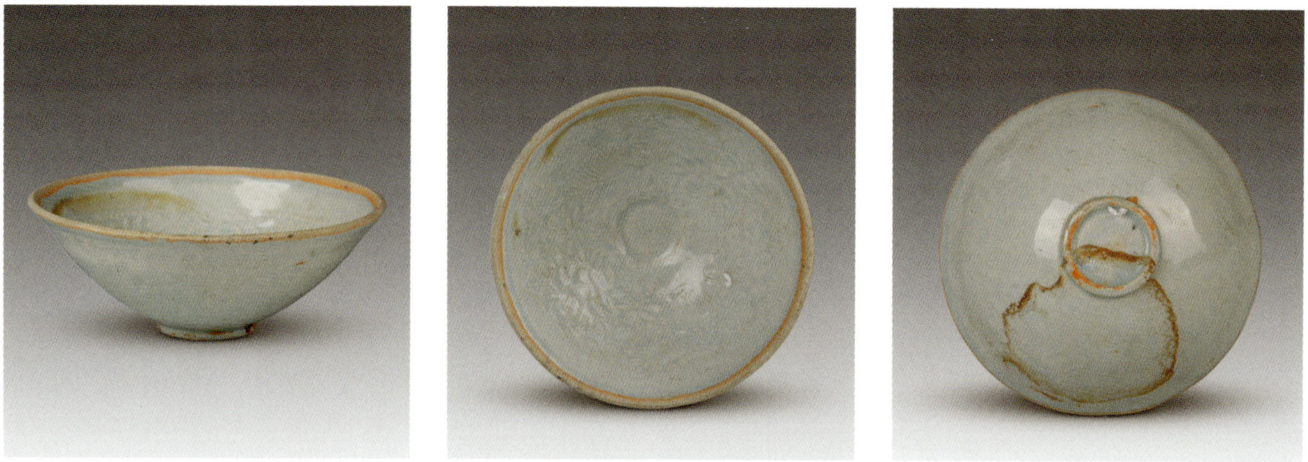

图 6-24 将乐南口窑采集的青白瓷

相似[1]，因此有可能即将乐南口窑的产品（图 6-24），其年代一般认为在南宋晚期至元代早期。

二组：有“A 型碗”中的标本半洋礁一号：23、27、28；盘标本半洋礁一号：29、30，标本龙海博：1290、1291 等。

二组青白瓷器（应属白瓷）的灰白胎、灰白釉、器形模制、圈足或底面露胎、芒口、组合支圈覆烧等制作、烧造工艺特征，与莆田灵川窑址（利角村青蛙山窑址、海头村许山窑址）的部分产品相同或相似（图 6-25）。灵川窑址的考古调查报告认为该窑址的年代为南宋晚期至元代[2]。

三组：仅 1 件，“C 型碗”中的标本半洋礁一号：26。

三组的一件白瓷碗，灰胎、灰釉，内底涩圈、圈足露胎，内腹饰篦点划花纹样。其特征与莆田庄边窑南宋时期的同类形碗相似，可能为该窑的产品。

上述白瓷的一、二组器物的年代相同，三组器物则稍早。

出水的青釉褐彩陶盆标本，与水下考古调查在海坛海峡福清莲峰采集的一件青釉褐彩盆相同（图 6-26），应为南宋时期。田野考古中的类似资料见于福州城市遗址（如 1993 年发掘的福州北

[1] 林薇：《宋代将乐窑略探》，《福建文博》2014 年第 2 期，第 69~72 页。
[2] 柯凤梅、陈豪：《福建莆田古窑址》，《考古》1995 年第 7 期，第 606~613 页。

图 6–25　莆田灵川窑址堆积与采集的白瓷

图 6–26　福清莲峰海域采集出水的青釉褐彩盆

大路五代复道遗址[1]）。此外，有资料称在福清东张窑发现同样和类似的器物[2]。如东张窑的调查发现确实无误，则上述半洋礁一号沉船遗址、福清莲峰出水的青釉褐彩盆等应为福清东张窑的产品。

[1] 福建省博物馆考古部、福州市文物考古队：《福州五代夹道遗址发掘简报》，《福建文博》1994 年第 2 期，第 34~55 页。

[2] 欧阳希君：《福清窑》，福建美术出版社，2005 年。

龙海半洋礁一号沉船遗址水下考古调查采集的沉船遗物中因有“庆元通宝”铜钱（铸造年代为公元 1195~1200 年），因此可视为该沉船遗址年代的上限。此外，福建博物院文物考古研究所与泉州市博物馆联合调查队在对晋江安海采集的陶瓷标本的调查、整理中，发现一件与以上的“青白瓷”中归为“二组白瓷”相同的盘，底面有墨书“嘉定□□”字样（图 6–27），可知其在南宋晚期所用。因此可作为此类器物年代的参考。综合上述对黑釉碗、青白瓷及白瓷的初步对比与分析，初步推断半洋礁一号沉船遗址的年代为南宋晚期。

**图 6–27　福建晋江安海采集的墨书白瓷盘**

（福建博物院文物考古研究所、泉州市博物馆联合调查队资料）

### 2．漳浦沙洲岛沉船遗址

沙洲岛沉船遗址水下考古调查采集出水的陶瓷器有青瓷、白瓷、青白瓷、酱釉器以及素胎器等。

#### （1）青瓷

本书第五章第三节列为“第一类青白瓷”中的 “A 型”碗（标本沙洲岛 ： 8）、盘（标本沙洲岛 ： 2）的器形制作规整，胎色灰、釉色青绿或青灰，釉层较厚；碗深腹，内涩圈、外腹刻划宽莲瓣纹；盘撇口，内底印花；根据其基本特征的分析、比较，应为元代龙泉窑的产品。

#### （2）白瓷

“第一类青白瓷”中的“B 型”碗（标本沙洲岛 ： 9、15、16），胎色灰、釉色青灰，外釉不及底，内底露胎、有的模印折枝花纹（如标本沙洲岛 ： 9）；钵（前文称为“炉”，标本龙海博 ： 1005、1006），胎、釉皆色灰，外釉不及底、内底露胎，外腹刻划宽、疏的仰莲瓣纹。其胎、釉、器形、纹饰以及制作工艺等均与福建莆田庄边窑元代窑址的同类器物相同和相似[1]（图 6–28）。因此可以确定是元代庄边窑的产品。

［1］曾凡著：《福建陶瓷考古概论》，福建地图出版社，2001 年。

图 6–28　莆田庄边窑址采集的白瓷碗

（3）青白瓷

前文列为“第二类青白瓷”，其胎白质细，釉色呈青白、灰白；装饰方法为刻划花、印花，纹样有弦纹、莲花、莲瓣、瓜棱、折枝花、缠枝花、如意云头、吉祥文字等；器形有执壶、水注、盏、杯、小罐，有的为模制。从其基本特征来看（胎质、釉色、器形、纹样等），应为元代江西景德镇窑的产品。

（4）酱釉瓷

包括前文中列为“青瓷”的器物，皆为灰胎，釉色有酱褐、青褐，有素面的、也有外腹部刻划草叶纹，有的还在肩部压印有印章款（如“巽宝”）。

（5）素胎器

胎质与酱釉器相同，器形均为器盖，有弧面与凹面两种，顶部为桥形纽或饼形纽。

以上酱釉器、素胎器的胎质、釉色、工艺特征等有其相似和一致性，因此可能来自同一窑址。其中的深腹四系罐、弧面器盖及素胎器中的器盖等，都与福建晋江磁灶窑宋元窑址所出的同类器物相同或相似，因而可能是磁灶窑的产品。

根据以上对沙洲岛沉船遗址水下考古调查采集的沉船遗物的分析，初步推断沙洲岛沉船遗址为元代。[1]

沙洲岛元代沉船遗址包含有龙泉窑、景德镇窑和福建窑口（莆田庄边窑、晋江磁灶窑）的陶瓷器。这一来自三处产地的船货组合，也是构成中国宋元时期贸易陶瓷对外输出的主要内容。这些窑口的器物，也都在西沙群岛水下考古调查发现的沉船遗物中发现，在东南亚存在的中国贸易陶瓷中常见。

[1] 福建沿海水下考古调查队：《漳浦县沙洲岛元代沉船遗址水下考古调查》，《福建文博》2008 年第 2 期，第 5~8 页。

### 3．东山冬古湾沉船遗址

在冬古湾沉船遗址水下考古发掘出水的陶瓷器有白瓷、青花瓷、酱釉器及紫砂器等。

#### （1）白瓷

根据胎、釉、器形、纹样及工艺特征，可分为二组。

一组：胎质洁白致密，施乳白釉、釉面光亮，里外满釉、足底露胎；器形有碗、碟、杯、盅、执壶、印泥盒等；大多素面，有的在外壁阴刻文字，有的在内底印花。应为德化窑产品（图6-29）[1]。本组器物质量好、档次高，器形中多茶、酒器，还有如印泥盒这样的文房或办公用具，说明其并非一般船员或兵士使用，其使用者或所有者在当时的这艘战船上应有较高的地位或身份。

二组：本书第五章第四节中称为“青白瓷”。其中的A型碗（标本04DDBT1311②a：2）、杯（标本04DDBT1110②a：1）（图6-30），胎、釉、工艺等特征均与下述的“一组青花瓷”同类，因此应为同时期的景德镇民窑产品。

其他的碗、罐、炉等器物由于相关的资料不够详细，关于其窑口、产地的问题尚不明确，留待冬古湾沉船遗址的发掘报告中做进一步探讨。

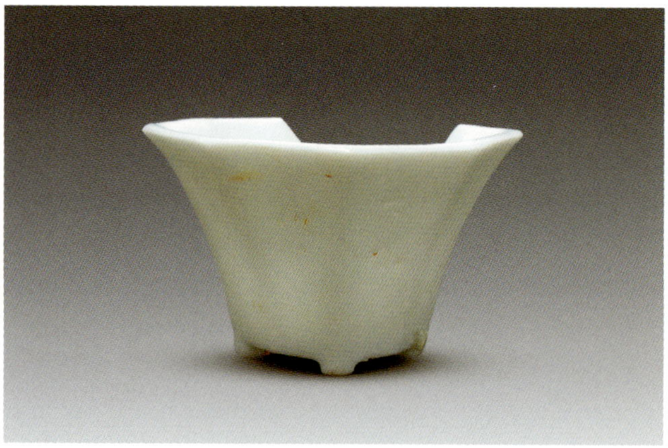

**图6-29　德化甲杯山窑址出土的白瓷杯**

（引自《德化明代甲杯山窑址发掘简报》）

#### （2）青花瓷

根据胎、釉、器形、纹样及工艺特征，将其分为三组。

一组：制作较精细。胎白、致密，釉面光亮，里外满釉、足底露胎，青花呈色蓝灰、较浓艳；纹样规整，有折枝花、团花、秋叶、蕉叶、山水、玉兔、回纹等；器形有碗、碟；有的碗在圈足内青花双圈书“大清康熙年制”款。应为景德镇民窑产品。其中的“B型碟”（标本04DDBT1611②a：1），内底青花绘团花、外腹绘小型蕉叶纹，其特征与明中期景德镇民窑的同类器物相同，当属同时期同窑的产品。至于明中期景德镇民窑的器物为何出现在清初冬古湾沉船遗址中，限于仅是孤例、其原因仍留待冬古湾沉船遗址的发掘报告中再分析。

二组：青花瓷胎色灰白、胎质稍疏松，灰白釉，里外满釉、足底或足内露胎，青花呈色较杂，

[1] 福建博物院、德化县文管会、德化陶瓷博物馆：《德化明代甲杯山窑址发掘简报》，《福建文博》2006年第2期，第1~15页。

图 6–30 东山冬古湾沉船遗址出水的青白瓷

（标本 04DDBT1311 ② a ：2、04DDBT1110 ② a ：1）

有蓝灰、蓝黑、灰绿等，纹样有折枝花、秋叶、山水、杂宝、文字（“寿”“佳”）等；器形有碗、碟、盅等。根据这组青花瓷基本特征的对比、分析，初步认为其均为明末清初漳州窑器物[1]（图 6–31）。

三组：青花呈色蓝黑，青花纹样为：外壁绘简笔夔龙及草叶，内底为简笔草叶；根据其胎、釉、纹样及制作等工艺特征，确定应为 17 世纪后期的日本肥前（伊万里）青花瓷[2]。此外，根据日本佐贺县有田町长吉谷窑出土青花瓷标本的圈足上还有的纪年铭文资料（“万治 3 年”，公元 1660 年），也可为冬古湾沉船遗址的年代分析提供重要的参考依据（图 6–32）。

日本肥前青花瓷在冬古湾沉船遗址中的发现，也可以从另一个侧面反映当时南明郑氏集团与日本在政治、经济、军事方面的密切关系以及东亚海上贸易或物资交流的状况。

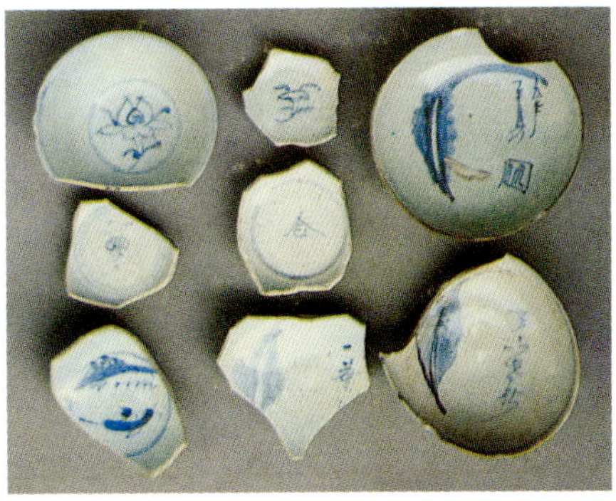

图 6–31 诏安朱厝窑址采集的青花瓷

（引自《漳州窑》）

图 6–32 日本佐贺县有田町长吉谷窑出土的青花瓷

（引自《海を渡った肥前のやきもの展》）

（3）**酱釉瓷**

器形有钵、壶、罐、瓶、碟等。其中：

壶（标本 4DDAT2519 ② a ：2），从其胎体、短流的特征看，宋元时期的江苏宜兴窑或浙江

[1] 福建省博物馆：《漳州窑》，福建人民出版社，1997 年。

[2]（日）日本佐贺县九州陶磁文化馆：《海を渡った肥前のやきもの展》图录，1990 年。

德清成年坞窑址都有类似的产品。[1]

瓶（标本 04DD 采：014），酒瓶，为外来器物，待考。

B 型钵（04DDAT2421 ② a ：2）、C 型罐（04DDAT2319 ①：1）、盆（标本 04DDBT0911 ② a ：3）、D 型器盖（04DDBT0912 ② a ：9）等，可确定为宋元时期晋江磁灶窑的产品，其余的尚未能断定其窑口或产地，有待做进一步的分析、辨识。

冬古湾沉船遗址一批较高档次文物（如德化白瓷、景德镇窑青花瓷、“状元及第”款紫砂壶以及铜质铠甲等）的发现，说明当时的战船可能是遭遇某种突发事件（如战事、自然灾害）在仓促之间沉没的，以至于都来不及带走、转移这些较精致、重要的物品。

冬古湾沉船遗址所在地点的水下考古调查，发现有宋元明清各个时代的遗物，说明其作为一个港口，存在、经历了较长的历史时期。除了清初时期的陶瓷器可基本确定是属于冬古湾这艘战船遗址的遗物外，其他时代的出水遗物还难以判定其性质。由于冬古湾沉船遗址的水下考古发现及初步的分析和研究，对其所在地的历史过程有了基本的认识，其丰富的历史文物内涵，也提示了其在明末清初中国与东亚复杂的政治、经济、军事关系研究中的重要历史价值和意义。

图 6−33 安溪银坑窑址采集的青花瓷

**4．龙海九节礁、白屿水下文物点**

龙海九节礁与白屿水下文物点采集出水的青花瓷基本相同，皆为福建德化、安溪或华安等地清代中晚期窑业的产品（图 6−33）。其中的青花敞口盘（印青花变体“寿”字纹）还与“泰兴”号沉船（沉没于清道光二年或稍后，公元 1822 年）打捞的同类器物相同[2]。龙海浯屿，位踞九龙江出海口,其上游就有明清时期重要的外销瓷窑址——东溪窑。“泰兴”号沉船上发现有东溪窑的青花瓷碗、碟和青瓷小瓶。九节礁与白屿两处水下文物点分别位于龙海浯屿的东面、西北面，从地理位置来看，有可能是装载有这批青花瓷器的航船在南行途中经过浯屿前往休息、补给或者避风时，遭遇海难所遗弃的或沉没于此的遗物。

## 五 相关问题

第一，年代序列完整，沉船遗址多样。

根据本书第二至五章的叙述，现将福建沿海水下考古调查发现的水下文化遗存按照初步推断的年代顺序可列表如下（表一）。

［1］王异禀：《宜兴西渚出土宋元陶瓷与日本北九州大宰府出土陶瓷的比较研究——以釉陶为主》，南京大学研究生毕业论文，2007 年；浙江省文物考古研究所、德清县博物馆：《德清县成年坞窑址发掘简报》，《福建文博》待刊。

［2］Nigel Pickford & Michael Hatcher, 的惺 *The Legacy of the Tek Sing China's Titanic-its Tragedy and its Treasure*, First published in 2000.

表一

| 年　代 | 名称 | 地点 | 性质 | 主要遗物 |
|---|---|---|---|---|
| 五　代 | 分流尾屿沉船遗址 | 平潭 | 货船 | 越窑青瓷 |
| 北宋晚至南宋早 | 大练岛西南屿水下文物点 | 平潭 | 货船 | 龙泉青瓷 |
| 南　宋 | 北土龟礁一号沉船遗址 | 莆田 | 货船 | 松溪回场窑青瓷 |
| | 北日岩一号水下文物点 | 莆田 | 货船 | 景德镇窑青白瓷 |
| 南宋晚期 | 半洋礁一号沉船遗址 | 龙海 | 货船 | 东张窑黑釉碗、宜兴罐、将乐南口窑青白瓷碗等 |
| 元　代 | 小练岛东礁村水下文物点 | 平潭 | 货船 | 龙泉青瓷、宜兴酱釉罐等 |
| | 湄洲湾门峡屿水下文物点 | 莆田 | 货船 | 惠安银厝尾窑青釉罐 |
| | 北土龟礁二号水下文物点 | 莆田 | 货船 | 浦口窑白瓷 |
| | 文甲大屿水下文物点 | 莆田 | 货船 | 浦口窑白瓷 |
| | 北日岩四号水下文物点 | 莆田 | 货船 | 浦口窑白瓷 |
| | 北日岩五号水下文物点 | 莆田 | 货船 | 庄边窑、灵川窑白瓷 |
| | 沙洲岛沉船遗址 | 龙海 | 货船 | 景德镇窑白瓷、庄边窑白瓷、磁灶窑酱釉罐等 |
| 明代中期 | 老牛礁沉船遗址 | 平潭 | 货船 | 景德镇民窑青花、五彩 |
| 明代晚期 | 九梁礁沉船遗址 | 平潭 | 货船 | 景德镇民窑青花、蓝釉、釉里红，邵武四都窑白瓷罐 |
| | 北土龟礁三号水下文物点 | 莆田 | 货船 | 景德镇民窑青花瓷 |
| 明末清初 | 深沪湾水下文物点 | 晋江 | 战船 | 铜、铁炮，铜锣等 |
| 清　代 | 冬古湾沉船遗址 | 东山 | 战船 | 铜铳、铁炮、炸雷，德化窑白瓷，景德镇民窑、漳州窑、日本伊万里青花瓷 |
| | 碗礁一号沉船遗址 | 平潭 | 货船 | 景德镇民窑青花、五彩、釉里红、酱釉、青釉器 |
| | 碗礁二号水下文物点 | 平潭 | 货船 | 景德镇民窑、德化窑青花 |
| | 大竹岛水下文物点 | 惠安 | 货船 | 德化窑青花、五彩瓷 |
| | 九节礁、白屿水下文物点 | 龙海 | 货船 | 德化窑青花瓷 |
| | 北日岩二号水下文物点 | 莆田 | 货船 | 德化窑青花瓷 |
| | 北日岩三号水下文物点 | 莆田 | 货船 | 清代、日本、越南钱币 |

由以上表格的统计，若按照历史朝代，福建沿海水下考古调查发现的水下文化遗存自五代至清代，其序列完整、无一缺环，证实福建沿海至迟在五代时期已经成为海上丝绸之路的重要航段，并且不间断地延续于之后的整个历史时期。在此期间，不论是南来北往经过的（如平潭分流尾屿五代沉船遗址），还是从福建沿海港口始发出行的航船（如惠安大竹岛清代水下文物点等），都有可能在此地折“楫”沉沙，在海底留下历史的遗存，成为今日水下考古探索的文化遗产。

第二，沉船遗物丰富，瓷器窑口众多，反映不同历史时期中国陶瓷海外贸易状况。

福建沿海水下考古调查与发掘出水的沉船遗物，大部分是各个历史时期的陶瓷器，不仅数量大，而且涉及的窑口众多；由于其中多是贸易陶瓷，因此，从中可以窥测中国古代贸易陶瓷外销的基本状况和大致脉络。

福建沿海水下考古调查发现的平潭分流尾屿沉船遗址是历史年代最早的，所载船货是五代越窑青瓷。初步分析其可能的去向有福建沿海地区、台湾北部、澎湖列岛、东南亚地区等。

平潭大练岛西南屿、大练岛[1]等沉船遗址和小练岛东礁村水下文物点都出水有浙江龙泉窑青瓷器，可与华南沿海地区、台湾北部、澎湖列岛、琉球群岛以至日本博多、东南亚地区等的龙泉窑青瓷发现相联系。

漳浦沙洲岛、平潭老牛礁、九梁礁、碗礁一号等沉船遗址，南日岛北日岩一号、土龟礁三号、碗礁二号等水下文物点都相继出水有江西景德镇窑南宋、元、明、清各朝代的瓷器，它们同样可以与华南沿海地区、台湾北部、澎湖列岛、琉球群岛以至日本博多、东南亚地区乃至欧洲等的景德镇民窑瓷器发现相联系，说明景德镇瓷器的广泛传输。

然而，水下考古调查发现最多的还是福建陶瓷。如南日岛北土龟礁一号、龙海半洋礁一号、漳浦沙洲岛等沉船遗址，平潭小练岛东礁村、湄洲湾门峡屿、湄洲岛文甲大屿、南日岛北土龟礁二号、北日岩（一、二、四、五号）、惠安大竹岛、龙海九节礁与白屿等水下文物点，分别出水有南宋、元代、明、清各时代的松溪回场窑、将乐南口窑、闽清义窑、连江浦口窑、福清东张窑、莆田庄边窑与灵川窑、德化窑、晋江磁灶窑、平和漳州窑与东溪窑等窑口（自北向南）的产品。

若将上述福建沿海水下考古调查发现的陶瓷器做一个大致的归纳，大体上为如下状况：

南宋至元代，主要是景德镇窑青白瓷、龙泉窑青瓷和福建窑口的黑釉器、青瓷、白瓷以及宜兴的酱釉罐等；明代中期，是以景德镇民窑的青花瓷为主；明代晚期至明末清初，则有景德镇民窑、漳州窑的青花、五彩瓷以及德化窑、邵武四都窑的白瓷；清代的外销瓷大量是景德镇民窑、德化窑的青花、五彩器。

这一状况，与作者此前对中国古代贸易陶瓷基本状况与贸易格局变化的概括大致相符（即“五代至北宋晚期，可谓中国贸易陶瓷的‘战国’时期；南宋至明代中期，中国贸易陶瓷是以龙泉窑、景德镇窑、福建诸窑为主导，是‘三国鼎立’时期；明代中期以后至清代晚期，由于龙泉窑的衰落、退出，中国贸易陶瓷遂形成景德镇民窑与福建漳州窑、德化窑、东溪窑占据主要市场份额的‘两强争霸’局面”）[2]。由此可见中国古代贸易陶瓷中最主要的和数量最多的部分，不论是窑场在内地的景德镇窑、龙泉窑、福建北部各窑以及宜兴—德清的陶器窑场还是濒临沿海的闽江口、晋江口、九龙江口等周边窑场的陶瓷产品，都在福建沿海水下考古调查发现的历史文化遗存中出现，说明了福建沿海是当年中国陶瓷贸易（包括海内外贸易）的最重要的海上通道。

第三，如果将福建沿海水下考古调查发现的各类陶瓷器，从其载体（沉船）所在的地点（沉船遗址或水下文物点）与同时代的同类器物在海外的发现地相联系，就可以看出它们当时的去向或路线图；再链接这些陶瓷器可能的出发港与它们的产地和窑口，便可勾画出一幅贸易网络图。

在这一贸易网络中，闽江口（福州港）连接江西、浙江的窑场（景德镇窑、龙泉大窑和金村窑场等的部分产品是通过闽江水道顺流而下，出福州港入海的）；晋江口（泉州港）周边有磁灶窑、

[1] 中国国家博物馆水下考古研究中心、福建博物院文物考古研究所、福州市文物考古工作队：《福建平潭大练岛元代沉船遗址》，科学出版社，2012年。

[2] 栗建安：《产自闽山　拾之南海——记西沙群岛水下考古调查发现的福建陶瓷》，《外销瓷器与颜色釉瓷器研究》，故宫出版社，2012年。

南安窑，上游有德化窑、安溪窑、永春窑（德化境内的主要河流属闽江水系，但其窑业产品大都是经过邻县永春进入晋江上游而后到泉州港的）；九龙江口连接着漳州窑及上游的东溪窑（明代以月港、清代是厦门港对外输出）。如此，福建沿海依托着自南宋以来中国南方最大的三个窑业生产区，为其源源不断地提供中国的贸易陶瓷产品，装载贸易陶瓷的商船，进入福建沿海便处于一个“三岔口”的位置，既可北上经明州港前往韩国、日本或经过台湾北部往琉球、日本，也可南下过泉州港驶向东南亚。无疑，福建沿海正是海上陶瓷贸易网络中的一个重要枢纽。

第四，经过福建沿海输出的各类中国贸易陶瓷，不仅以其作为日常用品的功能作用于输入地的社会物质生活，其所承载的文化内涵也对当地的习俗、文化产生了重要的影响。一个显著例子就是福建黑釉茶碗代表的中国饮茶文化对日本茶道的深刻影响。宋代福建黑釉瓷生产的兴盛是由于当时社会的饮茶习俗以及上流阶层的推崇[1]。由来华的日本僧俗接受了当时中国的茶文化并带回代表性的茶具黑釉盏，以及茶树的移入和栽培成功，促成了茶文化在日本的传播并最终产生日本茶道及茶道文化[2]。福建建窑[3]、茶洋窑[4]、东张窑[5]等的黑釉器以及其他福建茶具（如“唐物茶入”）的输入[6]，不仅在日本留下一批见证这一历史的茶道具“名品”，也促进了日本本土茶道具（如“和物茶碗”、“和物茶入”等）的生产[7]。

唐代浙江越窑产品输入朝鲜半岛和日本之后，中国南方龙窑技术传入了东亚地区[8]。此后，日、韩都出现并使用分室龙窑；福建北部的建阳白马前窑址，南宋早中期已经出现分室龙窑[9]，德化元代屈斗宫窑址亦使用分室龙窑[10]。因此，不排除东亚的分室龙窑是由福建地区传入的可能性。明代晚期开始，在福建漳州地区普遍使用一种由分室龙窑演进的半倒焰式窑炉——横室阶级窑，随着漳州窑陶瓷的大量外销，横室阶级窑的窑炉技术随之传入日本并对其窑业产生了重大影响，成为18世纪以来日本窑业使用的主流窑型[11]。

## 六　余论

自1989年开始对连江定海白礁一号沉船遗址进行水下考古调查以来至今的20余年间，在福建海域开展了一系列的水下文物普查、水下考古调查与发掘等水下文化遗产保护工作，并取得了许多重要的水下考古发现及研究成果，大大推进了福建省水下文化遗产保护事业的发展。福建沿

[1] 曾凡：《关于建窑的研究》，福建省博物馆、日本里千家茶道资料馆：《唐物天目——中国福建出土天目与日本传世天目展》，京都，1994年。

[2] 滕军：《日本茶道文化概论》，东方出版社，1997年。

[3] 韩国新安沉船发现的建盏见（韩）文化财厅国立海洋遗物展示馆：《新安船》，2006年。

[4] 福建博物院文物考古研究所、中国国家博物馆水下考古研究中心、福州市文物考古工作队：《长乐市东洛岛沉船遗址水下考古调查报告》，《福建文博》2014年第4期，第14~23页。

[5] 本书第二章第四节。

[6]（韩）文化公报部、文化财管理局：《新安海底遗物（综合篇）》，高丽书籍株式会社，1988年。

[7] 福建省博物馆、日本里千家茶道资料馆：《唐物天目——中国福建出土天目与日本传世天目展》，京都，1994年；栗建安：《福州地区薄胎酱釉器的初步研究》，《陈昌蔚纪念论文集》第二辑，台湾财团法人陈昌蔚文教基金会，2003年。

[8] 熊海堂：《东亚窑业技术发展与交流史研究》，南京大学出版社，1994年。

[9] 福建博物院2007年建窑白马前窑址考古发掘资料，尚在整理中。

[10] 福建省博物馆：《德化窑》，文物出版社，1990年。

[11] 滕军：《日本茶道文化概论》，东方出版社，1997年；栗建安：《漳州窑的研究》，《陈昌蔚纪念论文集》第四辑，台湾财团法人陈昌蔚文教基金会，2009年，第17~68页。

海水下考古调查所发现的水下文化遗存，不仅时代序列完整（五代～清代），而且文化内涵丰富（沉船遗址的性质有商船和战船；沉船遗物以陶瓷器为主，此外还有金属器、漆木器等。陶瓷器大部分为福建窑址生产，此外还有浙江龙泉窑、越窑，江西景德镇窑以及江苏宜兴等地窑址的产品）。虽然有的沉船遗址曾经遭到盗掘、破坏较严重，但一部分沉船遗址仍保存有船体残骸以及部分沉船遗物。这些沉船遗址的发现，使我们对福建沿海水下文化遗存的基本状况有了一个初步的了解和认识，极大地丰富了福建水下文物的考古发现与研究成果，不断积累了中国水下考古专业队伍的工作经验，大大提升了水下考古科研能力。为进一步开展福建地区的水下文化遗产保护，继续对福建海域水下文化遗产进行深入调查、对重点沉船遗址进行水下考古调查与发掘，加强对水下文化遗产的保护与研究，以及对探索海上丝绸之路，研究海外交通史、贸易史、贸易陶瓷史、造船史等，提供了大量重要的科学依据和实物资料。同时对今后加强配合、协助国家以及福建的文物行政管理部门做好沿海各地的水下文化遗产保护工作与保护规划，都有着十分重要的意义。

福建海域发现的这批重要水下文化遗存，使福建成为中国水下考古及水下文化遗产保护工作的重点地区之一。在20余年来的福建水下考古工作中，福建沿海水下考古调查队不仅仅只是进行水下考古业务与学术的探索，同时还在进行水下考古调查与发掘工作的地方，开展水下文化遗产保护的宣传，并主动与当地文物行政管理机构、公安边防部门密切合作，打击盗捞水下文物的违法活动。

由于福建海域的水下历史遗存分布相对集中，距离陆地或岛屿较近，经常遭到盗捞者的破坏。在水下盗捞活动猖獗期间（2005~2008年），大量水下文化遗产遭到掠夺及破坏；福建省公安边防部门在开展打击非法打捞、倒卖水下文物专项行动中，破获盗捞水下文物案件数十起，缴获出水文物数千件。此外，这些水下文化遗存重点分布区的海域又是沿海渔民的传统渔业区，一些渔业生产活动如定置网、拖网作业等会对水下历史遗存造成一定程度的损坏；还有如围海造地、跨海桥梁施工等基本建设工程亦可能对水下历史遗存造成严重破坏。因此，加强对水下文化遗产的有效保护成为迫在眉睫的严峻任务。根据《中华人民共和国文物保护法》（以下简称《文物法》）、《中华人民共和国水下文物保护管理条例》（以下简称《水下文物条例》）以及福建地方的文物保护法规，政府有关部门宜在这些水下历史遗存分布较密集的海域设立水下文化遗产保护区（或保护单位）并予以公布，使之置于国家法律、法规的保护之下；同时也便于加强对水下文化遗产保护工作的管理。在连江定海白礁一号沉船遗址水下考古发掘结束后，福建省人民政府已于2007年将其公布为第六批省级文物保护单位。现已将连江定海白礁一号沉船遗址与其周边的其他水下历史遗存划定为连江定海湾水下文化遗产保护区。同时拟将20余年来经水下考古调查发现的这批水下遗存分布区分别划为多个水下文化遗产保护区。目前，各水下文化遗产保护区相关部门，一方面在加强对《文物法》、《水下文物条例》等法律、法规的宣传、教育，一方面正积极建设水下文物保护设施，逐步采用高科技设备及手段，加强对水下文化遗产的监控，以真正达到有效保护的目的，努力开创中国水下考古及水下文化遗产保护事业的新局面。

# 附录　福建水下考古工作简记（1988~2010 年）

1988 年 9 月，国家文物局与中国历史博物馆（现中国国家博物馆，下同）水下考古研究室张威、杨林到定海考察，并开始在定海开展水下考古的筹备工作。

1989 年 9 月，国家文物局委托中国历史博物馆与澳大利亚阿德莱德大学东南亚陶瓷研究中心联合举办“第一期水下考古专业人员培训班”。参加此次培训班的福建学员有栗建安（福建博物院）、林果（福州市文物考古工作队）、吴春明（厦门大学历史系）。11 月，在青岛完成潜水和水下考古学理论、方法教学后，澳大利亚的保罗·克拉克与中国历史博物馆水下考古研究室张威、国家文物局文物处杨林等专业人员，再次来到定海考察，在白礁附近海域发现白礁一号沉船遗址，并将其选为第一期水下考古专业人员培训班的实习地点。

1990 年 2~5 月，第一期水下考古专业人员培训班实习在定海白礁一号沉船遗址进行。实习期间，完成对遗址定位，水下探方架设以及测绘等工作，并到龙翁屿、尾仔屿等海域开展水下调查工作。

1995 年 5~6 月，经国家文物局批准，中国历史博物馆水下考古研究室与西澳大利亚博物馆海洋考古部合作，继续开展定海湾水下考古工作。

1999 年 5~6 月，受国家文物局委托，中国历史博物馆在连江定海举办“第二期水下考古专业人员培训班”，参加此次培训班的福建学员有楼建龙（福建博物院）、王芳（福建博物院）、朱滨（福州市文物考古工作队）、张勇（福州市文物考古工作队）、彭景元（厦门市博物馆）、傅恩凤（泉州海外交通史博物馆）。学员在学习水下考古理论的同时，开展了以白礁一号沉船遗址为中心的水下考古实践，包括水下架设探方、遗址测绘以及探方试掘等。

2000 年 6~8 月，经国家文物局批准，中国历史博物馆再次组织定海湾水下考古调查与发掘。完成白礁一号遗址的三维勘测和进一步发掘，并开展白礁二号及附近海域水下文化遗存的复查和标本采集工作。

2001 年 4~6 月，中国历史博物馆水下考古研究中心组织队伍，对东山县冬古湾清初沉船遗址进行调查，此外，还对周边海域搜集的线索开展声纳扫测工作。11 月，中国历史博物馆水下考古研究中心委托中国科学院南海海洋研究所海洋环境工程中心对古雷头海域疑点采用旁侧声纳与浅地层声纳扫测，历时五天，还首次采用了 DGPS 高精度测量导航与定位。同时，中国历史博物馆水下考古研究中心组织人员，实施对东山冬古沉船遗址的调查试掘工作。主要完成了遗址水下探方的设置、海床表面平面图和等深线图的绘制、遗址的钻探以及试掘等工作。

2002 年，中国历史博物馆水下考古研究中心组织队伍，对 2011 年度声纳扫测发现的疑点进行水下探摸，先后确认东山关帝庙前海湾、东门屿等水下文物点，还对南门湾、古雷头等海域进行水下探摸。

2003 年，东山县冬古湾沉船遗址完成围堰等水下考古发掘前期准备工作。

2004年4~5月，受国家文物局委托，中国国家博物馆在阳江举办“第三期水下考古专业人员培训班”，参加此次培训班的福建学员有羊泽林（福建博物院）、周春水（福州市文物考古工作队）、张红兴（泉州市博物馆）、阮永好（漳州市文物保护管理所）、王新天（厦门大学）。7月，开始正式对冬古湾沉船遗址进行水下考古发掘。9~11月，第三期水下考古学员在冬古湾开展实习。

2005年6月下旬，福建沿海水下考古调查队在东山县进行沿海水下考古调查。7~10月，对平潭碗礁一号沉船遗址进行水下考古发掘。发掘期间对海坛海峡开展部分调查，发现老牛礁等水下文化遗存。

2006年6~9月，福建沿海水下考古调查队又对连江定海、海坛海峡、湄洲湾海域进行了调查，发现九梁礁明代沉船遗址、小练岛东礁村宋至清代水下文物点、大练岛元代沉船遗址等。

2007年6~7月，受国家文物局委托，中国国家博物馆在阳江举办“第四期水下考古专业人员培训班”，参加此次培训班的福建学员有宋蓬勃（福建博物院）、欧东海（宁德市博物馆）、吕睿（泉州市博物馆）。8~9月，第四期水下考古学员在青岛开展实习。10~12月，对大练岛元代沉船遗址进行水下考古发掘。

2008年3~7月，对福建东山、漳浦、莆田、福州、宁德等地区海域进行普查。发现莆田南日岛海域的北日岩与北土龟礁水下文化遗存、湄洲岛海域的文甲大屿、大竹岛、门峡屿等水下文化遗存。

2009年6~7月，受国家文物局委托，中国国家博物馆在阳江举办“第五期水下考古专业人员培训班”，参加此次培训班的福建学员有陈浩（福建博物院）、林清哲（晋江博物馆）、刘淼（厦门大学）。8~9月，第五期水下考古学员在平潭小练岛东礁村水下遗址开展实习。并对周边海域开展调查，发现大练岛西南屿宋代沉船遗址。

2010年4~5月，福建沿海水下文物普查队对平潭海域和漳州海域开展重点调查，发现平潭娘宫分流尾屿五代沉船遗址与碗礁二号清代水下文物点、漳州半洋礁一号宋代沉船遗址、半洋礁二号水下遗址。

# 后　记

自1989年福建开展水下考古工作以来，中国历史博物馆水下考古学研究室（后改为中国国家博物馆水下考古研究中心）组织全国各兄弟单位的水下考古专业人员，对福建开展了系统的水下考古调查工作，发现一大批年代序列完整的水下文化遗存。平潭、莆田、漳州海域成为我国沿海水下遗存埋藏最为丰富的海域。

专业人才队伍建设方面，在福建省文物局的支持下，相关文博单位选送一批文博专业人员参加国家文物局主办的全国水下考古专业人员培训班，培养了一批专业素质高，年龄梯次合理的水下考古队员。这些队员是福建沿海水下考古队伍的主要组成部分，一些队员还成为我国水下考古队伍的骨干，为我国水下考古事业贡献了自已的力量。

《福建沿海水下考古调查报告（1989~2010）》是对这一时期福建沿海水下考古调查成果的一个总结，全书按现行政区划分福州、莆田、泉州、漳州四个海域，每个海域的水下文化遗存均按时代顺序分节撰写。具体执笔情况如下：

第一章：赵嘉斌。

第二章：第一～五节，羊泽林；第六节，邓启江；第七、八节，赵嘉斌。

第三章：第一～五节，羊泽林；第六节，符洪洪；第七节，朱滨；第八节，宋蓬勃；第九、一〇节，曾瑾；第一一节，周春水。

第四章：第一节，张红兴；第二节，林清哲、张红兴；第三节，孟原召。

第五章：第一节，羊泽林；第二节，孟原召；第三节，符洪洪；第四节，刘淼；第五节，陈浩；第六节，陈建国。

第六章：栗建安。

附录：羊泽林、林国聪。

最后全书由栗建安、赵嘉斌、孟原召统稿。

器物线图由陈建国、宋蓬勃、羊泽林绘制，器物照片由陈浩、宋蓬勃、陈建国拍摄。英文提要由中央民族大学黄义军教授翻译。

福建沿海水下考古工作在中国国家博物馆领导以及全国其他兄弟省份水下考古专业人员的大力支持下，在福建省文物局领导以及福建沿海各地文博单位、业务人员的全力配合下，取得丰硕成果，在此表示深深的谢意！本报告的编写工作得到国家文物局水下文化遗产保护中心和福建博物院领导的大力支持，在此一并致谢。最后，感谢文物出版社领导和本书责编秦彧的大力支持。

限于编者水平，本调查报告中的错误与疏漏之处，恳请广大读者批评指正。

编者

2015年9月

# Abstract

Located in the southeast coast, Fujian is an important region for the north-south maritime trade along the traditional Marine Silk Route and rich for underwater cultural heritage. In the late 1980's, during the first underwater archaeology professional training practice, the underwater archaeology lab of Museum of Chinese History ( now the National Museum of China ) and the Southeast Asia Ceramic Research Center at the University of Adelaide, Australia, carried out an cooperative underwater archaeology work in waters at Dinghai of Lianjiang County, surveyed and excavated Baijiao No.1 wreck and several neighboring underwater remains. From the 1990's to the present, several underwater archaeological projects in Fujian coastal areas have been launched successively and many important discoveries and academic outputs have been achieved, mainly including the five excavations of the Dinghai Baijiao No.1 wreck in Lianjiang from 1990 to 2004, investigation and excavation of Dongguwan wreck of late Ming and early Qing in Dongshan from 2001 to 2004, excavation of Wanjiao No.1 wreck of Qing in Pingtan in 2005, investigation and excavation of Daliandao wreck of Yuan in Pingtan in 2006 and 2007, and the general survey of the underwater cultural relics in the Fujian coastal areas from 2008 to 2010.

Based on the underwater archaeological surveys and excavations over the years, by 2014, thirty-five underwater cultural remains have been identified in the Fujian coastal areas, which mainly scatter in the waters belonging to Fuzhou, Putian, Quanzhou and Zhangzhou. Unearthed from these remains, there are wrecks, cultural sites and so forth. This book has reported twenty-four underwater cultural sites which were found from 1989 to 2010 but have never been reported in specific monographs (for example, monographs of the excavation of Daliandao wreck of Yuan in Pingtan, Dinghai Baijiao No.1 wreck site in Lianjiang and several other neighboring underwater sites have already been issued, so they are not included in this book. ).Specific monographs of some wreck sites such as Wanjiao No.1 wreck site of Qing in Pingtan, Dongguwan wreck site of late Ming and early Qing in Dongshan and so forth are expected to be published in the future, so they are just briefly reported in this book. The archaeological survey or excavation materials of twenty-four underwater cultural sites are published by region and by date.

Seven sites along Fuzhou coast are all located closely to the islands and reefs in the Pingtan waters. The celadons from Yue kiln dominate among the relics from Fenliuweiyu wreck of Five Dynasties and Longquan celadons prevail in the findings from the Song wreck by Xinanyu of Dalian Islan. The remains from Dongjiao Village of Xiaoliandao are mainly moor stone, Longquan celadon, blue-and-white from the Jingdezhen kiln, celadon, Qingbai wares and the black porcelains made in Fujiang. Those from Laoniujiao are mainly blue-and-white, white porcelain, polychrome and blue glaze porcelains fired in the folk kilns of Jingdezhen. The relics from Jiuliangjiao Ming wreck are mainly blue and white, blue-and-white with under glaze red and the blue glaze wares fired in the Jingdezhen folk kiln as well as white glaze jars from Fujian. Those from Wanjiao No.1 Qing wreck include the body of ship, blue-and-white, blue-and-white with under glaze red, polychrome and monochrome glaze wares from the Jingdezhen folk kiln. Blue-and-white from the Jingdezhen folk kiln and Dehua kiln are widely found from Wanjiao No.2 site. Dated to the Five Dynasties, the Fenliuweiyu wreck is thought to be the earliest remains found in the Fuzhou waters. The relics from Dongjiao Village site of Xiaoliandao are dated from Song to Qing, among which five moor stones and porcelains from the present Zhejiang, Jiangxi, Jiangsu, Fujian and so forth, have been found. This site probably used to be a mooring point or anchorage ground in the maritime trade. Dated to the reign of Kangxi, Wanjiao No.1 Qing wreck is in relatively good condition and the most abundant relics have been found in the rescue excavation at this site.

There are ten cultural sites found in the Putian, concentrated in the waters of the Beituguijiao and Beiriyan of Nanri Island as well as the Meizhou Bay. The majority of the relics from Menxiayu of Meizhou Bay are Qingbai wares, steel grey glaze wares from Pukou kiln of Lianjiang and Zhuangbian kiln of Putian as well as potteries and so forth. Relics from Wenjiadayu are mainly Qingbai wares of Yuan, blue-and-white of Ming and Qing from Pukou kiln of Lianjiang or Jingdezhen kiln. There are three sites found at Beituguijiao of Nanri Island. At the No.1 wreck site, the remnant body of ship, celaton and Song coins as well as the mooring stone were founded. At the No.2 Yuan wreck site, Qingbai wares from Pukou kiln of Lianjiang were unearthed. At No.3 site, there are mostly blue-and-white wares of late Ming from the folk kiln of Jingdezhen. The objects from Beiriyan No.1 site are mainly Qingbai wares of the Southern Song from Jingdezhen. Those from No.2 site are mostly blue-and-white of middle and late Qing and so on. Findings from No.3 site of Qing are mainly Chinese coins of Song or Qing, or coins from Japan and Vietnam. At No.4 site widely found Qingbai wares of Yuan from Pukou kiln of Lianjiang. The No.5 site mainly yielded Yuan white porcelains from Dehua kiln or Qingbai or black glaze wares from Fujian kilns and blue-and-white of Ming and Qing.

Only two underwater sites have been detected in the waters of Quanzhou, the fewest in Fujian. At Shenhuwan site in Jinjiang, the articles salvaged by the fisherman include copper blunderbuss, copper gong and copper bowls, iron cannon, tin pot and white porcelain plate and stone inkstand. According to the inscriptions on the iron cannon reading "first auspicious day of some month in the first year of Hongguang", this site is speculated to be remains of a warship of late Ming and early Qing. Dazhudao site in Huian is dated to be middle and late Qing, where Qingbai wars, blue glaze, blue-and-white, polychrome porcelains from Dehua kiln or Dongxi klin of Huaan have been excavated.

Five underwater sites have been detected in the waters of Zhangzhou. The remains from the Southern Song wreck at Banyangjiao of Longhai include the body of ship, black glaze small cups or

Qingbai wares from kilns in Fujian, potteries, coins and lacquer boxes and so forth. At Shazhoudao Yuan wreck site in Zhangpu found the remnant ship body, Qingbai wares from Jingdezhen kiln or Zhuangbian kiln of Putian, brown glaze wares from Cizao kiln of Jinjiang and celadon of Longquan kiln. The relics excavation from Dongguwan Qing wreck site in Dongshan contain ship body, white porcelain from Dehua kiln, blue-and-white, brown glaze wares from Jingdezhen kiln or Zhangzhou kiln, purple pottery teapot as well as copper gang, blunderbuss, hairpin, chopsticks, coins, iron cannon and grenades,gunpowder, inkstand, inkpad and so on. The objects obtained from Jiujiejiao site in Longhai are mainly blue-and-white big plates, white porcelain spoon fired at kilns in Dehua, Anxi or Hua'an, dated to the middle and late Qing. The findings from Baiyu site are mostly blue-and-white bowls and dishes made in Dehua kiln, Anxi kiln or Hua'an kiln, dated to the middle and late Qing.

The underwater remains reported in this book cover a long time span from the Five Dynasties to Qing Dynasty (from $10^{th}$ to $20^{th}$ century), offering various kinds of cultural relics such as ship body, porcelain, pottery, mental items, mooring stone, coins and so forth, and providing a number of precious material data significant for the research of the oversea trade history and probe into Maritime Silk Route.